U0909205

周恩来传

（三）

中共中央文献研究室　编

主编　金冲及

中央文献出版社

建国初期的周恩来和邓颖超

1949年10月1日开国大典，毛泽东、周恩来在天安门城楼上。

1949年10月1日，周恩来在中央人民政府委员会第一次会议上被任命为政务院总理兼外交部长。

西花厅周恩来办公室外景。

1950年2月，周恩来在《中苏友好同盟互助条约》签字仪式上。

1954年6月出访期间，周恩来同印度领导人在一起。

1954年，日内瓦会议会场（照片正面为周恩来及所率中国代表团成员）。

1954年9月，周恩来在第一届全国人民代表大会第一次会议报到处签名。

1954年9月，周恩来在第一届全国人民代表大会第一次会议上作《政府工作报告》。

1955年4月，万隆会议上的周恩来。

1955年4月，周恩来在万隆会议上为各国朋友签名。

1955年5月，周恩来在北京广济寺。

1955年9月，中国人民解放军实行军衔制。这是周恩来在国务院授予将官军衔和勋章的典礼上。

1956年5月26日，周恩来在招待全国科学规划会议代表酒会上与科学家们交谈。

1957年5月，刘少奇、周恩来和出席共青团第三次全国代表大会的少数民族代表在一起。

1958年9月，周恩来在河北开滦煤矿井下视察。

1959年5月，周恩来在天津南开大学。

1959年10月，周恩来视察黄河三门峡大坝工地。

20世纪50年代的周恩来和邓颖超。

1960年4月，周恩来在缅甸和当地人民欢度泼水节。

1960年10月，周恩来会见曾出席1955年万隆会议的日本友人高碕达之助。

周恩来在招待国际友人的宴会上。

周恩来和各国朋友在一起。

周恩来和各界青年在一起。

1961年4月，周恩来和参加第二十六届世界乒乓球锦标赛的中国运动员在一起。

1961年7月，周恩来和出席全国故事影片创作会议代表在北京香山。

1962年1月，周恩来和毛泽东、刘少奇、朱德、陈云、邓小平在扩大的中央工作会议（七千人大会）上。

1962年春节前夕，周恩来同张治中（左一）、傅作义（左三）、屈武（左四）在一起。

1962年12月，周恩来、彭真和中西医专家联欢。

周恩来同邓小平、卓琳在公园散步。

1965年5月，周恩来、李先念（右四）、罗瑞卿（右一）视察山西大寨。

1966年3月，周恩来视察河北邢台地震灾区。

20世纪70年代的周恩来。

1972年2月，周恩来在北京机场迎接美国总统尼克松访华。

1972年9月，周恩来同日本内阁首相田中角荣会谈。

1973年1月，周恩来在人民大会堂。

1974年9月30日，周恩来在国庆25周年招待会上致词。

1975年1月，周恩来在第四届全国人民代表大会第一次会议上作《政府工作报告》。

本卷目录

三十八、新政府开始工作了

一九四九年十月一日下午三时，三十万人高举红旗，聚集在北京天安门广场，庆祝中华人民共和国成立。五十四门礼炮齐声轰鸣。第一面五星红旗在广场上空冉冉升起。一百多年来受尽苦难和屈辱的中国人，经过艰苦卓绝的斗争，终于站立起来。中华民族的历史从此翻开全新的一页。

在天安门城楼上，面对着欢乐的人群，周恩来站在毛泽东身边，静静地听他用洪亮的声音宣读《中华人民共和国中央人民政府公告》："中华人民共和国中央人民政府委员会于本日在首都就职，一致决议：宣告中华人民共和国中央人民政府的成立，接受中国人民政治协商会议共同纲领为本政府的施政方针。"《公告》宣布：中央人民政府任命周恩来为中央人民政府政务院总理兼外交部长，并责成他们从速组成各级政府机关，推行各项政府工作。

从这一天起，周恩来担起了新中国政府总理的重任。他作为这个世界上人口最多的大国的总理，前后达二十六年，直到生命的最后一刻。

作为新中国第一任总理，五十一岁的周恩来面对的任务真是千头万绪，百端待理：中央人民政府刚刚建立起来，各级政府机关还有待组成；中国人民解放军正以雷霆万钧之势继续向华南和西南进军；由于国民党的长期统治和连年的战争，广大新解放地区内经济凋敝，物价飞涨，灾情严重，大批人员失业，财政经济处在严重的混乱状态；在对外关系上，许多复杂棘手的问题也正待处理。

事情应该从何着手？周恩来以惊人的精力和才智，井井有条地开始了他的工作。

对头一年的工作，周恩来自己作过一个简短的概括："自从进城后，就筹备政协，建立政权；紧跟着就是树立国际阵营；等到毛主席由苏联回国，当时物价波动，必须用全力来统一财政，稳定物价。不这样，就不会有一年半工作的发展，就做不到三年恢复、十年发展。"①

建立政权，树立国际阵营，恢复国民经济，这确是周恩来在建国后头一年中所全力以赴地抓的三件大事。

新中国的政府机关，是在打碎旧有的政权机构后，重行组建起来的，正处在草创阶段，许多事情都要从头做起。

中国革命有一个重要特点：它先由一块一块地方取得革命的成功，经过相当长的时间，发展到全国范围的成功。这和以往其他国家革命的情况不同。由于各项工作有原已建立的地方性政府在那里负责管理，所以在政务院筹组过程中，整个工作并没有发生停顿或中断。

政务院的各部门是以华北人民政府的机构作为基础建立的，但这不等于把原有的机构现成地拿来使用。华北人民政府原有机构的职能只是管辖华北五省二市，现在要管理全国，负责制定并推行全国性的各项方针政策，这自然有很大的不同；政务院有些重要部门在华北人民政府中是没有的，需要组建，如外交部；还

① 周恩来在第119次政务会议上的发言记录，1952年1月11日。

有些部门过去是由人民革命军事委员会管理的，如公安部、铁道部，改隶政务院后，也要经过必要的调整。政务院是国家政务的最高执行机关，不设国防部，军事工作由中央人民政府所属的人民革命军事委员会负责。这个委员会的主席由毛泽东兼任，周恩来是副主席之一，但他最初的精力主要集中在国家政务方面。

周恩来被任命为总理后，先集中精力抓政务院机构的组织。如果不把机构建立和健全起来，各项工作的开展都无从谈起。在组建机构过程中，周恩来亲自负责挑选各级领导人员的人选，经过充分协商后，报请中央人民政府任命。他特别重视挑选一大批党外人士担任各种领导职务。为什么要这样做？一方面因为中国共产党对如何管理这样大的一个国家在许多方面还缺乏经验，而党外人士中不乏在这些方面有经验的人才，如担任副总理兼轻工业部部长的黄炎培、邮电部长朱学范、司法部长史良、文化部长茅盾、教育部长马叙伦、华侨事务委员会主任何香凝、海关总署副署长丁贵堂等；另一方面因为这样的政府成员结构，有利于团结并带动社会各阶级、各阶层的人民，共同为建设新中国而努力。在政务院四个副总理中，共产党员二人，民主党派和无党派人士二人；二十一个政务委员中，共产党员十人，民主党派和无党派人士十一人；各部、委、院、行、署负责人九十三人中，共产党员五十一人，民主党派和无党派人士四十二人。他们中很多人都是由周恩来提名，并同各方面反复协商后正式提出的，力求做到不使人退有后言。

有几个党外人士最初不愿担任政府职务，周恩来对他们进行了细致的说服工作。如黄炎培是工商界的主要代表人物，过去曾多次拒绝旧政府的高官厚禄，这次到北京来时也无意担任政府职务。十月十一日晚，周恩来到他家里拜访，请他出任公职。黄炎培最初仍以年老推辞。周恩来恳切地说：“这不同于旧社会做官，现在是人民的政府，不是做官，是做事，是为人民服务。”经过两个小时的谈话，黄炎培被说动了，但还表示要考虑考虑。第二天，他征询江问渔、杨卫玉等好友的意见。他们都认为，在周恩来代表中共中央的盛情邀请下，应该接受这个职位。当晚，周恩来再到黄炎培的家里，黄炎培就答应了。[①] 再如六十一岁的蒋光鼐“也曾认为，自己的历史使命已经完成，当个政协委员有地方支薪水就行了。所以，开始周恩来总理找他谈话，希望他出任中央纺织工业部部长，他没有同意。后来，总理找李济深帮助做工作，他才接受了这一重任”。[②]

十月十九日，中央人民政府任命了副总理、政务委员、正副秘书长和政务院所属部、委、院、行、署的负责人一百七十五人。名单公布后，周恩来又一个部一个部地把党内外的正副部长找在一起，向他们说明这个部的任务和工作中带方针性的问题，诚恳地要求他们处理好相互的合作关系。许多党外人士十分满意，说：中国共产党真是“煞费苦心，十分周到”。有的人说：周总理真是“周”总理啊！这里所说的“周”，就是“周到”的意思。[③]

十月二十一日，政务院宣告成立。周恩来在第一次扩大政务会议上明确地宣布政务院的任务：“政务院是首脑部，在中华人民共和国中央人民政府领导之下进行国家事务工作。”十一月一日，政府各部门正式开始办公。

新政府各部门的工作人员从哪里来？大体上由三方面的人组成：一类是长期参加革命工作的干部；一类是原来在国民党政府机构工作的人员；一类是社会上被埋没的知识分子和从学校出来

① 童小鹏：《风雨四十年》第二部，中央文献出版社1996年1月版，第49、50页。

② 蒋建国：《走历史必由之路——父亲蒋光鼐与中国共产党长期合作的历程》，《多党合作纪实》，中国文史出版社1993年12月版，第169页。

③ 访问薄一波谈话记录，1981年9月11日。

的青年学生。周恩来指出，这三方面的人员，各有自己的长处和短处，正好相互取长补短："解放区的人，艰苦朴素，有革命的积极性，是他的长处；但缺乏其他工作的经验。旧职员虽然有经验，但恐怕会带来旧的官僚主义作风。假如只用学生或被埋没的知识分子，对国家政权机关的管理又没有经验。所以要三方面合起来，取长去短，才可以搞好。将来各部门用人，要照顾到这三方面。"①

政务院机构初步建立起来后，怎样才能迅速运转起来，有条不紊地开展工作？周恩来要求各部门立刻着手制定出各种基本的工作条例。他指出：资本主义国家在这个问题上有两种不同的做法，一种是先不拟条文，等习惯养成后再定，问题是工作中缺乏一致性；另一种是先定许多条文，定得很细密，缺点是容易束缚人，有些还行不通。这样，他就提出了自己的考虑：先作个大致的规定，不必太详，一面不束缚人们的积极性创造性，另一面又有章可循，约束自由主义。② 根据这个考虑，政务院在成立后不到一个月时间内，先后制定出《政务院组织条例》、《政务院及其所属机关组织通则》、《政务院关于任免工作人员的暂行办法》等。这些条例，都由周恩来亲自主持起草，反复修改，然后提交政务会议通过后施行。

周恩来十分重视发挥政务会议的作用。政务会议的成员，包括总理、副总理、秘书长和政务委员，共二十一人。他们中既有周恩来、董必武、陈云、李维汉、罗瑞卿、薄一波等共产党人，又有黄炎培、谭平山、章伯钧、马叙伦、章乃器、邵力子、黄绍竑等富有政治经验的民主人士。政务会议由周恩来主持，每星期一次。从一九四九年十月二十一日举行第一次会议起，到一九五

① 周恩来在第1次扩大政务会议上的报告记录，1949年10月21日。

② 周恩来在第1次扩大政务会议上的报告记录，1949年10月21日。

○年十月二十日举行第五十五次会议，一年内共开了五十五次。政务院的重要决策和人事任免都要在这个会议上讨论。周恩来把政务会议看作听取各方面意见、集思广益、更妥善地作出决策的重要方式。会上，人人都能各抒己见，畅所欲言，最后由周恩来作结论。当时担任政务院副秘书长的孙起孟回忆道：

“政务委员之一罗隆基，号努生，是民主同盟的负责人。罗隆基同我谈过他对政务会议的看法，我以为这在非共产党员的政务委员中很有代表性。我同罗隆基四十年代在昆明就相识，可以随便交谈。有一天我问他：‘努生先生，你为什么住医院还要参加政务会议呢？’他稍微沉吟了一下，讲了一段话——

“‘说实在的，有些会我并不乐意参加，觉得参加没有多大意义。可是政务会议在我心目中却大不相同，不论我怎么忙，身体怎么不好，总要参加。这是为什么呢？不是政务会议上的什么事情我都有兴趣，也不是这个人那个人的讲话我都喜欢听，而是有一点深深地吸引了我，那就是在每次政务会议上，周总理总有一篇讲话，得到的教益很深很深，对我就像是上了一次大课，所以我舍不得不来。周总理的讲话见解精辟，纲举目张，其水平之高是一般领导人所达不到的。然而它的最大特点还不在此；而在于周总理在讲话中把其他人发言时哪怕有一点可取之处，也吸收进去，加以肯定。同时对包括我在内的其他与会人员发表的并不正确的意见，采取极其高明的方式实际上加以纠正，使人真正心悦诚服。’

“罗隆基上述这些话是真诚的，证明了周总理主持会议、发表讲话，的确收到最佳的政策效应。周总理说过：‘为什么政务会议每个星期要开一次呢？难道我也是闲着没事干，高兴每个星期开一次会吗？不是的。这是有好处的。’好处在哪里？从根本上说，这是建设社会主义民主政治的需要，是按《共同纲领》所规定的民主集中制处理国家事务。从作为建设国家领导核心的中国共产党来说，完全有必要虚心听取各种意见，所谓‘兼听则明，偏听则暗’。”①

政务院的工作范围很广，所辖的部门很多，因此设立了政治法律、财政经济、文化教育三个指导委员会，由副总理董必武、陈云、郭沫若分别担任主任，实行归口管理；此外，还有一个人民监察委员会，由谭平山担任主任。周恩来要求各级机构都要在自己工作职责范围内切实负起责任来，并且要保证非党人士能有职有权。他说：“陈云同志主持中财委的工作，都是要各部部长对本部工作作报告。非党人士担任部长的就要非党人士作报告，如轻工业部就要黄炎培报告，水利部就要傅作义报告。开始他们情况不熟，报告后可由副部长补充，久了情况熟了，连补充也不需要。同时有任务也责成他们负责完成，比如说河水决口，要水利部负责，傅作义自然会下去布置。有职、有权、有责，自然会发挥他们的积极性。这方式很好。政务院的政务会议每星期召开一次，有关文件等也交非党人士审查，一切指示、法令也要他们修改。这样，不仅不会动摇我们的政策，而且还会完善我们的政策。”②

政务院的机构建立起来后，接着就要进一步健全各级地方人民政府的机构。

那时，全国各地区的情况存在着很大的差别：有老革命根据地，有新解放区，还有军事行动仍在进行的地区。中央人民政府

① 孙起孟：《罗隆基眼里的政务会议》，《人民日报》，1994 年 5 月 25 日。

② 周恩来在全国统一战线工作会议上的讲话记录，1950 年 4 月 13 日。

将全国划分为华北、东北、西北、华东、中南、西南六个大行政区。东北全境解放最早，已经建立了东北人民政府。华北人民政府在政务院各单位正式办公的同一天宣告撤销，华北各省市的事务由政务院直接管辖。西北、华东、中南、西南四个大行政区都着手建立军政委员会。

这些大行政区的人民政府或军政委员会，是比这个地区所辖省（市）高一级的地方政权机关。为什么需要设立这样一级的地方政权机关？十二月九日，周恩来在政务会议讨论《关于各大行政区组织通则》时作了说明："中国是个大国，地大，人多，经济发展又不平衡。"大行政区应该成为一级。这是一种过渡性的体制。"要在统一政策下因地制宜，在因地制宜的发展中求统一。这样的因地制宜，不但不妨碍统一，正是为进一步的统一创造条件。"讨论时也有人表示担心：大行政区成为一级后，是不是会生了根，不容易改变？周恩来回答说："不会的。那是在旧社会中的问题，在新社会中是不成问题的，华北人民政府就是例子。我们有信心解决这些问题。"① 他还亲自主持审定了东北人民政府和各大行政区军政委员会的主席、副主席、委员人选，经政务院提请中央人民政府正式任命。

与此同时，周恩来又着重抓了各级地方政权的民主建政问题。他说："解放初期实行军事管制，对反动派实行专政；另一方面，还要依靠群众，依靠群众的积极性和创造性，这才有根。用什么方式来发挥群众的积极性呢？用组织的方式，普选。没有普选的地区，便是各界人民代表会议。"② 由于当时土地改革在广大新解放区还没有全面展开，普选的条件在许多地方还不具备，稍后他又指出："建政工作，应以开好各界代表会议及逐渐

① 周恩来在第 10 次政务会议上的发言记录，1949 年 12 月 9 日。

② 周恩来在第 8 次政务会议上的发言记录，1949 年 11 月 28 日。

做到经过协商推选各级人民政府为中心。”① 一九五〇年七月至十月间，他主持审定了经过各界人民代表会议协商推选出来的各省（市）人民政府主席（市长）、副主席（副市长）、委员的名单，经政务院报请中央人民政府正式任命。

到新中国成立一周年的时候，全国已有一个大行政区人民政府和一个中央直辖的自治区人民政府，四个大行政区军政委员会，二十八个省人民政府，九个相当于省的行政区人民行政公署，十二个中央和大行政区直辖的市人民政府，六十七个省辖的市人民政府，二千零八十七个县人民政府。在各级人民政府中，大多是由各界人民代表会议选举产生的。极少数市和县已召集了人民代表大会。其他市和一千七百零七个县、内蒙古的三十六个旗都召集了各界人民代表会议。大部分的乡区和村都分别召集了人民代表大会或各界人民代表会议、农民代表会议。

新中国的政权建设工作，经过整整一年的努力，到此就初具规模了。

新中国成立后，周恩来多次说过：人民政府工作的重点，就是组织和保障经济建设。经他提名，中央人民政府任命陈云为政务院副总理兼财政经济委员会主任。在财政经济工作方面，周恩来坚决地信任、依靠并支持陈云。建国初期的财政经济工作，在短时间内创造出奇迹般的成就。

这些成就的取得，几乎难以令人置信。当时在战争已经结束的地方，各级人民政府面对的是国民党多年统治造成的经济凋敝、民不聊生的严重局势。其中，最紧迫的问题是两个：物价飞涨，灾情严重。

国民党政府留下的是一个财政经济总崩溃、物价上涨完全失

① 周恩来在董必武关于民政、治安、司法3个会议报告上的批示，1950年8月。

控、投机活动猖獗的烂摊子。中央人民政府成立后半个月，当人们还沉浸在开国的欢乐中时，一场无情的风暴就袭来了：从十月十五日开始，华北以粮食带头，上海以纱布带头，物价开始大幅度上涨。到十一月中旬，物价已像脱缰的野马那样向前飞奔。纱布、粮食的价格在一个月内都上涨两倍以上。上海十一月中旬的物价比七月底平均上涨两倍，有些商品上涨到五六倍。物价的飞涨，使人民生活受到严重威胁，人心开始波动。这是关系到人民政权建立起来后能不能站住脚跟的大问题。

为什么物价会出现如此猛烈的上涨？除了历史遗留的种种问题以外，主要原因在于财政赤字太大，钞票发行太多。当时，解放战争虽已取得基本胜利，但人民解放军还在继续向华南和西南大举进军，军费开支在财政开支中所占百分比将近一半。新解放区猛烈扩大，国民党政府的旧人员和起义军队等都要妥善安置，使军队和吃公家饭的人数激增到七百五十万，这个数字还在迅速增加。而在广大新解放区，因为战争结束不久，只有一部分地方开始征收公粮，城乡交流需要有一个恢复过程，城市工商业处境还很困难，一时难以征收到应有的税收和公粮。在七月到十一月中旬这段时间内，财政总收入只占总支出的百分之三十四点六，赤字竟达百分之六十五点四。为了弥补赤字，只有大量印发纸币。七月底发行的人民币总数为二千八百亿元（这是指当时流通的旧币。一九五五年三月一日起发行的新人民币，一元等于旧币一万元），九月底为八千一百亿元，十一月中旬为一万六千亿元，发行额增加近五倍，致使币值大跌，物价猛涨。显然，要稳定物价，必须先实现财政收支的基本平衡；而平衡财政的关键，又在整顿收入，节约支出。

十一月十八日，政务会议讨论物价问题。陈云在会上报告当前物价上涨的状况和原因，指出解决的基本办法是“多生产些，少用一些”，并说：“现在要借内债，或则发行公债吧!”① 周恩来作结论时说：“我们应当说，今天的困难都是为胜利而担负的。为了要取得胜利，有许多事情就不可能不担负起来。”“为什么物价上涨呢？基本上还是因为开支很大，票子发得很多，物价当然会上涨。为什么开支很多呢？因为我们所解放的地区扩大了，在这些新地区内一开始又不可能收入得很多，而担负就会增加。所以这种担负的增加是必然的过程，胜利的过程。它与国民党反动派的物价上涨、负担增加的没落过程是完全相反的。”“我们必须向人民说清楚，这种胜利的负担一时还是不可避免的。”接着，他提出解决问题的三项办法：一是“恢复生产”。在农村，要使全国粮食产量从二千一百亿斤增加到二千八百亿斤。“在城市，其重点在恢复工业生产，而不应该在商业上，宁可多注意手工业。”生产增加了，税收也就多了。二是“开源节流”。农村负担一时还不能减少，城市要增加税收，但要适当，不能使农村的负担太重。还要发行公债。三是“运用恰当”。② 在这次会议上，通过了发行公债、增加税收、厉行节约等项具体措施。这些措施，在陈云的主持下，短时间内就收到显著的成效。

为了进一步保障增加财政收入、减缩财政支出、使收支接近平衡，还需要大刀阔斧地采取更加果断有力的措施。根据陈云的提议，政务院在一九五〇年三月三日颁布了《关于统一国家财政经济工作的决定》。

这在整个财政经济工作中，是一个巨大的变革。以前，由于战争时期各解放区一直处于被分割的状态，财政经济工作只能实行政策上统一领导、业务上分散经营的方针。在全国已经统一、

① 陈云在第 6 次政务会议上的发言记录，1949 年 11 月 18 日。

② 周恩来在第 6 次政务会议上的发言记录，1949 年 11 月 18 日。

百废待兴而国家财力物力却十分有限的情况下，自然不能继续实行这种方针。政务院的《决定》从根本上改变了原有的状况。它的基本内容有三：一是统一财政收入，二是统一全国物资调度，三是统一全国现金管理。财政收入的统一，使国家收入中的主要部分的中央收入，能集中使用于国家的主要开支。全国物资调度的统一，使国家的重要物资，如粮食、纱布、工业器材等，从原来十分分散的状态下集中起来，变为能应付各种危机的有效力量。全国现金管理的统一，则把所有属于政府，但分散在各企业、机关、部队的现金，由中国人民银行统一管理，集中调度，这不但避免了社会上通货过多的现象，而且大大增加了国家能够使用的现金。总之，这三种统一的共同效果是避免了十分有限的财力物力在使用上过分分散和浪费，达到可以集中使用来办几件大事的目的。它对扭转当时极端困难的财政经济局势起了重大作用，在我国财政史上是一个划时代的举措。

由于采取了这一系列强有力的措施，到一九五〇年三月间，全国财政收支接近平衡，物价日趋稳定。这年八月底，全国银行存款比一九四九年底增加了十四倍以上。这是一个了不起的成绩！几十年来，无论清朝政府、北洋军阀或是国民党政府，都没有做到过国家财政收支的平衡，每年都得依靠发行巨额纸币和举借巨额外债度日。抗日战争后期和解放战争时期，国民党统治区的恶性通货膨胀，更使老百姓到了无法生存下去的地步。新中国成立后，帝国主义者再三地认定年轻的人民共和国必将被这些看来是无法解决的难题所压倒，不得不向他们求救。但是，人民政府在战争尚未结束、又遭受帝国主义经济封锁的情况下，却在短时间内创造了这样的奇迹，这确实是值得自豪的。“资产阶级代表人物也不得不为之折服，说‘中共此次不用政治力量，仅用经济力量，就能稳住物价，是我们所料不到的’。”“毛主席还说过，平抑物价、统一财经，其意义‘不下于淮海战役’。”①

当时另一个突出的问题是自然灾害给人民造成的深重苦难。

说是自然灾害，其实也有着很大的人为因素。由于国民党统治时长期水利失修，加上连年战乱的破坏，当时发生的灾情，无论在地域还是严重程度上，都十分惊人。其中，除极小部分是旱灾外，都是水灾。一九四九年，全国被淹耕地达一亿二千一百五十六万亩，减产粮食二百二十亿斤，灾民四千万人，重灾区灾民达一千万人。其中，华东地区被淹耕地五千余万亩，占全部耕地的五分之一，减产粮食七十余亿斤，灾民一千六百万人。一九五〇年六月，皖北地区在连续七天大雨后，淮河又大决口。政务委员曾山在视察时看到：津浦铁路两旁一片汪洋，一眼几十里都是如此，沿路数百里的河堤全部失去作用，村庄被淹没崩塌，怀远县县城的城墙也看不到了，许多灾民挤在一块块高地上求生，干部情绪低落。这次被淹没的耕地达三千一百万亩，冲塌房屋几十万间，灾民九百九十五万人，其中断炊的已达一百零九万人。②

这是直接关系到千百万人民生死的大问题。作为政府总理的周恩来为此忧心如焚。新生的人民共和国当时正面对着恢复经济的繁重任务。在周恩来看来，农业的恢复又是国民经济一切部门得以恢复的基础。如果这样严重的灾害得不到救治，其他问题的解决也就无从谈起。因此，从这时起，他一直以很大的精力坚持不懈地来抓水利工作。

新中国成立还不到两个月时，他就接见解放区水利联席会议的代表，用“大禹治水，三过其门而不入”的故事，勉励他们要下决心为人民“除害造福”。他说：“中国人民长期以来受尽了水旱灾害的折磨，水利做的是开路的工作。水利工作本身就是为人

① 薄一波：《陈云的业绩与风范长存》，《人民日报》，1996年4月10日。

② 第44次政务会议记录，1950年8月4日。

民服务。”[①] 这年十二月中旬，他以政务院总理的名义发出《关于生产救灾的指示》。第二年三月二十日，又发出《关于一九五〇年水利春修工程的指示》。

当一九五〇年六月淮河再次大决口后，周恩来两次主持政务会议，讨论治淮问题。在傅作义报告了淮河严重灾情和目前治淮的情况后，周恩来激动地说：“水灾是非治不可。如果土地不洪就旱，那就土改了也没有用。”他提出治理淮河的五项原则：统筹兼顾，标本兼施；有福同享，有难同当；分期完成，加紧进行；集中领导，分工负责；以工代赈，重点治淮。那时，淮河流经的几个省在治水问题上有排水和蓄水之争。如果各地都只顾自身的局部利益，各自为政，根治淮河是不可能的，各地的局部利益最后也无法得到保障。周恩来总结历史经验教训，根据淮河实际情况，统筹全局，明确指出：治淮的“总的方向是，上游蓄水，中游蓄泄并重，下游以泄水为主。从水量的处理来说，主要还是泄水”。“这次治水计划，上下游的利益都要照顾到，并且还应有利于灌溉农田，上游蓄水库注意配合发电，下游注意配合航运。总之，要统筹兼顾”。[②] 接着，又发布《政务院关于治理淮河的决定》。他还指定负责治理淮河的指挥机构从南京迁到蚌埠。这样，从第二年二月起，大规模的治淮工作开展起来了。

除救灾外，救济失业者也是一项十分繁重而艰难的任务。旧中国本来就留下庞大的失业大军。新中国成立后，在经济改组过程中，一部分不适应社会需要的工厂倒闭，又增加了失业的人数。全国失业总人数达到一百一十七万人，其中以上海、南京、武汉、重庆等重要城市最为严重。以上海来说，一九五〇年头三个月中，失业工人已近十二万人，他们的生活极为困难，连续发

① 周恩来在解放区水利联席会议上的讲话记录，1949 年 11 月 20 日。

② 周恩来在第 57 次政务会议上的发言记录，1950 年 11 月 3 日。

生有人因生活没有出路而自杀的现象。周恩来十分焦灼，亲自作了调查和部署。政务会议两次讨论了这个问题。五月十三日，周恩来在给上海人民政府的复示中写道："对于两三个月以上的长期救济，应用以工代赈（如修筑公共工程等）为主要方法。"①同时，还提出了生产自救、还乡生产、发放救济金、转业训练、介绍就业等多种办法。七月二十五日，他又作了《妥善救济失业教师、处理学生失学问题的指示》。到九月底，全国失业工人和失业知识分子得到救济的，已达半数以上。

克服当前面对的困难、恢复国民经济的任务是繁重而艰巨的，但周恩来把目光放得更远，要求把恢复的过程同调整经济结构结合起来，"有信心地稳步地重新组织中国经济结构"。②

政务院成立后，他要求各部委分别召开各种全国性的专业会议。召开这种会议的目的有两个：第一是了解情况。各部委都是草创，不可能立刻掌握全面情况，需要通过开这种会或去各地调查来了解。第二是确定今后一个时期的工作方针和计划。尽管各部委工作的总的方针在《共同纲领》中都已规定了，可是怎样使这些方针具体化，怎样贯彻下去，也需要召开一些业务会议来解决。他在一九五〇年六月向政协第二次会议的报告中讲到："八个月来，我们开的各种专业会议，就有八十次之多。在这八十次会议中，属于财政经济的就有六十次，占四分之三。将要开的还有三四十次。在这样一个短时间中，我们开了这样多的会议，是因为业务上的需要。不开就不了解情况，就无法进行工作。"③

① 周恩来：《关于救济失业工人办法给上海人民政府的复示》，1950年5月13日。

② 周恩来在工会工作会议上的讲话提纲，1949年9月。

③ 周恩来在政协第一届全国委员会第二次会议上的政治报告记录稿，1950年6月16日。

周恩来着重考虑的是当前财经形势和新中国经济的几种关系。政务院成立后只隔了两个月，在一九四九年十二月二十二日和二十三日，他接连两天对全国农业会议、钢铁会议、航务会议的代表们讲话，谈了新中国经济中的六种关系，即城乡关系、内外关系、工商关系、公私关系、劳资关系和上下关系。这些是他正在深入思考的几个大问题。他要求从事各种专业工作的人，都要先有全局的观念、整体的观念，正确认识这六种关系，才能把自己的工作放在整体工作中的恰当位置上，把工作做好。

他着重谈了工业和农业的关系，指出："在中国，城乡关系是一种非常重要的关系。""从老解放区乡村来的干部，有一套很好的农村生产经验，懂得如何组织农业劳动，但不能因此就说农业是重心而忽视工业，否认或者忽视城市领导乡村、工业领导农业的作用。""农业不能作为重心，它必须在工业的领导下才能发展。必须把城市工业组织起来发挥领导作用，才能使农业现代化、机械化。"党的七届二中全会正确地决定了今后工作的重心应转向城市。周恩来问道：这一来"是不是就可以不要依靠农业这个基础并从而忽视乡村呢"？他坚定地回答："不能。""如果没有广大农业的发展，工业发展是不可能的。"他从中得出结论："我们必须在发展农业的基础上发展工业，在工业的领导下提高农业生产的水平。没有农业基础，工业不能前进；没有工业领导，农业就无法发展。"显然，这里已经包含着以后正式提出的"农业为基础，工业为主导"这个发展国民经济方针的雏形了！

关于内外关系，他说："国家建设是以国内力量为主还是以国外援助为主？我们的回答是以国内力量为主，即自力更生为主。"我们欢迎友邦在平等互助基础上的帮助。这种真正的帮助，有助于我们自力更生。

关于工商关系，他强调：工业和商业比较，当然是以工业为主。我们的国营商业和合作社商业是以服务于工农业品的流通、服务于人民为主的，必须防止投机现象。解放前夕，城市中的生产几乎都破坏了，只剩下商业投机，这种情况要改变过来。

关于公私关系，他指出，国营经济虽然在国家的经济构成中现在只占百分之五，但它是社会主义性质的经济，应该是领导的成分。凡与国计民生有重大关系而不应该由私人操纵的企业都要归国家经营。“现在整个工业中有一半是属于私人经营的，它对国家的发展是有很大帮助的。在那些有利于国计民生的私人企业遇到困难的时候，政府是会帮助它的。”

关于劳资关系，他说，这个问题在国营企业中不存在，在私人企业中是存在的。我们要采取保护劳动的政策，对于资方也要给予适当的利润。

关于上下关系，周恩来说：“这里说的上下关系是指中央与地方的关系。在今天的情况下，我们还不能完全做到集中和统一，但也不允许各自为政。我们实行的是民主集中制，不是封建割据。要既利于国家统一，又利于因地制宜，这是《共同纲领》中确定了的。”“在中央的统一领导下发挥地方的积极性，才能使各方面的工作生气勃勃，否则就死气沉沉。”①

这篇讲话，特别是其中提出的六种关系，是周恩来担任政务院总理两个多月内，经过对实际情况的认真了解，对经济工作中的问题作了全盘性的思考，从而把《共同纲领》中规定的方针，在许多方面进一步具体化了。这对指导新中国的经济建设有着重大的意义。

这以后不久，周恩来在全国统一战线工作会议上又着重谈了民族资产阶级的问题。他说：如何对待民族资产阶级已经是一个相当普遍性的问题了。我们与资产阶级是继续合作下去，还是同它搞翻？总还要跟资产阶级搞团结合作吧！“我们应该承认，今

---

① 《周恩来选集》下卷，人民出版社 1984 年 11 月版，第 8—13 页。

天国营经济力量还很小，有利于国计民生的私营经济是有一定的积极作用的，应该予以扶助使其发展。”“私营经济，今天看起来有些萧条，但以后会发展。等土地改革完成了，生产恢复和发展了，人民生活改善了，企业的旧的经营方式也改变了，那时私营企业就可以进一步得到发展，帮助国营经济满足人民多方面的需要。”①

到一九四九年底，国内的军事局势有了重大变化，中国人民解放军已经解放了除西藏和台湾等一些海岛以外的全部中国国土，而军队的人数却激增到五百二十万人。在一九五〇年的全国收支概算中，军费开支占国家财政支出的百分之三十八点八，是比重最大的一项。在国家转入以和平建设为主的情况下，军费支出继续占这样大的比重是不适宜的。这种状况必须及时作出调整。中央人民政府下决心在一年内复员一百二十万人。

一九五〇年五月十九日，中央军队整编复员委员会成立，周恩来担任主任，人民解放军代总参谋长聂荣臻为副主任。这样大规模的军队复员工作是前所未有的。它牵动的面十分广，会遇到许多复杂的问题。周恩来以高度负责的精神，进行了细致的研究和安排。他在政务会议上作说明时举了一个例：“以军队的成分说，解放战士占百分之七十到八十。他们多数是新区的、被国民党抓来的，原籍有的也不知道他们的死活，现在回去如果土改过了，不一定能分到地。”“这样一想，对复员工作我们需要时间、准备和步骤，并且要有恰当的待遇，要做很多工作，绝不是一纸命令就能解决问题的。”在规定了复员军人应得的待遇后，他又提出：“另外还要有鞋、袜、肥皂和布。血战归来，对老婆带几尺花布也是好的。”并且叮嘱道：“袜子要厚点，能两面穿。”他还规定：“起义部队一般不动。不应该刚来就要他们走。如果那

① 周恩来在全国统一战线工作会议上的讲话记录，1950 年 4 月 30 日。

样做，我们心里很不安。”① 周恩来对战士复员后可能遇到的问题考虑得如此周到细致，并且规定起义部队一般不动，使一些参加讨论的原国民党将领十分感动。他们把这个事实同旧中国历次裁兵，总是用来排除异己并且不顾被裁官兵的死活作了比较，觉得这只有在新中国才有可能。周恩来在另一次会议上还指出：军队整编的原则，是使解放军“要在现有基础上提高，在近代化的条件下发展”，“要建设近代化的国防，必须要有近代化的军工生产为基础”。②这项工作取得很大成绩，只是由于抗美援朝战争的发生，才在复员规模上有所调整。

一九五〇年六月六日至九日，中共中央在北京举行七届三中全会。毛泽东在会上作了题为《为争取国家财政经济状况的基本好转而斗争》的报告。他在报告中分析了国际国内形势，指出：“我们现在在经济战线上已经取得的一批胜利，例如财政收支接近平衡，通货停止膨胀和物价趋向稳定等等，表现了财政经济情况的开始好转，但这还不是根本的好转。要获得财政经济情况的根本好转，需要三个条件，即：（一）土地改革的完成；（二）现有工商业的合理调整；（三）国家机构所需经费的大量节减。”③周恩来在这次会上作了关于外交和统一战线工作的报告。

土地改革的完成，是毛泽东提出的要获得财政经济情况根本好转所需的首要条件，也是中国民主革命留下的有待继续完成的极其重要的任务。除了东北、华北大部和西北一部已经实行土地改革以外，全国大部分地区的封建残余势力仍然存在着。土地改革工作是由刘少奇负责主持的；而周恩来作为中共中央主要领导

① 周恩来在第 36 次政务会议上的发言记录，1950 年 6 月 24 日。

② 周恩来在全军参谋会议上的讲话记录，1950 年 5 月 16 日。

③ 《人民日报》，1950 年 6 月 13 日。

人之一，作为政务院总理，对这项工作自然也极为关注，并积极参与。

一九五〇年初，他在一次会议上说："土地改革是中国人民大革命的主要内容之一，它是改变封建土地的所有制为农民的所有制。在全国范围来说，实行土改的地区未过半数，人民解放战争在全国范围虽然已经取得了基本胜利，但是它的根子——封建势力却仍没有消灭。因此，我们就必须逐步的分期的实行土改。"他特别强调："土改对于中国的社会经济是有着决定意义的关键。没有农村四万万人口的解放，生产力就无法提高。"同时，他又充分认识到这场斗争的艰巨性和复杂性：蒋介石统治集团做了那么多坏事，使得人人痛恨，他们只是一个几万人、几十万人的少数分子的集团，而地主富农占中国农村人口的百分之十，单拿地主来说也有两千万人上下，这个数目是很大的；中国的地主又不像欧洲的贵族那样世袭不变，在土地占有关系上常常变换，有些中小地主破产了，新的地主就起来代替，情况相当复杂；中国的地主在经济上、社会关系上同城市的工商等各阶层有很多的联系，都是一些所谓亲朋故旧的家乡关系，实行土改就必然会震动许多阶层的人。"这就需要有很大的决心及的确谨慎的步骤，才能做好。"他还说：

> "今后在新解放区实行土改不是容易的事，因为现在的条件差了一些，群众没有组织好，干部也不像以往那样多，而大部分都是由北方去的，本地的干部少。同时，在过去战争时期，实行土改可以用战争形势进行动员，今天离战争较远，因之土改问题就很突出。所以，我们的政策须要慎重。"①

这年二月二十八日，他以政务院总理的名义公布《政务院关

---

① 周恩来对纺织等10个专业会议代表的讲话记录，1950年3月14日。

于新解放区土地改革及征求公粮的指示》，规定："所有华东、华中、华南、西北、西南的新解放区，由于准备工作及群众的觉悟与组织还未达到应有的程度，决定在一九五〇年秋收以前，一律不实行分配土地的改革。"《指示》把这些地区分为三类：第一类，江苏、湖北、广东、陕西等九省，甘肃等三省的汉人地区，在一九五〇年秋收以后，有条件的可开始实行土地改革；第二类，广西、云南、贵州、四川、西康、绥远六省，在一九五一年秋收以后，可实行土地改革；第三类，新疆和全国各少数民族聚居的地区以及少数民族与汉人杂居的地区，在一九五一年秋收以前都不实行土地改革，在这以后是否实行土地改革另行决定。《指示》规定："所有新解放区，在实行分配土地以前，应一律实行减租。"《指示》对新解放区征收公粮的办法也作出具体的合情合理的规定。

六月十四日至二十三日，中国人民政治协商会议第一届全国委员会举行第二次会议，会议的中心议题是讨论土地改革问题，刘少奇在会上作了《关于土地改革问题的报告》。三十日，中央人民政府公布《中华人民共和国土地改革法》。这就为一九五〇年秋收以后大规模展开的土地改革运动提供了基本的准则。八月二十日，政务院公布《关于划分农村阶级成分的决定》。这个决定是周恩来主持起草的。起草过程中，他进行深入的调查研究，反复听取各方面的意见，对土地改革中涉及的各种复杂情况都作了明确而细致的规定，前后共写了十一稿。他在政务会议上作说明时回顾道："土地革命时即进行分田运动。那时的基本政策是耕者有其田，但有过一些'左'的作风。一九三三年的两个文件，就是纠偏。"一九四六年土地改革时，又有过偏向，后来纠正了。"最重要的文件还是一九三三年公布的两个文件。大家都认为：若把两个文件早些印发出来，就不会有那么大的偏向了。""这两个文件的好处是有全文，有附文。现在由于附文不够，还需要有些新的决定才能解决问题。”“这本书的全部内容都要算数。不能只是全文算数，写的说明不算数。”“过去有些文件不通俗，给农民看更不容易懂得。这次的文件是比较通俗的。”① 参加土地改革的干部都认真学习了这个文件。这对保证土地改革工作的健康进行起了巨大的作用。

新中国的政府成立后，还面对一项严重任务：要在比较短的时间内，清除帝国主义和国民党长期统治留下的种种屈辱的和丑恶的社会现象。

旧中国在一百多年的漫长岁月里，饱受帝国主义列强的欺凌和奴役。他们通过战争和其他手段，把一个个不平等条约强加在中国人头上，不但割去中国大片领土、夺取巨额赔款，并且在中国境内享有驻军、领土租借、内河航行、海关管理、自由经营、领事裁判等种种特权，在这些特权保护下支配着旧中国的政治和经济。这使每一个有着爱国心的中国人都深深感到痛心。

解放战争时期，中国人民解放军到达的地方，驻扎在中国领土上的外国军队被迫全部撤走，帝国主义列强原来享有的内河航行、自由经营、领事裁判等特权被一一取消。新中国成立时，周恩来主持起草的《中国人民政治协商会议共同纲领》明确规定：“中华人民共和国必须取消帝国主义国家在中国的一切特权”，“对于国民党政府与外国政府所订立的各项条约和协定，中华人民共和国中央人民政府应加以审查，按其内容，分别予以承认，或废除，或修改，或重订”。北京、天津、上海等地先后收回美国、英国、法国和荷兰兵营的地产权，征用兵营及其他建筑。对外侨持有的武器和电台，要求他们进行登记和封存。

建立人民海关，是废除帝国主义在华特权的一件大事。政务

① 周恩来在第44次政务会议上的发言记录，1950年8月4日。

院成立后，立刻成立了海关总署。一九五〇年一月二十七日，政务会议通过《关于关税政策和海关工作的决定》，指出：过去一百多年中，帝国主义者侵犯了我国的海关自主权。他们曾长期掌握了我国海关管理和关税收支的大权，并且把同海关无关的保证航行安全和巡卫国境海岸等也揽入海关管理范围之内。《决定》规定："中央人民政府海关总署，必须是统一集中的和独立自主的国家机关。海关总署负责对各种货物及货币的输入输出执行实际的监督管理，征收关税，与走私进行斗争，以此来保护我国不受资本主义国家的经济侵略。"① 这个《决定》在三月七日由政务院公布。中国海关完全掌握在中国人自己手里了。十月六日，政务会议再次讨论海关工作。周恩来在作结论时说：海关总署成立一年来，做了很多工作，把为帝国主义服务的海关基本上改变过来，变为中国人民的海关，这是一件大事情，"我们已经掌握了国家大门的钥匙"。他又说："另一方面，旧海关有许多业务行政管理制度和技术方法是有用的，我们要接收过来"，"并加以改造"。②

新中国刚成立的时候，封建势力不仅在农村的大部分地区还存在，而且在一些工矿、交通运输等企业里还有封建把头对工人的压迫和剥削。一九五〇年二月六日，中国搬运工会第一届代表大会要求政府颁布命令，废除搬运业中的封建把持制度。周恩来很快批示："印发，并提交政务会议。"三月三十一日，第二十六次政务会议讨论通过了废除各地搬运业中的封建把持制度的决定。以后，在煤矿、纺织等企业中也相继废除了这类制度。

妓院是旧社会最惨无人道的黑暗场所之一。新中国成立后，先在北京市经过调查，拟订出进行封闭的具体办法。一九四九年

① 《人民日报》，1950 年 3 月 8 日。

② 周恩来在第 53 次政务会议上的讲话记录，1950 年 10 月 6 日。

十一月十八日，周恩来主持的第六次政务会议，批准北京市市长聂荣臻关于筹备召开北京市第二届各界人民代表会议的报告。同月二十一日，北京市第二届各界人民代表会议作出《关于封闭妓院的决议》。决议通过后，在十二小时内封闭妓院二百二十四家，收容妓女一千二百八十八人。接着，全国各地也陆续采取措施，封闭妓院，对妓女进行收容和教养。

鸦片烟毒，也是旧中国遗留的重要丑恶现象。一九五〇年二月二十四日，经过第二十一次政务会议讨论通过，公布了周恩来签署的《政务院关于严禁鸦片烟毒的通令》，严格规定："在军事已完全结束地区，从一九五〇年春起应禁绝种烟；在军事尚未完全结束地区，军事一经结束，立刻禁绝种烟，尤应注意在播种之前认真执行。""在本禁令颁布之日起，全国各地不许再有贩运、制造及售卖烟土毒品情事，犯者不论何人，除没收其烟土毒品外，还须从严治罪。""吸食烟毒的人民限期登记（城市向公安局，乡村向人民政府登记），并定期戒除。隐不登记者，逾期而犹未戒除者，查出后予以处罚。"① 贻害中国一百多年的鸦片烟毒的清除工作，在全国范围内取得巨大成功。

这一切，正像毛泽东在新政治协商会议筹备会开幕时所说的那样："中国人民将会看见，中国的命运一经操在人民自己的手里，中国就将如太阳升起在东方那样，以自己的辉煌的光焰普照大地，迅速地荡涤反动政府留下来的污泥浊水，治好战争的创伤，建设起一个崭新的强盛的名副其实的人民共和国。"②

一九五〇年九月三十日，中华人民共和国成立一周年的前夜，周恩来在中国人民政治协商会议全国委员会举行的国庆庆祝大会上，作了题为《为巩固和发展人民的胜利而奋斗》的报告。

---

① 《人民日报》，1950 年 2 月 25 日。

② 《毛泽东选集》第 4 卷，人民出版社 1991 年 6 月第 2 版，第 1467 页。

他在报告中满怀豪情地回顾了新中国第一年走过的历程，说道：

> “在中国，历史上只有一个政府，曾经在一年内做了这么多有利于人民的工作；只有一个政府，曾经在一年内驱逐了那么多的强盗式的‘军队’和‘政府’，而代之以纪律严明和蔼可亲的人民军队和廉洁而讲道理的人民政府；只有一个政府，曾经在一年内剥夺了帝国主义国家的特权，消灭了可恨的特务机关，停止了无限期的通货膨胀，而给予人民一种欣欣向荣的气象；这个政府，就是中央人民政府。”
>
> “国内外的人民都看到：经过了这一年，中国已经比过去几百年甚至几千年经历了更重要的变化；旧面貌的中国正在迅速地消失，新的人民的中国已经确定地生长起来了。”①

是的，新的人民的中国已经确定地生长起来了！这便是历史对中央人民政府这一年工作所作的完全符合实际的结论。

① 《周恩来选集》下卷，人民出版社 1984 年 11 月版，第 49、31 页。

三十九、最初阶段对外格局的奠定

新中国成立时，面对的另一个极端重要而又陌生的课题，是如何创造性地开辟外交工作的新局面，正确处理对外关系中各种纷繁复杂的矛盾，使中华民族在风云变幻的国际大格局中站在恰当的位置。如果没有高瞻远瞩的战略眼光，没有高度的智慧和才能，是无法担当起这份重任的。周恩来在担任政务院总理的同时，兼任了中华人民共和国第一任外交部长。

外交工作主要是处理国家同国家之间的关系，主要工作对象是各国政府和当权者。周恩来一向关注国际形势的发展，曾同不少外国人士有过交往，积累了重要的经验。但中国共产党过去没有在全国范围内处于执政地位，在解放区也没有外国政府设立的外交机构，因此，不能说已有完全意义上的外交工作。

新中国的外交工作，从一开始便有自己的鲜明特色，那就是独立自主。这是中国人民多少年来梦寐以求的目标。它同人们深恶痛绝的半殖民地旧中国奉行的那种屈辱外交形成强烈的对照。在这个根本问题上，周恩来始终坚定不移地维护中华民族的主权和尊严，从不退让一步。

一九四九年十一月八日，中华人民共和国外交部正式成立。周恩来在外交部成立会上，充满民族自豪地对与会的全体工作人员说："清朝的西太后，北洋政府的袁世凯，国民党的蒋介石，哪一个不是跪倒在地上办外交呢？中国一百年来的外交史是一部屈辱的外交史。我们不学他们。我们不要被动、怯懦，而要认清帝国主义的本质，要有独立的精神，要争取主动，没有畏惧，要有信心。"他又严肃地提醒大家："但也不要盲目冲动，否则就会产生盲目排外的情绪。""外交不能乱搞，不能冲动。遇事要仔细想，分析研究，看是属于哪一类性质，其后果如何，分析好的一方面，同时也要分析坏的一方面。要培养思考的能力。"他反复地叮嘱大家："过去我们可以说是打游击战的，只接触过一些外国记者和马歇尔等，不是全面的战斗。现在我们是代表国家，一切都要正规化，堂堂正正地打正规战。我们更应该加倍谨慎。"①

这便是新中国外交工作的崭新风格，使世人耳目为之一新。

为了割断旧中国的外交传统、观念和联系，毛泽东提出"另起炉灶"的主张。周恩来在建国前夕也反复地思考着这个问题。一九四九年一月，他在中共中央政治局会议上着重地谈了外交问题，说："总的观念，百年受压迫，站起来了，民主联合。这个承认，那个承认，是旧观念。有些气概，才能摆好。"对具体政策，他说：国民党时期的"外交关系，不承认为好"。"外贸关系一件件做，不受束缚。""总之，有利的解决，不成熟的过一下解决。"② 同月十九日，中共中央发出周恩来起草的《中央关于外交工作的指示》，明确地指出：

"目前我们与任何外国尚无正式的国家的外交关系。许多帝国主义国家的政府，尤其是美帝国主义政府，是帮助国民党反动政府反对中国人民解放事业的。因此，我们不能承认这些国家现在派在中国的代表为正式的外

① 《周恩来外交文选》，中央文献出版社 1990 年 5 月版，第 4—6 页。

② 周恩来在中共中央政治局会议上的发言记录，1949 年 1 月 8 日。

交人员，实为理所当然。我们采取这种态度，可使我们在外交上立于主动地位，不受过去任何屈辱的外交传统所束缚。在原则上，帝国主义在华的特权必须取消，中华民族的独立解放必须实现，这种立场是坚定不移的。但是在执行步骤上，则应按问题的性质及情况，分别处理。”①

他对身边工作人员说：如果我们急于要求这些国家承认，就会陷于被动。他们若要同我们建立外交关系，就要按平等原则进行谈判。他又说：谈判建交在国际上并无先例，这是根据我国具体情况的一项创举。

新中国一成立，外交上面对的第一个问题就是同其他国家建立外交关系，走向国际社会。

十月一日，毛泽东在《中华人民共和国中央人民政府公告》中向全世界庄严宣布：“本政府为代表中华人民共和国全国人民的唯一合法政府。凡愿遵守平等、互利及互相尊重领土主权等项原则的任何外国政府，本政府均愿与之建立外交关系。”

同一天，周恩来以外交部长的名义向各国政府发出公函，里面说：“毛泽东主席已在本日发表了公告。我现在将这个公告随函送达阁下，希为转交贵国政府。我认为，中华人民共和国与世界各国建立正常的外交关系是需要的。”

周恩来把公告和信件交给工作人员打印时，兴奋地说：“这将是我们新中国的第一个外交文件，是通过使领馆向外国政府发出的第一个照会。”

首先承认中华人民共和国的国家，是社会主义的苏联。中华

① 《中共中央文件选集》第18册，中共中央党校出版社1992年10月版，第44页。

人民共和国成立的第二天，十月二日，苏联政府致电周恩来，决定同新中国建立外交关系，并互派大使。同一天，他们向在广州的国民党政府宣布断绝外交关系，召回外交代表。三日，周恩来复电苏联，表示欢迎两国建立外交关系并互派大使。

接着，保加利亚、罗马尼亚、朝鲜、匈牙利、捷克斯洛伐克、波兰、蒙古、德意志民主共和国等人民民主国家在十月底前相继同中国建立了外交关系。阿尔巴尼亚在十一月二十三日同中国建交。越南民主共和国主席胡志明在一九五〇年一月十四日发表声明，承认中国人民政府，要求建立外交关系并互换大使。十八日，周恩来复电越南外交部长黄明鉴："中华人民共和国中央人民政府认为越南民主共和国政府是代表越南人民意志的合法政府，中华人民共和国中央人民政府愿意和越南民主共和国政府建立外交关系并互派大使，借以巩固两国邦交，加强两国的友好和合作。"① 当天，两国正式建交。中国成为世界上第一个承认越南民主共和国并同它建交的国家。南斯拉夫联邦人民共和国政府在一九四九年十一月五日已发表声明，承认中华人民共和国，并且电告周恩来。由于照顾到欧洲各国共产党和工人党情报局关于南斯拉夫的决议，中国同南斯拉夫建交的问题暂时被搁置，到一九五五年一月才得到实现。

这样，三个多月内，新中国已经同十一个国家建立了外交关系，它们当时都是社会主义阵营的国家。

一九四九年十二月六日，中央人民政府主席毛泽东率领随行人员，启程离开北京，乘专列前往苏联。毛泽东为什么要在这时访问苏联？周恩来在政务会议上作了说明：一是祝贺斯大林的七十寿辰，共同交换对世界形势的意见；二是要和苏联订立条约；

① 周恩来致越南外长黄明鉴电，1950 年 1 月 18 日。

三是向苏联借款。[1] 这三条中最重要的是第二条，因为苏联在一九四五年八月根据苏、美、英在雅尔塔的秘密协议，同国民党政府签订了严重损害中国权益的《中苏友好同盟条约》，在新中国成立后理应加以废除而另订新约。

毛泽东在十二月十六日到达莫斯科，当天就同斯大林会谈。毛泽东在会谈一开始时提出：目前最重要的问题是建立和平。中国需要和平的环境，把经济恢复到战前的水平，并从总体上使国家稳定。中国对重大问题的决定，取决于今后的和平前景。国际和平如何保持？能够维持多久？斯大林表示：和平依靠我们的努力。那样，和平不仅能保持五到十年，而且能保持二十到二十五年，或者更长的时间。接着，毛泽东立刻提出《中苏友好互助同盟条约》的问题。斯大林不愿签订新的中苏条约。他表示：一九四五年那个条约是根据雅尔塔协定签署的，可以说得到了美国和英国的同意，苏联的千岛群岛、南库页岛等问题也是在雅尔塔达成协议的。因为雅尔塔协定的缘故，目前不宜改变原有中苏条约的合法性，否则会给美国和英国关于要修改千岛群岛和南库页岛问题带来法律依据。在表面上要保持条约的原有条款，而寻找一种有效地改变原有条约的办法，例如，在形式上不改变由苏联租借旅顺口三十年这一点，但实际上可以在中国政府要求下从那里撤出苏军。如果中国同志对这样的做法不满意，中国方面可以提出自己的建议。毛泽东说：照顾雅尔塔协定合法性是必要的，但中国社会舆论有一种想法，认为原条约是和国民党订的，国民党既然倒了，原条约就失去了意义。斯大林说：原条约是要修改的，大约两年以后，并且须作相当大的修改。[2] 十二月二十四

---

① 周恩来在第 11 次政务会议上的讲话记录，1949 年 12 月 16 日。

② 毛泽东同斯大林会谈记录，1949 年 12 月 16 日；毛泽东致刘少奇电，1949 年 12 月 18 日。

日，斯大林同毛泽东第二次会谈，斯大林不再谈到中苏条约问题，使毛泽东很失望。

这以后，来莫斯科祝寿的其他国家领导人陆续回国，毛泽东仍滞留在那里。斯大林不再约毛泽东会谈。英国一家通讯社传出毛泽东被软禁的谣言。局面不能再僵持下去了。事情终于发生了转折。一九五〇年一月二日，毛泽东致电中共中央："最近两日这里的工作有一个重要发展。斯大林同志已同意周恩来同志来莫斯科，并签订中苏友好同盟条约及贷款、通商、民航等项协定。""希望恩来偕同贸易部长及其他必要助手和必要文件材料，于一月九日从北京动身，坐火车（不是坐飞机）来莫斯科，由董必武同志代理政务院总理。对外不要发表，待周到莫后才发表。"①

一月十日，周恩来率领中华人民共和国政府代表团乘火车离开北京，前往苏联。代表团成员有东北人民政府副主席李富春、对外贸易部部长叶季壮等。他们在二十日到达莫斯科。二十二日晚，毛泽东、周恩来等同斯大林、莫洛托夫、米高扬、维辛斯基等会谈。斯大林先表示：经过仔细考虑，过去的《中苏友好同盟条约》已不适用，因为那个条约是在对日作战时订立的。由于对日作战的结束，情况已经发生变化，那个条约已成为过时的东西，必须另订新约。双方商定了各项问题的处理原则和工作方法。从第二天起，具体商谈由周恩来、李富春、王稼祥同米高扬、维辛斯基、罗申进行。谈判的具体经过，在周恩来亲自执笔的给刘少奇并中共中央政治局的一个电报中，有十分清楚的概括和叙述。它的全文是：

"在此谈判经过，简报如下：

"（一）恩来到后，一月二十二日斯大林同志约集谈话。毛主席说明在新情况下中苏两国的合作关系应在条

① 毛泽东致中共中央电，1950年1月2日。

约上固定下来。条约的内容应是密切两国的政治、军事、经济、文化、外交的合作，以共同制止日帝之再起及日本或与日本相勾结的其他国家之重新侵略。斯大林同意这一意见，并说明现有两类问题要解决：第一类为条约问题，即同盟条约问题、中长路旅大问题、贸易及贸易协定问题、借款问题、民航合作问题等；第二类为个别请求问题，如军事问题、空运团问题等等。当谈第一类问题时，斯大林对中苏条约应该是一个新的条约的意见已经肯定下来，并对雅尔塔协定问题说可以不必管它。对旅顺口问题，斯大林提出两个办法，一个是确定归还，对日和约缔结后撤兵，一个是现在撤兵，但过去的条约形式暂不变更。毛主席同意前一个办法。提到大连，斯说可由中国自己处理。关于中长路，我们因原无变更中苏共同经营之意，故当日只提出缩短年限，改变资本比例（五十一对四十九）及由中国同志任局长等三项意见，苏联同志同意缩短年限，但不同意改变资本比例，仍主张资本各半（五十对五十），并另提双方代表人员改为按期轮换制，举例如第一期局长为苏人，副局长为华人，第二期则改为局长华人，副局长苏人。关于贸易问题，毛主席说明我们所准备的出入口货单，并不十分准确，因此，与贸易有关的问题只能作大概的规定。关于借款问题，因须从今年一月算起，我们问可否缩短成四年，斯答很困难。关于第一类问题大致谈定后，即决定中苏双方由米高扬、维辛斯基与周恩来进行具体会谈，后在会谈时苏方加入葛罗米柯、罗申，我方加入王稼祥、李富春。关于第二类问题，军事及空运团，当商定先由刘亚楼与布尔加宁研究材料，其他各项则另订商谈程序。

“（二）从二十三日起，在毛主席指导下，便先谈条约及各项协定。中苏友好同盟互助条约是我们起草的，第一次电告即为该草案。苏方对该草案无原则修改，除文字修改外，较重要的是第二条改为从积极方面规定争取尽速缔结和约，第三条加上不参加反对对方的任何行动或措施，原第五、六两条合为一条。故对此条约无任何争论，即作成定案，已见第二次电告。

“（三）关于中长路及旅大协定，我们在第二次会谈时提出三个新的重要意见：第一个是中长路已经过六次波折，照目前情况看，苏联可以不要了，这对中苏两国的团结会更加有利。斯大林同志对此意见，当在联共政治局会议上表示中长路可以归还中国，在缔结对日和约后实行。第二个是如果对日和约三年尚不能缔结，应规定届时即将旅顺口及中长路归还中国，斯表示同意。第三个是大连现时为苏联代管或租用的产业由中国政府接收，斯亦表示同意。谈后，即由我们担任起草协定。

“毛主席在第一次谈话时即已说定中长、旅、大三个问题写在一个协定中，我们原提案乃在第一条将苏联表示放弃对于租用旅顺口为海军根据地的权利及对于大连和中长路的权益并交还中国写成协定主文。后来苏方修改文如二月五日电告者，将远东形势起了根本变化的事实及从新处理中长路旅大诸问题的可能性写上，然后分条规定对三个问题的解决办法。对中长路是说至迟三年无偿移交一切权利财产，对旅顺口是说至迟三年苏军自该地区撤退，并有偿移交上述地区设备，对大连港则俟和约缔结后处理，而大连产业今年即由中国政府接收。在协定外并有议定书，第一项原为无时间条件苏军得在绥满间运兵及运军需品，后改为如在远东发生战争威胁时始得实行，其他两项是有时间性的。我方对苏联修正案及其议定书已表示同意，国内在同意后亦应本条约原文解释和宣传。

“（四）关于贷款协定，草案为苏方提出，我无原则修改，只在解释年利百分之一的优惠条件时，苏方坚持用二月五日电告的文句，使新民主国家认识苏联何以减少一倍的利息优待中国。贷款协定的议定书，苏方原提出中国将战略原料四种（钨、锡、锑、铅）的剩余，只卖给苏联，后我提除铅外凡剩余均由苏联收买，苏联乃改为规定十四年中卖给苏联的数目，最后苏联同意我们的提案，将铅去掉，并减少锡头四年、锑全十四年的供给数字，生产如增加，当可增订出口。因此，北京陈、薄来电修改的数字便未再提出。本年内贷款只能支付六千万美元，已购之飞机（三四〇架）、汽车、降落伞、钢轨（四三〇八九吨）、高射炮、炮弹、汽油及空军各种器材共值四千万元美金。

“（五）除上述条约协定及议定书外，更考虑到宣布一九四五年的条约协定失效的办法，乃决定采用两外长换文的办法，亦为我方起草，苏方无修改通过，已见二月五日电告。

“（六）关于贸易协定，我们原拟签订商约，后经毛主席考虑商约条件尚未成熟，乃改提贸易协定，由我方起草与目前中苏贸易有关的十项条文并附两附件及五个附表的出入口货单，现方在商谈中。我们力争议好原则，只留审查出入口货单的工作给后走的同志，并由叶季壮留此签约。季壮来此即病痔，且将开刀，现由富春主持贸易谈判。富春走后，将留沈鸿、张化东、吕东等在季壮领导下续谈。我们所提出入口货单均近二亿美元，出口货价，苏方认为较高，特别大豆每吨相差二十六美元，入口货单恐有许多工业设备今年很难交货，尤其是农业种子工具今年有误季可能。新疆贸易额出口一千万，入口一千余万，均列入总贸易单内，不单独进行贸易谈判。

“（七）关于民航协定，苏方曾两次起草，现将其草案电告，我们意见另附。如可能，当由刘亚楼在此签字。

“（八）关于经济合作，除民航外，尚拟由赛福鼎、邓力群与苏方先进行初步接触，然后回迪化正式谈判石油及矿产两项合作，谈定后送中央批准并在北京签字。关于地方通商，斯大林同志极力主张由中央过问，故此次并无地方单独协定。经济合作原则大致定为资本各半，双方代表所负职位按期轮换，时间长短视产业性质分别规定。苏联对经济合作颇感兴趣，大连产业归还后，某些产业如航渡、港口工事仍将实行合作。

“（九）第二类个别问题另电续告。”①

周恩来对关系全局的大事，总是深入到它的细节中去，由自己动手，而不轻易假手他人。许多重要的历史性文献，常常由他亲自字斟句酌地起草，中国人民政治协商会议的《共同纲领》是这样，这次中苏谈判中的重要文件也是这样。《中苏友好同盟互助条约》和《关于中国长春铁路、旅顺口及大连的协定》，都由周恩来经过仔细研究后执笔。《关于苏联给予中华人民共和国政府以长期经济贷款作为偿付自苏联购买工业与铁路的机器设备的协定》，是苏方起草的。在具体商谈过程中，对这三个文件草案都没有作原则性的修改，文字上的更动也不多。

① 周恩来致刘少奇并中央政治局电，1950年2月8日，手稿。

一九五〇年二月十四日，中苏新约和有关协定的签字仪式在莫斯科克里姆林宫举行，由周恩来和苏联外交部长维辛斯基代表各自政府在文件上签字，斯大林和毛泽东出席了签字仪式。当晚，中国驻苏大使王稼祥在莫斯科大都会饭店举行盛大招待会。斯大林也应邀来到饭店出席招待会，这在他是打破惯例的举动。二月十七日，毛泽东、周恩来等乘专列离开莫斯科。三月四日，回到北京。中苏谈判中没有结束的贸易、新疆经济合作、民用航空、军事合作、专家合同等问题，由李富春、王稼祥、刘亚楼、叶季壮、赛福鼎五人组成代表团，留在莫斯科，继续谈判。

《中苏友好同盟互助条约》和有关协定的签订，是新中国外交工作中取得的巨大成功。周恩来在政务会议上报告说：这就“以新的条约把中苏两国的友好与合作关系固定下来，在军事上、经济上、外交上实行密切的合作”。① 毛泽东在将条约和协定提交中央人民政府委员会批准时也说：“这次缔结的中苏条约和协定，使中苏两大国家的友谊用法律形式固定下来，使得我们有了一个可靠的同盟国。这样就便利我们放手进行国内的建设工作，和共同对付可能的帝国主义侵略，争取世界的和平。”② 新约和有关协定使一九四五年八月的旧约和协定随之失去效力，这也给新中国有更大的政治资本，在国际上去审查过去中国和各帝国主义国家所订的条约。

条约和协定基本上解决了中苏两国之间遗留的悬案，那就是中国长春铁路、旅顺口及大连的问题。这是历史遗留下来的相当复杂的问题。在四年多前国民党政府同苏联签订的旧约和有关协定中规定：中东铁路及南满铁路合并为中国长春铁路，由中苏共同所有，共同经营，由苏联境内到旅大往返的货物免征关税，期

---

① 周恩来在第23次政务会议上的报告记录，1950年3月10日。

② 毛泽东在中央人民政府委员会第6次会议上的讲话记录，1950年4月11日。

限为三十年；中苏共同使用旅顺口海军根据地，两国军舰和商船可自由停靠，苏联在规定地区内有权驻扎陆、海、空军，期限为三十年；宣布大连为自由港，中国以所有港口工事及设备之一半无偿租与苏方，港务主任由苏联人员担任，期限为三十年。新的《协定》作出了重大改变，规定：苏联政府将共同管理中国长春铁路的一切权利以及属于该路的全部财产无偿地移交给中国政府，此项移交一俟对日和约缔结后立即实现，但不迟于一九五二年末；一俟对日和约缔结后，但不迟于一九五二年末，苏联军队自共同使用的旅顺口海军根据地撤退而由中国政府偿付苏联自一九四五年起对上述设备的恢复和建设费用；在对日和约缔结后，必须处理大连港问题，至于大连的行政则完全直属中国政府管辖，现时大连所有财产凡为苏联方面临时代管或苏联方面租用者应由中国政府接收。为什么旅顺的撤兵和中长铁路的归还，要同对日和约的签订联系在一起呢？周恩来归国后这样说明：

> “中长路是运输旅大驻兵的工具。由于美帝扶持日本和煽动战争，所以我们不能让苏联即刻撤兵。在中国的海空军没有很强盛地建立起来以前，我们还需要苏联的武装力量帮助我们驻守旅大，保护港口和沿岸，这在目前已使美帝飞机不敢到东北上空。假如美国一直不签订对日和约，到一九五二年就归还旅顺和中长铁路。”“这一点大家要清楚，是我们要留着苏联驻兵，并不是苏联不肯退兵。事实上，旅大的行政已完全由我们管理。”①

正因为这样，周恩来在归国途中很兴奋地说：“我们这次把历史上的一些悬案作了一个总的解决，这只有我们人民的中国、

① 周恩来对纺织等 10 个专业会议代表的讲话记录，1950 年 3 月 14 日。

共产党领导的中国才能和苏联得到这样的解决。”①

苏联政府向中国贷款的数字是中国方面提出来的。毛泽东从苏联致电中共中央说：“我们提出的要求是三万万美元，分几年付支，我们所以不提较多的要求是因为在目前数年内多借不如少借为有利。”② 苏联政府表示：鉴于中国因其境内长期军事行动而遭受的非常破坏，同意以年利百分之一的优惠条件给予贷款。这笔贷款在五年内分期交付，用来偿付为恢复和发展中国人民经济而由苏联交付的机器设备和器材，包括电力站、金属与机器制造工场等设备，采煤、采矿等矿坑设备，铁道及其他运输设备，钢轨及其他器材等。这对正准备全面展开经济建设工作而资金和技术都深感缺乏的新中国来说，是十分需要的。当年，中国政府就用这笔贷款从苏联引进第一批大型工程项目五十个，来进行国民经济最重要部门的恢复和改造。这就是中国第一个五年计划中一百五十六项重点工程项目中的最早的一批。

在当时的历史条件下，特别是美国政府对新中国在政治上抱着敌视态度、在经济上实行严密封锁的情况下，中国坚决地同社会主义的苏联站在同一条战线上，显然是合理的。苏联在那时确实也给了新中国重要的帮助。

同时，周恩来对这个问题始终保持着清醒的头脑。建国前夕，他就告诫身边的工作人员：“即使对于苏联及各人民民主国家，我们也不能有依赖之心”，不能“一切依赖外援”，“倒在外国人的怀里”。③ 新中国外交部的成立会上，他又对全体工作人员说：“就联合这方面说，同我们兄弟之邦并不是没有差别。换言之，对兄弟国家战略上虽是联合，但战术上不能没有批评。”

① 周恩来在东北干部会上的报告记录，1950 年 3 月 3 日。

② 毛泽东致中共中央电，1950 年 1 月 3 日。

③ 马列、王凝：《周恩来同志所倡导和体现的新中国外交风格》，《怀念周恩来》，人民出版社 1986 年 1 月版，第 490 页。

“所以，要是认为同这些国家之间毫无问题，那就是盲目的乐观。”① 很清楚，就在那个时候，新中国在同苏联的关系上，仍保持了自己独立自主的根本立场。

毛泽东访苏期间，从一九四九年十二月十六日至一九五〇年一月十七日这一个月中，有十三个国家先后宣布承认中华人民共和国。它们是：缅甸、印度、巴基斯坦、英国、锡兰（后改称斯里兰卡）、挪威、丹麦、以色列、印度尼西亚、阿富汗、芬兰、瑞典、瑞士。其中印度等七个国家，经过谈判，在一九五〇年十月底前同新中国建立了正式外交关系。这是第一批同新中国正式建交的不同社会制度的国家。

按照一般国际惯例，只要两国政府互致承认电文，就是建立外交关系的开始。新中国成立时面对着一个特殊情况，那就是国民党集团在美国政府支持下，还盘踞着台湾和霸占着联合国内的中国席位。因此，确定同外国正式建交有三条原则：第一，凡愿和我国建交的国家，必须同盘踞在台湾的国民党集团断绝外交关系；第二，对新中国采取友好态度，支持它恢复在联合国的合法席位；第三，通过谈判证实它尊重中国主权的诚意。这几点，对社会主义阵营的国家不存在问题，对其他国家就需要通过谈判来加以确定。因此，当周恩来从苏联回国途中，谈到最近有十多个国家先后承认新中国时，就这样指出：“我们说，要按照《共同纲领》的规定，首先和国民党断绝外交关系，然后才能谈判到和我们建立外交关系的问题。”②

这些第一批同新中国建交的不同社会制度的国家，大体上有两类：一类是亚洲新独立的民族主义国家印度、印度尼西亚、缅

① 周恩来在外交部成立会上的讲话记录，1949 年 11 月 8 日。
② 周恩来在东北干部会上的报告记录，1950 年 3 月 3 日。

甸；另一类是北欧的瑞典、丹麦、芬兰。这两类国家的情况又有所不同。

亚洲的新独立国家印度、印度尼西亚、缅甸等是中国的近邻。它们在历史上和文化上都同中国有着悠久而密切的联系，长期友好交往，和睦相处。在近代，又都遭受过西方殖民主义者的残酷压迫和奴役，进行着长期的不屈不挠的民族解放斗争，到第二次世界大战结束后才成为独立国家。它们同中国经历过共同的或相似的命运，比较容易取得相互的了解和接近。

它们中第一个承认新中国的是缅甸。一九四九年十二月十六日，缅甸联邦政府外交部长伊·蒙致电周恩来表示：缅甸政府决定承认中华人民共和国，并期望建立外交关系和互换使节。十八日，周恩来复电：同意在缅甸政府同国民党残余力量断绝关系的基础上，建立中缅外交关系。两国政府在经过谈判后，在一九五〇年六月正式建交。

接着，印度共和国总理尼赫鲁以外交部长的身分致电周恩来，表示印度政府决定承认中华人民共和国，愿相互建立外交关系。同时，印度政府宣布撤销对国民党政府的承认。一九五〇年一月四日，周恩来复电尼赫鲁：中国愿在平等、互利及互相尊重领土主权的基础上和印度建立外交关系，并望印度政府派代表前来北京就建交问题进行谈判。中印两国的谈判很顺利，双方在同年四月一日正式建交。印度成为不同社会制度的国家中第一个同新中国建立外交关系的国家。

一九五〇年一月十一日，印度尼西亚总理兼外交部长哈达写信给周恩来，告诉他：印度尼西亚联邦共和国已经成立。这时，周恩来正在前往莫斯科的途中。由于印度尼西亚是一个新独立的国家，同国民党集团没有外交关系，三月二十八日，周恩来回北京后不久，就照会哈达："我现在通知阁下，鉴于来函所述，中华人民共和国中央政府表示愿在平等、互利及互相尊重领土主权的基础上，与印度尼西亚联邦共和国建立中华人民共和国与印度尼西亚联邦共和国之间的正常外交关系。”① 四月十三日，哈达电告周恩来，同意两国建立外交关系。这样，中国和印尼就在四月十三日建交。

此外，中国同巴基斯坦是在一九五一年五月建交的，同阿富汗、尼泊尔分别在一九五五年一月和八月建交。

欧洲的情况比亚洲更复杂些。那时，已经形成北大西洋公约组织同华沙条约组织这两大军事集团的严重对峙，东西方已处于冷战的局面下。但各国的情况又有所不同。西欧一些大国受美国反华政策的影响，对新中国抱着不同程度的怀疑或敌视的态度。而北欧的瑞典、丹麦、芬兰、挪威和中欧的瑞士主张或倾向和平中立政策，不喜欢国际局势紧张和战争，重视对东方的进出口贸易，认为同新中国建立和发展关系符合它们自身的利益。这五个国家在一九五〇年一月七日至十七日间先后承认新中国，表示接受中国提出的建交条件，谈判建交问题。

周恩来根据欧洲国家的不同情况和它们的对华态度，区别对待，在建交问题上采取了不同的处理方式。他指出：我们跟西方国家改进关系，在政治上是“和平”，在经济上是“贸易”，可以根据这两条，在平等互利、相互尊重领土主权的基础上，建立和发展同西欧国家的关系。在这五个国家中，芬兰同国民党集团没有外交关系，又没有参加联合国，不存在在联合国对中国席位如何表态的问题，所以没有经过谈判程序，只是由双方驻苏使节共同商定在十月二十八日建交；瑞典、丹麦、瑞士三国，经过谈判，分别在五月和九月同中国建交；中国和挪威之间，在谈判过程中遇到一些周折，延搁到一九五四年十月建交。

英国是第一个承认新中国的西方国家。在第二次世界大战

① 周恩来致印尼总理兼外交部长哈达的照会，1950 年 3 月 28 日。

后，英国力量衰退，对美国依赖加深，但同美国又有分歧和矛盾。为了保持它在中国的巨大经济利益，一九五〇年一月六日，英国外交大臣贝文来电，表示承认新中国。当天，周恩来致电在莫斯科的毛泽东：

> “今日北京前英领事高来含携贝文来电，表示承认中华人民共和国中央人民政府为中国合法政府，准备与我政府建立外交关系，并派前大使馆参事胡阶生为代办来北京接洽。同时，高来含口头声明：英国政府已于今日通知国民党大使郑天锡断绝外交关系。我们拟本既定方针，只承认胡阶生为英政府代表，让其来京谈判建立外交关系问题。”①

一月九日，周恩来复电贝文表示：中国愿意在平等、互利及互相尊重领土主权的基础上同英国建交，并接受胡阶生为英国代表谈判建交事宜。三月间，两国开始进行建交谈判。由于英国政府不愿完全割断同国民党集团的关系，在台湾继续保持领事，不愿支持中华人民共和国在联合国的合法地位，不愿把香港等地的一些国家财产由新中国处置，谈判迟迟不能取得进展。朝鲜战争爆发后，英国参加战争并对中国实行禁运，中英建交谈判陷于停顿。直到一九五四年周恩来出席日内瓦会议期间，双方关系才取得进展。

荷兰在一九五〇年三月二十七日承认新中国，并提出两国建立外交关系。荷兰在东南亚有传统的经济势力，承认新中国主要是从贸易、航运等方面的利益来考虑的。四月下旬，两国开始建交谈判。由于荷兰在联合国机构中对恢复中国的合法席位投反对票，双方未能达成协议。到日内瓦会议后，双方关系才仿照英国的办法取得进展。

---

① 周恩来致毛泽东电，1950 年 1 月 6 日。

还有些国家愿意同新中国来往，但迫于美国压力和其他种种原因，不敢公开承认新中国并实行建交。周恩来要求对这些国家努力进行争取，并先开展民间往来和经济文化交流。

中国是联合国的创始国，是安全理事会五个常任理事国之一。中华人民共和国成立后，理所当然地应当代表中国人民取得在联合国的合法席位。一九四九年十一月十五日，周恩来致电联合国秘书长赖伊说：

> “中华人民共和国中央人民政府业于十月一日正式成立。中央人民政府毛泽东主席于政府成立之日，即郑重向全世界宣言：只有中华人民共和国中央人民政府才是代表中华人民共和国全体人民的唯一合法政府。”
>
> “我谨代表中华人民共和国和中央人民政府正式要求联合国，根据联合国宪章的原则与精神，立即取消‘中国国民政府代表团’继续代表中国人民参加联合国的一切权利，以符合中国人民的愿望。”①

中国人民的正当要求，由于美国等的反对和阻挠，一时未能得到实现。这也是周恩来所预料到的。他在政务会议上所作的关于外交问题的报告中说：联合国的问题，我们是挂了号，备了案，以后再说。②

经过这一年的努力，对外关系中许多复杂的问题都得到了比较妥善的处理。新中国在头一年内同十七个国家建立了正式外交关系。它们中有社会主义阵营的国家，有亚洲的新独立国家，也有北欧和中欧的国家。中国同苏联签订了《中苏友好同盟互助条约》，这是新中国对外签订的第一个条约。中华人民共和国最初

---

① 周恩来致联合国秘书长赖伊电，1949 年 11 月 15 日。

② 周恩来在第 11 次政务会议上的报告记录，1949 年 12 月 16 日。

阶段对外关系的基本格局大体上确定了下来。

所有这一切，有力地捍卫了国家的独立、安全、主权和尊严，把旧中国的屈辱外交一扫而光，使新生的人民共和国一开始就以独立自主、热爱和平而又不畏强暴的崭新风貌屹立在世界的东方。正如钱其琛的评价那样："称周恩来同志为新中国外交的创始人、奠基者，他是当之无愧的。"①

① 钱其琛：《认真研究周恩来的外交思想与实践》，《研究周恩来——外交思想与实践》，世界知识出版社 1989 年 9 月版，第 4 页。

四十、抗美援朝（上）

正当中国人民全力以赴地为巩固人民政权、恢复国民经济而努力的时候，一片浓密的乌云突然在中国东北边境上空出现，那就是朝鲜战争的发生。到一九五〇年十月，中国的边境已受到严重威胁，全国的主要注意力不能不转移到抗美援朝这方面来。

这是新中国成立以来遇到的最重大的对外斗争、最重大的政治斗争，也是最重大的军事斗争。它深刻地影响了这以后许多年内中国的态势。它的发生，并不是完全没有意料到，因为世界范围内的冷战对峙局面已经形成并日趋紧张，因为美国政府当时实行着敌视新中国的政策，这番较量可能是很难避免的；但它又不是中国所完全意料到的，因为没有想到事情会发生得那么快。

周恩来这时不仅担任着政务院总理兼外交部长，并且还作为中央军委副主席主持着军委的日常工作。作战指挥、后勤供应、国家管理、外交谈判等等方面的无数难题，一下子都放在他的面前，要求他在中央领导下具体负责处理。

周恩来以超人的精力，勇敢地挑起了这副重担。

一九五〇年六月二十五日，朝鲜战争爆发了。

二十七日，美国总统杜鲁门发表声明，在扩大朝鲜战争的同时，竟毫无理由地粗暴干涉中国的内政，声称："共产党部队的占领台湾，将直接威胁太平洋地区的安全，及在该地执行合法而必要职务的美国部队。因此，我已命令第七舰队阻止对台湾的任何攻击。”美国政府这种任意侵犯中国主权和领土完整的错误决策和野蛮行径，理所当然地激起中华民族的极大愤慨。它所造成的恶果，深刻地影响了以后二十年间的中美关系。

中国政府的反应是迅速而强烈的。第二天，周恩来在中央人民政府委员会第八次会议上作关于最近国际形势的报告。他宣读了杜鲁门那个声明的全文，指出：“杜鲁门的声明中还联系到台湾、越南、菲律宾。朝鲜问题，只是美国整套强盗性计划中的一个问题而已。”他严正地宣告：“台湾属于中国的事实，永远不能改变。这不仅是历史的事实，且已为开罗宣言、波茨坦宣言及日本投降后的现状所肯定。杜鲁门这种意图和声明，再一次让全世界的人民了解谁要发动战争，再一次地提高了中国人民的警惕。”“对于这种非法的行为，我们不能不表示态度。因此准备用外交部长的名义，大致根据上述的内容，发表一个声明。”① 当天，他以外交部长的名义发表声明，严正宣布：“我现在代表中华人民共和国中央人民政府声明：杜鲁门二十七日的声明和美国海军的行动乃是对于中国领土的武装侵略，对于联合国宪章的彻底破坏。”“不管美国帝国主义者采取任何阻挠行动，台湾属于中国的事实永远不能改变。”②

那时，朝鲜人民军正在胜利地向南挺进，直指洛东江三角洲。有些人乐观地估计：战争将在八月份结束。富有经验的周恩来一直冷静地观察着局势的发展，注意到种种潜在的复杂因素。七月初，他在审改致联合国秘书长赖伊的电稿时，问在座的一些人：“你们对朝鲜战争有何看法？八月份能结束得了吗？”听完大

① 周恩来在中央人民政府委员会第8次会议上的报告记录，1950年6月28日。
② 《人民日报》，1950年6月29日。

家的意见后，他说："是呀，不经过反复多次较量，不消灭美军的力量到不能支持的时候，朝鲜战争是不可能轻易结束的。这个战争将是一个持久复杂的斗争，至于持久到什么时候，是一年、两年、三年，甚至更长，要看各方面情况的发展变化才能确定。反正一两个月、一两个战役是不行的。我们宁可把情况估计得复杂一点。"① 预计到朝鲜战争将是一场持久复杂的斗争，这个战略性的判断，事实证明是完全正确的。

几天后，七月七日，也就是美国任命麦克阿瑟为"联合国军"总司令、美国和其他国家的陆海空军已陆续参战的时候，周恩来以中央军委副主席的身份召开军委讨论保卫国防会议。那时，在第四野战军入关南下后，辽阔的东北地区只留下第四十二军在北满从事生产建设，兵力十分空虚，一旦有事，显然是无法应付的。这次会议，着重研究如何采取果断有力的措施，迅速加强东北边防。参加会议的有朱德、林彪、聂荣臻、罗荣桓、谭政、萧劲光、萧华、滕代远、李克农、杨立三等。会上，周恩来传达了中共中央、毛泽东关于成立东北边防军的决定，初步商定了边防军所辖部队、人数、指挥机构、人选、部署调整、车运计划、后勤保障、集结时间等。由于这是一项关系重大的动作，会上没有匆忙地作出最后决定，而是责成有关单位负责人进一步考虑商议后，在下次会议上再研究确定。经过几天酝酿，在七月十日举行第二次会议，正式通过《关于保卫东北边防的决定》（草案）。再经周恩来反复推敲定稿后，在七月十三日上报。毛泽东当天批示："同意，照此执行。"

这个《决定》的主要内容是：将作为军委战略预备队的第三十八、三十九、四十军，自七月十日和十五日起，分别从广州、信阳、漯河出发，开往邻近东北边境的安东、辽阳、凤城地区；

① 雷英夫：《抗美援朝战争几个重大决策的回忆》，《党的文献》，1993年第6期。

原在北满的第四十二军，在七月三十日从齐齐哈尔及北安线出发，开往通化、辑安之线集结；炮兵、工兵、骑兵等特种部队若干师、团也分别开往边防地区。“以上所调动部队共约二十五万五千人左右，最后调动的部队限八月五日前到达指定地区。”①以粟裕为东北边防军司令员兼政治委员，萧劲光为副司令员，萧华为副政委，李聚奎为边防军后勤司令（粟裕因为有病，经中央军委批准，后来没有到任）。以第十五兵团部为基础，组成新的兵团部，统辖第三十八、三十九、四十军，以邓华为司令员，赖传珠为政治委员。《决定》还对后勤保障等作出了详细规定。

这时，朝鲜人民军正迅速向南推进，战局的发展存在着不同的可能性。为什么中央军委要在此刻成立东北边防军，并且调集这样大的兵力，限期完成部署？这正是从朝鲜战争可能是一场持久复杂的斗争着眼的，用周恩来的话，叫做宁可“备而不用”②。

朝鲜战局的发展，使中共中央的忧虑逐步加深。八月四日，中共中央举行政治局会议。据薄一波回忆，毛泽东在会上说：“如美帝得胜，就会得意，就会威胁我。对朝不能不帮，必须帮，用志愿军，时机当然还要选择，我们不能不有所准备。”周恩来也说：“如果美帝将北朝鲜压下去，则对和平不利，其气焰就会高涨起来。要争取胜利，一定要加上中国的因素，中国的因素加上去后，可能引起国际上的变化。我们不能不有此远大设想。”③当然，他们这时说的还只是一种有备无患的设想，而不是行动的决定。后来的事实证明：如果中央军委不是在七月间就下决心调集重兵，限期开抵鸭绿江畔，做好应战准备，等到局势紧张时才开始采取行动，那是无论如何也来不及的。这一着，是极富远见

① 《关于保卫东北边防的决定》，1950 年 7 月 10 日。

② 关于检查和讨论东北边防军准备工作的会议记录，1950 年 8 月 26 日。

③ 薄一波：《若干重大决策与事件的回顾》上卷，中共中央党校出版社 1991 年 5 月版，第 43 页。

的，是具有关键意义的部署。

此后，朝鲜战局处在急剧的变化中。在朝鲜半岛南端的美军主力第八集团军和南朝鲜军队，凭借强固工事，坚守在洛东江三角洲的狭小地带，既不撤退，也不反击。在日本的美军两个师又组成新的军团。美国的军舰等调动频繁。八月二十三日晚，周恩来的军事秘书雷英夫向他报告了同总参谋部作战室的参谋们反复研究后的判断：敌人在仁川登陆的可能性很大，如果登陆成功，就会切断朝鲜人民军的补给线，形成南北夹击和包围人民军主力的态势，朝鲜战局将发生逆转。周恩来十分重视参谋们的这个意见，立刻带雷英夫去向毛泽东报告。毛泽东听后说："这些判断有道理，很重要。""很快结束战争是不可能了。战争肯定是持久的、复杂的、艰苦的。但目前就打第三次世界大战也不可能，因为美国还未准备好。"①

朝鲜战局中出现的这个新的动向，使东北边防军的各项准备工作必须加紧进行。八月二十六日，周恩来召开检查和讨论东北边防军准备工作的会议，参加的有朱德、林彪、聂荣臻、罗荣桓、萧劲光、萧华、杨立三等二十一人。周恩来在报告中分析了国际国内形势，指出朝鲜已成为目前世界斗争的焦点，至少是东方斗争的焦点。他说："我们对于朝鲜，不仅看为兄弟国家问题，不仅看为与我东北相连接有利害关系的问题，而应看为是重要的国际斗争问题。""我们对朝鲜问题采取的是积极态度，所以将东北边防军组织起来。"他根据朝鲜战争两个月来的作战情况，指出战争很快结束的设想大体上不可能实现了，"因此，不能不设想第二种情况，即战争的长期化"，"根据这种情况检查我们的准备工作，还是不够的"。

接着，他强调："我们此次作战是对付美帝国主义者，而不

① 雷英夫：《抗美援朝战争几个重大决策的回忆》，《党的文献》，1993年第6期。

是单单对付李承晚伪军。美军是依靠大炮飞机火力，他们补充好，但也有弱点。我们的装备对付国内敌人是够了，但对付美帝国主义是不够的。”“一切都要准备，不要成为‘临急应战’，而要有充分准备，一出手就胜。”是不是能够战胜美国军队呢？朝鲜战争会不会导致第三次世界大战呢？周恩来具体分析了美国存在的几个重要弱点：“一、它的战线过长，即从阿拉斯加到波罗的海，由太平洋到大西洋。二、它的运输线太远。三、它的战斗力太弱。”他说：“根据以上情况，目前发动世界大战是不可能的。但其总企图是不断由一个一个战争推动为世界大战。在我们方面，就要将其发动起的战争，一个一个地打下去，使其不能发展为大规模战争。这样对我们有利，对世界和平阵营有利。”

周恩来要求大家把眼光放远一些：“在这种情况下，我们的军事建设应有一个较长远的计划。如今天还定不出长远的计划，亦必须先定出一个短期的至少三年的建军计划，作为准备阶段的计划。因此，今天通知各部各单位如海司、空司、炮司、装司及人民武装等部，将各兵种建设分别作出一个三年计划，以便在九、十、十一三个月讨论决定，明年开始实施。”

对东北边防军，周恩来要求他们主要做好两项准备工作：一项是训练，一项是补充。他又说：“中央拟由各区抽十个军作为后备。这要与各区商议，早做准备。”①

八月下旬，美军飞机侵入中国东北安东市上空，并向民船射击，杀死船工。东北的局势越来越紧张了。九月三日，周恩来写信给毛泽东、刘少奇，向他们报告了近日拟定的《关于加强边防军的计划》。《计划》中准备将东北边防军兵力逐渐增加到十一个军三十六个师，分为第一、二、三线部队，连同特种兵部队、后勤部队共约七十万兵力。《计划》还对兵员补充、步兵师武器调

① 关于检查和讨论东北边防军准备工作的会议记录，1950年8月26日。

整、弹药补充、炮兵增强、战车组织、空军、后方勤务等项事宜作出详细的部署。毛泽东当天批示:“同意。”当时,东北人民政府主席高岗提出东北工业设备迁移问题。周恩来在给毛泽东、刘少奇的信中说到:他和陈云、薄一波、李富春、聂荣臻面商后,“均认为从目前形势看来,以加强防御,较消极迁移为好”。①

九月十五日,毛泽东、周恩来担心的事情果然发生了:美国军队在麦克阿瑟指挥下,从朝鲜西海岸的仁川港大举登陆,随即向汉城和水原猛扑。洛东江三角洲的美军第八集团军也向北发动猛烈攻势。他们的战略企图是切断并围歼已经深入朝鲜半岛南部的人民军主力。周恩来异常焦灼地注视着这一切。他在九月二十日致电中国驻朝大使倪志亮,要他立刻转告金日成首相:

> “我们认为你的长期作战思想是正确的。朝鲜军民的英勇是令人感佩的。估计敌人在仁川方面尚有增加可能,其目的在于向东延伸占领,切断朝鲜南北交通,并向三八线进逼。而人民军必须力争保住三八线以北,进行持久战方有可能。因此,请考虑在坚持自力更生、长期奋斗的总方针下如何保存主力、便于各个歼灭敌人的问题。在目前主力暴露于敌人阵前,相持不下,消耗必多,而敌人如果占领汉城则人民军后路有被切断的危险。因此,人民军主力似宜集结机动,寻敌弱点,分割歼灭敌人。”
>
> “在持久战的原则下,必须充分地估计到困难方面。一切人力物力财力的动员和使用,必须处处作长期打算,防止下级发生孤注一掷的情绪。敌人要求速决害怕持久,而人民军则速决既不可能,惟有以持久战争取胜

① 周恩来给毛泽东、刘少奇的信,1950年9月3日,手稿。

利。以上所陈，系站在朋友和同志的立场提出供你们参考。是否有当，尚祈考虑见复。”①

不久，金日成回电，同意这些建议。

九月下旬，美国军队在仁川登陆后，继续大举北犯，推进到三八线附近。美国飞机一再侵犯中国领空，九月二十二日在安东市区投掷重磅炸弹十二枚。中国东北的安全已受到严重威胁。

整个局势的发展使中国人民忍无可忍。十月一日，《人民日报》发表周恩来在国庆庆祝会上的讲话。他以斩钉截铁的语言向全世界庄严宣布：“中国人民热爱和平，但是为了保卫和平，从不也永不害怕反抗侵略战争。中国人民决不能容忍外国的侵略，也不能听任帝国主义者对自己的邻人肆行侵略而置之不理。”②

十月三日，中国政府得到消息，南朝鲜军队已在东海岸越过三八线九英里。另一个消息说，美国瓦克将军指挥的部队已越过三八线，但并没有说明是南朝鲜军队还是美军。局势越来越紧急了。当天凌晨一时，周恩来紧急约见印度驻华大使潘尼迦，向他郑重说明中国政府对待朝鲜战争的严正立场：“美国军队企图越过三八线，扩大战争。美国军队果真如此做的话，我们不能坐视不顾，我们要管。请将此点报告贵国政府总理。”他要潘尼迦把他的话报告尼赫鲁，就是要尼赫鲁把中国的态度转告美国方面。他又说：“我们主张和平解决，使朝鲜事件地方化。我们至今仍主张如此。我在十月一日的报告中，也声明了我国政府的态度，我们要和平，我们要在和平中建设。过去一年中，我们在这方面已经做了极大的努力，美国政府是靠不住的。”潘尼迦问道：“阁下所说朝鲜事件应该地方化，是否指朝鲜战争应该限于三八线以

① 周恩来致倪志亮电，1950 年 9 月 20 日，手稿。

② 周恩来：《为巩固和发展人民的胜利而奋斗》，1950 年 10 月 1 日。

南？或是指朝鲜战事应该即刻停止?”周恩来回答：“朝鲜战事应该即刻停止，外国军队应该撤退，这对于东方的和平是有利的。朝鲜事件地方化的意思，就是不使美军的侵略行动扩大成为世界性的事件。”①

一年多后，印度的潘迪特夫人（尼赫鲁的妹妹）曾对周恩来说：“当时，我正在华盛顿任印度驻美大使。每次您与潘尼迦大使谈话后，我都从我们政府得到指示，并即刻与美国国务院联系。我曾警告美国国务院，如果继续进军，势必迫使中国采取行动，到那时将后悔莫及。当时，美国国务院认为我们东方国家只是说说而已。”“自从你们起而抵抗以后，现在美国政府中甚至最反动的，也都承认他们做错了。”②

周恩来这两次声明，在国际上产生的影响是巨大而深远的。它表明中国人民是讲理的，在采取这次军事行动前是预先打了招呼的，是被迫采取这种抉择的。这就在政治上立于主动的地位，得到更多人的同情。它又表明中国人说话是负责的，决不是“说说而已”，说了是算数的。

不能“置之不理”！这句斩钉截铁的话从此传诵人口，在历史进程中留下了深深的印记。它所体现的新中国的外交风格，是周恩来精心培育和建立起来的。

可是，美国政府不顾中国政府的一再警告，仍错误地把它看作是虚声恫吓和外交“勒索”，认为新中国刚刚成立，百废待兴，困难重重，没有力量也不敢出兵同美军作战，即使出了兵，也远远不是美军的对手。他们悍然将军队大举越过三八线，向鸭绿江、图们江推进。他们推进得很快，熊熊战火燃烧到中国边境。朝鲜政府和金日成首相在十月一日和三日两次邀请中国出兵支

---

① 周恩来和印度驻华大使潘尼迦谈话记录，1950年10月3日。

② 周恩来和潘迪特夫人谈话记录，1952年5月5日。

援。这是一个千钧一发的时刻。中国军队是出发到朝鲜参战，还是袖手旁观，已到了必须当机立断、作出决定的时候。

要下这样大的决心赴朝参战，实在是一件极不容易的事情。事前做到有备无患是一回事，临事下决心出兵又是一回事。新中国刚刚成立不久。中国共产党和中国人民都渴望能有一个和平的环境，建设自己的国家。旧中国和长年战乱留下的满目疮痍亟待医治，方方面面都存在许多严重困难。行将相遇的对手又是美国这个世界上的头号强国，中国军队过去没有同它交过手，武器装备、后勤供应等条件相差很远，制空权和制海权更完全在对方手里。一旦参战，还要准备对方对中国的大城市和工业基地进行大规模空袭，甚至会把战争扩大到中国大陆，需要承担极大的风险。这些，都不能不郑重地加以考虑。在中共中央内部，也存在不同意见。雷英夫回忆道：

> “例如林彪就提出反对出兵，并不愿担任我志愿军统帅。当时，他在军委常委居仁堂会议上说，为了拯救一个几百万人口的朝鲜，而打烂一个五亿人口的中国有点划不来。我军打蒋介石国民党的军队是有把握的，但能否打得过美军很难说。它有庞大的陆海空军，有原子弹，还有雄厚的工业基础。把它逼急了，它打两颗原子弹或者用飞机对我大规模狂轰滥炸，也够我们受的。因此，他不赞成出兵，最好不出兵。如一定要出，那就采取‘出而不战’的方针，屯兵于朝鲜北部，看一看形势的发展，能不打就不打，这是上策。
>
> “总理在会上坚持党中央、毛主席出兵的方针，严肃地批评了林彪，说现在不是我们要不要打的问题，而是美国逼着我们非打不可。我们的自卫是正义的，正义的战争最后一定会胜利。特别是现在朝鲜政府、金日成

首相一再请求我们出兵援助，我们怎能见死不救呢?”①

在一九五〇年十月的上半月内，中共中央接连举行多次政治局会议，反复讨论这个问题，经过激烈争论，逐渐取得比较一致的认识。十月八日，毛泽东以中国人民革命军事委员会主席的名义发布命令，将东北边防军改为中国人民志愿军，要求他们“须立即准备完毕，待令出动”，并任命彭德怀为中国人民志愿军司令员兼政治委员。同一天，中共中央派周恩来前往苏联，同斯大林洽谈出动空军支援和提供武器装备。那时候，苏联能不能出动空军支援是大家特别关心的问题，因为美国在朝鲜已完全夺取制空权，可以对中朝军队的前线和后方进行不间断的狂轰滥炸甚至低空扫射，使中朝军队的作战和后勤供应受到极其严重的威胁。

周恩来在十月十日赶到莫斯科后，第二天，由布尔加宁陪同坐专机飞到黑海海滨的克里米亚休养地，同斯大林会谈。周恩来向斯大林说明：只要苏联同意出动空军给予空中掩护，中国就可以出兵援朝。斯大林表示将向中国军队提供武器和装备，又解释苏联不能出兵的理由，说是苏联虽设想过帮助朝鲜，但早已声明苏军从朝鲜全部撤出，所以不能出现在战场，更不能同美国直接对抗，否则就是国际问题了。他还表示：虽可提供苏联空军支援，但不能进入敌后，以免飞机被击落而造成国际影响。周恩来后来曾讲到这次会谈的情况：“他逼近了鸭绿江，我们就下决心，去与斯讨论。两种意见：或者出兵，或者不出兵，这是斯说的。我们问：能否帮空军?他动摇了，说中国既困难，不出兵也可，说北朝鲜丢掉，我们还是社会主义，中国还在。谈了一天，晚上就要决定，马上电问毛主席。”②

---

① 雷英夫：《抗美援朝几个重大决策的回忆》(续一)，《党的文献》，1994年第1期。

② 周恩来在中共中央工作会议上的报告记录，1960年7月31日。

毛泽东在得知周恩来报告的情况后，在十月十二日致电已赴东北前沿地区的彭德怀等："（一）十月九日命令暂不实行，十三兵团各部仍就原地进行训练，不要出动。（二）请高岗、德怀二同志明日或后日来京一谈。"① 十三日，彭德怀、高岗赶到北京，参加中央政治局紧急会议。当天，毛泽东又致电刚从克里米亚回到莫斯科的周恩来："与政治局同志商量结果，一致认为我军还是出动到朝鲜为有利。""我们采取上述积极政策，对中国，对朝鲜，对东方，对世界都极有利；而我们不出兵，让敌人压至鸭绿江边，国内国际反动气焰增高，则对各方都不利，首先是对东北更不利，整个东北边防军将被吸住，南满电力将被控制。总之，我们认为应当参战，参战利益极大，不参战损害极大。"②

第二天，毛泽东又致电周恩来，告诉他："我军决于十月十九日开动。"③ 周恩来在接到毛泽东十三日的来电后，就在第二天致电斯大林，继续要求苏联出动志愿空军，并提出需要购买飞机、坦克、炮类、海军器材、汽车、重要工兵器材等。他在苏联又留了几天，同莫洛托夫等继续具体磋商。最后，苏联方面同意在中国出兵时提供军事装备，并允派空军到中国帮助防空和训练，但不得越出中国国境。

十月十八日，周恩来回到北京，出席毛泽东主持的中共中央会议。会议决定中国人民志愿军按预定计划在第二天入朝作战，并研究了入朝后的部署和作战方针。

一九五〇年十月十九日晚上，早已摆在东北边防地区的中国人民志愿军四个军和三个炮兵师共二十六万人，雄赳赳，气昂

① 毛泽东致彭高、邓洪韩解电，1950年10月12日。
② 毛泽东致周恩来电，1950年10月13日。
③ 毛泽东致周恩来电，1950年10月14日。

昂，从三个方向跨过鸭绿江，进入朝鲜境内。这些行动是极端秘密地进行的，以便出其不意地给进犯者以有力打击。

但在战斗大规模打响前，必须在全国人民中进行广泛的宣传教育，使大家充分认识这次行动的正义性和必要性，统一认识，消除疑虑，同仇敌忾地投入抗美援朝的斗争。这是斗争取得胜利的必要保证。

这些问题，尽管在中共中央内部也经历过激烈的争论，但一旦作出决定，对历来在极端艰苦的环境和战火纷飞的岁月中成长起来的中国共产党人和人民军队来说，比较容易取得思想上的一致。而对长期生活在国民党统治区的人士，特别是那些对美国的经济和军事力量抱有畏惧心理的人来说，疑虑就更多了：中国已经打了这么多年仗，现在经济还没有恢复，又到朝鲜去打仗，行吗？美国是不好对付的，出兵去打，岂不是惹火烧身？如果打不赢，回得来吗？再来一个仁川登陆怎么办？有的人还担心这样会引起第三次世界大战的爆发。

周恩来夜以继日地在党内外各种会议上，以坚定的态度，进行了大量的说服工作。十月二十一日和二十三日，他邀请郭沫若、马叙伦、章伯钧、王昆仑座谈抗美援朝问题，听取意见，回答问题，通过他们向更多的民主人士进行教育。

十月二十四日，他在政协第一届全国委员会常委会上作了题为《抗美援朝，保卫和平》的报告。他说：中朝是唇齿之邦，唇亡则齿寒。朝鲜同志在困难的时候，我们应当发扬革命的道义。如果朝鲜被美帝国主义压倒，东北就无法安全。我国重工业的半数在东北，东北的工业半数在南部，都在敌人轰炸威胁的范围内。近两个月来，美国飞机已侵入东北领空十二次之多。如果打到鸭绿江边，我们如何能安心生产？假如我们采取防御的办法，还是不能安全生产。“鸭绿江一千多里的防线，需要多少部队！而且年复一年，不知它哪一天打进来。这样下去怎么能安心生产建设?”况且敌人也不会就此罢手。“这是敌人把火烧到了我们的大门口，并非我们惹火烧身。”

他说：美帝国主义用武力压迫别国人民，我们只是要使它压不下来，给敌人以挫折，使它知难而退，然后可以解决问题。我们是有节制的，“假如敌人知难而退，就可以在联合国内或联合国外谈判解决问题，因为我们是要和平不要战争的。必须由朝鲜人民自己解决自己的问题，外国军队必须退出”。

他又指出：当然也还有另一种可能，敌人越打越眼红，打入大陆，战争扩大。敌人孤注一掷的可能性是存在的，因为美帝有疯狂的一派，我们应该做准备。“我们并不愿意战争扩大，它要扩大，也没有办法。我们这一代如果遇着第三次世界大战，为了我们的子孙，只好承担下来，让子孙永享和平。不过我们绝不挑起世界大战。”我们应力争前一种前途，力争和平；但也准备应付后一种可能，应付战争扩大。①

隔了一天，他又审定并签发《中共中央关于在全国进行时事宣传的指示》。《指示》中指出：“为了使全体人民正确地认识当前形势，确立胜利信心，消灭恐美心理，各地应即展开关于目前时事的宣传运动。”“宣传的基本内容有二：（一）我国对美军扩大侵朝，不能置之不理；（二）我全国人民对美帝国主义应有一致的认识和立场，坚决消灭亲美的反动思想和恐美的错误心理，普遍养成对美帝国主义的仇视、鄙视、蔑视的态度。”②

十一月四日，中国共产党和各民主党派发表了联合宣言：“誓以全力拥护全国人民的正义要求，拥护全国人民在志愿基础上为着抗美援朝、保家卫国的神圣任务而奋斗。”这是一个重要的标志：全国上下一心，展开了轰轰烈烈的抗美援朝运动。

---

① 《周恩来选集》下卷，人民出版社 1984 年 11 月版，第 51—54 页。

② 《中共中央关于在全国进行时事宣传的指示》，1950 年 10 月 26 日。

周恩来不放过任何一个机会，向全世界宣传抗美援朝的正义性，揭露美国政府的侵略行为，争取更多国家对新中国的理解和同情。

他在一九五〇年八月二十四日已致电联合国安全理事会主席马立克和联合国秘书长赖伊，控诉美国武装侵略台湾，要求安全理事会采取措施制裁美国政府。十月二日，赖伊根据安全理事会的决议，通知中国派代表团出席联合国大会和安全理事会。二十三日，周恩来复电赖伊：中国政府已任命伍修权为大使衔特派代表，乔冠华为顾问，出席安全理事会讨论中国提出的控诉美国武装侵略台湾案的会议。这是一件引起全世界瞩目的事件。

伍修权回忆道："出国以前我们遵照周总理的指示，起草好了在安理会的发言稿，整理好了有关的文件和材料。这些文稿都由他一一审定批准。行前他又找我和乔冠华等同志谈了话，从此次行动的方针大计到出国后的注意事项都作了进一步的具体交代，规定了哪些事必须向国内请示报告，哪些事可以由我们在国外相机处理。当一切都安排停当并交代清楚后，我们才动身赴美。"①

他们一到美国，周恩来又去电叮嘱他们：发言的要点要集中。十一月二十八日下午，联合国安全理事会开始讨论中国提出的美国侵略台湾案。这时正是志愿军入朝后把侵略军赶到了清川江以南，因此，中国代表的发言格外引人注目。伍修权代表中国作了近两小时的长篇演讲，理直气壮地慷慨陈词，全场鸦雀无声。演说结束后，许多人上来同他握手，产生了很大影响。

会议还在继续，中国代表还需要在会上发言。因此，周恩来又多次致电伍修权、乔冠华，嘱咐他们："我们如不争取时间准备好发言稿，抢着发言，他们是不会让我们讲话的。""发言稿不

① 伍修权：《回忆与怀念》，中共中央党校出版社 1991 年 5 月版，第 486 页。

要长，凡伍的控美发言已说过的不再重复，凡杜（勒斯）、奥（斯汀）等带挑拨性的话不要正面回答，要从侧面或反面反击。”① 那时，美国军队在朝鲜战场上正因遭受惨败而在撤退中，英、法等国很怕牵入对中国作战，都很着急。周恩来便告诉伍、乔：“此时他急我不急。你们应采取攻势。凡遇以朝鲜停战为言者，你们都不要拒绝谈判，你们应答以只要美军从朝鲜撤退，朝战自停，并愿将他们意见向北京作报告；凡言台湾问题目前不能解决者，你们即应抓住这点证明美帝侵朝侵台是一回事，并反问美帝可以在侵朝同时侵台，为什么中国人民在反对美国侵台同时不能志愿援朝。”② 伍修权在会上又作了几次简短的发言，并在联合国所在成功湖举行了记者招待会，在十二月十九日启程回国。

这是联合国中第一次响彻着新中国的声音。特别是一些海外华侨，从代表团的活动和言论中得到很大鼓舞，感到扬眉吐气，长了中国人的志气，增强了中华民族的自豪感。

① 周恩来致伍修权、乔冠华电，1950 年 12 月 2 日，手稿。
② 周恩来致伍修权、乔冠华电，1950 年 12 月 3 日，手稿。

四十一、抗美援朝(下)

抗美援朝的战争一爆发，军事斗争问题自然提到首先的、最迫切的地位上来。

过去很少人知道，那时候，周恩来作为主持日常工作的军委副主席，又是毛泽东在军事方面的主要助手。

这次赴朝作战，同中国人民解放军以往经历过的任何一次战争不同。这种区别，不仅在出国打仗上，更重要的是，主要面对着具有现代化装备、机动性强、陆军地面火力强、海空军占有绝对优势的美国军队。但是，中国军队又有很多美军所没有的长处：政治觉悟高，士气高昂；有着丰富的战斗经验，几十年来一直以劣势装备战胜装备优良的敌人，擅长近战、夜战、山地战、白刃战；作战机动灵活，善于从侧面迂回包抄消灭敌人，善于分散隐蔽；英勇善战，不怕流血牺牲，能吃苦耐劳；离后方近，补给线短。

这种仗应该怎么打？周恩来全神贯注地注视着战局的发展，经常到总参谋部作战室听取汇报，掌握动向，以便在代总参谋长聂荣臻协助下，具体指导前线部队军事行动的实施。他每天晚上都要看前方的战况和标有敌我态势的地图，从不间断。① 志愿军

① 访问周恩来军事秘书郭英会谈话记录，1981年6月12日。

司令部的工作人员告诉去朝鲜参加谈判工作的乔冠华说：周恩来对朝鲜战场上敌我双方情况，特别是志愿军方面包括团一级单位的状况，了如指掌。对哪个部队正在哪些村庄、哪个山头，都很清楚。志愿军司令部每天的报告要中央指示，在第一线处理的就是周恩来，大事小事都问他。重大的问题，他再请示中央。[①] 在进入一九五一年后，情况更是如此。

当中国人民志愿军刚过江时，美国军队没有发现，继续分几路向鸭绿江急进。中国人民志愿军先以小部队节节抗击，故意示弱，诱敌深入。十月二十五日，当敌军进入我方预先隐蔽构筑的埋伏圈内时，志愿军突然冲入敌阵，用手榴弹、刺刀与敌军混战，使敌军的优势火力不能发挥。经过十天激战，以劣势装备，歼灭侵略军一万五千人，把他们从鸭绿江边打退到清川江以南，初步稳住了朝鲜战局。这是志愿军在仓促入朝的情况下，和朝鲜人民军一起，取得的第一次重大胜利。

十一月二十四日，侵略军约二十一万人重新发起总攻势。麦克阿瑟作出错误的判断，仍不相信志愿军大部队已经入朝，继续大踏步向北推进。原已打得十分疲劳的中朝军队再次采取诱敌深入的办法，一退再退，等侵略军兵力分散、侧翼暴露时发起反击，并且切断了他们南逃的退路。刚从华东开到朝鲜东线的第九兵团接着也发动攻势。这次战役中，单单中国人民志愿军就歼灭侵略军三万六千多人，包括美军二万四千多人。十二月三日，侵略军实行总退却。六日，朝中军队乘胜光复平壤，把侵略军赶过三八线以南，从根本上扭转了朝鲜战局。

一九五〇年除夕之夜，中朝军队又发动攻势，突破三八线，把战线继续向南推进，一度攻克汉城，并歼敌一万九千多人。

经过两个多月的反复较量，作战双方都逐渐熟悉并了解了对

① 访问乔冠华谈话记录，1981 年 6 月 3 日。

手的长处和弱点。

周恩来在志愿军出动前就已看清美国军队在战略上的根本弱点，在第一次战役中又看到："美军在作战上还有四个短处，一、（在向前推进时）不做工事。军队打仗不筑工事，这是离奇的事。为什么不筑工事呢？因为他们打仗不是前进就是后退，没有防守的必要。二、怕打夜战。朝鲜很冷，钻到'北极睡袋'里的确很舒服，可是它遇到的敌手，却是专门打夜战的。三、怕拼刺刀，打近战。步兵不能拼刺刀，叫什么军队呢？四、怕切断后路。一切断后路，便举手投降了，坦克也如此。但美国有一个长处，那就是汽车多，遇到困难，武器一丢，开着汽车就跑，只要能保命，所以被俘的少。"①

志愿军方面的情况又怎样呢？毛泽东在给斯大林的电报中说：我军最大的困难在于没有空军和坦克，炮兵的数量也很少。白天部队不能运动，无法运输和做饭，一切活动都在夜间，饭也要在晚上做。步兵伤亡人数相当大。大量运输工具被击毁（平均每天三十辆卡车）。虽然如此，我军依靠昂扬的士气和战斗意志，普遍使用轻武器和爆破物，勇敢地插入敌人后方和两翼，一部分一部分地包围和攻击敌人。我军行动完全在夜间进行，而且是短兵相接。这样，我们能逐步地在这种运动战中歼灭拥有空军并在炮兵方面占优势的敌人。②

美军方面总结几次失败的教训，研究了志愿军作战的特点，承认这支军队的士气是无与伦比的，指挥是世界上第一流的，最害怕志愿军的近战夜战和迂回包围穿插作战，但也看到志愿军的弱点：一是由于没有制空权，攻势战役一般都在夜间进行，特别

① 周恩来在中央统战部招待各民主党派中央会议的代表时的报告记录，1950年11月25日。

② 毛泽东致斯大林电，1950年11月30日。

是有月亮的夜晚；二是由于没有制空权、制海权，又不能在白天进行运输补给和机动，所用弹药、粮食、作战装备和物资几乎全靠战士背带，作战持续能力很有限，激烈的战斗通常只能维持一星期左右。

针对志愿军的这种弱点，美军统帅部便改变作战方式，企图引诱中朝军队乘胜深入强攻他们在洛东江一带预设的坚固阵地，然后利用他们的优势火力从正面反击，并从侧翼登陆截击中朝军队的后路。在朝鲜前线指挥作战的彭德怀看清他们的企图，停止追击，着手构筑野战纵深工事。侵略军看到中朝军队没有被吸引继续南进，便在一月下旬开始举行反攻。这次战役持续了三个月之久。中朝军队在没有得到休整和补充的极端艰苦的条件下，采取机动防御，逐次向北转移，先后在汉江南岸和横城、砥平里地区进行防御战和反击战，又歼敌七万八千多人，并争取时间掩护了志愿军战略预备队的集结开进。

周恩来从朝鲜战场上出现的这些新的动向，很快判明战争已有长期化的可能。他多次召集中央军委会议讨论，并在二月八日修改审定了中央军委的指示电。电报中指出："从目前朝鲜战场上正在进行的战役中，可以看出：敌人不被大部消灭，是不会退出朝鲜的。目前敌人的作战意图是：在占住阵地之后，经过休补，寻找机会，向前反攻，一方面可扩大其侵占地区，另一方面不容我在前线作较长的休整，同时对朝鲜沿海的袭扰，运输线之轰炸，也正为配合这一意图。""为粉碎敌人之意图，坚持长期作战，以达大量消灭敌人之目的，决定在朝鲜采取轮番作战的方针。""如此轮番作战，我既有生力军，又能得到切实整补，既不致陷于被动，且又能保持旺盛的机动性与持久性，又使更多的部队学会和美国侵略军作战。"① 三月中下旬，作为第二轮部队的

① 《中央军委关于轮番作战方针的指示》，1951年2月8日。

第三兵团和十九兵团已开进朝鲜，向预定作战地区前进，增强了前线的兵力。

这时，周恩来在一份电报中，继续从战争长期化这个估计出发，判断敌军将推进到三八线南北，指出："目前朝鲜作战的困难为敌人火力强，我方运输力弱，而更主要的则是我方尚无空军掩护。"① 从而提出了多兵种联合作战的问题，特别是决定加强空军建设，以与地面部队协同作战。并要求在朝鲜境内抢修足够的机场，争取空军早日参战。

四月下旬，当又一次战役开始时，周恩来在致彭德怀的电报中，要求准备好应付更严重的局面。他根据获得的重要情报，指出："从此次敌人且战且退及在此以前的沿海袭扰的情况看来，敌人确有诱我南下然后在北部登陆的企图。"我主力如停在三八线及其以北地区，敌军还会有一个犹豫时间而仍然与我们进行拉锯战，企图消耗我们。"这种情况如果出现，对我们并无不利。只要我们避免主力消耗，转而消耗和分散敌人，则推迟敌人登陆或向北进攻，使我完成各种准备，倒是合乎理想的。不过目前自应以敌人会很快登陆作准备，免陷被动。"② 志愿军在得到增援后，发动新的攻势，来破坏侵略军的登陆计划，避免两面作战。周恩来还派出各兵种和后勤部门负责干部到达前线，同彭德怀一起就地研究加速空军作战准备及各兵种协同作战的问题。

经过一个多月的作战，侵略军又被歼八万二千多人，遭到很大消耗，战线基本上稳定下来。朝鲜战场上果然出现了预料中的那种拉锯局面。双方的对峙从此持续了两年多，直到战争停止。八月初，周恩来与代总参谋长聂荣臻等反复研究前方情况后，判断敌军在我后方登陆的可能性已不大，但我军发动新的大规模战

① 周恩来致柴军武转金日成并告彭德怀电，1951 年 3 月 15 日。

② 中共中央致彭德怀并告高岗电，1951 年 4 月 28 日。

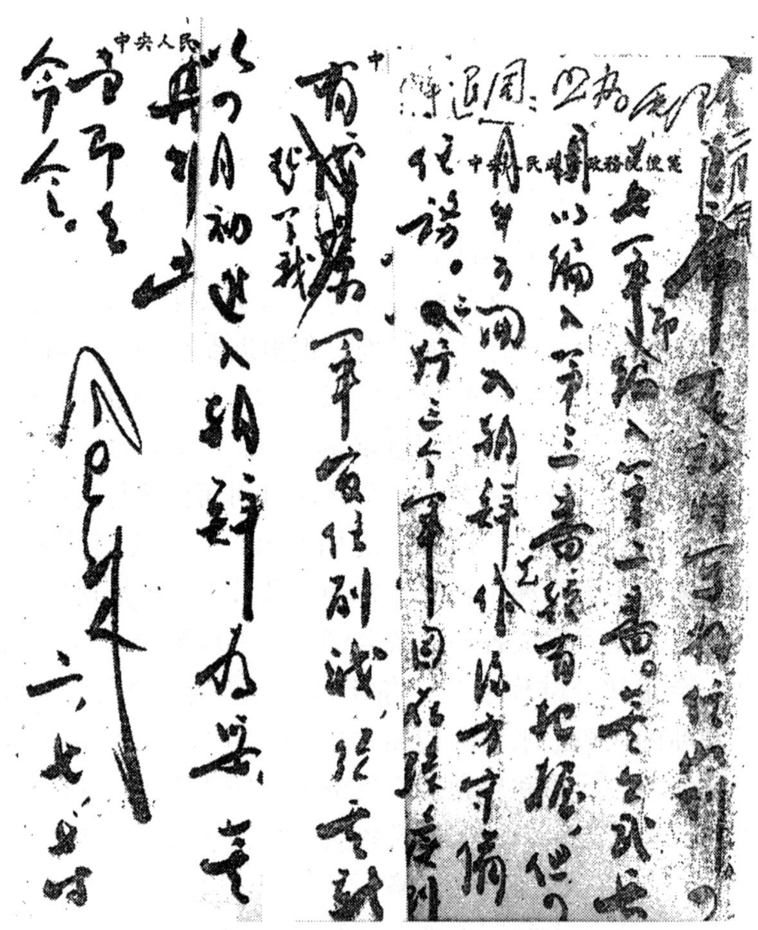

1951年2月7日，周恩来关于志愿军在朝鲜轮番作战的兵力安排问题给毛泽东的报告手迹

役的条件也还不成熟。这个主张得到毛泽东批准后，十九日，周恩来为中央军委起草答复志愿军司令部提出的关于九月作战计划的电报，说明：目前我们所面临的形势，“不易使我们这个战役能达到预期目的”。因此，对我军目前作战方针，不能不从各个方面重加考虑。“现在我们握有重兵在手，以不发起战役，为能掌握主动。”要求“九月战役计划再行考虑，改为加强准备而不发动”。①

十月十九日，周恩来起草的军委关于精简节约的计划中根据战场的实际情况，更加明确地规定：“作战方针应是在现在规模上进行持久的防御战，以大量消耗敌人，争取就地停战的胜利。”② 中朝军队在三八线附近原已开始构筑的野战坚固工事，也逐渐发展成为稳固的坑道工事。在横贯朝鲜的二百五十公里战线上，建成一道坚如铜墙铁壁的纵深防御阵地，并且一步步巩固下来。地面防御战进一步发展成为地下固守防御的阵地战。

从运动战到持久的防御战，把战线稳定在三八线附近，这是朝鲜战场上作战方针的重大转变，也是符合于战场上双方力量对比实际情况的正确方针。

到一九五二年七月彭德怀从朝鲜回国，中央军委的日常工作才改由彭德怀主持。

在抗美援朝战争中，后勤保障是一个极其突出的问题。

毛泽东曾经总结中国人民解放军打败蒋介石的主要方法，提出了著名的十条军事原则。第九条是：“以俘虏敌人的全部武器和大部人员补充自己。我军人力物力的来源，主要在前线。”在抗美援朝中，情况却不同了。由于这是一场在国外进行的消耗巨

① 中央军委致彭德怀电，1951年8月19日。

② 《中央军委关于精简节约的计划（草案）》，1951年10月19日。

大的现代化战争，对手主要是拥有优势火力的美国侵略军，俘虏是外国人，不能用来补充部队；对方的高度现代化的军队，机动快，又掌握绝对的制空权，难以缴获大量弹药和物资；朝鲜当地又在战争中遭受了极其严重的破坏。所以，人力物力的补给不是主要靠前线，而是主要靠整个国家后方的支援，前线就地补给只是辅助性的。这是中国人民军队后勤工作遇到的一个巨大的带有根本性的变化。

几十万大军在前线，从兵员补给到所需的武器、弹药、粮食、被服、药物、医疗器材、生活用品等等，主要得靠后方供应，而且不能有任何间断。新中国又正建立伊始，许多不可缺少的条件却没有完全具备。这是多么艰巨而繁重的任务啊！周恩来最早看出了后勤工作中这个带根本性的变化。他对这一切亲自过问，亲自动手组织解决。聂荣臻回忆道："整个后勤工作，当时都是在周恩来同志的领导关怀下进行的。这方面的事情，我几乎每件都向他请示。他抓得很细。""总之，恩来同志对志愿军的后勤保障费尽了心血，做出了宝贵贡献。"①

在志愿军出国作战前，周恩来专门听取了后勤工作准备情况的汇报，对武器、弹药、车辆补充、伤员收治和后勤干部调配等问题一一作了部署。随后，就召集总后勤部、地方有关部门和有关军区后勤部门的负责干部开会，研究志愿军出国后的供应问题，确定了部队供给关系和作战物资的补给计划。并且明确地规定：出国作战要立足于国内供应的方针。

周恩来计算得非常细，一直计算到每个士兵需要多少吃的和用的。志愿军刚出国时，冬衣补充不足。朝鲜严冬时的气温下降到摄氏零下四十度。周恩来十分焦急，每天打两次电话，催问冬服的生产和调运情况。志愿军携带的干粮不够，朝鲜的粮产区在

① 《聂荣臻回忆录》下卷，战士出版社 1984 年 10 月版，第 749、750 页。

战争中又遭受了严重的破坏。周恩来又以政务院的名义布置有关省市发动群众，家家户户炒炒面。那是一种用七成小麦、三成杂粮炒熟磨碎后加盐而成的易于运输、储存和食用的方便食品。作战时，战士随身背一条炒面袋，吃一口炒面，再吃几口雪，就可以充饥了。周恩来自己到北京的机关去视察，同机关干部一起炒炒面，给前线很大的鼓舞。

一九五〇年十一月初，志愿军出国后不到一个月，周恩来派总后勤部副部长张令彬到东北调查了解后勤供应上存在的实际困难；并带去经他亲自批改的解决方案，征求意见。他给东北军区负责人写了一个说明："凡有不妥、不实或隔靴搔痒之处，请当面指出，以便改正。""只要东北提出要求，我们愿全力以赴，帮助你们解决困难。"他们回到北京，周恩来又听取汇报，对提出的问题指示了解决办法。

一九五一年一月二十二日和二十三日，他和聂荣臻、杨立三等赶到沈阳，召开东北军区和志愿军的第一次后勤工作会议。会上反映，大盖帽不便于防空、爬山、钻林子，他就建议改为解放帽。会上反映，战士单衣原是套头式的，负伤后不好脱，他就建议改为开襟式。以后，他在听取志愿军后勤部门汇报工作时，听到部队在山地行军作战，棉衣容易被树枝挂破，又亲自提议把棉衣面上轧上绗线。

对一些必须由国外进口的装备和物资，周恩来亲自主持审查。当时，各军兵种都提出许多要求，要求大多是合理的，但新中国的财力却十分困难，无法满足所有要求，有时还引起激烈的争执。周恩来根据整个战局发展的紧迫需要，和军队现代化建设的长远要求，斟酌轻重缓急，统筹兼顾，精打细算，妥善加以安排。许多订货单是经他亲自仔细核算后开列的。对一些重要的订货，还按品名逐项作了批注，并一再告诫总后勤部："要严格审查，尽可能少订，能造者一定自造。"

更加严重的困难是：如何保证大量物资能够及时地、源源不断地送到前方。朝鲜战场上的空军优势完全在美国方面。最初，从中国通往朝鲜前方的主要运输线只有从新义州进入朝鲜的一条铁路。为了切断这条大动脉，美军每天集中大批飞机，不分白天黑夜，轮番进行轰炸和扫射。对一些重要的交通枢纽，更进行密集的轰炸，称作“绞杀战”。在公路上还投掷大量定时炸弹、子母弹、凝固汽油弹、三角钉等。不少运往朝鲜的军用物资，常在途中就被整车地炸毁。交通也时常中断。

志愿军副司令员兼后方勤务司令洪学智回忆道：“美军正依仗其空中优势，对朝鲜北部的城镇、工厂、车站、桥梁等重要目标进行毁灭性的轰炸，还以少架多批的战斗轰炸机，依山傍道，昼夜不停地超低空搜索扫射，不放过一人一车、一缕炊烟。朝鲜北部山多河多，铁路多在沿海，腹部地区铁路很少。公路纵线多，横线少，盘山跨水，弯急坡陡，又多与铁路并行，往往一处被炸，铁路、公路各线受阻，道路布局不适应战时运输的要求。志愿军后勤运输主要依靠汽车，而敌人把破坏我战区后方交通作为重要手段，使我后勤运输陷入极度的困难之中。”①

针对这种严重状况，周恩来提出了一个响亮的口号：“组织一条打不烂、炸不垮的钢铁运输线。”他亲自组织铁道部、铁道兵、东北铁路管理局等各方面的力量，抢修和保卫铁路、公路和交通枢纽。常常是白天刚被炸毁，当晚立即修复。他指示在运输线上普遍设立“防空哨”。他还下令从地方抽调大批汽车、司机和汽车修理工人补充志愿军。以后，随着人民空军的逐步壮大，又加强了空军的掩护。为了在极端困难的条件下保证建成这样一条“炸不烂、打不垮的钢铁运输线”，周恩来日夜操劳，不知耗

① 洪学智：《抗美援朝战争回忆》，解放军文艺出版社 1990 年 11 月版，第 171 页。

费了多少精力!

就这样，在整个抗美援朝过程中，尽管环境那样险恶，始终奇迹般地保持着这条“钢铁运输线”的畅通，有力地支持并保障了前方军事的胜利。彭德怀曾多次说过：“抗美援朝战争的胜利，百分之六十至七十应归功于后勤。”① 对后勤工作的这种高度评价，是符合实际情况的。

中国是爱好和平并坚持和平政策的。中国人民从来就不想威胁任何人，不想侵犯任何人；可是，也决不能容忍别人所强加于自己的威胁和侵略。朝鲜战争发生后，周恩来曾代表中国政府一再提出建议和警告，要求和平解决朝鲜和远东问题。在被迫奋起抗美援朝后，中国人民仍始终没有放弃过争取和平解决朝鲜问题的努力。

当中朝军队把侵略军赶过三八线后，一九五〇年十二月二十日，周恩来以外交部长的名义发表声明：“我们坚持以一切外国军队撤出朝鲜及朝鲜内政由朝鲜人民自己解决为和平调处朝鲜问题的谈判基础。”一九五一年一月十七日，周恩来又致电联合国大会第一委员会，提出了召开七国会议、迅速结束朝鲜战争及和平解决亚洲问题的四项建议。六月二十三日，苏联驻联合国代表马立克再一次提出和平解决朝鲜问题的建议，并提议以交战双方“谈判停火与休战”和双方“把军队撤离三八线”作为它的第一个步骤。这个建议立刻得到中国的响应。

由于接连遭受中朝军队的打击，已经看不到胜利的希望，并且因伤亡惨重而受到舆论的强大压力，美国不得不接受停战谈判的建议。当战线基本稳定在三八线南北后，李奇微在六月三十日

---

① 雷英夫：《抗美援朝几个重大决策的回忆》(续完)，《党的文献》，1994 年第 2 期。

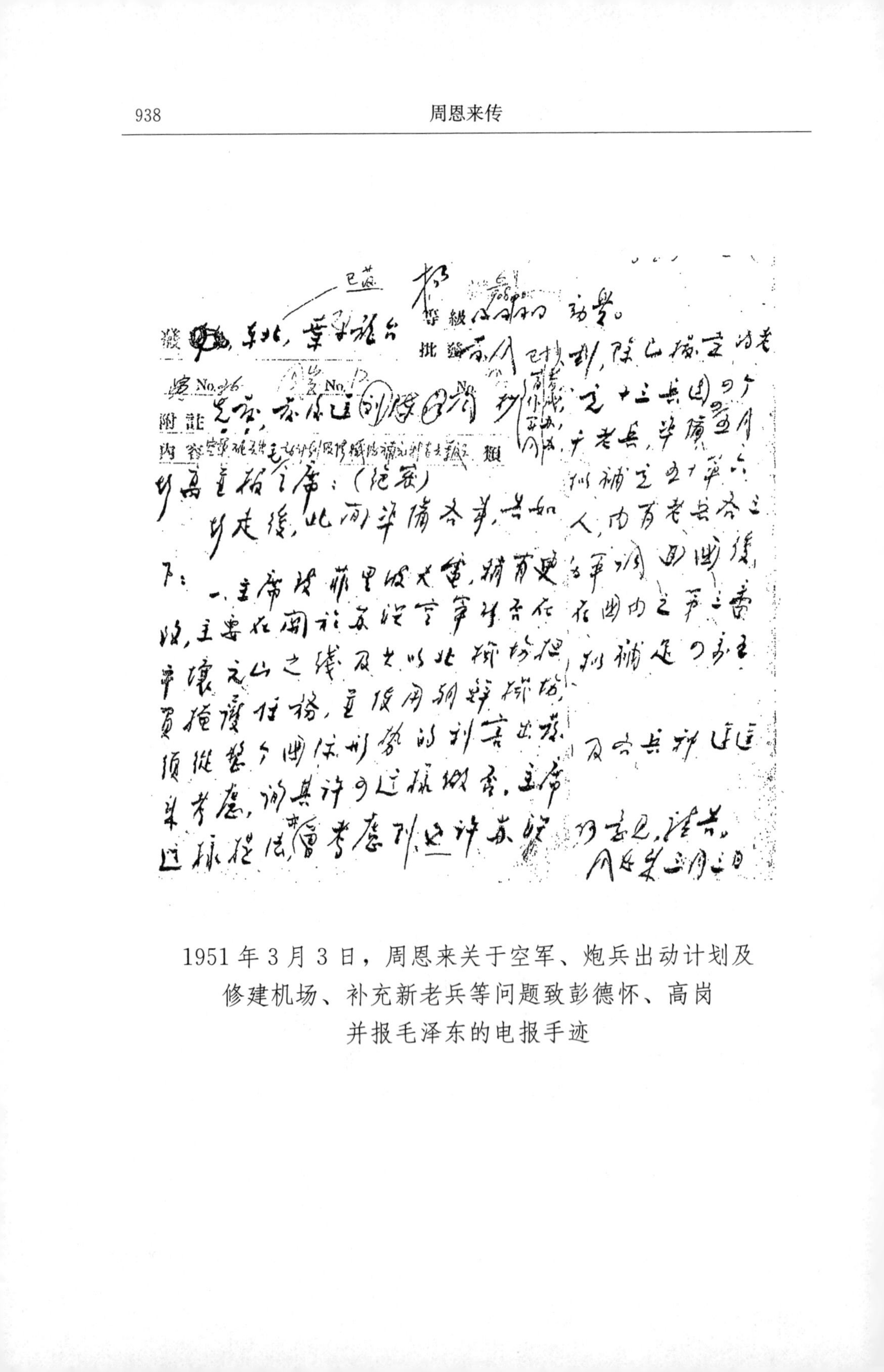

1951 年 3 月 3 日，周恩来关于空军、炮兵出动计划及修建机场、补充新老兵等问题致彭德怀、高岗并报毛泽东的电报手迹

以“联合国军总司令”的名义，发表一项表示愿意接受停战谈判建议的声明。七月一日，朝鲜人民军总司令金日成和中国人民志愿军司令员彭德怀联合发表声明，同意与李奇微举行停战谈判。

中国派外交部副部长李克农和乔冠华去朝鲜参加谈判工作。夏衍回忆道：“我记得李克农、乔冠华到板门店去谈判之前，恩来同志对他们作了全面指示之后，引用了一句古语：‘行于所当行，止于所不可不止。’前一句话的意思是该做的就应该做，义无反顾，后一句的意思是该停的时候就应该适可而‘止’。周总理指出：抗美，是保家卫国，是‘当行’的爱国主义的正义战争；援朝，则是社会主义国家应尽的国际主义义务。可是，当侵略者伤亡惨重，被迫求和的时候，那么我们就得审时度势，把战争停下来，争取在和平的环境中进行新中国的建设。当行则行，当止则止，这是周总理在外交上的一贯思想。”①

七月十日，朝鲜停战谈判的首次会议在朝鲜三八线上的开城西北郊来凤庄举行。这个谈判拖延的时间很长，可以说是打了三年，谈了两年。

随着边谈边打局面的出现，周恩来就同时担负起这双重的任务。那时，他总是通宵达旦地工作，常常是上半夜处理战场上的问题，下半夜处理谈判中的问题。② 谈判代表团每天都要发来电报，报告当天的谈判情况、美方动向、外国记者反映、代表团的意见。这些问题，一般由他直接处理；重大的，由他提出意见，再向中央请示决定。谈判代表团有一条专用电话线，直接通到周恩来办公室，随时可以通话。当谈判进入紧张阶段时，代表团除书面报告

① 夏衍：《永远难忘的教诲》，《研究周恩来——外交思想与实践》，世界知识出版社 1989 年 9 月版，第 22 页。

② 访问郭英会谈话记录，1981 年 6 月 12 日。

外，每天都要在周恩来清晨临睡前用电话向他报告一次。①

周恩来对谈判工作的指导，既坚决果断，又细致周到，表现出高超的谈判艺术。

谈判的进行并不顺利。美国从一开始就采取拖延和破坏的政策。谈判开始后，经过五天争论，在议程问题上达成了三项协议，但中朝方面提出的撤退一切外国军队的问题，对方始终拒绝把它列入议程之内。考虑到不要因这个问题而使谈判难以得到结果，中朝方面作了让步，同意把这个问题保留到停战以后再去讨论。到讨论确定双方分界线、建立非军事地区时，美方又横生枝节。本来，这次谈判的举行是以双方撤离三八线的建议为基础的；美方却提出他们占有的海空优势应该在陆上取得补偿，要求在目前双方战线以北十八公里至五十公里处另划一条新的军事分界线。周恩来立刻指出：要坚决打掉这个荒谬主张，"以坚定不移的态度，驳回其无理要求，才能打破敌人以为我可以一让再让的错觉。对于这一点，可以让它争论下去，也许要僵持几天，敌人才会重新考虑。如果敌人决心在这个问题上破裂，发表出去，他们将完全陷于被动"。②

美方的无理要求遭到拒绝后，又接连制造事端：八月七日，在板门店地区以轻机枪、冲锋枪向中朝方面徒手人员射击。十九日，由武装人员侵入开城中立区，袭击中朝方面的军事警察，打死排长姚庆祥。一直发展到二十二日晚，竟以军用飞机扫射、轰炸我方代表团住所，使停战谈判无法继续而陷于中断。

周恩来接连为毛泽东起草电报，致李克农并告金、彭。在比较早的八月八日电中说："敌人因为懂得我们不会在这类枝节问题上与之破裂，故得一再使用流氓挑衅和恫吓，我们在这类事件

① 访问乔冠华谈话记录，1981年6月3日。

② 周恩来为毛泽东起草的致李克农并金、彭电，1951年7月28日，手稿。

上与之破裂是不必要的，但如表示软弱，不给以严正回驳，对板门店事件不立即抗议，那正中敌人的恫吓诡计。”① 随着对方破坏活动的不断升级，在八月二十三日电中就严正地指出：“敌机此次夜袭，乃系决心继续挑衅以试探我之动向，其意甚明。我必须不怕破裂，予以坚决回击，并做一切必要准备，尤其代表团及新闻记者住所必须立即移至我军驻地。但敌人是否在这个不利于他的问题上宣告破裂，必须看事情的发展，你们应沉着应变。”②

这样，到九月十一日美方被迫第一次承认美机扫射中立区事件之后，我方就提议立即恢复停战谈判。美方因开城在军事分界线的我方一侧而要求换在一个双方平等控制的地方开会，中朝方面就主动提出同意将会谈地址移到处在军事分界线上的板门店。十月二十五日，双方代表团复会。

周恩来对谈判对手了解得十分透彻。他在十一月二十二日说过：“美国在朝鲜问题上不能不谈判停战。由于内政外交原因，他不能不拖一下，但不敢破裂，而只能破坏。破坏多了，得承认错误。拖得久了，得转弯让步。目前谈成的可能性增长，但拖的可能性还存在，全面破裂的可能性不大。”“我们的谈判方针是：争取公平合理的就地停战，使之成为和平解决朝鲜乃至远东其它问题的第一步。不怕破裂，也不怕拖。愿和，但也不急。”③ 这真是入木三分的剖析。如果没有这种知己知彼的能力，如果不能在通观全局后有一个看得比较远的判断和明确坚定的对策，只是临事应付，是不可能指导谈判取得成功的。

停战谈判恢复后，又经过半年多的激烈争论，双方在确定军事分界线、实现停火和监督停战等问题上，都已初步达成协议。

---

① 周恩来为毛泽东起草的致李克农并告金、彭电，1951 年 8 月 8 日，手稿。

② 周恩来为毛泽东起草的致李克农并告金、彭电，1951 年 8 月 23 日，手稿。

③ 周恩来在青年团一届二次中央全会上的政治报告记录稿，1951 年 11 月 22 日。

但在剩下的战俘遣返这一个问题上，由于美方坚持无理要求，谈判陷入僵局。一九五二年五月五日，印度潘迪特夫人来华进行斡旋活动。周恩来坦诚地对她说：“停战谈判所谈的，主要是四个问题，现在除一个问题外，都已基本上取得协议。而美国政府还在这个仅剩的问题上无理地拖延谈判。”“唯一尚未解决的问题是战俘问题。本来按照美国政府所曾签字的一九四九年日内瓦公约，战争一旦停止，双方即应无条件地释放并遣返所有战俘。因此，这本来是很简单，而不应该成为问题的。但美国政府却无理由地以此拖延会议。”“我们不想压倒对方，我们所要求的就是：公平与合理。”① 但这种态度仍没有得到美国方面公平与合理的回应。到十月八日，美方竟蛮横地单方面地宣布中止谈判，致使停战谈判中断达半年多之久。

周恩来对这种情况早有准备。他清楚地知道：“战场上得不到的东西，在谈判桌上也得不到。”当侵略者在战场上还不服气、不死心的时候，战争是不会立刻停止的。而当他们在谈判会场上不能强迫我方接受他们的无理要求时，又总是幻想用战场上施加压力的办法来达到这个目的。

谈判中止后第六天，也就是十月十四日，侵略军向上甘岭发动了一年来规模最大的攻势。对志愿军来说，这是一场艰苦卓绝的斗争。上甘岭的总面积不过三平方公里多。为了占领这块阵地，侵略军倚仗他们火力上的绝对优势，在一个半月内，每天平均发射炮弹二万四千多发、出动飞机八十多架次、出动坦克三十辆至七十辆，进行了摧毁性的射击，连山头也被削低了两米。但是，中国人民志愿军依托坑道工事，坚守阵地。在四十多天内，打退敌人九百多次冲击，歼敌两万五千多人，阵地依然屹立不动。上甘岭战役震动了全世界。这场战斗打了半个月后，美国通

① 周恩来和潘迪特夫人谈话记录，1952 年 5 月 5 日。

讯社就承认:“联军所牺牲的人和消耗的军火,已使联军的司令官们震惊了。而且若在最后公布全部损失时,还将使公众震惊。”

战场上的失败,迫使美国不得不又一次回到谈判桌前来。代替李奇微担任“联合国军总司令”的克拉克在一九五三年二月下旬致函朝中方面,提议双方先交换病伤战俘。这是一个信号,表明他们又软下来了,愿意重新恢复接触和谈判。周恩来对这一点看得十分清楚。为了实现和平,中朝方面再次采取主动。三月下旬,金日成和彭德怀复函克拉克同意他的要求,并建议立即在板门店恢复停战谈判。周恩来和金日成随即分别发表声明,除同意先交换病伤战俘外,对遣返战俘问题提出新的建议。周恩来在声明中说:“鉴于双方在这个问题上的分歧是目前达成朝鲜停战的唯一障碍,并且为满足世界人民的和平愿望”,“中华人民共和国政府和朝鲜民主主义人民共和国政府提议:谈判双方应保证在停战后立即遣返其所收容的一切坚持遣返的战俘,而将其余的战俘转交中立国,以保证对他们的遣返问题的公正解决”。四月六日,双方联络组重新开始接触。

四月二十六日,中断了半年多的停战谈判终于在板门店重新复会。为了加速战争的结束,五月到七月间,朝中人民军队连续发动了三次夏季攻势,把战线向南推移,使美国感到战争拖延下去,对自己只会带来更多损失。乔冠华回忆道:这时,大的运动战结束了,志愿军在僵持的局面下不断给敌人以打击,使他们的死伤人数累积起来越来越严重,很多人以为战线没有多大移动,没有什么文章,其实真正使美国低头的是停战谈判开始后不停息地给以杀伤,这一点很重要。①

在形势更加不利的情况下,美国侵略者不得不在七月二十七日在板门店同朝中方面正式签订军事停战协定。克拉克后来沮丧

① 访问乔冠华谈话记录,1981 年 6 月 3 日。

地说："我获得了一个不值得羡慕的名声：我是美国历史上第一个在没有取得胜利的停战协定上签字的司令官。"

抗美援朝的伟大胜利，沉重地打击了美国的侵略政策和战争政策，保卫了朝鲜的独立和我国的安全，对国际局势、特别是远东局势产生了深远的影响。

抗美援朝，对年轻的人民共和国是一次严峻的考验。实践证明：它不但没有削弱或拖垮新中国，相反，倒是进一步激发了中国人民中蕴藏的巨大内在力量，对国内的社会改革和经济恢复工作起了有力的促进作用。

当美国侵略军把战火烧到鸭绿江边时，国内的特务、土匪和各种反动分子，以为自己出头的机会到了，普遍活跃起来。一九五〇年十月八日中共中央作出抗美援朝的战略决策后，紧接着在十月十日发出《关于纠正镇压反革命活动的右倾偏向的指示》。根据这个指示，全国各地开始了大规模的镇压反革命运动。

十一月，周恩来签署发布《政务院关于加强人民司法工作的指示》，指出："人民司法工作的当前主要任务，是镇压反动，保护人民。""在解放以后一切进行反革命活动的分子均必须予以惩办。宽大只能结合着镇压来进行。有些地区发生'宽大无边'的偏向，是必须纠正的。"

一九五一年一月二十日，他说："在抗美援朝的前提下，对最反动的反革命分子、间谍、破坏分子、恶霸等进行严厉的镇压。"他又指出：在进行这种打击时，"不要波及到次要的、胁从的或过去做过反革命的事现在已经改悔了的人身上去"。①

十月二十三日，他在政协第一届全国委员会第三次全体会议上的政治报告中说："今年春末，镇压反革命运动已经达到了全

---

① 周恩来在中共中央统战部举行的茶话会上的讲话记录，1951 年 1 月 20 日。

国性的高潮。为了巩固已经获得的成就和避免可能产生的错误，根据毛主席的指示，我们采取了适当收缩和更加谨慎的方针。在量刑上，我们决定除对于有血债、非杀不足以平民愤的和最严重地损害国家利益的反革命首恶分子必须坚决地判处死刑并予执行外，对于那些罪该处死、但没有血债、民愤不大和虽然严重地损害国家利益、但尚未达到最严重程度的罪犯，则采取判处死刑、缓期二年执行、强迫劳动、以观后效的政策。同时，我们还决定从本年六月到十月的五个月内，全国各地均集中力量进行积案的处理、组织犯人的劳动改造以及进行机关内部的清理等三项工作。”①

这次镇压反革命运动处决的罪犯中，土匪头子、惯匪占百分之三十四点多，恶霸占百分之二十六点四，反动会道门头子占百分之二十，特务占百分之十五，其他占百分之四。这些都是长期骑在老百姓头上为非作歹、民愤极大的分子。如果不对他们采取坚决的镇压措施，民心无法安定，社会治安无法保障，人民政权无法巩固，各项重要措施也必然会遇到严重阻碍而难于推行。

全国解放时，国内还有土匪二百万人。这些土匪很多潜伏在边远山区，霸占一方，作恶多端。有些股匪势力已延续了几百年之久。人民解放军在广大新区，协同当地人民，进行了坚决的剿匪斗争。一九五〇年清匪一百五十万人。一九五一年四月，周恩来为中央军委起草的电报中指出：清匪斗争是一个长期和复杂而细致的斗争，一九五一年各省地方部队仍应“以清匪为主要任务”。② 这一年，各省又清匪四十八万人，使人民生命财产的安全得到进一步的保障。

① 周恩来在政协第一届全国委员会第三次全体会议上的政治报告，1951 年 10 月 23 日。

② 中央军委致中南军区并告各大军区电，1951 年 4 月 29 日。

抗美援朝斗争的发展，有力地推动了土地改革的开展。镇压反革命和剿匪反霸的胜利，又为土地改革的顺利进行创造了条件。

到一九五一年八月底，全国在三亿一千余万农业人口的地区内完成了土地改革，铲除了封建势力的根基，占应该实行土地改革地区的四分之三以上。这就使农村生产力得到了大解放。农民获得自己的土地后，生产积极性空前高涨。这一年，农业收成增加百分之八。周恩来指出：新区土地改革后，农民购买力一般提高百分之五十。城市工业品销路日畅，日用百货已感供应不足。这说明土地改革为工业发展开辟了广阔的道路。

由于抗美援朝运动进一步激发起人民群众的巨大爱国热情，也由于土地改革后农村市场发生的巨大变化和城乡交流趋向活跃，一九五一年的工业生产比上一年增长了百分之三十八。文化教育事业也有了很大的发展。

国防现代化的建设，特别是空军、海军、炮兵、装甲部队、防空部队的建设，在抗美援朝中也取得巨大发展。人民解放军从原来几乎是单一的步兵（还有一部分炮兵），发展成诸军兵种的合成部队，还创办了军事学院。这对巩固和加强中国的国防有着深远的意义。周恩来对这项工作看得很重，抓得很紧很细。对新建立的各个军兵种，他从方针原则到组织体制、装备发展、干部配备和培养等，都亲自过问，一项一项地安排落实。

此外，当准备对付美国空军大轰炸时，周恩来担任了全国防空筹备委员会召集人；当对付美国的细菌战时，他又担任了全国爱国卫生运动委员会的主任；有关抗美援朝的重要社论和报道等，也要经过他审阅后才能发表。①

① 访问郭英会谈话记录，1981 年 6 月 12 日。

抗美援朝是新中国诞生刚一年时发生的一场严重国际斗争。中国人民志愿军以大无畏的英雄气概，在朝鲜国土上奋战两年零九个月，歼敌七十万人（这里没有包括朝鲜人民军所歼敌三十九万），终于迫使美国在停战协定上签了字。这个胜利，打破了美帝国主义不可战胜的神话，极大地提高了中华民族的民族自信心和自豪感。从此，帝国主义不敢轻易作武力侵犯新中国的尝试，使中国的经济建设和社会改革得到了一个相对稳定的和平环境。

在整个抗美援朝过程中，周恩来所担负的工作量是令人难以置信的。千头万绪的繁重工作集中在他的身上。何况他是政务院总理，国内的大量政务同样需要他来处理。就这样，他几年如一日，日夜操劳，精力充沛地处理各种复杂问题，不知度过了多少不眠之夜。一九五一年夏天，他病倒了，遵照毛泽东的建议和政治局的决定，到大连休养了一个多月，这在他一生中是极少有的。到七月初，又因朝鲜停战谈判即将开始，提前赶回北京。为了抗美援朝的胜利，为了中国人民的安全与和平生活，周恩来呕心沥血地做出了不可磨灭的贡献！他所做的许多事情，很长时间内并不为人们所知道。

四十二、恢复国民经济

开展大规模的经济建设，使祖国走向繁荣富强，是中国人民一百多年来梦寐以求的崇高目标。新中国刚刚成立，毛泽东在一九五〇年就以战略家的眼光，高瞻远瞩地提出这样的设想：三年五年恢复，十年八年发展。一九五一年二月，他又作为工作部署，进一步要求：以三年时间来做准备工作、恢复工作，争取在一九五三年开始十年建设。①

这是一个富有远见和胆略的重大决策。那时候，抗美援朝战争正在激烈地进行着，整个国民经济正在逐步恢复。在战火纷飞而又百废待兴的时刻，立刻把从事大规模经济建设的准备工作提到议事日程上来，是常人难以想象的艰巨任务。周恩来和陈云等一起，勇敢地挑起了这副重担。

一九五一年三月九日，周恩来在政务会议上毫不含糊地宣布："去年、今年、明年的工作都是建设的准备工作。两年后，在此基础上进行建设。"② 八月三日，朝鲜停战谈判刚刚开始，他进一步提出："既保证国防急需，又照顾财政状况及市场的继续稳定，同时也着手准备经济建设的准备工作——三年准备，十

① 周恩来对工业会议等各专业会议代表的讲话记录，1951 年 3 月 3 日。

② 周恩来在第 75 次政务会议上的发言记录，1951 年 3 月 9 日。

年建设。”十一月三日，他又在政务会议上更明确地指出：“战争胜利、物价稳定和进行建设，就是我们今后一年工作的三项要求。”① 这也就是以后所说的“边打、边稳、边建”的方针。

恢复国民经济，是开展大规模经济建设的前提。

全国解放时，中国大地上疮痍满目，百端待理。一九四九年，全国工农业生产状况已跌入最低谷。工业生产的情况，李富春说过：“接连十几年的战争，对于原有工矿生产的破坏是非常严重的。许多重要的工厂和矿区，被国民党军队在撤退时彻底破坏了。一九四九年的生产量与历史上的最高年产量比较，煤减少了一半以上，铁和钢减少了百分之八十以上，棉纺织品减少了四分之一以上。总的来讲，工业生产平均减产近一半。”② 再以农业生产来说，广大刚解放的地区，农村已陷入破产的境地，灾情又极端严重，全国粮食产量比抗战前降低百分之二十一，棉花产量约相当于抗战前产量的百分之五十四点四。各地的交通运输遭到严重破坏，城乡市场萧条，人民购买力低下。如果国民经济状况得不到迅速恢复和发展，从事大规模建设是根本谈不上的。

面对这样严峻的局面，新中国本来需要有一段时间进行休养生息。可是，抗美援朝战争的发生大大加重了恢复国民经济的困难。何况，中国政府还需要做好应付各种更严重情况的准备。一九五一年一月，周恩来在一次报告中说：“在战争方面，设想美帝国主义在今年来进攻中国的大陆是不可能的，虽然如此，我们却仍然应当准备这一着。”“此外，我们也要准备敌人可能轰炸和

① 周恩来在第109次政务会议上的发言记录，1951年11月3日。

② 《李富春选集》，中国计划出版社1992年5月版，第96页。

封锁中国大陆。”① 这一年，军事开支超过国家财政总支出的百分之五十，其中直接用于抗美援朝战争以及同它密切相关的项目的又占军事开支的百分之六十。抗美援朝战争的费用占了国家财政总支出的百分之三十以上。② 周恩来曾作过一个形象的比喻。他说：陈云同志肩上好像挑着一担鸡蛋，一头是保障战争的需要，一头是继续保证物价的稳定，哪一头塌了，整担鸡蛋就都打烂了。

还要看到：这时人民政府成立还不久，各项事业都在草创之中，有些情况已经了解，但更多的情况一时还不了解，对领导全国的财政经济工作更缺少经验。在这种情况下，要使国民经济迅速地得到恢复，为开展大规模建设做好准备，其艰难可想而知。当然，事情也有有利的一面：抗美援朝取得重大胜利对全国人民的鼓舞，土地改革在全国范围内顺利地发展，统一财经后全国物价的稳定，又为做好这些工作创造了重要条件。

恢复国民经济的工作千头万绪，应该从何着手？周恩来经过反复权衡，在作好全面安排的基础上，确定把水利和铁路作为工作的重点。他反复多次地说过要把水利和铁路作为工作重点的理由。一九五〇年九月十四日，抗美援朝战争前夕，他就说过：今年皖北淮河一个水灾，三千一百万亩土地淹没了，九百万人口遭灾，加上河南等地有六七千万亩。毛主席说从明年起一定要把水害一条条地治下去，把水害变成水利。铁路只有一万六千多公里，要把铁路网连起来，使农村和城市的生产可以交流，城乡交流，内外交流，才能使工业恢复而且发展。单铁路和水利就要花很大力量。③ 一九五一年七月二十七日，朝鲜停战谈判开始后半

① 周恩来关于1951年财政收支总概算的实施方针的报告记录，1951年1月16日。

② 周恩来在第109次政务会议上的发言记录，1951年11月3日。

③ 周恩来在全国民主妇女联合会上所作政治报告的记录，1950年9月14日。

个月，他在政务会议上提出："水利工作是密切关系着单位面积增产的。交通是关系着城乡交流的。因之，对水利、铁路两部门要特别注意。"① 不久，他又说："我们要恢复经济从哪里着手呢?""兴修水利和兴修铁路这两项工作是为我们工农业发展开辟道路的工作。"②

铁路方面，首先是抓修复工作，特别是津浦、京汉、粤汉、陇海、同蒲、京绥等干线的修复，包括抢修被国民党军队在撤退时破坏的淮河大桥、湘江大桥、珠江大桥等。到一九四九年底，铁路里程的百分之八十已经通车，对保证解放战争的胜利结束和活跃城乡的物资交流发挥了重要作用。

一九五一年，又着手兴修三条新的铁路：成渝铁路、天兰铁路和从柳州到镇南关（后改名睦南关）的铁路。当时担任铁道部副部长的吕正操回忆道："建国以后，新修的第一条铁路是成都至重庆的成渝铁路。""四川这么大，解放前连一条铁路也没有。总理亲自审查设计方案，一九五一年动工，一九五二年六月修成，只用了一年多时间。"③ 成渝铁路全线通车时，《人民日报》发表了周恩来的题词："修建铁路，巩固国防，发展经济，改善人民生活。"④ 天兰铁路是从甘肃天水到兰州的铁路，在一九五二年九月通车。从天水到陕西宝鸡的铁路原已通车。为了同成渝铁路连接，一九五〇年又决定修筑宝成铁路，当年五月开始勘测和设计，一九五二年七月动工，历时四年完成。周恩来也直接过问了这条铁路的设计。这几条铁路的兴修，对活跃西南、西北的物资交流，改善我国铁路布局，起了重大作用。到一九五二年，全国共修复铁路一万多公里，新建铁路一千二百六十七公里。

① 周恩来在第 95 次政务会议上的发言记录，1951 年 7 月 27 日。
② 周恩来在 18 个专业会议上的报告记录，1951 年 8 月 22 日。
③ 访问吕正操谈话记录，1983 年 12 月 3 日。
④ 《人民日报》，1952 年 7 月 1 日。

水利方面，继续以治淮为重点。周恩来指出淮河连年发生水灾的直接原因是：抗战初期蒋介石在花园口炸开黄河大堤造成了极大灾难，创伤至今未能平复。一九五〇年七八月间那次淮河大水灾，安徽省委给中共中央打来电报说：人和蛇都爬到树上去了，群众生活极端困难。毛泽东批示："一定要把淮河修好。"十月十四日，政务院发布由周恩来主持制定的《政务院关于治理淮河的决定》，阐明了治淮的方针、步骤、机构、豫皖苏三省的配合、工程经费、以工代赈等问题，确定了淮北大堤、运河堤防、三河活动坝和入海水道等大型骨干工程。当大规模治淮工作将要全面开展时，一九五一年一月，他在政务会议上说：水可用以灌溉、航行，还可用以发电。治水是为了用水，从现在的蓄泄并重，提高到以蓄为主；从现在的防洪防汛，减少灾害，提高到保持水土，发展水利，达到用水的目的。① 这一年，全部水利投资和贷款共达一亿美元，仅次于铁路而居于经济建设投资的第二位。这个数字在中国历史上是空前的，比国民党统治时期水利支出最高的一年增加二十倍。②

一九五二年，为了防止长江洪水造成的灾害，保障洞庭湖滨湖地区和江汉平原人民生命财产的安全，开始兴建荆江分洪工程。周恩来对这项工程十分重视，在上一年就已说过：必要时要用大力修治，否则一旦决口，就会成为第二个淮河。他主持制定了《政务院关于荆江分洪工程的决定》。当时担任水利部副部长的李葆华回忆道：

"一天，总理把我叫去，说他写了封信给中南局书记邓子恢同志，请他召集中南局会议，并请邓老向湖北

---

① 周恩来在第67次政务会议上的发言记录，1951年1月12日。

② 周恩来关于1951年财政收支总概算的实施方针的报告记录，1951年1月16日。

元老张难先和湖南元老程潜做说服工作。他要我拿信去找邓老。邓老很快就召集了中南局会议。我在会上传达了总理在这封信里谈到的意见，即主张荆江分洪，避免水淹武汉。总理的信里还谈到明朝有一位宰相，是湖北人，也是主张分洪的，认为长江水多不能向北淹，往洞庭湖流问题不大。湖北的同志同意中央分洪的决定，但提出要说服湖南。邓老又分别找程潜和张难先谈话。不久，两省都同意了。开工后，湖南还特地派出慰问团慰问工地民工。这些工作，都是总理亲自过问和安排的。”①

对经济建设和文化建设的其他方方面面，周恩来也全局在胸，统一地作出部署。

对农村，他最关心的是：已完成土地改革的广大地区，如何增加农业生产和提高农民生活水平。这是整个国民经济恢复和发展的基础。在政务会议上，他很动感情地说：“土改初过，农民更怕冒尖，这时要提倡增产，要他发家致富。过去土地不是他的，他终年辛苦不得温饱，吃的是半年糠菜半年粮，多少年来他们是那样渴望着改善自己的生活。现在土改了，土地属于他的了，他既然有了改善生活的可能，自然在增产之后就首先改善他自己的生活，这是可以理解的，也是合理的。也只有使农民生活有所改善，才能鼓舞他们更好地去增产。”“爱国主义与发家致富并不矛盾。他增产了，对他自己有利，也对国家有利的。”他强调说：“首先是解决缺乏问题，在不缺乏的基础上才能解决其他问题。陈（云）副总理刚才讲得很对，今天应该是不怕农民发财，东西多了总比东西少了好。”②

---

① 访问李葆华谈话记录，1982 年 9 月 28 日。

② 周恩来在第 95 次政务会议上的讲话记录，1951 年 7 月 27 日。

在《政务院关于一九五一年农林生产的决定》中，规定了一系列推动农林增产的政策措施，如：土地改革已经完成的地区，切实保护人民已得的土地财产不受侵犯；贯彻合理负担的农业税收政策，对因善于经营、勤劳耕作和改良技术而超过常年应产量者，其超过部分不增加公粮负担；奖励和优待劳动互助组；执行奖励主要工业原料作物生产的价格政策，保证收购和运销；实行山林管理，严禁烧山和滥伐；保障牲畜喂养者的利益等。①

对城市，他特别重视工业生产的发展。他向工业会议等代表作报告时指出：土地改革后，农村生产力发展了，购买力提高了。农民一方面能供给城市以工业原料和粮食，另一方面到城市里来也要有东西可买。“所以，城市工作的中心就是生产力的提高，依靠工人阶级，团结各民主阶级，努力提高生产，发展生产。”他说：“发展工业生产，首先是轻工业生产，从公家到私人都可以发展。”“农民购买力提高了，轻工业必然要发展，而这个轻工业的发展是很快的，因为资金的积累需要不大，利润收进来得又快。不像重工业，投资以后利润来得慢，这一点公家要搞，这是全国工作中很重要的一环，这一个生产现在还不多。”他还要求各经济部门加强调查、勘察和统计工作，努力搜集资料，同时积极培养并集中人才，包括从工程师到技术人员，为即将到来的大规模经济建设做准备。②

几天后，周恩来在政务会议上再一次强调在现阶段要多发展轻工业。他说：

> “重工业固然要搞，轻工业在今天还要多些才行。不仅私人要搞轻工业，国家也需要搞轻工业。只有这

---

① 《人民日报》，1951年2月15日。

② 周恩来向工业会议、财政会议和其他专业会议代表所作报告的记录，1951年3月3日。

> 样，才能适应农村的需要，才能更快地积累资本，建设城市。今天发展轻工业是为百年大计准备条件。城乡互助、内外交流很重要，此中以城乡互助为重点。能这样，血脉才流通，资本才能积累。”“要在统一领导和统一政策下，发挥地方的积极性。”①

对文化建设，他把教育放在特别重要的位置上，认为这是为大规模经济建设准备各种人才所必需的。他说：“现在人才已成为我们各种建设中的一个最困难的问题。这两年我们常说：只要我们的一切工作发展了，我们中国的知识分子绝不是太多了，而是太少了。现在铁路一个部门，只要他们工作一发展，马上就会提出专门人才、技术人才不够。水利部只治一道淮河，就感到工程师、专门人才不够。铁道部只修三条铁路，假使修多一点，也会感到不够。其他部门更不用说。就拿我们明年的工业建设计划来说，短的人才不是几千、几万，而是一二十万上下的技术人才（包括熟练工人）。这是旧社会给我们遗留下的一种缺陷。”他强调：“必须从各方面来大大培养人才，全部教育计划都要适合我们今天的条件。”②

当政务会议讨论《政务院关于改革学制的决定》时，周恩来指出：

> “要照顾今天需要和明天发展。不能离开现实孤立地来谈教育原理。今天最大的不够是知识分子不足。工作一开展，知识分子会更不够，因而除培养劳动知识分子外，还要大量地培养知识分子。”“在这正值革命时期转入建设事业的今天，我们领导上要注意学生们对学校

---

① 周恩来在第 75 次政务会议上的发言记录，1951 年 3 月 9 日。

② 周恩来向 18 个专业会议代表和政府各部门负责人所作报告的记录，1951 年 8 月 22 日。

学习不那么看重、对运动很有兴趣的情况，要注意扭转过来，使学生们看重学校学习，以适应建设时期的需要。”①

在讨论文化和卫生工作时，周恩来也提出了许多重要的意见。对文化工作，他说：“在文化艺术工作中，政治标准应当是第一位，但同时要与艺术标准相结合。”“今天人民的生活是文艺工作者取材的主要源泉，演员应在生活中去受锻炼。”“所谓创作，是把人民的生活加工。”② 对卫生工作，他“提出了三大方针，这就是：面向工农兵，预防为主，团结中西医”。两年后，他又补充了一条：“卫生工作与群众运动相结合。”③

在“边打、边稳、边建”的条件下，经过一年的努力，到一九五一年底，中国财政始终保持着奇迹般的良好状态，这年财政预算中赤字占总支出的百分之十四，决算时只占百分之十一左右。打着这样一个大仗，国内还开始了有重点的建设，而财政赤字只比上一年增加百分之二点五，这不能不说是巨大的成功。周恩来充分肯定这个成绩。他说：“收税的机关是一两个，花钱的机关是一大堆，这的确不是一件容易搞的工作。所以掌握财政经济的同志，特别是陈云同志，在这方面的确是兢兢业业。我们能够保持这样一个平衡，在反动政权下面是不可设想的事情。”④

一九五一年很快就要过去了。为大规模经济建设从事准备的最后一年——一九五二年即将来到。这时，抗美援朝战争已呈现

① 周恩来在第97次政务会议上的讲话记录，1951年8月10日。

② 周恩来在第81次政务会议上的发言记录，1951年4月20日。

③ 周恩来在全国卫生工作会议和几个专业会议上的报告记录，1952年12月11日。

④ 周恩来向18个专业会议代表和政府各部门负责人所作报告的记录，1951年8月22日。

长期化的态势，要同拥有高度现代化装备的美军长期对峙，中国军队必须尽快改善自身的装备状况，包括加强空军、海军、装甲兵、炮兵等兵种的建设；而在大规模经济建设开始后，许多耗资巨大的重点建设项目将会相继开工。财政收入增加有限，支出却势必大幅度增加，这是摆在中国人民面前的一个异常尖锐的矛盾。

解决这个矛盾的办法，不能依赖外援，也不能像有些国家那样去剥夺农民，只能依靠增产节约。这是新中国积累资金的主要来源，是唯一可靠的道路。一九五一年十月，中共中央召开政治局扩大会议，决定在全国各条战线开展一个精兵简政、增产节约运动。它的主要内容是：整编部队，加强国防力量；精简机构，提高工作效率；增产节约，准备国家大规模建设；平衡收支，继续稳定物价。

一九五一年十月二十三日，政协第一届全国委员会第三次全体会议在北京开幕。毛泽东在开幕词中提出：增加生产，厉行节约，以支援中国人民志愿军，是中国人民今天的中心任务。十一月一日，周恩来在会上作总结发言。他说："我们这次会议响应毛主席的号召，把增产节约运动作为我们会议的重要任务之一。增产节约的主要意义是为了要支持抗美援朝和国家建设。"他要求所有企业、部队、机关、团体："在编制上、工作上、人事上、作风上都要检查，能精简节约的都要精简节约，不必要的财政开支一定要减少，一切物资器材要查清。这样，才能把国家的人力、物力和财力用到最适当、最需要的地方。"① 同月，他又说：一九五二年工作的"中心环节在增产节约。有了抗美援朝的胜利基础，应进入增产节约的积累资本、增加生产、加强力量、改善

---

① 周恩来在政协第一届全国委员会第三次全体会议上的总结发言记录，1951年11月1日。

工作的阶段”。“增产节约是积极的建设性的运动，不是消极的，为我们的建设工作准备条件，开辟顺利的道路。”①

随着增产节约运动在全国范围内展开，各地在深入检查中揭发出大量令人震惊的贪污、浪费和官僚主义现象。在建国后短短两年时间内，这个问题竟发展到如此严重的地步，是原来没有完全料想到的。十一月二十日，毛泽东在批转东北局的一个报告时提出：要“在此次全国规模的增产节约运动中进行坚决的反贪污、反浪费、反官僚主义的斗争”。十一月下旬，中共河北省委召开第三次党代表大会，揭发出原天津地委书记刘青山和现任天津地委书记张子善的巨大贪污案。“根据刘、张的严重犯罪事实，河北省委建议省人民政府依法予以逮捕。华北局接到省委的请示后，经讨论并报请周总理批准，决定将他们逮捕法办。”② 这件事在全国引起极大震动。

反对贪污，反对浪费，反对官僚主义，已成为全国上下万众瞩目的问题。十二月一日，中共中央作出《关于实行精兵简政、增产节约，反对贪污，反对浪费和反对官僚主义的决定》。这个《决定》是由周恩来指导起草，报请毛泽东审阅批准，再经周恩来定稿后发出的。八日，中共中央又发出毛泽东起草的《关于反贪污斗争必须大张旗鼓地去进行的指示》。

中国共产党对这个问题下了很大的决心。一九五二年一月一日，毛泽东在元旦团拜会上号召：“我国全体人民和一切工作人员一致起来，大张旗鼓地，雷厉风行地，开展一个大规模的反对贪污、反对浪费、反对官僚主义的斗争，将这些旧社会遗留下来的污毒洗干净!”③ 四日，中共中央又发出指示，要求各单位立

① 周恩来在青年团一届二中全会上的政治报告记录，1951 年 11 月 22 日。

② 薄一波：《若干重大决策与事件的回顾》上卷，中共中央党校出版社 1991 年 5 月版，第 150 页。

③ 《人民日报》，1952 年 1 月 3 日。

即限期发动群众开展三反斗争。于是，一场声势浩大的三反运动在全国范围内迅猛地进入高潮。

一月九日，周恩来主持召开中央一级党政军和群众团体的干部大会，由中央节约检查委员会主任薄一波作《为深入地普遍地开展反贪污、反浪费、反官僚主义运动而斗争》的报告。周恩来在会上号召："这是一个严重的而又紧张的革命斗争，需要我们全国党政军民的全体人员以极严肃的、认真的和负责的态度，无例外地一致来参加这一斗争。我们并号召全国社会人士，特别是工商界人士积极参加这一运动，进行自我改造。"十一日，周恩来在政务会议上指出："从增产节约一直发展到反贪污、反浪费、反官僚主义，这是很自然的。""从去年十月号召增产节约一直到三反，是一条线发展的，方向就是积累资金，建设我们的国家。"他说明这个运动必须发动群众，"因为中国凡是反对旧的建立新的、反对坏的建立好的这样的运动都带有群众性，必须发动群众，依靠群众。""群众不起来，只是几个领导同志搞，过几天就忘掉了，而且无效。"他还强调：一定要做到"言出法随"，并且要把制度健全起来，"如果我们不以严格的制度限制或制裁这些不法行为，国家的前途是不可想象的。"①

三反运动是在国家工作人员中进行的。随着运动的发展，很快就暴露出国家工作人员中的贪污分子几乎都同社会上的不法资本家有勾结，不少还是在他们的拉拢和收买下落水的，也暴露出资产阶级不法分子中相当普遍地存在着行贿、偷税漏税、盗骗国家财产、偷工减料、盗窃经济情报的违法行为。上海不法资本家王康年甚至用废棉烂棉制造急救包送往正在浴血奋战的抗美援朝前线。这些事实揭露出来后，舆论为之哗然，激起人们的强烈愤慨。周恩来在全国政协常委会上以冷静的态度分析道：

① 周恩来在第119次政务会议上的讲话记录，1952年1月11日。

今天的中国民族资产阶级有其积极进步的一面。解放后，他们逐渐参加了人民中国的建设，并在国家的领导下，发挥着一定的积极作用。但是中国的民族资产阶级还有其黑暗腐朽的一面。他们中间有很多人，常常以行贿、欺诈、暴利、偷漏税等犯法行为，盗窃国家财产，危害人民利益，腐蚀国家工作人员，以遂其少数人的私利。“这种情形如果不加以打击和铲除而任其发展下去”，“其前途将不堪设想”，“中国经济的发展道路将不是新民主主义而是资本主义，将不是走向社会主义而是回复到帝国主义的附属国或殖民地的经济”。“我们号召全国工商界人士参加这一斗争，进行检举和坦白运动。这不仅在巩固人民民主政权和树立新的社会风气上将有所贡献，即在工商界人士的自我改造上也将有所收获，并利于与全国最大多数人民一道前进。”①

一月二十六日，中共中央发出由毛泽东起草的《关于在城市中限期展开大规模的坚决彻底的五反斗争的指示》，要求在大中城市中向着违法的资产阶级开展一个大规模的反对行贿、反对偷税漏税、反对盗骗国家财产、反对偷工减料和反对盗窃经济情报的斗争。二月上旬，五反运动在各大城市也相继形成高潮。

当群众初步发动起来后，周恩来的工作重点便放在制定并落实有关三反、五反运动的各项政策上。

对三反运动：

当运动开始进入高潮时，许多地方对什么是贪污、如何掌握量刑标准等问题的认识并不一致，一般存在着处理面过宽、量刑偏重的现象。一月二十六日，周恩来为中共中央起草的致各地征

---

① 周恩来在政协第一届全国委员会常务委员会第 34 次会议上的讲话记录，1952 年 1 月 5 日。

询对《惩治贪污条例》意见的电报中，提出“多数从宽、少数从严、以前从轻、以后从重”的量刑方针，并估计在已发现贪污行为的人中需要处刑的约为百分之五到十。① 而对刘青山、张子善这样的严重犯罪分子，他在二月四日批准了河北省人民政府主席杨秀峰的报告：“判处死刑，立即执行。”鉴于运动高潮中出现斗争扩大化和逼供信的现象，造成一些错案，周恩来对这类问题采取极为严肃而审慎的态度。据范长江回忆：当中央国家机关准备在北京中山公园举行审判大贪污犯的大会时，农业部有一个被定为大贪污犯的人证据不实，有人主张杀，周恩来用了一个通宵的时间来审查案情，把它纠正了。

国民党起义部队中的军官，这时已是国家干部，属于开展三反运动的范围之内。他们中因为种种历史原因，存在的问题比较多。四月五日，周恩来为中央军委起草电报，实事求是地规定：“对起义部队的三反运动，重点在教育改造，保证以后不犯，而不再追赃法办。只对其中不堪造就的分子，则可借此淘汰一批，但亦不宜占起义军官的比例过大。”对贪污问题的时限，也确定必须在“真正实行革命政治制度、即实行民主改革以后”。② 这种区别对待的政策，大大缩小了涉及面，使起义部队不致发生大的波动。

六月初，三反运动进入处理阶段。周恩来参与修改定稿的《中共中央关于争取胜利结束“三反”运动中的若干问题的指示》要求：必须做好正确定案、适当处理的工作，“定案工作应采取实事求是、不怕麻烦、坚持到底、不枉不纵的方针。‘是者是之，错者改之，应降者降之，应升者升之’，必须做到如实合理地解

① 中共中央致各中央局并转分局、省、市、区党委，各大军区党委并转各省军区党委，志愿军党委电，1952 年 1 月 26 日。

② 中央军委致聂荣臻、刘澜涛并告各大军区、志愿军司令部电，1952 年 4 月 5 日。

决问题”。指示针对运动中已经出现的偏向，强调在定案时必须有确凿的证据，指出：“定案工作的中心环节在于认真调查和全面分析材料。必须在人证、物证和贪污情节等方面，找出可以定案的根据。有全部证据者定全部，有部分证据者定部分。无证据或证据不足的案件，一般应实行全部或部分具结了案的办法，以后如发现有不实者再从重处理。”① 七月十五日，他签署的《政务院关于胜利结束三反运动中几个问题的指示》中又规定：“如确无贪污，而被误疑或误定为贪污分子者，必须予以平反。”

对五反运动：

运动一开展，一些工商业者十分紧张。上海是中国资产阶级最集中的城市。按照中央原来的部署，准备晚一些在华东地区开展这场斗争。但是，社会上的运动一起来，使上海的五反斗争很快就开始了，而且火力极猛，资本家中已发生自杀事件。周恩来知道这些情况后，派薄一波到上海、罗瑞卿到广州，帮助当地指导运动的发展。他还在修改审定中共中央一份电报时，增写一段话，批评武汉市“打击大工商业户面过大，而且工比商大”的偏向，要求他们“仔细加以检查”。② 他在报告毛泽东后，在为中共中央起草的批示中，将一批上海最大的民族工商业者定为守法户，并确定守法户占上海工商业户总数的百分之二十，基本守法户占百分之三十，半守法户占百分之二十五。③ 他举一个人为例，解释说：“他对国家的负担有一千亿，违法虽然不小，但与一千亿比起来，那是很小的。他的违法有大部分是隐匿敌产，但

① 《建国以来重要文献选编》第3册，中央文献出版社1992年6月版，第222页。

② 中共中央致中南局电，1952年4月21日。

③ 中共中央批转薄一波关于上海五反运动中几个政策问题的报告的批语，1952年4月24日。

这不能怨他，因从前不是他当家。”“我们办事要公道。”① 薄一波回忆道：“这个‘标兵’一树，在上海以至全国各大城市产生了很大影响。”②

五月三十日，政务会议讨论结束五反运动中的几个问题时，周恩来说：“这次五反运动不是全国普遍都搞了，而只是大城市搞了，中等城市也有的搞了。”“所以，这次中小城市波动不大。我们希望这个运动能在六月份结束。在结束的过程中，可以看出，我们是一向主张斗争从严、处理从宽的。”他说：“对极少数罪大恶极的，如王康年，不严办就不行。但对绝大多数的要从宽处理。他们有犯错误的一面，应该严肃指出；好的地方，也应该表扬。无论在政治上、经济上，对他们都应有正确的估计。”他指出：过去对暴利的算法很不一致，应该说五毒得来的就是非法所得，这样就可以把范围规定了，“不要把利润高的就算暴利，这样没有标准，容易搞乱”。他强调：“追补的时候，应该照顾生产。现在正是六月份，城市的货堆起来了。货物需要流通，资金需要周转。假若立即实行追补，是紧得很。毛主席指示可以推迟，这样对生产有好处。”他在会上宣布结束五反运动。他说：“五反运动的目的是要去掉五毒，改造社会。因此，一律不再继续搞下去了，没有搞的地方一律不搞了。”③

六月十三日，周恩来签署发布《政务院关于结束五反运动中几个问题的指示》，要求各地实事求是地进行定案处理工作。《指示》规定：

> “在五反运动中，各地对工商业违法所得数目的计算，有些方面由于追算较远、折价较高、计算范围较

① 周恩来在第138次政务会议上的发言记录，1952年5月30日。

② 薄一波：《若干重大决策与事件的回顾》上卷，中共中央党校出版社1991年5月版，第174页。

③ 周恩来在第138次政务会议上的发言记录，1952年5月30日。

广、标准先后不同以及其他原因，以致计算偏高偏广。在这方面，必须重新核实定案，不应该计算的一定不要计算，可计算可不计算的也不要计算，而应该计算的则必须计算，使既合乎处理从宽的原则，又利于工商业的迅速恢复和发展。”

如此处理的结果，在工商业者中，守法户约占总户数的百分之十至十五，基本守法户占百分之五十至六十，半守法半违法户占百分之二十五至三十，严重违法户占百分之四，完全违法户占百分之一。对基本守法户只退违法所得中的一部分，对半守法半违法户只退违法所得而不再罚款。这样，就稳定并团结了占总户数百分之九十五的工商业者。

三反五反运动，在国民经济恢复时期占有重要的历史地位。它是建国初期一次移风易俗的社会改革运动，有利于清除旧社会遗留下来的污毒，树立新道德和新风尚，给国家带来了蓬勃生气。它有力地推进了正在开展的增产节约运动，加强了抗美援朝和国防建设的力量，并为国家工业化积累了不少资金。它大大地巩固了工人阶级的领导地位，巩固了社会主义经济在国民经济中的领导权，在资本主义企业内部开始树立起工人监督，改变了国内阶级力量的对比。这次运动，对工商业者也是一次深刻的教育。一九五二年六月，全国工商业联合会举行筹备代表会议。周恩来和陈云在会上讲了话，重申了国家对私营工商业实行“公私兼顾，劳资两利”的政策，并对如何正确认识三反五反运动的意义以及工商界的前途等问题作了阐述。国家对私营工商业的加工订货有了发展。这些，都为我国大规模经济建设的开始、保证中国向社会主义社会前进提供了重要条件。

为了迎接大规模经济建设的到来，中共中央早在一九五一年初就已着手准备编制第一个五年计划。当三反、五反运动正在猛烈开展的时候，周恩来的思想已经越来越多地转到这个问题上来。这年二月十四日至十六日，中共中央政治局举行扩大会议，讨论“三年准备，十年建设”的问题。会议强调：进行大规模经济建设的准备时间，从现在起，还有二十二个月，必须从各方面加紧进行工作。经周恩来提议，会议决定由周恩来、陈云、薄一波、李富春、聂荣臻、宋劭文六人组成领导小组，负责编制发展国民经济的第一个五年计划。

计划编制工作起步时，面对的困难很大：对全国资源情况缺乏调查，统计资料很少，国有经济成分的比重很小，缺乏编制长期计划的经验，对经济建设工作也还不很熟悉。再加上抗美援朝战争还在继续进行，苏联帮助中国建设的重点工程项目的主要部分还没有确定下来。因此，要在短时间内完成长期计划的编制工作是不可能的，只能一面进行建设，一面编制。这是第一个五年计划编制工作的重要特点。

在陈云主持下，各财经部门在一九五二年二月已分别搞出第一个五年计划期间初步设想的材料。这是计划编制工作的重要基础。但是，由各部分别搞出的这些材料毕竟还是零碎的、不完备的，特别是缺乏一个整体性的考虑。

周恩来深深感到：时间已十分紧迫，他需要集中力量来分析中国的经济状况，研究五年建设的任务，以便向中央提出全盘性的建议，并准备同苏联会谈。

这年七月初，他在中共中央政治局会议上，提议返国治病已经痊愈的彭德怀留在北京接替自己主持中央军委的日常工作。这个建议被接受后，他在七月九日致信毛泽东等：“彭德怀同志自即日起过问军委日常工作，直接向主席和中央负责。以后一切经过我处转呈主席或主席交我阅办的军委文电，均改送彭副主席处理。”①

第二天，他又写信给毛泽东，提出：“在七月份我拟将工作重心放在研究五年计划和外交工作方面。其他工作当尽量推开。”“对五年计划，当着重于综合工作，俾能向中央提出全盘意见，并准备交涉材料。”“如能于七月下旬与邓小平同志商好，先发表他为政务院副总理，并于八月份起来京主持一个时期，这是最理想办法。”“上述事项，请主席批准，并予传阅。”② 当天，毛泽东批示同意。

这样，周恩来就得以把自己的精力集中到思考怎样在中国这块大地上开展大规模经济建设这个问题上来。他想得很远，考虑到的面很宽，并且细心权衡它们之间的关系。七月二十五日，他在政务会议上谈到自己正在思考中的问题：

> “我们要进行大规模的建设，经济建设是我们建设的主要方面。我们各方面的工业、交通事业都将要有大的发展。”“现在城市建设、各部门的基本建设都刚开始。”“对于贸易，城乡贸易都要有大的发展。我们要进行大规模的经济建设，就需要进出口平衡。”“争取贸易平衡，换回我们所需要的东西（主要是机器）来，以发展工业。”
>
> “土地改革已经基本完成，今后农村的中心任务就是生产了。”“现在要解决农村的剩余劳动力问题，首先还是把这些剩余劳动力容纳在农村中，不然，它就会自动地往城市中流。因此，首先就是发展农村的主业、副业、手工业。”
>
> “我们国家要进行大规模的建设。这一方面是经济

① 周恩来致毛泽东并朱、刘、彭、林的信，1952年7月9日。

② 《周恩来书信选集》，中央文献出版社1988年1月版，第474—476页。

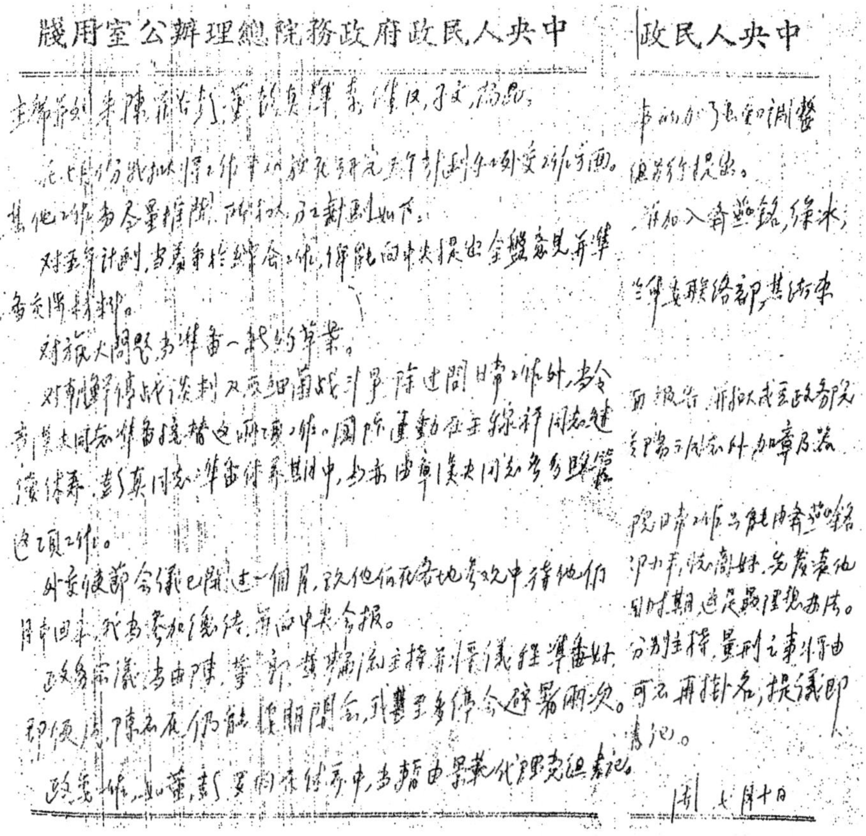

中央人民政府政務院總理辦公室用牋

中央人民政

1952 年 7 月 10 日，周恩来关于将工作重心放在研究五年计划和外交工作方面等事宜给毛泽东等的信建设，另一方面还要进行文化建设。”“而文化建设，又是教育、卫生当先。”“今后教育事业要有很大的发展，我们对教育事业的投资要超过任何一个工业部门。”

“当然，我们的建设计划第一是重点，但第二也还要照顾一下不是重点的地区。我们经常说照顾少数民族地区、山区、老区、灾区、落后地区，照顾归国华侨、军烈属等。”①

这样，新中国大规模建设全盘设想的轮廓，在他头脑里正在渐渐清晰起来。经过一个月左右的紧张工作，周恩来执笔写成《三年来中国国内主要情况的报告》。报告中对五年建设的方针和任务是这样提的：

今后五年建设方针，其基本任务是：为国家工业化打下基础，以（定稿中将“以”字删去，在此处补充了“发展农业”——编者注）加强国防，逐步提高人民的物质生活和文化生活，使中国经济向社会主义发展。

五年建设的中心环节是重工业，特别是钢铁、煤、电力、石油、机器制造、飞机、坦克、拖拉机、船舶、车辆制造、军事工业、有色金属、基本化学工业。

工业建设的速度，每年可递增百分之二十，并扩大社会主义经济的比重。主要反对保守倾向，同时防止脱离实际的冒险倾向。

首先在现有工业基础上发展，并准备和开始在中国大后方建立新的工业基地。

贯彻节约制度，扩大资金积累。节制国内消费，扩大出口货物（定稿时，此后加“，实施物资储备，保证建设计划的实现”——编者注）。

① 周恩来在第146次政务会议上的发言记录，1952年7月25日。

工业建设必须采取苏联先进的统一的技术标准，并依靠于苏联专家的指导和技术的援助。

（定稿时，此处加了一段：“在农业上，将大量发展农民劳动互助运动，并在这个基础上推进农业生产合作社，组织示范的集体农场，以扩大农业生产，并稳步地引导农民走向集体化的事业。”——编者注）

为国家建设，必须大量培养技术干部、专家、专业管理人员，并普遍提高工农的文化水平。

（定稿时，此处加：“准备建立国家计划委员会。”——编者注）①

在周恩来八月十一日改定的《中国经济状况和五年建设的任务》的报告中，对五年建设的方针作了进一步的阐述，提出一九五七年的工农业总产值为一九五二年的百分之一百八十七，其中工业总产值为一九五二年的百分之二百五十四，农业总产值为一九五二年的百分之一百五十七点九。报告以大部分篇幅详细地说明五年建设的各项主要指标和主要项目（包括经济建设的投资方向、工业区域布局），还提出了长期建设的准备工作。报告写道：“全党的领导和工作重心转到经济建设方面，特别是工业建设方面。”它指出，“资金的来源：第一，靠有计划地提高生产，降低成本，以增加国家工商企业的积累；第二，因为中国私人资本主义的存在，工商各税还是财政收入和建设资金的一个重要来源；第三，在增加农业生产的条件下，增加农业税的收入；第四，适当地节约行政费用的支出。”报告还强调了地质勘察工作，设计工作，大量培养技术干部、专家、专业管理人员并普遍提高工农文化水平的重要性。②

① 周恩来：《三年来中国国内主要情况的报告》，手稿。

② 《中国经济状况和五年建设的任务》，周恩来改定件，1952 年 8 月 11 日。

在国民经济恢复阶段，周恩来强调要多发展些轻工业；而当大规模经济建设将要全面展开时，这两个报告却都提出“五年建设的中心环节是重工业”。这是什么原因呢？只要看一看当时中国经济的实际状况就可以明白。半殖民地旧中国遗留下来的工业结构是畸形的：轻工业所占比重极大（当时因为原料和市场等条件的限制，已有设备的利用率还很低），而重工业的基础却异常薄弱。钢在解放前最高的一九四三年只有九十二万三千吨，在一九四九年只有十五万八千吨，而且缺少轧钢设备，以致有限的钢产量产品也不能全部得到利用。煤矿大多是临时性的小斜井，寿命很短。机器工业的生产能力也小得可怜，而且设备陈旧落后，不能制造重型或者比较精密的机器。至于精密工业、国际尖端和工业技术的水平，更无法同发达国家相比拟了。如果这种状况得不到改变，就根本没有经济上的独立自主可言，没有巩固的国防可言，更没有现代化可言。这一切都会成为空话，甚至会受制于人。李富春在《关于发展国民经济的第一个五年计划的报告》中说道：

“只有建立起强大的重工业，即建立起现代化的钢铁工业、机器制造工业、电力工业、燃料工业、有色金属工业、基本化学工业等等，才可能制造现代化的工业设备，使重工业和轻工业得到技术改造；才可能供给农业以拖拉机和其他现代化的农业机械，供给农业以充足的肥料，使农业得到技术改造；才可能生产现代化的交通工具，如火车头、汽车、轮船、飞机等等，使运输业得到技术改造；才可能制造现代化的武器装备保卫祖国的军队，使国防更加巩固。同时，只有在发展重工业的基础上，才能够显著地提高生产技术，提高劳动生产率，不断增加农业生产和消费品工业的生产，保证人民生活水平的不断提高。”①

周恩来对这个问题作过慎重的考虑。他在第二年九月所作的报告中说：“重工业是我们国家工业化的基础。没有重工业，就不能供给工业需要的各种器材、机器、电力等东西。所以要想国家工业化，而这个国家的重工业又不发展，那的确是一个畸形。”②“既然我们不能制造一辆坦克、一架飞机、一门高级的大炮和一辆汽车，那我们的国防力量怎么能算是强大巩固呢？是不巩固的。”③ 所以，作出这个选择，不仅有它的必要性，而且在当时的历史条件下有着异常的紧迫性。这是中国走向现代化过程中无法避开的问题。

进行这样大规模的建设来改变经济文化落后的面貌，包括集中主要力量建设重工业，在中国历史上是从来没有做过的事情，困难自然有，而且很多很大。周恩来这样说：“当目前国家需要集中主要力量建设重工业、奠定社会主义基础的时候，我们全国人民都必须把注意的重点放在长远利益上面。我们不能够只看到眼前的利益而忽视了长远的利益。为着我们子子孙孙的幸福，我们不能不暂时把许多困难担当起来。”④

把重工业作为第一个五年建设的中心环节，是不是意味着忽视轻工业和农业呢？不是。周恩来对这个问题特地作了说明：“所谓集中‘主要’力量，不是集中‘一切’力量；不是要冒进；不是搞重工业，其他问题就都不搞了。”他说：“轻工业是保证（人民）需要的。”现在人民的购买力一天比一天提高，“既然有

---

① 《李富春选集》，中国计划出版社 1992 年 5 月版，第 135—136 页。

② 周恩来在政协第一届全国委员会第 49 次扩大常委会上的报告记录，1953 年 9 月 8 日。

③ 周恩来在党的第二次全国组织工作会议上的报告记录，1953 年 9 月 29 日。

④ 《建国以来重要文献选编》第 5 册，中央文献出版社 1993 年 11 月版，第 607 页。

这样大的购买力，就要逐步地满足他们的需要，就要相应地发展轻工业。同时，轻工业发展了，就便于积累资金。所以对轻工业的相应发展，我们国家是不能忽视的”。他又说：“发展农业这个问题也是大家很清楚的。不发展农业，我们的粮食就不够吃。”所以，“要经常注意，不能忽视”。① 这种思路显然同苏联有着区别，是符合中国实际国情的。在中国大规模经济建设刚起步的时候就能敏锐地注意到这些问题，是不容易的。

在第一个五年计划的基本设想有了初步眉目后，周恩来就在八月十五日率领中国政府代表团访问苏联，同斯大林和苏共中央交换意见，商谈有关问题。代表团成员有陈云、李富春、张闻天、粟裕。临行前，中央人民政府已在八月七日任命邓小平为政务院副总理。十三日，周恩来和邓小平谈了政务院的工作，并在政务会议上宣布：在他访苏期间，由邓小平代理总理职务。

八月十七日，周恩来率领中国政府代表团到达莫斯科。他们在八月二十日、九月三日、九月十九日同斯大林举行了三次会谈。会谈中，除讨论了国际形势和朝鲜战争问题外，周恩来向斯大林和苏共中央介绍了三年来中国国内的主要情况，说明了今后五年建设的方针和基本任务，并要求苏联政府在地质勘察、设计、工业设备、专家援助和技术资料五个方面给予帮助。斯大林在谈话中表示：中国第一个五年计划的设想给我的印象是好的，中国正在发展。他也提出一些意见：我们制定计划总要留有余地，因为总是存在着不利的条件，不可能把各种因素都考虑进去；制定的计划一定要能超额完成；要留有后备力量，才能应付意外的困难和事变；建议工业建设的年增长速度定在百分之十五。他同意对中国五年建设所需要的地质勘探、设备供应、设计

① 周恩来在政协第一届全国委员会第 49 次扩大常委会上的报告记录，1953 年 9 月 8 日。

图纸、专家派遣、技术干部培训、信贷等方面给予帮助。[①] 各种具体问题，由中国政府代表团同莫洛托夫、布尔加宁、米高扬等组成的苏联政府代表团商谈。

九月十五日，中苏双方通过《关于中国长春铁路移交中华人民共和国政府的公告》，交换《关于延长共同使用中国旅顺口海军根据地期限的换文》（后来，在朝鲜战争停止和印度支那和平恢复后，苏联军队从旅顺口撤退，并将该地区的设备移交中国政府，这项工作在一九五五年五月三十一日完成），签订《关于橡胶技术合作协定》。同时，中、苏、蒙三方签订了《关于铁路联运的协定》。二十二日，周恩来、陈云、粟裕等离莫斯科回国。李富春仍留在莫斯科，代理代表团团长职务，就中国要求苏联提供的各援助项目继续同苏方逐项具体磋商。

由于中国对制定长期的经济建设计划还缺少经验，一些长期的重要指标和措施一时难以完全落实，政务院财政经济委员会在十月间先向各部颁发一九五三年度工业、农业、交通、基本建设的控制数字，向各大区颁发地方国营工业、城市公用事业的控制数字，并向各部作了编制一九五三年度国民经济计划的指示。十二月二十二日，中共中央发出《关于编制一九五三年计划及长期计划纲要的指示》，指出："国家大规模的经济建设业已开始。这一建设规模之大，投资之巨，在中国历史上都是空前的。"并提出了编制计划中应该注意的问题。[②] 一九五三年计划的要点，在第二年三月底最后定稿，四月初经中央正式批准。

那时在国家计委工作的王光伟回忆道："总理亲自指导编制计划，审定计划。他工作非常细致，给我印象最深的是，几乎每一个数字他都要过问，几乎每一个百分比他都要亲自计算，有些

① 周恩来和斯大林谈话记录，1952年8月20日、9月3日、9月19日。

② 中共中央关于编制1953年计划及长期计划纲要的指示，1952年12月22日。

数字差错往往是总理纠正的。当总理发现数字有出入时，就耐心、严肃地给我们指出来。指出后，他又怕我们有思想负担，就说：全国范围那么大，数字不容易搞对，一个数字搞准也不大容易，你们可以回去好好再算一算。我是参加编制农业计划的，有些数据，特别是粮食、棉花等数据，总理都是分省来问，询问地方和有关部门的意见。我们知道总理非常注意数字的根据和来源，所以到总理那里以前，都是尽量详细准备，可是总没有他那么周密，所以往往问得我们答不出来。答不出来时，总理除了自己计算外，还告诉我们回去应该找些什么材料看。”①

在抓紧编制国民经济发展计划的同时，周恩来对加强文化建设也统一地作出部署。十月二十四日，他在政务会议上说：国家即将进入大规模的经济建设阶段，“我们不应该把文化建设看作是将来的事，不能等待，现在就应着手。经济建设和文化建设，好像一辆车子的两个轮子，相辅而行。我国要建设，干部、人才就成为一个决定性的因素。其他条件都具备，缺乏干部、人才，也是不行的。而培养干部、人才，就是文教部门最主要的任务。文教工作中，除了教育，还包括文化艺术、科学、卫生、新闻、出版等。这些，都与经济建设有密切关系。所以，要进行经济建设，文教工作就必须加强，决不能削弱”。②

到一九五二年年底，经过短短三年万众一心的共同努力，全国工农业总产值达到八百二十七亿二千万元，比一九四九年增长百分之七十七点五，比解放前历史最高水平的一九三六年增长百分之二十。其中，工业总产值比一九四九年增长百分之一百四十

① 王光伟：《周总理与第一、二个五年计划的制定》，《怀念周恩来》，人民出版社 1986 年 1 月版，第 42 页。

② 周恩来在第 156 次政务会议上的发言记录，1952 年 10 月 24 日。

五，农业总产值比一九四九年增长百分之四十八点五。人民生活得到初步改善。

工农业主要产品的产量几乎都已超过中国历史上的最高水平。周恩来一九五二年八月改定的《三年来中国国内主要情况及今后五年建设方针的报告提纲》中有这样的统计数字：农产品方面，一九五二年同解放前最高年产量相比，粮食为百分之一百零九，棉花为百分之一百五十五。工矿业方面，生铁为百分之一百零四，钢锭为百分之一百五十五，煤为百分之八十九点五，发电量为百分之一百一十六，石油为百分之一百一十六，水泥为百分之一百四十九，棉纱为百分之一百四十七，棉布为百分之二百一十六，造纸为百分之二百三十三。交通运输方面，铁路货运量为百分之一百六十一，公路货运量为百分之一百一十二，只有航运因受美国等国家的封锁而仍落后。

恢复国民经济的艰巨任务，已在短短三年内按原定计划胜利完成。在中国开展从未有过的大规模经济建设的基本条件已经具备。这是在抗美援朝战争继续进行的艰苦环境中取得的，得来极其不易。中国人民进行抗美援朝战争的目的是为了争取一个和平环境来进行建设，到一九五二年年底，这个可能性已有可能在不久后实现。对所有这一切，周恩来都曾为它日夜操劳，做出了别人难以替代的贡献。中华人民共和国历史的新的一页即将揭开了。

四十三、大规模经济建设的开始

一九五三年，中国人民长期以来期待着的大规模经济建设，生气勃勃地在自己的国土上全面展开。

这年的第一天，《人民日报》发表元旦社论，向全国人民兴奋地宣布："一九五三年将是我国进入大规模建设的第一年。""国家建设包括经济建设、国防建设和文化建设，而以经济建设为基础。"那时候，人们普遍认为经济建设的总任务是要使中国由落后的农业国逐步变为强大的工业国，也就是要实现工业化。社论中写道：

"工业化——这是我国人民百年来梦寐以求的理想，这是我国人民不再受帝国主义侵侮不再过穷困生活的基本保证，因此这是全国人民的最高利益。全国人民必须同心同德，为这个最高利益而积极奋斗。"①

这是充满着阳光和希望的新的历史篇章的开始。

当这一年到来的前夜，周恩来在一九五二年十二月十一日向全国卫生工作会议和几个专业会议的代表作报告。讲到即将开始

① 《迎接一九五三年的伟大任务》，《人民日报》1953 年 1 月 1 日社论。

的大规模建设时，他冷静地从有利的和困难的两个方面分析了建设的条件。

对建设的有利方面，他说：经过三年的努力，我们的恢复工作完成了。不论从经济工作或从其他方面看都是如此。我们的经济恢复工作，不论农业、工业、交通运输的生产和业务所达到的水平，一般都超过了抗战以前最高年份的水平，只有极少数的还需要继续努力。这种恢复，就给了我们一种条件，使我们可以在进行抗美援朝的同时又进行国家的建设。

对建设的困难方面，周恩来没有回避，而是作了详细的分析。他指出：我们的祖国是在一个经济落后的基础上进行建设的，我们的国家还是一个农业国，我们的工业技术很低。我们的国家这样大，人口这样多。我们的工业是在殖民地、半殖民地的基础上发展起来的：过去常常是为帝国主义国家进行加工的；机器的来源、各种各样的口径和规格都不统一；原料仰仗外国输入。反动统治者没有给我们留下足够的建设资料，如地下的资源有多少就没有完整的统计。“更困难的是人才。要进行国家建设，就需要各方面的专业人才，从工人、教员一直到高级技术人员、高级行政领导人员。从建设的规模看，我们已有的人才是大大不够的。”

根据这些分析，周恩来对怎样进行建设工作提出了两条重要的指导思想：

一条是“要注重重点”。那些非办不可的，同国防建设、国家工业化、农业集体化有密切联系的，就应该先办；那些并不对我们最基本的建设事业有影响的事情，就可以缓办。“需要把我们的力量用得更恰当，更经济，并且收效要更大，不能有丝毫浪费。”“因此，各个部门的工作，在一个时期内要有轻有重。我们要站在国家的整体的利益上。我们要进行建设，看不到整体就不行。我们看到了整个国家的建设，看到了整体，也就看到了先后，看到了重点。”

另一条是“要注意质量”。他说：“在建设中，任何部门都不要只探求数目字。当然，数目字是一个标准。任何工作、任何计划、任何运动，没有数目字就没有方向，没有标准，就不能够按计划前进。可是，单单探求数目字，那就会变成盲目，变成庞大，变成浪费。”

周恩来尖锐地提出一个问题：“我们在进行建设当中，容易发生的偏向是什么呢？就是靠人多来办事。的确，中国人多，我们进行建设也好，抗美援朝也好，是有着雄厚的力量的。这是中国的优点。但若把优点发扬得过度了，也会变成弱点，就会只求多，不求精，什么事情也是把人往上一堆来解决问题。这样，就不能精，不能专业化，也不能很好地计算。”①

一九五三年一月二十六日，他在全国财政会议上作报告。因为抗美援朝战争还在继续进行，他在会前准备的报告提纲中写道：

> “先谈形势：边打边建边稳，国防与建设并重，有目的地有计划地有步骤地稳步前进。可不可以不打呢？可不可以不加强国防呢？可不可以不建设呢？可不可以不稳步前进呢？如何能有机联系起来而配合得好呢？这决定于需要和可能，并相互影响的。”“财经需要是在可能基础上定的，故依据可能办事。但可以是发展的，首先在发掘潜在力，也在创造新的可能。但有些可能如破坏比例计划、均衡发展而成为盲目的积极性，就要加以约束。”②

---

① 周恩来在全国卫生工作会议和几个专业会议上的报告记录，1952 年 12 月 11 日。

② 周恩来在全国财政会议上的报告提纲，手稿，1953 年 1 月。

在报告时，他对稳定和发展、国防和建设的关系作了进一步的阐述。他说："可否不稳呢？市场不稳，要建设也建设不好。这几件要有机地配合得很好。毛主席是解决了这个任务的。我们的预算也表现了这种精神：国防占总数的百分之二十七至二十九，四分之一上下，在打仗、加强国防建设之下，这个数字不算高。经济建设大过国防，四年来增加了五倍半，工业增加四点七倍，国防增加百分之八十五，故仍是重点放在建设。"①

周恩来认为，在新的历史条件下，建设工作已成为压倒一切的中心任务。二月四日，他在政协第一届全国委员会第四次全体会议上作政治报告时说："一九五三年是第一个五年计划的第一年，我们的工业生产和农业生产将比一九五二年有一个显著的增长。"他明确地提出："动员工人阶级和全国人民，集中力量，克服困难，为完成和超额完成一九五三年度的建设计划而奋斗，是我们贯穿全年的压倒一切的中心任务。"②

第一个五年计划虽已宣布开始执行，但它的编制工作实际上还没有完成，采取的是"边计划、边执行、边修正"的做法。政务院首先抓紧编制一九五三年国民经济计划的主要控制数字。一九五二年七月，政务院财政经济委员会就布置了这项工作。到一九五三年二月，各部和各地区的计划全部交齐。各种计划经过综合和几次修改，在三月底正式定稿。四月初，中央批准了计划提要。

与此同时，具有更长期意义的第一个五年计划的编制工作也在继续抓紧进行。前面说到，周恩来在一九五二年八月已经亲自

① 周恩来在全国财政会议上的报告记录，1953年1月26日。

② 周恩来在政协第一届全国委员会第四次全体会议上的政治报告，1953年2月4日。

起草了第一个五年计划的基本设想，率领中国政府代表团去苏联谈判，并把李富春等留在莫斯科就苏联援助的建设项目逐个进行磋商。但是，当这项工作进入具体编制计划阶段时，原来已经感觉到的困难变得更为突出：

首先，中国对编制发展国民经济的五年计划，可以说完全缺乏经验。许多以后成为人们常识的事情，当时却不知从何下手。据那时在计划部门工作的王光伟回忆："我们开始时对'指标'、'基本建设'这些词都不会讲，计划表格也不会拟定，都求苏联帮助。"① 经济发展速度的确定，也几经斟酌。一九五三年二月底，周恩来等致信李富春，才确定："长期计划中工业生产的增长速度拟定为百分之十三点五至十五，年度计划中根据实际可能情况再定为百分之二十左右，以保证长期计划的提前完成，这样是有好处的。"②

其次，作为编制计划基本依据的资源调查和统计资料十分缺少。它给编制计划工作带来的巨大困难，几乎在每一步中都会感觉得到。周恩来六月间在一次会上曾谈到李富春等同苏联谈判时的情况："去以后的几个月中，就是靠我们的财委打电话送数目字，在座的都知道，你们都给我们送数目字。送来后，我们一整理就送走。到那里以后，我们的代表团又搞了半个月。总起来，我们自己前后大概搞了三个月。"③ 这样得到的统计资料，仍很难说是完备的和十分准确的。地质勘探资料更加缺乏。旧中国留下的地质专业工作者只有一百五十人左右，仅有的十几部钻机也已破旧。周恩来在一九五二年八月十五日去苏联商谈编制第一个五年计划的前几天，向中央人民政府委员会报告调整政府机构意

① 访问王光伟谈话记录，1982 年 2 月 2 日。

② 周恩来、陈云、邓小平、薄一波、邓子恢、高岗致李富春的信，1953 年 2 月底。

③ 周恩来在全国财经会议预备会议上的报告记录，1953 年 6 月 12 日。

见时，提出在政务院设立地质部，以从国外归来的著名地质学家李四光任部长、原重工业部代理部长何长工任第一副部长，在会上得到通过。据何长工回忆：李富春同苏方谈判中商议重工业项目的布局时，“苏联方面提出，现在根据你们拥有的已经探明的地质资源情况，一个项目也不能建。因为你们没有拥有地质资源的报告，金、银、铜、铁、锡等许许多多的矿产储量和分布情况都不明白，你怎么建工厂呢？在国民党统治时期，国外资产阶级有一个论调：中国这个国家是贫铁、无油、少铜。那么你还搞什么工业化呢？”地质部成立后首先大力培训地质勘探人才，并把勘探的重点放在找铁、找铜、找石油上。何长工说：“总理怎么抓我们呢？当时，春夏秋冬四季，我们都要给他汇报。总理抓得很具体，他首先要看地图，问矿有什么远景，矿的成因是怎么样的，我们用什么勘探手段把它搞清楚，同时还要我向书记处汇报。”① 当地质部在渤海湾发现石油时，周恩来立刻拨两条船给他们，在渤海湾寻找石油。在地质工作者的艰苦努力下，到着手编制第二个五年计划时，资料条件就比原来好得多了。

再次，在第一个五年计划中起着骨干作用的是由苏联援建的一百五十六项重点工程，其中的主要部分是第二批的九十一项工程。最初，这些项目还只是意向性的想法。李富春等在莫斯科同苏方一项一项地具体磋商，根据需要和可能，对多种方案进行反复比较，有的还要进行实地调查，最后作出选择，并向国内请示，到一九五三年五月才正式确定下来。拿“重中之重”的钢铁工业来说，苏联最初答应帮助中国在鞍山钢铁基地上新设计三个大项目：大型轧钢厂、无缝钢管厂、七号炼铁炉，但不主张在其他地方发展钢铁工业。高岗也不主张在东北以外的地区建立新的钢铁企业。一九五二年，苏联部长会议副主席、钢铁工业专家捷

① 访问何长工谈话记录，1984 年 11 月 23 日。

沃西安来中国。当时还担任重工业部代理部长的何长工向周恩来建议：像我们这样大的国家，只有鞍钢一个钢铁基地不行。周恩来完全同意这个建议，说："你给他几个大地方看看。"何长工陪着捷沃西安到武汉、马鞍山、上海、广东、成都、西安等地去考察。何长工回忆道："回京后，他答应给我们设计武钢。我很快就把这个消息告诉了毛主席、周总理。周总理鼓掌，毛主席要总理请客。这样决定了建设武钢。"①

当年的艰难，有许多是后人难以想象的。由于这些原因，第一个五年计划自然不可能等编制好后再开始实行。一九五三年三月七日，第一个五年计划已宣布开始实行后两个多月，周恩来率领中华人民共和国代表团前往莫斯科参加斯大林的葬礼。在莫斯科，他用一天多时间听取李富春等关于同苏方就第一个五年计划轮廓（草案）商谈情况的汇报；接着，同苏联新领导人马林科夫、贝利亚、莫洛托夫、赫鲁晓夫等举行会谈，就中国的第一个五年计划、抗美援朝、国防建设等问题交换意见；还出席了《关于苏联帮助中国扩大现有电力站和建设新电力站》等的签字仪式。从苏联回国时，他带回了第一个五年计划中的工农业生产、交通、劳动力安排等问题的文件和李富春关于第一个五年计划的建议和报告。李富春等结束同苏联近一年的谈判在六月十一日归国后，第一个五年计划的编制工作又经过反复酝酿讨论，先后提出过多次方案。一九五四年十一月间，毛泽东、刘少奇、周恩来、李富春等在广州用二十来天时间审核修改第一个五年计划的草案初稿。一九五五年二月，计划草案编制完成。同年三月，中国共产党全国代表会议通过关于这一计划草案的决议。七月五日，第一届全国人民代表大会第二次会议正式通过《中华人民共和国国民经济的第一个五年计划》。

① 访问何长工谈话记录，1984年11月12日。

尽管第一个五年计划还处在编制的过程中，由于采取“边计划、边执行、边修正”的做法，国家建设仍取得了令人欣慰的成就。经过半年的努力，到一九五三年上半年结束时，工业总产值和税收都已完成或超额完成上半年的预定目标；基本建设进展顺利，许多新建厂矿相继竣工，开始像繁星一般点缀在祖国美丽辽阔的土地上。而第一个五年计划中所确定的苏联援建的那些骨干工程，后来证明是符合中国的需要和实际条件的。长期担任工业部门领导工作的段君毅、吕东、袁宝华在三十多年后回顾道：“实践证明，一百五十六项建成投产以后没有失误，许多经济技术指标也是好的，至今在社会主义现代化建设中发挥着重要作用。”① 这里包含着周恩来、陈云、李富春等的许多心血。

但是，由于经验不足等原因，一九五三年上半年的财政经济工作中也出现了一些问题。那年是中国大规模经济建设开始的第一年，也是第一个五年计划的第一年，大家的积极性很高，都想把建设多搞一点，由于对建设工作缺乏经验而产生贪多冒进的偏向，摊子铺得过大；财政收入却不能有相应的增加，而且在制定年度预算时在收入上有虚假现象，把上一年的财政结余四十多万亿元（这是指旧人民币，相当于新人民币四十多亿元——编者注）打了进去，事实上这笔钱已存入银行变成信贷资金，被银行贷出去了。这样，上半年国家预算执行的结果，出现了二十一万五千亿元的赤字。② 周恩来对此作了这样的叙述：

“今年预算的收入部分，有相当大的科目是虚假的、膨胀的、不完全可靠的，因而引起了在考虑开支时的错觉。以一九五二年和一九五三年纯收入相比较，今年仅

① 段君毅、吕东、袁宝华：《他永远是我们学习的榜样——缅怀李富春同志》，《人民日报》，1985 年 6 月 2 日。

② 《中共中央关于增加生产、增加收入、厉行节约、紧缩开支、平衡国家预算的紧急指示》，1953 年 8 月 28 日。

比去年增长百分之二十，但今年的开支则较去年增长百分之四十以上，显然这是极大的矛盾。开支底子大了，就违背了重点建设、稳步前进的方针。同时后备力量少了，就不足以应付许多意料中和意料外的需要。加以全国收支统一集中，统上来的太多，发下去的太紧，又都限制在‘条条’内专款专用，‘块块’失去了在地方范围内机动的权力和可能。因之今年预算在公布不久后，就失去了平衡。”①

周恩来最后所说的这一点，也是一个重要问题。中央和地方、统和放的关系，是很不容易处理好的。一九五一年开始的统一财政经济工作所取得的巨大成就是有目共睹的。当时不下这个狠心，要扭转财政经济工作中存在的严重混乱状况，要在短期内使国民经济得到迅速恢复，是不可能的。但后来在执行过程中也出现一些集中过多、统得过死、处理不当、同地方商量不够的问题，从而使地方对中央财经部门渐渐积累起不少意见和不满，有些意见和不满还相当强烈。

鉴于这些问题，中共中央决定在六月中旬召开一次全国财政经济工作会议。

六月九日，周恩来同高岗、邓小平、饶漱石、彭真、薄一波、习仲勋、李维汉、曾山、贾拓夫、齐燕铭等商议后（陈云在一九五二年八月访苏归来后正在病中），给毛泽东并中共中央写了《关于全国财经会议如何进行的请示报告》。当晚，经中共中央书记处扩大会议批准。《报告》中对举行这次会议的宗旨是这样写的：

“此次会议应贯彻批评自我批评和积极建设的精神，

① 周恩来在全国财政经济工作会议上所作的结论，1953 年 8 月 11 日。

充分听取各地同志对过去工作的批评，并要求他们对今后工作提出积极的建议。同时应向到会人员着重讲清经济建设的重要意义及目前财政的全貌，促之能够对全局有所了解，便于考虑各项问题，提出具体意见。”①

六月十二日，在全国财经会议的预备会议上，周恩来对会议的方针又作了说明：

“此次会议准备解决中央提出的、各地有意见的、问题比较成熟的一些问题。方针是多听地方意见，开展批评自我批评，进行工作上政策上的检查，应着重思想上反对主观主义，政治上反对分散主义，作风上反对官僚主义。自上而下，自下而上，条条块块的讨论，吸取大家积极性、建设性的意见，集中起来，成熟的问题写成决定，以统一贯彻执行。”②

这时，毛泽东和中共中央已在酝酿提出过渡时期总路线，周恩来在预备会上也初步地谈到这个问题：

“我们新民主主义的制度是一个过渡的制度，这个社会是一个过渡的社会。这个过渡时期的每时每刻都在增长社会主义成分：国家经济的发展就是增加社会主义成分；半社会主义合作社的增长也在增加社会主义成分；公私合营企业的发展也是增加社会主义成分；农业里边的互助合作的增加也是增加社会主义成分；经济集体主义已有了雏形，有了胚胎。最后走完了这个过渡阶段，就到达了社会主义社会。

“所以，摆在我们面前的情况是：能不能胜利的问题已经解决了，我们已经取得了全国的胜利，而且已经

① 周恩来：《关于全国财经会议如何进行的请示报告》，1953 年 6 月 9 日。

② 总理在财经预备会议上的讲话记录摘要，《每日汇报表》，1953 年 6 月 12 日。

> 把帝国主义加来的压力打退了。能不能恢复经济的问题亦已解决了，三年来的经验证明，我们能恢复。目前摆在我们面前要解决的问题是能不能在政治上巩固我们已取得的胜利，能不能建设新中国，并逐步过渡到社会主义。要从政治上使我们的新中国巩固起来，就要靠军事来保卫，而军事的基础又是经济建设。”①

会议原定的主要议程有三项：经济建设问题，财政问题，资产阶级问题。“总的会期争取半个月结束。”大会的经常主持人是周恩来、高岗、邓小平。这些，都是周恩来在《关于全国财经会议如何进行的请示报告》中提出并经中共中央批准的。参加这次会议的人员比以往的财经会议要多，有中央各部门负责人，各大区、省市委和财委的负责人（各大区、省市的财委主任一般都由第一书记兼）。他们先后来到后，周恩来同他们分别交换意见。六月十二日举行的预备会上，周恩来说：“大家觉得这一次召开这样大的会议，希望能够解决一些问题，因此，这个会议的时间应该开得长一点；大家来的时候都作了交代，准备过了党的生日再回去。我们接受大家的意见，准备把会开得长一点。但是必须说清楚，在这个会上，经过讨论，把成熟的问题肯定下来，不成熟的问题继续加以研究，我们不能希望经过一次会议把所有的问题都解决了。”② 从语气中可以看出，他所说的“开得长一点”，只是指不能像《请示报告》中所说“争取半个月结束”，而要“准备过了党的生日（七月一日）再回去”。

会议的发展却同原来的设想不一样，发生了变化，足足开了两个月，到八月十三日才结束。当时担任政务院财政经济委员会副主任兼财政部长的薄一波回忆道：“讨论和批评新税制，实际

---

① 周恩来在全国财经会议预备会议上的报告记录，1953 年 6 月 12 日。
② 周恩来在全国财经会议预备会议上的报告记录，1953 年 6 月 12 日。

上成了会议的中心问题。”①

成为会议中心问题的“新税制”是怎么一回事呢？

新中国成立后不久，政务院在一九五〇年初曾颁布《全国税收实施要则》。当时的税收制度是在旧税制的基础上建立起来的，难免残留旧税制对经济的某些消极作用，主要是各税重复，零星分散，手续烦琐。随着经济的发展和改组，这种消极作用日益显露出来。因此，修正税制是需要的。在修订时还遇到一个问题：过去国营和合作社经济还很薄弱，税法对它们作了些优惠的特殊规定。到一九五二年下半年，为了迎接国家大规模经济建设的开始，需要增加税收，支援建设。恰好在这一年，不少私营企业在五反运动后漏税要补，偷税要罚，有些人有消极情绪，甚至实行怠工或躺倒不干。如果过多把税收增加在他们头上，会把私营企业挤垮，国家面临的困难将更多。因此，财政部考虑在修订税制时改变对国营和合作社经济原有的某些优惠规定。

这年九月的财经工作会议，确定要修正税制。同时，还召开了各大区财政部长会议和第四次全国税务会议，研究这个问题。根据几次会议讨论的意见，财政部提出了修正税制的具体方案。十二月二十六日，政务会议讨论并批准这个方案。周恩来在会上说：“这次税制基本上没有变，如果说有一种改革，那就是将一部分商品改征商品流通税了，总的说来，还是税制的修正。”对改变对合作社和国营企业的某些优待，周恩来作了说明：“合作社的发展，不能单靠优待，主要的应靠改善其经营。因此，取消了合作社的许多优待，使其和国营企业、私营企业在纳税上待遇一样，以打破其供给制观点，加强其经济核算制，这对合作社的发展也是有好处的。合作社总社的负责同志也同意这样做。不仅

① 薄一波：《若干重大决策与事件的回顾》上卷，中共中央党校出版社 1991 年 5 月版，第 239、240 页。

合作社，国营商业部门也有依靠国家贷款、收购等的优待而不大注意经营的情况。使国营企业、合作社和私营企业在纳税待遇上一样，就督促了国营企业和合作社注意使推销面大，资金周转得快，经营得好。”对私营企业，他提出了要求：“工商界也要以纳税为光荣，漏税为可耻。工商联和民主建国会要号召工商界积极缴税。”① 接着，财经部门又向工商联负责人及工商界知名人士征求意见。十二月三十一日，在《人民日报》上公布了《关于税制若干修正及实行日期的通告》，并发表社论。

修正税制在工作过程中确实存在一些严重问题。陈云曾指出：“修正税制的错误，归纳起来主要有两个：一个是‘公私一律’，一个是变更了纳税环节。”变更纳税环节中的毛病主要在：把在流通环节难以收上来的工业品的批发营业税移到工厂去征，而给批发商免了税。当时，批发商中私商经营的比重还很大，这就打击了国营商业和一些内地工业。在执行中，由于私营商业往往是批发兼营零售，两者难以划分；加上工作跟不上去，工厂出厂价没有及时调整，也在一定程度上给私营批发商占了便宜。“公私一律”又是怎么回事呢？当时发表的《人民日报》社论，为了说明修改税制的必要性和目的，原稿上有这样一句话：“国营企业和私营企业都要按照修改的税制纳税。”薄一波在修改时，把这句话简化为“公私一律平等纳税”。陈云九月十四日在中央人民政府委员会上报告时说：“‘公私一律’的提法是错误的。因为国营商业和私营商业是不同性质的。首先，国营商业的全部利润要上缴，私营商业只向国家缴所得税。另外，私营商业和国营商业对国家担负的责任不同。私营商业就是做买卖，赚钱，当然它也供应市场的需要。国营商业不仅是为了做买卖，赚钱，更重要的是为了维持生产，稳定市场。”“对国营商业、合作社商业和

① 周恩来在第164次政务会议上的发言记录，1952年12月26日。

私营商业提出‘公私一律’，看起来好像是很公平合理，实际上是不公平的，因此，‘公私一律’的提法是错误的。”①

当时主管税务工作的财政部副部长吴波谈到这方面的教训时说：“一是急于出台，太过于匆忙，使许多工作没跟上；二是有些同志被胜利冲昏头脑，认为从日本投降到解放战争胜利，胜利来之很快，因此不顾经济工作的复杂情况，凭热情办事，从主观出发，不懂得一个环节变了其他的环节也要变，认为主观怎么想，实际就能怎么办，不懂得凡事都有规律，经济工作就更有其复杂性。”②

修正税制时，把公私关系简单地概括为“公私一律”，在中共中央正酝酿提出过渡时期总路线的时候是不适当的，是不合时宜的。至于变更纳税环节中的毛病是属于一般工作上的失误。而新税制为了赶在元旦前一天公布实施，为了抢在春节前一个半月的旺季多收点税，没有把方案发到地方财政、税务部门去征求意见，没有同地方党政领导打招呼，这就引起更多的不满。

新税制公布后，在社会上引起波动，出现了一些原来没有预料到的物价上涨和思想混乱。山东分局向明等和北京市委先后写信给中央，反映这些情况。一九五三年一月十五日，毛泽东给周恩来、邓小平、陈云、薄一波写信，严厉批评这件事说：中央既未讨论，对各中央局、分局、省市委亦未下达通知，匆率发表，毫无准备。并说：“此事我看报始知。”周恩来一接到信，立刻提出处理办法。财政部和税务总局也迅速检查各地发生的问题，采取补救措施。不久，中央政治局开会讨论财政问题，吴波在会上把税制修正了哪些地方、实行中出现了哪些问题、如何解决的，一一作了说明。毛泽东又尖锐地批评说：“‘公私一律平等纳税’

① 《陈云文选》第2卷，人民出版社1995年2月版，第198、199页。

② 访问吴波谈话记录，1987年2月6日。

的口号违背了七届二中全会的决议，修正税制事先没有报告中央，可是找资本家商量了，把资本家看得比党中央还重；这个新税制得到资本家叫好，是‘右倾机会主义’的错误。”① 三月十日，周恩来主持起草了中共中央《关于加强中央人民政府系统各部门向中央请示报告制度及加强中央对于政府工作领导的决定（草案）》，其中规定：“今后一切主要的和重要的方针政策计划和重大事项，均必须事先请示中央，并经过中央讨论和决定或批准以后，始得执行。”

在全国财经会议上，批评新税制又发展成会议讨论的中心问题。各方面的批评集中在中财委和薄一波身上。七月十三日，在扩大的第十五次领导小组会议上，由薄一波作第一次检讨。参加会议的有一百三十一人。主持会议的周恩来说：“这次全国财经会议开了已整整一个月，重点是财政问题。”“过去财经会议从来没有像这次这样自下而上地集中在方针、政策、制度上，在思想、组织、作风上进行全面的检查。缺点是在批评与自我批评上，虽然我们一开始就强调对人是要治病救人，对事是要纠正错误、解决问题；但正如毛主席前天所指出的，我们会议中还有一些庸俗化，即对人批评不是当面说而是背后说，不是直说而是绕着弯子说。”薄一波在会上作了检查。他说：“过去财经工作中错误是很多的，枝节地讲不解决问题，我想主要的一条是对党在过渡时期的财经总的政策钻研不深，没有彻底解决，而国民经济恢复的后期，没有总结出方针到政策的整套办法来。”在修正税制这个问题上，他是这样说的：“一九五二年十二月公布的修正税制，由于从单纯财政观点（保税）出发，没有从总的总政策出发加以考虑，也没有进行具体的调查研究，没有进行典型试验，主

① 薄一波：《若干重大决策与事件的回顾》上卷，中共中央党校出版社 1991 年 5 月版，第 235 页。

观轻率从事，因而从方针到具体做法都犯了严重的错误。在组织上也是错误的，分散主义的错误。”①

从薄一波在会上作检查的这一天起，会议气氛顿时变得紧张起来。从七月十四日到二十五日之间，连续召开八次扩大领导小组会议，集中地对薄一波进行批评，批评的调子一直居高不下。吴波回忆说：“对实行新税制以后出现的问题，经过主席的批评后，我们仍然没有把它看成太了不起的事情。所以开会时一波同志的思想准备不足，认为总结一下工作，听听大家的意见就行了。可是会上不仅仅对新税制有意见，对财政部统管的太死也很有意见，对一波同志的领导也有意见，说财政部是独立王国，财大气粗，对地方意见不尊重等等。会议越来意见越大，我的思想实在跟不上。”②

七月二十二日的扩大领导小组会议上，华东财委的曾山有一段中肯的发言：“今年产生财政高于一切的主要关键，乃是在一九五三年预算数字编造得这样大，不是根据一九五三年国民经济增长总值正当比例而来的。一九五二年底搞预算，一定有不小数字不是经济增长的结果，而是三反五反把各地小家务及各地历年结余统上来的结果。而今年的预算却又在去年的基础上加三十一万亿。这种编造预算，很可能是造成今年上半年四面紧张的主要原因。”周恩来听后插话说：“曾山同志把最中心的问题提出来了。”③

七月二十五日，吴波在扩大的第二十四次领导小组会议上发言，把修订税制的错误承担起来。八月一日，薄一波在会上作第二次检讨。但在当时的会议气氛下，还是过不了关。

① 《全国财经会议领导小组会议纪要》第10号，1953年7月13日。

② 访问吴波谈话记录，1987年2月6日。

③ 全国财经会议领导小组第22次会议简报，1953年7月22日。

对财政工作、特别是修订税制中的缺点和错误提出批评，本来是正常的。但会上也出现了不正常的状况，不仅对薄一波批评的调子一直居高不下，而且把攻击的矛头逐渐指向刘少奇和周恩来。薄一波后来说："我当时在思想上产生了这样疑问，会议为什么会变成这个样子？几个月后，真相大白了。原来是高岗、饶漱石在会上的串联造成的。据陶铸同志后来揭发，财经会议开过第一次领导小组会议后，高岗就请他到家里吃饭，在饭桌上高岗对他说，这次会议的方针就是要重重地整一下薄一波，'希望大家能勇敢发言'，并要他放头炮。陶铸同志没有答应。"不仅如此，高岗等还在会外大肆散播各种流言蜚语破坏中央威信，特别是攻击刘少奇和周恩来，同时鼓吹他自己。薄一波回忆道："我既然已意识到高、饶绝不仅仅是攻击我，而是进而攻击刘、周，为了不使事态扩大到中央领导核心，我决定再不多说一句话。当时会上要我作第三次检讨，我拒绝了。周总理把我的态度报告了毛主席，毛主席说：薄一波同志可以不检讨了。"① 为了扭转会上这种很不正常的状况，毛泽东还要周恩来把当时不在北京的陈云、邓小平请回来参加会议。

陈云、邓小平在会上都发了言。陈云针对会上提出的问题，明确地表示：不能说中财委有两条路线。邓小平在会上说：薄一波同志犯的错误再多，也不能说成是路线错误；把他这几年在工作中的这样那样过错说成是路线错误是不对的，我不赞成。

这样，会议的气氛起了变化。八月十一日晚，周恩来在全国财经会议上作会议的结论。这个报告是经毛泽东多次修改的。那时候，高岗、饶漱石的问题还没有揭露。结论中，在阐释党在过渡时期的总路线后说："目前我们经济的发展，也正是循着党的

---

① 薄一波：《若干重大决策与事件的回顾》上卷，中共中央党校出版社 1991 年 5 月版，第 241、243 页。

总路线的轨道前进的。就在财政、金融、贸易系统方面，从发展生产、保证需要总的方面来看，现在基本上也是执行着党的总路线的。但这并不是说，在我们某些主要工作中的某些部分，或某些工作，或某些地方的工作，就没有离开过党的总路线而犯右倾或'左'倾的错误。税收、商业等工作中这半年多所犯的某些错误，就是严重地违反了二中全会在这些方面所规定的原则的右倾机会主义错误。"同时又指出："由于所有这些错误，还未构成一个系统，所以还不应该说成是路线错误。"①

他在结论中，还联系会议检讨工作时谈到的经验教训，提出在经济建设中应该引起极大注意的五个问题：第一，发展生产，保证需要，提高计划性，防止盲目性。第二，重点建设，稳步前进。一切计划必须建立在可靠的基础上，国家财力必须集中使用在建设的主要方面，提倡节约，反对百废俱兴，并须有足够的后备力量，以保证有决定意义的基本建设的完成，并准备应付可能发生的意外需要。第三，加强集中统一，发扬地方与群众的积极性。几年来财政统一的成绩是很显然的，但最近一个时期在财政统一上所发生的"统多了，统死了"的这些不实事求是的错误，就相当地削弱了一些地方积极性，这是不利于发展生产的，而且也不合于集中统一的原则的。第四，党的统一领导的原则，在任何时候都必须坚持。这次税收、商业、财政、金融工作中所犯的许多错误，是与向党闹独立性、与无政府无组织无纪律的错误倾向、与分散主义离不开的。第五，老老实实地学习。由于我们缺乏经济建设的经验和知识，在建设阶段开始时，工作中的某些盲目性是不可避免的。为了减少盲目性和少犯错误，就必须承认自己不行，老老实实地做小学生。

① 周恩来：《在一九五三年夏季全国财政经济工作会议上所作的结论》，1953年8月11日。

作了这个结论后，历时两个月的全国财经会议便结束了。

全国财经会议最重要的积极成果，是在会上明确地提出了党在过渡时期的总路线。毛泽东在修改周恩来为全国财经会议所作的结论时，对中国共产党在过渡时期的总路线作了比较完整的表述："从中华人民共和国成立，到社会主义改造基本完成，这是一个过渡时期。党在这个过渡时期的总路线和总任务，是要在一个相当长的时期内，基本上实现国家工业化和对农业、手工业、资本主义工商业的社会主义改造。这条总路线，应是照耀我们各项工作的灯塔，各项工作离开它，就要犯右倾或'左'倾的错误。"从这时起，宣传党在过渡时期的总路线便成为党和国家政治生活中的一件大事。

党在过渡时期的总路线的提出，并不是突然的。新中国成立前夕，党的七届二中全会的决议指出："在革命胜利以后，迅速地恢复和发展生产，对付国外的帝国主义，使中国稳步地由农业国转变为工业国，由新民主主义国家转变为社会主义国家。"这里，已经明确地规定了新中国将"由新民主主义国家转变为社会主义国家"这个目标。

随着国民经济的恢复和国有工商业的发展，公私经济的比重发生引人注目的明显变化。一九五二年八月，周恩来在访苏前起草的《三年来中国国内主要情况及今后五年建设方针的报告提纲》中作了这样的比较："工业总产值中公私比重，已由一九四九年的百分之四十三点八与五十六点二之比，变为一九五二年的百分之六十七点三与三十二点七之比。私营商业在全国商品总值中的经营比重，已由一九五〇年的百分之五十五点六降为一九五二年的百分之三十七点一，但在零售方面，私商经营一九五二年仍占全国零售总额的百分之六十七。"可以看出，无论工业或商业中，社会主义经济成分到一九五二年都已居于优势地位。特别是工业总产值中社会主义经济成分所占比重，从一半以下上升到三分之二以上。这是一个重大的变化。随着大规模经济建设的开始，这种趋势的发展步伐正大大加快。周恩来写道："毫无疑问，国营工商业今后的发展将远远超过私营工商业的发展，而且会日益加强其控制力量。"①

当研究发展国民经济的第一个五年计划时，毛泽东已经开始思考如何向社会主义过渡的问题了。薄一波回忆道："在我的记忆中，第一次听到毛主席谈向社会主义过渡问题，是一九五二年九月二十四日在中央书记处的会议上。那次会议主要是讨论'一五'计划的方针任务。在听取周总理关于'一五'计划轮廓问题同苏联商谈情况的汇报后，毛主席讲了一段话，大意是：我们现在就要开始用十年到十五年的时间基本上完成到社会主义的过渡，而不是十年或者以后才开始过渡。七届二中全会提出限制与反限制的斗争问题，现在这个内容就更丰富了。"他还谈到了农村也要向合作互助发展的问题。薄一波说："毛主席的这些话，给我极深的印象。因为这不仅是初次听到他对我国如何向社会主义过渡的论述，更感到这是他依据形势的发展变化所作出的新的判断。对于他的论点，中央其他领导同志没有提出异议，并连续召开中央书记处会议进行了讨论。"②

全国财经会议召开的第二天，一九五三年六月十五日，毛泽东在中共中央政治局会议上第一次谈了过渡时期总路线，要求在十年到十五年或者更多一些时间内，基本上完成国家工业化和对农业、手工业、资本主义工商业的社会主义改造。八月间，他在修改周恩来为全国财经会议所作的结论时，对这条总路线作出前

① 周恩来：《三年来中国国内主要情况及今后五年建设方针的报告提纲》，1952年8月。

② 薄一波：《若干重大决策与事件的回顾》上卷，中共中央党校出版社1991年5月版，第213、214页。

面所说那种比较完整的表述。十二月，他在审定中共中央宣传部编写的关于党在过渡时期总路线的学习和宣传提纲时，对它的表述又作了一些修改，把它确定下来。

全国财经会议结束后，九月间，周恩来先后在政协第一届全国委员会常务委员会扩大会议、中央人民政府委员会、中国文学艺术工作者第二次代表大会、中共第二次组织工作会议等会上多次作了过渡时期总路线的报告或发言。

在政协第一届全国委员会第四十九次常务委员会扩大会议上，他说：

> “这个问题本来不是一个新的问题。从中华人民共和国成立时起，我们就认定新民主主义要过渡到社会主义。《共同纲领》中虽然没有写社会主义的前途，但这是因为考虑到当时写上去还不成熟。所谓不成熟，不是说在领导分子中间还不了解，而是说还要经过对广大群众的宣传教育。现在提出这个问题，是为了把它更加明确起来，使它具体化。”

> “为什么现在把这个问题明确化？因为过去几年忙于抗美援朝、土地改革、镇压反革命、三反、五反、思想改造等各种社会改革运动。现在，朝鲜战争已经停止，各种社会改革已基本完成，国家已经转入建设，并且经过将近四年的摸索，已经可以肯定，经过国家资本主义这样一个形式去完成对于私营工商业的社会主义改造是一个比较健全的方针和办法。”

> “由新民主主义到社会主义虽然是一场革命，但可以采取逐步的和平转变的办法，而不是在一天早晨突然宣布实行社会主义。在过渡时期中，要使社会主义成分的比重一天一天地增加。过去我曾与盛丕华先生说过，将来是‘阶级消灭，个人愉快’。就是说采取逐步过渡

的办法，做到‘水到渠成’。”①

经过四天的报告和小组讨论，针对讨论中提出的问题，周恩来又在会上作了总结。他说：

“我国新民主主义建设时期，就是逐步向社会主义过渡的时期，也就是社会主义经济成分在国民经济比重中逐步增长的时期。一九四九年国营企业和私营企业的产值比重是公四私六，到去年底变成了公六私四。在绝对数字上公私都增加了，但国营增加得更多。这个趋势就说明了我国是在向社会主义过渡。我们不要隐讳这个趋势。”

“革命就是为了使整个社会生活都改善。到社会主义改造完成时，除生产资料公有以外，消费财产仍是个人的，每个人都有工作做。毛主席说，今天尽了力，将来就一样有工作；现在尽职，就给他应得的报酬。大家想想，这不是前途广阔光明吗?”②

在全国组织工作会议上，他针对党内的思想状况说道：

“这一点，不仅在党外有些人不明白，就是我们党内很多同志，有时在思想上也是模糊的。大概有两种模糊的想法：一种想法，就是认为新民主主义革命胜利了，大概要停顿一个时期，到另外一个时候，有那么一天，宣布社会主义革命，宣布资本主义生产工具国有化、土地国有化，这才叫社会主义革命。这样，中间就造成一种停止状态、不变状态。这是不可能的，也是不应该的。这种想法是错误的。另一种想法，就是认为像

① 周恩来在政协第一届全国委员会常务委员会第49次（扩大）会议上的报告记录，1953年9月18日。

② 周恩来在政协第一届全国委员会常务委员会第49次（扩大）会议上的总结记录，1953年9月11日。

东欧兄弟国家一样，人民民主革命胜利了不久，就宣布实行社会主义化，就把多少人以上的工厂没收，国有化。这是一种快的办法，不是经过很长时期。”“我们一下子采取东欧的办法，宣布国有化，取消资本主义的私人所有制是不行的。这会给我们国家经济生活造成很大的混乱，使工人、店员失业，我们没有法子担负。这是一种急躁冒进的、盲动的办法。但是那种停止不变的、等待的想法也是错误的，那是右倾的错误。所以我们既不能等待，也不能冒进。因此，我们就要明确认识我们过渡时期的任务和路线，根据中国的情况，依照马克思主义的普遍真理，逐步地过渡到社会主义。这就是毛主席在二中全会决议上已经指示了的方向，现在更把它明确化起来。”①

全国财经会议和组织工作会议上出现的种种不正常的事态，暴露出一个重要事实，那就是高岗、饶漱石正在党内秘密进行分裂活动。周恩来叙述道：“那时财经会议的领导是中央，发动这个斗争是毛主席点的头，因为认为应该检讨资产阶级思想，要宣传总路线。可是在高岗那里另外还有一个中央，另外有一个司令部，是高岗建立的，登门朝拜的也不少，他的影响超过了中央的影响。当然，大家也认为他是领导工作，要跟他谈谈嘛，他也招揽。从那时起，他的野心一天天地暴露，最后爆发了。”②

高岗原来担任着中央人民政府副主席、中共中央东北局书记、东北人民政府主席。一九五三年初，他被调到北京，担任国

① 周恩来在中共第二次全国组织工作会议上的政治报告记录，1953 年 9 月 29 日。

② 周恩来在党的高级干部会议上关于七届四中全会有关问题的传达报告记录，1954 年 3 月 4 日。

家计划委员会主席。不久，又规定由他领导重工业部、第一机械工业部、第二机械工业部、燃料工业部、建筑工程部、地质部、轻工业部、纺织工业部。可是，高岗却心怀不满，认为把他从东北调到中央来工作是“调虎离山”。周恩来指出：“从财经会议前后及从中央提出是否采取部长会议的国家制度和党中央是否添设副主席或总书记的问题后，高岗就迫不及待地积极进行夺取党和国家权位的活动。高岗假装举着毛泽东同志的旗帜，伪造毛泽东同志的言谈，积极反对两个中央领导同志（指刘少奇和周恩来——编者注），假装推戴另外两个中央领导同志，同时提出自己作为党中央副主席的要求。实际上他并不是真正赞成他所推戴的同志，而只是想拿他们作为自己上台的跳板和护符。正是在这个问题上，高岗的一切阴谋活动的本质便被最尖锐地暴露出来了。”①

饶漱石原来担任着中共中央华东局书记、华东军政委员会主席。他被调到北京担任中共中央组织部部长后，同样心怀不满。他所从事的分裂党的活动，是同高岗相互呼应、相互配合的。

他们这些秘密的分裂党的活动，由陈云、邓小平发现并向毛泽东反映后，引起毛泽东的极大注意。一九五三年十二月二十四日，中共中央举行政治局会议。毛泽东在会上指出，高岗他们在“刮阴风，烧阴火”，“其目的就是要刮倒阳风，灭掉阳火，打倒一批人”。他还提出增强党的团结的建议。

一九五四年二月六日至十日，中共七届四中全会在北京举行。全会通过《关于增强党的团结的决议》。周恩来在会上发言说：“毛泽东同志和中央政治局向全党敲起了警钟，反对任何共产党员由满腔热情地、勤勤恳恳地全心全意为人民服务的高尚品质堕落到资产阶级卑鄙的个人主义。”“敲起这种警钟是适时的，

① 周恩来：《在关于高岗问题的座谈会上的发言提纲》，1954 年 2 月 25 日。

绝对必要的，哪怕只发现了这种危险状况的萌芽。”①

四中全会结束后，根据中央书记处的决定，分别举行关于高岗问题和饶漱石问题的两个座谈会。周恩来在关于高岗问题的座谈会上，综合四十三人的发言和他们揭发的材料说：“我们可得出这样一个认识，即高岗的极端个人主义错误已经发展到进行分裂党的阴谋活动，以图实现其夺取党和国家领导权力的个人野心。”他所归纳的主要事实有：

> “一、在党内散布所谓‘枪杆子上出党’、‘党是军队创造的’，以制造‘军党论’的荒谬理论，作为分裂党和夺取领导权力的工具。”“二、进行宗派活动，反对中央领导同志。”“三、造谣挑拨，利用各种空隙，制造党内不和。”“四、实行派别性的干部政策，破坏党内团结，尤其是对干部私自许愿封官，以扩大自己的影响和企图骗取别人的信任。”“五、把自己所领导的地区看作个人资本和独立王国。”“六、假借中央名义，破坏中央威信。”“七、剽窃别人文稿，抬高自己，蒙蔽中央。”“八、在中苏关系上，播弄是非，不利中苏团结。”“九、进行夺取党和国家权位的阴谋活动。”“此外，高岗的私生活也是腐化的，完全违背共产主义者的道德标准。”②

一九五五年三月二十一日至三十一日，中国共产党举行全国代表会议，通过《关于高岗、饶漱石反党联盟的决议》，决定开除高岗、饶漱石的党籍。

随着经济恢复时期的结束和大规模建设的开始，按照《共同纲领》的规定，应当召集全国人民代表大会和地方各级人民代表

---

① 周恩来在中共七届四中全会上的讲话，1954 年 2 月 10 日。

② 周恩来：《在关于高岗问题的座谈会上的发言提纲》，1954 年 2 月 25 日。

大会，选举中央和地方的人民政府，并在全国人民代表大会上通过宪法和国家建设计划。把新中国人民民主政权的建设更提高一步这个重要课题，已被提到现实的议事日程上来了。

一九五二年十二月二十四日，政协第一届全国委员会常委会第四十三次会议上，周恩来代表中共中央作报告，提出定期召开全国人民代表大会和地方各级人民代表大会的建议，得到代表各民主党派和人民团体的委员们的赞同。

一九五三年一月十三日，中央人民政府委员会举行第二十次会议。周恩来在会上就《中央人民政府委员会关于召开全国人民代表大会及地方各级人民代表大会的决议（草案）》作了说明。他说：

“为着配合各种建设，我们还要把政治建设完备起来，召开全国人民代表大会以代替现在由中国人民政治协商会议的全体会议执行全国人民代表大会职权的形式，召开地方各级人民代表大会以代替现在由地方各界人民代表会议代行人民代表大会职权的形式。这种时机是成熟了，因为这样才能够进一步地加强人民政府与人民之间的联系，使人民民主专政的国家制度更加完备，来适应和配合国家各种建设事业的需要。”

“《共同纲领》第十四条最后一款是：‘凡军事行动已经完全结束、土地改革已经彻底实现、各界人民已有充分组织的地方，即应实行普选，召开地方的人民代表大会。’具备了这样条件的地方，从老区到新区逐步地实行了普选，召开了人民代表大会。既然县、乡可以实行普选，召开人民代表大会，那么，县、乡以上的省（市）和中央也就可以在这个基础上实行。从工作上看，这个步骤应该准备开始进行了。这是我考虑到的根据。”

“现在这样规定：一九五三年召开乡、县、省（市）

> 三级的人民代表大会，然后在这个基础上接着召开全国人民代表大会。”“选举要规定一个选举法，并且要提早颁布。因为有了选举法，才好进行选举的各项准备工作，不然就没有法律根据。”
>
> “我们的政治建设工作，要和我们的各种建设工作配合起来，因此在今年（一九五三年）——经济建设开始的第一年，同时来进行政治建设。”①

会议通过了这个决议，并且决定由周恩来担任中华人民共和国选举法起草委员会主席。一月二十一日和二十三日，周恩来两次主持选举法起草委员会，讨论修改选举法草案。二月十一日，中央人民政府委员会第二十二次会议通过《中华人民共和国全国人民代表大会及地方各级人民代表大会选举法》。这个选举法的特点，主要表现为选举权的普遍性和平等性。所谓普遍性是指：凡年满十八周岁的中国公民，不分民族和种族、性别、职业、社会出身、宗教信仰、教育程度、财产状况和居住期限，都有选举权和被选举权。所谓平等性是指：所有男女选民都在平等的基础上参加选举，每一选民只有一个投票权。选举法还规定：基层政权单位实行直接选举，县以上实行间接选举。一九五四年六月，各地的基层选举工作已经完成。这次普选是一个规模巨大的民主运动。七八月间，各省、市、自治区先后召开人民代表大会，并选出了全国人民代表大会代表。

这一切表明：在大规模经济建设开始的同时，政治建设（特别是民主政权建设）也跨上了一个新的台阶。周恩来对这两个方面都倾注了不少精力，做出了重大贡献。

---

① 周恩来在中央人民政府第20次会议上的报告记录，1953年1月13日。

四十四、日内瓦会议

新中国大规模经济建设的开始，迫切需要有一个和平安全的国际环境。朝鲜停战的实现，使缓和远东和国际的紧张局势有了可能，使中华人民共和国的国际地位得到巨大提高，成为谁也无法忽视的力量。这两个重要事实都发生在一九五三年，从而把打开外交新局面的课题突出地提到新中国的面前。在这种新形势下，作为总理兼外交部长的周恩来将自己的精力更多地从处理国内问题转向国际问题上来，努力用和平协商的方法来解决国际争端。

这时，整个国际关系也正发生微妙的变化：从一九四六年丘吉尔富士敦讲话以来已经持续八年之久的国际紧张局势出现某些缓和迹象。朝鲜停战后不久，苏联政府在一九五三年九月二十八日照会法、英、美三国政府，提议召开有中华人民共和国参加的五大国外长会议，审查缓和国际紧张局势的措施。十月八日，周恩来代表中国政府发表声明，赞成这一提议。一九五四年一月二十五日至二十八日，中断将近八年的苏、美、英、法四国外长会议又在柏林举行。这次会议对欧洲问题虽没有达成协议，在亚洲问题上却取得一项引人注目的成果——决定四月间在瑞士日内瓦举行讨论朝鲜问题和印度支那问题的国际会议，苏、美、法、英、中五国参加会议的全过程，同讨论的问题有关的其他国家分别派代表参加有关问题的讨论。会议委托苏联政府把这个建议转告中华人民共和国政府。

周恩来立刻作出积极的反应。二月二十七日，他在接见印度驻华大使赖嘉文时说："柏林会议有一点收获，就是要举行日内瓦会议，从远东的具体问题来解决一些国际上迫切的问题，尤其是远东和平问题。这就是一个成就。还有，用协商的方法来解决国际纠纷的原则也被推进了一步。""中国人民是支持这个会议的。它可以推进国际和平，首先是朝鲜和越南的和平。"①

三月三日，中国政府正式答复苏联政府，接受邀请，派全权代表参加日内瓦会议。这次会议所要解决的，就是力争以协商的方法来解决在远东的重大国际纠纷。

这是新中国成立以来第一次以大国身份参加的重要国际会议，也是一场极其复杂的多边的外交斗争。周恩来有着多年积累起来的丰富的谈判经验和处理对外事务的经验，但代表中国出席这样的重大国际会议，对他依然是新的课题。他向周围的工作人员打了一个生动的比喻，说：尽管我们过去在国内谈判有经验，跟美国吵架也有过经验，但是那是野台子戏；这次是一个正式的国际会议了，我们登上国际舞台了，又是一个大国，是一个正规戏、舞台戏，又是第一次唱，所以要本着学习的精神去做。

为了开好这次会议，周恩来做了充分的准备。从方针策略的制定到重要的技术准备，都由他直接负责。他阅读了大量有关这次会议的文件、函电和资料；多次约请外交部和其他方面的有关人士进行商谈；亲自起草《关于日内瓦会议的估计及其准备工作的初步意见》；考虑代表团组成的人事安排；并参加中央会议，研究确定参加这次会议的方针。

---

① 周恩来和赖嘉文谈话记录，1954年2月27日。

在所有准备工作中，最重要的，是要对会议面对的形势和可能出现的问题作出准确的估计，确定明确的方针。当时，国际局势仍然复杂多变，既有有利因素，也有不利因素，还存在不少未知数，中国在这方面又缺乏经验，要预先作出正确的判断，力争会议取得成功，是十分不容易的。

周恩来在他起草并报送中央的《初步意见》中，经过深思熟虑，一开始就提出：对日内瓦会议应该采取积极参加的方针，务期排除障碍，达成某些协议，以利于打开经过大国协商解决国际争论的道路。这就使中国代表团在参加这次重要国际会议时，有着明确的指导思想。他写道：

“关于召开日内瓦会议协议的达成，是苏联代表团在柏林四外长会议上一项重大的成就。单就有中华人民共和国参加的日内瓦会议一事看来，它已使缓和国际紧张局势的工作前进了一步，因而得到了全世界爱好和平的人民和国家的广泛支持。帝国主义侵略集团，特别是美国政府故意低估日内瓦会议的作用，并预言日内瓦会议将同柏林会议在德奥问题上一样得不到任何结果，但美英法三国之间在朝鲜问题特别在印度支那问题上以及在许多国际事务上的意见并非完全一致，有时矛盾很大，它们的内部困难也很多。

“根据以上所述，我们应该采取积极参加日内瓦会议的方针，并加强外交和国际活动，以破坏美帝的封锁禁运扩军备战的政策，以促进国际紧张局势的缓和。在日内瓦会议上，即使美国将用一切力量来破坏各种有利于和平事业的协议的达成，我们仍应尽一切努力，务期达成某些可以获得一致意见和解决办法的协议，甚至是临时性的或个别性的协议，以利于打开经过大国协商解决国际争论的道路。”

日内瓦会议将要讨论的两大主题是和平解决朝鲜问题和恢复印度支那和平。这两个地区的情况有相当大的不同。《初步意见》根据实际情况，分别提出对策。

提出朝鲜问题，是因为朝鲜战争虽然停下来了，但朝鲜的和平统一问题还没有解决。周恩来写道："我方应紧紧掌握和平统一、民族独立和自由选举的口号"，坚决支持朝鲜民主主义人民共和国将在会上提出的和平解决朝鲜问题的全面建议。同时他清醒地估计到：这些建议"显然都不可能为对方所接受。争到最后，我们应在承认维持南北朝鲜现状，分期撤退外国军队和恢复南北朝鲜交通贸易等问题上谋求解决办法，以建立初步的和平局面"。

对印度支那问题，周恩来写道："我们要力争不使日内瓦会议开得无结果而散。即使不能达成任何协议，也要使恢复印度支那和平的谈判不致完全中断，形成边谈边打局面，以增加法国内部的困难和法美间的矛盾，而有利于印度支那人民解放斗争局势的开展。"应该支持越南民主共和国的和平统一、民族独立、自由选举的口号以及法国军队撤出印度支那、反对美国干涉印度支那战争的主张。他预计到争取在印度支那实现停战是有可能的，提出："在恢复印度支那和平的具体问题上，就地停战不如划定南北停战线如十六度之类，但这需要再经过多次战斗才能换取这样有利形势。"

周恩来不把他的视野局限于日内瓦会议既定的两个议题上。他在《初步意见》中接着又写道：

> "日内瓦会议的议题虽只规定为讨论朝鲜和印度支那问题，但并未排除讨论可能提出的具体问题。""等到会议中，我们可以相机提出有利于和缓国际紧张局势的其他迫切的国际问题"，"因此，我们除朝鲜和越南问题外，还必须准备其他有关中国、远东及亚洲的和平与安

全等问题的材料和意见。尤其是发展各国间的经济关系和贸易交通往来，更为缓和国际紧张关系、打破美帝封锁禁运的有效步骤。在会议外，中英、中法、中加的相互关系也会触及，我们亦应有所准备。”①

这个《初步意见》，是周恩来在一九五四年二三月之间写的。有这样的准备和没有这样的准备是大不一样的。它极富远见，切合实际，做到了“谋定而后动”。

三月下旬传来的信息：“美英都认为朝鲜统一问题在日内瓦会议上是不可能解决的，也不能找到一劳永逸的解决办法。”“二月间法政府派国防部长普利文亲赴印度支那视察后，肯定打是打不下去了，要求停战的压力日增。”西方国家和舆论界对印度支那问题已出现的解决方案有五类：一、就地停战；二、在统一选举的基础上建立联合政府；三、以北纬十六度线为界，南北分治；四、先划分地区，再行停战；五、由联合国托管印度支那。②

四月中旬，中央人民政府主席毛泽东正式任命周恩来为出席日内瓦会议的中国代表团首席代表，张闻天、王稼祥、李克农为代表。代表团秘书长为王炳南，顾问为雷任民（对外贸易部副部长）、乔冠华、黄华、雷英夫，各组组长和工作人员有陈家康、柯柏年、宦乡、龚澎、吴冷西、熊向晖、章文晋、浦寿昌、陈浩等。这个代表团阵容强大，包括了各方面人才。乔冠华回忆道：“当时总理一方面要我们大家都重视这场斗争，另方面提出要练兵，要利用这个机会锻炼我们的队伍。总理是从练兵的观点出发来组织代表团的，因此，凡是与此有关的干部一般都参加了。”③

---

① 《关于日内瓦会议的估计及其准备工作的初步意见》，1954 年 2、3 月间，周恩来手稿。

② 《关于出席日内瓦会议的准备工作汇报》第 5 号，1954 年 3 月 21 日。

③ 访问乔冠华谈话记录，1981 年 6 月 22 日。

1954 年 2 月底 3 月初，周恩来为出席日内瓦会议起草的《关于日内瓦会议的估计及其准备工作的初步意见》手迹值得注意的是，代表团顾问中包括了对外贸易部副部长雷任民，这是周恩来特地指定的。雷任民回忆道："本来这个会议是政治、军事会议，解决越南战争和朝鲜问题，但总理却不仅仅参加政治和军事的谈判，还积极打开对英贸易。"①

四月十九日，代表团出发的前一天，周恩来再一次会见印度驻华大使赖嘉文，对他说：日内瓦会议是不应该让它失败的，现在的问题是美国要阻挠会议达成任何协议。在日内瓦会议召开之前，它就散布这种说法，说日内瓦会议不会在朝鲜问题上有何进展。"但是不管怎样，朝鲜总是一个僵局，要再打起来是不容易的。因此它必须另外找一个热战的地方，那就是印度支那。"在这种情况下，"美国更主要的目标就是要避免印度支那战争的停火，要阻挠日内瓦会议就此问题达成协议"。"但是在法国，就是在议会中，和平的呼声也是很强大的。"

他接着对赖嘉文说："我们的结论是：一、美国要侵入亚洲，这是肯定的；二、亚洲各国和人民所要解决的问题是如何自救的问题，这就是要团结友好，反对侵略，不参加军事侵略性的集团；三、要告诉英法等西方国家，他们面临着两条任选其一的道路，要么搞好和亚洲人民的关系，从而保存他们的一部分利益，要么他们拒绝这条道路，选择同美国一道走的道路，从而就会失掉一切而且还会永远被亚洲人民所唾弃，这确是两头失塌。"②

周恩来在会前对形势所作的基本估计是完全准确的。他所说的中国政府的态度和决心，既是讲给印度等亚洲国家听，也是要通过他们预先转告英法等西方国家。

第二天，周恩来率领中国代表团前往瑞士参加日内瓦会议。四月二十六日，这次举世瞩目的会议在日内瓦国联大厦开幕。

---

① 访问雷任民谈话记录，1987年3月5日。

② 周恩来和赖嘉文谈话记录，1954年4月19日。

日内瓦会议的第一个议程是朝鲜问题。参加会议的，除五大国和朝鲜双方外，还有澳大利亚、比利时、加拿大、哥伦比亚、埃塞俄比亚、希腊、卢森堡、荷兰、新西兰、菲律宾、泰国和土耳其。会议由泰国、苏联、英国三国首席代表旺亲王、莫洛托夫、艾登轮流主持，后期同印度支那问题的讨论平行进行。

朝鲜问题的讨论，正如周恩来在会前就预计到的那样，形成了一个“僵局”。

会议一开始，朝、中、苏三国代表为和平解决朝鲜问题作了巨大努力。四月二十七日，朝鲜民主主义人民共和国外务相南日提出实现朝鲜和平统一的三点方案：一、举行国民议会的全朝鲜选举，以组成朝鲜统一政府；二、一切外国武装力量在六个月内撤出朝鲜；三、对维护远东和平具有最大关心的相应国家保证朝鲜的和平发展，并为朝鲜的和平统一创造条件。第二天，周恩来发言，完全支持南日提出的这个公平合理的方案。

但正如毛泽东早就看出的那样：朝鲜战争在三八线停下来是反映了两大阵营势均力敌的现状。① 这种力量对比，在停战后的九个月中并没有产生多少变化。美国根本不准备再向前跨进一步，达成任何新的协议。美国国务卿杜勒斯在柏林会议上已经告诉莫洛托夫：“朝鲜问题会议可以开，但什么协议也达不成。”一些西欧国家对解决朝鲜问题也不热心。英国外交大臣艾登对周恩来说：“朝鲜那个地方没有关系，我不感兴趣，反正打不起来，问题在印度支那。”②

这样，会议开了三天，周恩来就在致中央的电报中作出初步

---

① 访问李慎之谈话记录，1981 年 8 月 8 日。

② 周恩来在政协第一届全国委员会常务委员会第 57 次会议上的报告记录，1954 年 7 月 8 日。

判断："根据三天会场情况看来，朝鲜问题的讨论形成敷衍局面，因美国不打算解决问题，法国对朝鲜问题又不便发言，英国也表示不想发言。"①

朝鲜问题的谈判不可能取得突破性的进展，已是明摆着的事情。尽管如此，朝、中、苏三国代表依然继续做出努力。五月二十二日，周恩来就朝鲜民主主义人民共和国的方案提出补充建议：为了协助全朝鲜委员会根据全朝鲜选举法在排除外国干涉的自由条件下举行全朝鲜选举，成立中立国监察委员会，对全朝鲜选举进行监督。但这样的建议仍遭到美国等的断然拒绝。

从四月二十六日到六月十五日，日内瓦会议关于和平解决朝鲜问题的讨论，除小组会外，先后举行了十五次全体会议。美国自始至终没有提一项积极性的建议。讨论也没有取得任何积极成果。

六月十五日下午，日内瓦会议举行讨论朝鲜问题的最后一次全体会议，艾登担任会议主席。中国和朝鲜、苏联做了最后的努力。南日首先发言。他说：如果会议不能在通过自由选举实现朝鲜统一的问题上取得谅解，那么我们也应当在其他一些问题上，首先在维护朝鲜和平问题上取得谅解。他提出了保证朝鲜和平状态的六点建议。周恩来支持南日的六点建议，并提出召开中、苏、英、美、法、朝鲜民主主义人民共和国和大韩民国七国参加的限制性会议，以讨论巩固朝鲜和平的有关措施。莫洛托夫主张：与会各国发表宣言，保证不采取任何可能足以对维持朝鲜和平构成威胁的行动。他们三人发言后，主席艾登说：在我的名单上现在没有要求发言的名字了。这时，有人突然建议暂时休会，得到主席同意。

这次休会的时间长达四十分钟。重新开会后，美国代表、副

① 周恩来致毛泽东、刘少奇并报中央电，1954年4月28日。

国务卿史密斯首先发言。他说：如果说到要维持朝鲜的和平，那么已经有了停战协定；至于莫洛托夫的建议，那么联合国大会的决议的用词要更确切得多。这就一口拒绝了朝、中、苏提出的所有建议。又有几个人发言后，泰国代表宣读了一个美国等十六国的共同宣言。它的结论是“由本会议进一步考虑与研究朝鲜问题是不能产生有用的结果的”，就是要把继续讨论这个问题的门完全关死。

这时，周恩来起来发言了。他清醒地知道，在这种国际会议上只能做到客观力量对比容许他所做的事，不能抱任何不切实际的空想；但是在可以容许他做的范围内，他一定要力求取得最大限度的效果，决不在最后一刻放松自己的努力。

周恩来说：十六国宣言是在断然表示要停止我们的会议，这不能不使我们感到极大的遗憾。情况虽然如此，我们仍然有义务对和平解决朝鲜问题达成某种协议。他建议通过下述决议：“日内瓦会议与会国家达成协议，它们将继续努力以期在建立统一、独立和民主的朝鲜国家的基础上达成和平解决朝鲜问题的协议。关于恢复适当谈判的时间和地点问题，将由有关国家另行商定。”周恩来说：“如果这样一个建议都被联合国军有关国家所拒绝，那么，这种拒绝协商和和解的精神，将为国际会议留下一个极不良的影响。”谁都能感觉到，他最后这句话的分量是很重的。

接着，开始了一段精彩的对话。

比利时代表斯巴克想出来解释。他说：“莫洛托夫和周恩来的建议与十六国宣言并不矛盾。我们不同意，只是因为它们的精神已被包括在朝鲜停战协定与十六国宣言中了。”周恩来反驳：“斯巴克的说法没有根据。朝鲜停战协定并没有如我们建议的规定。中国代表团带着协商和和解的精神第一次参加这样的国际会议，如果我们今天提出的最后一个建议都被拒绝，我们将不能不表示最大的遗憾。全世界爱好和平的人民将对这一事实做出判断。”斯巴克又解释道：“我说的是周恩来的建议与我们起草十六国宣言的精神是一致的，说到头我毫不反对周恩来建议的精神。我相信，英国代表与我其他的同事持有与我相同的态度。”他一讲完，周恩来立刻再起来说：“如果说十六国宣言与中国代表团的建议有着共同的愿望，那么，十六国宣言只是一方面的宣言，而日内瓦却有十九个国家参加。我们为什么不可以用共同协议的形式来表达这一共同愿望呢？难道我们来参加这个会议却连这一点和解的精神都没有吗？我必须说，我是在第一次参加国际会议中学到了这条经验。”周恩来这个合情合理的、富有说服力的发言，显然打动了与会的许多代表，而且是很难反驳的。斯巴克听后说：“为了消除怀疑，我本身赞成以同意票决定我们接受中华人民共和国代表团的建议。”

主席艾登归纳道：“我们面前有一个中华人民共和国代表所提出的建议。如果我的了解是正确的话，比利时代表认为这个建议表达了本会议工作的精神。如果大家同意，我可否认为，这个声明已为会议普遍接受？”艾登说完后，会场上沉寂了十多分钟，没有人出来发表反对的意见。美国代表史密斯急了，只得自己站起来说：“我不懂得中国建议的范围与实质。因此，在请示我的政府以前，我不准备表示意见，也不准备参加刚才有人建议通过的决议。”但他在会上处境的狼狈和孤立已是有目共睹的了。接着，主席艾登说：“我们没有投票的规则。我们在这里是靠共同协议来行动。我们现在不能在任何一个文件上达成协议。我想建议会议，同意只是把这些发言记录下来，作为会议记录的一部分。”

周恩来再一次作了发言。他以缓慢而沉重的语调说：“我对比利时外交大臣所表现的和解精神感到满意。会议主席的态度也值得提及。然而我必须同时指出，美国代表立刻表示反对并进行阻挠，这就使我们大家都了解到美国代表如何阻挠日内瓦会议并且阻止达成即使是最低限度的、最具有和解性的建议。”他说：“我要求把我刚才的发言载入会议记录。”这最后一次会议，时间超过了五个半小时。主席在裁决所有这些发言都将载入会议记录以后，宣布会议闭幕。①

日内瓦会议上历时五十一天的关于朝鲜问题的讨论，终于在美国的阻挠下没有达成任何协议而结束。但这个讨论是有收获的。它如周恩来所说：“在全世界人民面前证明了苏联、中国和朝鲜民主主义人民共和国是在寻求用协商方式缓和国际紧张局势的，是用各种建议求得达成协议，达成朝鲜的民主统一、民族独立。”“美国在表面上很凶，但背后却很虚弱。艾登六月二十六日在国会演说时也曾说：朝鲜问题并没有在议程中抹掉。朝鲜问题虽然没有达成任何协议，但问题已看得很清楚，再打起来的可能性是很小了。”②

周恩来在会上表现出来的那种宽阔的政治家胸怀、合情合理的主张和机智灵活的才干，给与会者以至国际社会留下了深刻印象。

在恢复印度支那和平问题上，日内瓦会议却取得突破性的成果。

印度支那战争已经持续了将近九年。第二次世界大战刚一结束，多年来领导越南人民为争取民族独立而奋斗的胡志明在一九四五年九月二日宣布越南独立，成立越南民主共和国。二十多天后，战前对印度支那实行殖民统治的法国动用武装力量，在越南南方登陆，向北推进，先后占领西贡、海防、河内等大城市，控

① 观察者（李慎之）：《和平的敌人原形毕露了》，《人民日报》，1954 年 6 月 19 日。

② 周恩来在政协第一届全国委员会常务委员会第 57 次会议上的报告记录，1954 年 7 月 8 日。

制各主要交通线和重要经济区域。战火逐渐燃及整个印度支那地区。一九五〇年以后，战局开始发生有利于越南民主共和国的变化。由于法国远征军屡遭失败，美国乘机插手，战争有继续扩大的危险，严重威胁着亚洲及世界的和平。

中国政府和人民对在自己近邻进行着的这场战争以及战争扩大的危险不能不密切关注。并且认为：朝鲜战争停止了，印度支那战争同样应该停止。用周恩来的话来说："恢复印度支那和平问题，这是缓和今天国际紧张局势的一个关键。"①

停止这场战争的可能性是存在的，并且正在增长。经过八年多的战争，法国远征军已遭受沉重打击，国力也难以支持。越来越多的法国人日益感到：这场战争继续下去，将使法国的民族利益和国际地位受到严重损害。一些较有远见的法国政治人物认为战争已经没有前途，主张停战。一直主战的法国总理拉尼埃和外长皮杜尔也开始动摇。四月二十八日，日内瓦会议还没有开始讨论印度支那问题时，周恩来给中央的电报中已经说到："皮杜尔急于要商谈印度支那问题。皮已与莫洛托夫接触，并表示愿经苏方与我见面，会外亦设法与我代表团人来往，因此，届时有提早讨论的可能。"② 五月七日，越南人民军解放越南西北重镇奠边府，歼灭法国和它扶植的保大政府的军队共一万六千多人。这个震动世界的重大胜利，使印度支那战局顿时为之改观。

一九五四年五月八日，就在奠边府战役结束的第二天，日内瓦会议开始讨论印度支那问题，参加的有中、苏、法、美、英、越南民主共和国、越南共和国（即保大政府）、老挝王国、柬埔寨王国。会议由英、苏两国外长轮流担任主席。

---

① 周恩来在政协第一届全国委员会常务委员会第57次会议上的报告记录，1954年7月8日。

② 周恩来致毛泽东、刘少奇并报中央电，1954年4月28日。

尽管有这些有利条件，要达成实现印度支那和平的协议，仍不是一件容易的事情。面对的障碍，有法国的少数主战派，而主要的仍来自美国。他们看到法国势力的衰退，以为有机可乘，野心勃勃地企图通过参与干涉，逐步取代法国在印度支那的地位。因此，他们不希望日内瓦会议能在印度支那问题上达成协议，不断制造会议将毫无结果而散的流言，并在暗中加紧军事策划，企图破坏会议。

面对这种复杂的情况，应该怎么办？周恩来敏锐地看清，要抓住两个要点：首先，关键仍在法国。因为要达成停战，首先得取决于交战的双方。尽管美国正在施加种种压力，最后做主的还是法国。而美法之间在这个问题上是有矛盾的。不少法国军人也已看到：如果继续打下去，法国需要付出很大代价，结果却将是被美国取而代之，而不是恢复法国在那里的统治。所以，只要采取正确的对策，进行坚持不懈的努力，争取同法国达成实现印度支那和平的协议是可能的。同时，还需要尽量联合一切可能联合的力量，包括英国、东南亚国家和印度支那地区其他国家在内。英美在这个地区也存在利益上的矛盾。第二次世界大战前英国在东南亚地区处于优越的地位，战后已被迫作了不少退却。它担心美国一旦大举进入这个地区，会更加削弱它在那里已经江河日下的地位，对它不利。东南亚国家，包括在印度支那的柬埔寨王国和老挝王国，刚刚取得独立不久，要求和平与中立，不想打仗，也不希望美国大举进入这个地区。

基于对客观形势所作的冷静分析，周恩来认为："扩大印度支那战争，使其国际化，首先美国国内有顾虑，而更大的反对是英、法和东南亚国家。""因之，日内瓦会议就有文章可做了，就使印度支那恢复和平有了可能。我们就是本着对形势的这种估计来确定我们的方针的。"他明确地提出：

"我们要争取进一步缓和紧张局势。世界上不同制度的国家可以和平共处，用和平竞赛的办法来证明人民民主制度的优越性，使旧世界起变化，我们互不干涉内政，这样一个方针是可能的。因此，就要造成这样一个国际统一战线，要联合法国，联合英国，联合东南亚国家，联合印度支那成员国，达成印度支那的和平，来孤立美国，主要是孤立美国主战派。”①

日内瓦会议对印度支那问题的讨论开始后，越南副总理兼外交部长范文同在会上提出关于停止印度支那敌对行动和恢复印度支那和平问题的八点建议，并且发表准备允许运走在奠边府的法军重伤俘虏的声明。五月十二日，周恩来在会上发言，完全支持范文同的八点建议。他说：“摆在我们面前的重大任务就是要在承认印度支那人民的民族权利的基础上，停止敌对行为，恢复印度支那的和平。”并且尖锐地批评道：“美国人自己既然在朝鲜接受停战，为什么又不容许法国人在印度支那接受停战呢？”

但与会国家之间依然存在着复杂的矛盾。在最初一个月左右时间内，谈判的进展并不顺利。周恩来在五月十七日给中央的电报中说：

“由于我方解放奠边府，范文同主动提出释放重伤俘虏和苏联主动提出中立国监督”，“使美国和法国主战派的破坏谈判遇到很大困难。法国国会多数要求停战，政府中坚决反对停战者亦占少数。在这种情况下，美国和法国主战派为了挽救这种对他们不利的形势，除以美法军事谈判进行恫吓外，还在伤俘问题上制造紧张空气，故意不积极接运伤员，反说我推迟遣送伤员。”②

---

① 周恩来在政协第一届全国委员会常务委员会第57次会议上的报告记录，1954年7月8日。

② 周恩来致毛泽东、刘少奇并报中央电，1954年5月17日。

五月三十日，周恩来在给中央的电报中又说："关于印度支那停战问题双方将进入实质的讨论，其中最中心的问题为划区、监察和国际保证，对这三个问题双方的意见有很大距离。"①

日内瓦会议关于印度支那问题讨论中取得的第一个重要突破，是在柬埔寨王国和老挝王国问题上。

最初，越、中、苏方面主张印度支那问题要通盘解决，不能把三国的问题分开来处理。周恩来本着实事求是的态度，经过认真调查和周密思考后，在五月三十日给中央的电报中提出："印度支那三个成员国的民族和国家的界限是非常显明而严格的。这种界限在法国建立印度支那的殖民统治以前就已经存在，而且在三国人民当中也是如此看待的，过去我们在国内没有看得这样严重。""柬埔寨、老挝两个王国政府在大多数人民看来仍然是合法的政府，并且是被世界三十多个国家承认的政府。""这次在日内瓦会议的接触中，我们才懂得问题不是那样简单，必须严格地以三个国家来对待。"他请中共中央对他这个电报中所提意见是否妥当考虑后决定，如认为对，请电商越南劳动党中央。② 六月四日，越南劳动党中央复电中共中央，同意周恩来的意见。③ 六月十三日晚，中、越、苏三方代表商谈决定：关于柬埔寨、老挝问题的建议由中国提出，"必须予以具体讨论，并提出与越南不同的办法"；而由越南提出"三国应相约互相尊重独立、统一和国内制度"。④

按照中、越、苏三方商定的意见，六月十六日，周恩来在讨论印度支那和平问题第十四次限制性会议上发言，提出对柬埔寨、老挝问题的建议："在本次会议中我曾多次说过，印度支那

① 周恩来致毛泽东、刘少奇并报中央电，1954年5月30日。
② 周恩来致毛泽东、刘少奇并报中央电，1954年5月30日。
③ 周恩来致毛泽东、刘少奇并报中央电，1954年6月8日。
④ 周恩来致毛泽东、刘少奇并报中央电，1954年6月14日。

三个国家的情况是不完全相同的，因而在解决问题时应该考虑各国的具体情况；同时三国的问题也不能截然分开，应该联系起来考虑才能获得适当的解决。”他接着提出了老挝和柬埔寨境内停止敌对行动和敌对行动停止后不许从境外运入任何新的部队和人员以及武器和弹药等六项建议。同一天，他去会见会议两主席之一的英国外交大臣艾登，向他表示：我们愿意看到老、柬成为像印度那样的东南亚型的国家，我们愿意同它们和平共处，这样对法国、英国也是有利的。艾登表示：英国的要求也正是这样。

这是日内瓦会议关于恢复印度支那和平问题讨论中的一个重要突破。本来，日内瓦会议的气氛已相当紧张。周恩来在限制性会议上提出老、柬问题建议的上一天，关于朝鲜问题的讨论在没有达成任何协议的情况下结束，更给会议蒙上了一层阴影。美国等正准备中断关于印度支那问题的讨论。会议面对着中途夭折的危险。周恩来在六月十九日给中央的电报中说：“美英为了中断会议，原定星期五（十八日）就走掉，后因十六日我方提出高、寮（即柬、老——编者注）问题的建议，法国积极活动，反对中断会议，这才扭转局势。但因美国还是不想谈下去，十八日会上史密斯逃会不出席，由罗伯逊发言拒绝我建议，但当场无人响应。休息时，卡西亚（英国外交部外交副次官——编者注）也向张闻天同志表示英国也不赞成罗伯逊的发言。老、柬代表在会上也表示我的建议与他们有共同点，老挝代表并说可以作为讨论的基础。”① 双方经过紧张的会外磋商，终于就老挝、柬埔寨问题的协议取得一致意见。十九日下午，在限制性会议上共同达成《关于在柬埔寨和老挝停止敌对行动的协议》。会外，周恩来又分别同柬埔寨和老挝的代表团团长会谈，表示尊重他们的和平中立愿望，并介绍他们和越南代表团团长范文同见面。

① 周恩来致毛泽东、刘少奇并报中央电，1954 年 6 月 19 日。

六月十七日，法国内阁变动，主张和平解决印度支那问题的孟戴斯—弗朗斯以战后法国的最高票数（四百一十三票）被国民会议授权组织新内阁，取代原为主战派、后又采取拖延政策的拉尼埃内阁。这是一个十分重要的动向。周恩来立刻抓住时机，对此作出判断：

> “孟戴斯—弗朗斯虽然主张印度支那停战，但他不是真正的左派，他是以和平口号来团结资产阶级各党派的多数。因此他还须满足各方面的要求，还是具有摇摆性的。美国将对他施加压力。英国对他也表示迟疑。不过他与皮杜尔是不同的，表示他能实现印度支那停战，他的内阁就能继续下去。”“因此，如能与法国达成停战，对整个形势有利。目前我策略重心应放在鼓励法国的积极性上，要使法国不完全听美国的话，使英国对停战也表示赞助，只要条件合理，就应求得迅速达成停战。孟戴斯—弗朗斯是主张法越直接谈判的。因此，设法摆脱美国的影响，使法越直接谈判紧密起来较为有利。如军事代表能达成协议，日内瓦会议就不好不批准。”
>
> “目前形势是：如我能在军事会谈中提出合理的具体方案，即可争取与法国迅速解决问题，达成停战。这样既可推动法国新政府抵抗美国干涉，又可拖延欧洲军问题。这对东西方都是有利的。”①

日内瓦会议从开幕以来，已经近两个月了。从六月二十日起，会议暂时休会，各国外长纷纷回国。许多人认为周恩来也要回国了。但是他说：我还要留几天，做几天工作。二十三日，他约法国新总理兼外长孟戴斯—弗朗斯在瑞士伯尔尼会面，就恢复

---

① 周恩来致毛泽东、刘少奇并报中央电，1954 年 6 月 19 日。

印度支那和平问题坦率地交换意见。选择在中立国瑞士另一个地点见面的原因是：中法还没有建交，而会议又已休会。孟戴斯—弗朗斯那次去，在名义上是对瑞士进行外交访问，并会见了瑞士总统。

两人一见面，周恩来就直截了当地问他：你对印度支那停战到底是怎么个方案？以前，皮杜尔在这个问题上一直躲躲闪闪，不肯有一个明朗的表示。这次，孟戴斯—弗朗斯比较直率。周恩来不久向印度尼赫鲁总理讲起：关于越南问题，“他提出双方军队应有两个大集结区。这就是说，从东到西划一条线，形成两部分集结区。但是在这个问题上，法国方面还没有提出十分具体的方案。孟戴斯—弗朗斯先生说：需要几天的准备，也就是说待新政府组成以后”。“他并希望这一问题可以快点具体化。我认为，法国和越南民主共和国在某些点上可能是有共同见解的。孟戴斯—弗朗斯先生告诉我说，可以根据越南民主共和国代表团团长范文同先生在五月二十五日提出的原则来划区。”① 他们又就老挝和柬埔寨问题、监察问题、政治问题等广泛交换了意见。对周恩来提出的主张，孟戴斯—弗朗斯或者表示同意，或者没有反对。最后，孟戴斯—弗朗斯说：只要印度支那停战，一定要跟中华人民共和国、越南民主共和国友好的。这次会晤，是日内瓦会议中又一次重要突破。

会晤的第二天，周恩来离开日内瓦，赴印度、缅甸访问。六月三十日回到广州。

七月三日至五日，他在广西柳州同胡志明主席举行了八次会谈。中方参加的有：罗贵波、韦国清、解方、陈漫远。越方参加的有：武元甲、黄文欢。这是一次高层的决策性会议。武元甲先就战争局势作了报告。周恩来用三个半天时间，介绍日内瓦会议

① 周恩来和尼赫鲁第1次会谈记录，1954年6月25日。

的经过和最近的国际局势，并着重谈了和与战的问题，详细地对两种选择的利弊得失进行分析。他说："总的趋势是印度支那的战争在适当的条件下应该停下来了。""在停火条件上是好办的，最后可以十六度为界，万一还不成，可考虑以九号公路为界，土伦港和顺化可有特殊规定。"① 他讲完后，胡志明明确地提出两点意见："一、我们要帮助孟戴斯—弗朗斯，使他不下台，这对我们有利。二、时间问题，在十一月份以前，必须和法国搞好，取得和平。因为十一月以前美国要选举，对干涉有顾虑，十一月以后就不保险了。"② 他又说："如以十六度为界，东京湾内部整个将是我们的。"③ 会议快结束时，胡志明作了结论。他说："周总理不仅在日内瓦奋斗，而且来此报告，讲得很透彻，很感谢。""现在越南是站在十字路口，可能和，也可能战。主要方向是争取和，准备战，工作的复杂性在于得准备两套。""劳动党中央的工作是要打通高级干部的思想，还要打通高、寮同志的思想，时间是不长了。问题是干部不多，工作却很多。接收河内、海防需要准备一批干部。现在最担心的是干部不够，别的困难都不担心。"周恩来接着说："刚才胡主席的结论，除去称赞部分以外，我们完全接受。"④

七月七日，周恩来在北京出席中共中央政治局扩大会议，作关于日内瓦会议、访问印度、缅甸和举行中越会谈的报告。讲完后，毛泽东说："周报告很好，同意他说的方针并批准过去两个多月的活动。方针是正确的，活动是有成绩的。""该让步的应让，该坚持的应坚持，就可以达到孤立少数（美国），团结多数。

① 柳州中越会议记录（第3次会议），1954年7月3日。
② 柳州中越会议记录（第5次会议），1954年7月4日。
③ 柳州中越会议记录（第6次会议），1954年7月5日。
④ 柳州中越会议记录（第7次会议），1954年7月5日。

继续这个方针，抓紧问题，是可以达成协议的。”① 刘少奇最后说：“应作出决定：批准日内瓦代表团在日内瓦的工作和今后的方针。”②

七月十二日下午，周恩来在经过莫斯科同苏联领导人交换意见后返抵日内瓦。当晚，分别拜访莫洛托夫和范文同，向他们说明越、中、苏三国领导人商定的一致意见：主动、积极、迅速、直截了当地解决问题，在不损害基本利益的前提下，作个别让步，以求达成协议。

那时，双方依然存在争执的关键是越南停战的划界问题，越、中、苏主张在北纬十六度，法国坚持在十八度。双方都投入紧张的磋商，寻求迅速达成协议的道路。十三日上午，周恩来会见来访的孟戴斯—弗朗斯。第二天，他向中央发了两个电报。第一个电报说：

“孟强调十八度分界线在地理、历史和逻辑上都有道理，认为法国在红河三角洲所作的让步大大超过越盟可能放弃的利益，法撤出的是经济政治人口上都很重要的地区。以人口论，法方要撤退三十万人，而越盟只要撤三万人。法方的要求是要避免将来发生事件，并能符合与会九国的愿望。孟说，他要是处在范文同地位，他宁愿少要两度而有美国的保证，不愿多要两度而无美国的保证。关于是否法方还能有所让步问题，孟表示如果越盟能在分界线上让步，法方可在政治方面让步，如发表政治宣言。我除对法国代表团特别是孟戴斯—弗朗斯的努力表示高兴外，强调双方应再做些努力，互相让步求得达成协议。我说，越南民主共和国在中越和南越与

① 毛泽东在中共中央政治局扩大会议上的发言记录，1954 年 7 月 7 日。

② 刘少奇在中共中央政治局扩大会议上的发言记录，1954 年 7 月 7 日。

当地人民有着密切的联系，要从这些地区撤退需要很大力量，去进行解释需要时间，撤退的面积很大，法方应能了解这种情况和越方的困难。我还告孟，我们是希望看到法国在印度支那的地位的保持的。我曾两次表示，如果法国肯前进一步，越南是愿以更大的一步来迎接法国的让步的，希望他再加考虑。对美国代表到巴黎而不来日内瓦和他们破坏会议的企图，我表示不能满意，并指出美国人不遵守协议，反说别人不遵守协议，其实世界上最不遵守协议的人就是美国人。”①

在第二个电报中，周恩来说：

“孟见我后范文同同志去见孟，孟故表示十八度不能再让，但三次问范越方对划线有何建议。范最后向孟提出十六度。孟当时指出十六度有困难，即土伦、顺化和九号公路问题，但未进入具体讨论”，“实际上法国是想在十八度与十六度之间达成协议的”。“孟戴斯—弗朗斯来日内瓦这三天中忙于分头接触，看来他是想在七月二十日前达成协议的，法国已将他们起草的三个文件交我方。”②

七月十七日，周恩来回拜孟戴斯—弗朗斯。他给中央的电报中说：“孟着重说越盟不应该要九号公路，因九号公路是老挝向东方的出口，不能让越盟控制老挝的生命线。我说越南民主共和国对九号公路没有什么特殊的利益，也许主要是这条公路在十六度以北的原故，至于老挝的出口问题这倒是值得注意的。孟接着就问：范文同先生是否可以同意划出这条公路？他说，果然如此

① 周恩来致毛泽东、刘少奇并报中央电，1954 年 7 月 14 日第一电。
② 周恩来致毛泽东、刘少奇并报中央电，1954 年 7 月 14 日第二电。

的话，他们也愿在其他方面让步。”① 十九日下午，孟戴斯—弗朗斯和艾登来见周恩来，主要是谈老挝问题。

“与艾登和孟谈完后，同来的艾的助手卡西亚留下与张大使谈关于划线问题。卡表示法国要九号公路是绝对的，‘如果这一点争取不到，我们都只能买回家的车票了’。卡还要求在九号公路以北有足够的地区以保安全。卡还提出在九号公路和十八度之间有两条河可以选择其中一条作为分界线。关于选举日期问题，卡提出要求为一九五六年年内。关于军事同盟问题，卡表示英国和英联邦的态度是：如果在此地取得大家可以接受的协议，而且协议中规定印支三国不得参加任何军事同盟，则英国方面认为不会邀请三国参加，而英国本身更不会这样做。卡说，老、柬会单独发表声明说明不参加任何军事同盟。”②

这样，双方的底牌都已亮明。当天，越、中、苏三方商定共同的最后方案，并提交给处于中间人地位的英国代表团。最后方案的内容共有四条：

“一、在停止敌对行动协议签字后两年内举行普选。举行选举的确切日期和准备及举行选举的办法，由越南北南两区有资格、有代表性当局协商，不迟于一九五五年六月作出决定。二、国际监察委员会由下列三国代表组成：印度、波兰、加拿大，以印度代表为主席。三、分界线通过第九号公路以北约十公里，照顾到地形。四、越南境内军队的集结应在二百四十五日内实现。”③

① 周恩来致毛泽东、刘少奇并报中央电，1954年7月18日。
② 周恩来致毛泽东、刘少奇并报中央电，1954年7月19日。
③ 周恩来致毛泽东、刘少奇并报中央电，附件一，1954年7月19日。

这个最后方案提出后，谈判局势急转直下。第二天，也就是二十日，双方在会外协商中共同取得七项协议，包括将越南军事分界线确定在十七度略南、九号公路以北。二十一日凌晨和中午，交战双方司令部代表分别在越南、老挝和柬埔寨三个《停止敌对行动协定》上签字。

七月二十一日下午，日内瓦会议举行恢复印度支那和平问题的最后一次会议。周恩来在会上发言说："印度支那敌对行动的停止就要实现了。举世渴望的印度支那的和平就要恢复了。正如朝鲜一样，和平又一次战胜了战争。让我们更加坚定信心，继续为维护和巩固世界和平而努力。"会议通过关于恢复印度支那和平问题的《日内瓦会议最后宣言》。

美国代表没有得到来自任何一方面的支持，无法阻止会议进程，但拒绝参加会议的最后宣言，只表示美国将不使用威胁或武力去妨碍这些协定和条款的实施，同时声称："美国将充分关切地注视违反上述协定的任何侵略的再起，并认为这是严重威胁国际和平和安全的。"这些话都是借口，实际上是为它下一步扩大对印度支那地区的干涉埋下了伏笔。

历时近三个月、受到举世瞩目的日内瓦会议，终于在取得重大成果的情况下闭幕了。这些成果是得来不易的。

日内瓦会议前，周恩来在草拟的《初步意见》中已考虑到：除会议规定的两大主题外，还可以相机提出有利于缓和国际紧张局势的其他问题；会议外，中国和一些西方国家（包括英国在内）的相互关系也会触及。在日内瓦会议进行过程中，周恩来通过他积极而富有成效的工作，使中英之间的关系得到了明显的改进。

英国在西方世界中曾长期处于主导的地位。第二次世界大战后，英国力量衰退，地位下降，对美国依赖加深，但两者之间又存在着矛盾。周恩来指出，资本主义世界，就其代表国家的统治阶级来说，美国是“主战派”，而英、法等是“维持现状派”，它们的态度是有不同的。[①]

英国是最早承认新中国的西方大国，因为它在远东有着特殊的利益关系。但是，由于英国对中国在联合国的代表权问题投弃权票等原因，两国的建交谈判迟迟没有取得进展。朝鲜战争爆发后，英国出兵参战并跟随美国对中国实行禁运，双方的建交谈判陷于停顿。

日内瓦会议开始后不久，四月三十日中午，莫洛托夫邀周恩来同英国外交大臣艾登会见。当谈到中英关系时，艾登说：“英国是承认中国的，只是中国不承认我们。”周恩来回答：“不是中国不承认英国，而是英国在联合国不承认我们。”艾登说：“英国对中国也有不满意的事，不过今天我们在一起共餐，我不想提这些事了。”谈到改善中英关系时，艾登说：“我这次把驻华代办杜维廉带来，为的是与中国代表团接触。”周恩来说：“我也把欧非司司长宦乡带来了。”艾登说：“那么我们思想相同了。”[②] 当晚，杜维廉就宴请中国代表团顾问、对外贸易部副部长雷任民，表示英国三个商业团体愿意同中国贸易，并欢迎雷任民到英国参加工业博览会，又约定下一周请宦乡吃饭。他先请雷任民吃饭，说明英方特别重视的是中英贸易问题，也说明周恩来把雷任民列为代表团顾问是富有远见的。

这以后，中英之间官方和半官方的接触频繁。艾登在五月间两次主动拜会周恩来，又约他共进晚餐，周恩来也回访了一次。杜维廉同雷任民接触多次，并介绍英国工业联合会代表来洽谈贸易，同意中国进出口公司派专家去英访问，由工业联合会出面邀

① 周恩来关于外交问题的报告记录，1954年10月18日。

② 周恩来致毛泽东、刘少奇并报中央电，1954年5月1日。

请。曾任英国贸易大臣的工党议员威尔逊偕同保守党议员罗伯逊·布朗也来访雷任民，向他表示欢迎中国去建立一个常设的商务机构，并且说这不仅是他们的个人意见，“而且是有根据的”。威尔逊还表示：英国工业联合会邀请中国进出口公司去英的访问团到英国后，“将会受到官方和议会的欢迎”。雷任民回忆道：“就这样，我们向西方资本主义国家派了第一个贸易代表团，打破了美国的封锁，打开了西方世界的大门。英国一接待我们，比利时也松动了，也去那里做了访问，试试路子。在当时对外贸易上也以苏联为中心‘一边倒’的情况下，总理仍坚持主张和西方打通关系做生意，数额虽然小，但政治意义很大。”①

五月间，在中英关系上还有一件重要的事情是：英国工党公布，应中国外交学会的邀请，派该党领袖艾德礼和比万等访问中国，这也是英国对改进英中关系的进一步的非官方表示。

根据以上情况，周恩来在六月一日致电中央提议：“对推进中英关系，目前可采取下列步骤：一、利用威尔逊及罗伯逊·布朗的建议，向英方正式提出在伦敦设立常设商务代表机构的问题。此机构应享有完全的外交权利和地位，如同苏联早期在资本主义国家的商务代表处一样，实际上是一个外交机构。二、如英方同意设立这种机构，即由雷任民同志正式访英一次，安排设立商务代表机构的具体事宜，并可进行参观。三、视情况发展，再进一步提出派我方谈判代表驻伦敦的问题。根据各方面反映，不论是英国政府或人民都是欢迎的。”② 这是一种过渡性的外交关系形式，是适合改善中英关系的需要和实际情况的。

六月十七日，中英双方同时发表公报称：“中华人民共和国中央人民政府和联合王国政府协议，中央人民政府派遣代办驻在

① 访问雷任民谈话记录，1987 年 3 月 5 日。

② 周恩来致毛泽东、刘少奇并报中央电，1954 年 6 月 1 日。

伦敦，其地位和任务与英国驻北京代办的地位和任务相同。”十九日，艾登来见周恩来。“艾登最后提到，他最高兴的事，是中英关系改善了。”①

日内瓦会议结束后不到一个月，八月中旬，艾德礼率领英国工党代表团来华访问。艾德礼是英国反对党的领袖，又曾是第二次世界大战结束时的英国首相。他们的访华，引起国际社会的广泛关注。周恩来在北京会见并宴请他们。谈到中英交换大使问题时，周恩来说：“只要英国在联合国投票驱逐国民党的代表，赞成中国的代表进入联合国，中英就可以互换大使。这是我们对于中英互换大使的唯一条件。”工党总书记菲利浦斯对周恩来说，英国贸易代表团将于今年十、十一月间来华，有关方面告诉他说，中国方面限制该代表团的人数，这样英国工商界对于代表团人员就不得不进行选择，以致某些感兴趣的人也不能来。周恩来立刻回答：“这个问题很容易解决。请菲利浦斯先生回国后告诉有关方面，他们愿意多派人来，我们是欢迎的。”② 在出席英国驻华代办杜维廉为艾德礼等访华举行的宴会上，他又说：“思想意识上的分歧不应该妨碍一国与另一国、一国的一个政党与另一国的一个政党在政治上的合作。”“只要我们找到共同点，我们就有政治合作的基础。”

周恩来对改进中英关系，是从世界战略的眼光来看待的，不只是把它看作两国之间的问题，而且看作同西方改善关系的开始。他说得很清楚：“英国对推进中英关系采取了主动的态度，在日内瓦，英国执政党通过艾登跟我们接触，现在反对党又来访华，都是证明。我们改善同西方的关系将首先从英国开始。这说明，世界上不同制度的国家是可以和平共处的。”他

① 周恩来致毛泽东、刘少奇并报中央电，1954 年 6 月 22 日。

② 周恩来和英国工党代表团谈话的纪要，1954 年 8 月 14 日。

又说："中国六亿人口的市场很大，同中国发展贸易很有前途，西方国家都懂得这一点。我们跟西方国家改进关系，在政治上是和平，在经济上是贸易。美国害怕这两点，和平它怕，死抱住扩充军备和紧张局势不放；贸易它也怕，怕别人跟它竞争。我们可以根据这两条跟一些西方国家结成统一战线。"①这不仅在政治上有重要意义，而且冲破了几年来美国为首的西方世界对中国的封锁和禁运，打开了同西方国家扩大接触的局面。这在当时是一个重要的突破。

就是对那时对新中国采取敌视态度的美国，周恩来也采取坚定而又慎重的政策，既坚持原则，表现出无所畏惧的凛然正气，又保持一定的灵活性。美国一直以世界霸主自居，它的国务卿杜勒斯在日内瓦会议上采取十分僵硬的顽固态度，千方百计阻挠和破坏会议的进行，还禁止美国代表团成员同中国代表团有任何接触，虽然同坐在一个大厅里开会，迎面走过也不打招呼。会议开了几天，杜勒斯发现自己在会上不能起多大作用，甚至得不到英、法的有力支持，便提前离开日内瓦回国，由副国务卿史密斯代理团长。史密斯见到周恩来时先点了头，还在休息室里随便地同中国代表团的翻译谈天。这个情况立刻引起周恩来的重视。他说：既然美国的代理团长想同我们接触，说明杜勒斯的那套规定现在打破了。当六月下旬日内瓦会议休会时，史密斯走过来，看到周恩来正同别国的代表谈话时，就对中国代表团的秘书说："请你告诉周恩来先生，我要走了，希望不久还回来。"周恩来也叫秘书告诉他："请转告史密斯先生，谢谢他的通知，希望不久我们能一同回日内瓦来。"史密斯又对这个秘书说："请你告诉周先生，中美关系是迟早的问题。中国是一个古老的国家，希望周

① 周恩来关于外交问题的报告记录，1954年8月12日。

先生有点耐心才好。”① 日内瓦会议进行期间，美国还通过英国代表团成员杜维廉向中国代表团的宦乡口头转达，要求同中国代表团讨论有关遣返两国在对方的人员的问题。周恩来在请示中央取得同意后，安排双方代表团人员就两国侨民和留学生问题在会议期间进行了五次接触。并且达成协议：会议结束后，两国在日内瓦继续进行领事级会谈。一年后，又升格为大使级谈判。持续达十多年之久的中美大使级谈判就是这样开始的，从而为日后震动世界的中美恢复邦交谈判留下了伏笔。

日内瓦会议是第二次世界大战结束后国际外交史上的重要一页。它所讨论的是缓和远东以至国际紧张局势中的两个热点问题，矛盾错综复杂，局势发展跌宕起伏，处理稍有不慎便可能造成严重后果。尽管参加这样重大的国际会议，对新中国是第一次，对周恩来也是第一次，会议最后仍取得了人们没有完全预料到的突破性成果。

对日内瓦会议取得的成果，八月十一日，周恩来在中央人民政府委员会上报告说：“日内瓦会议关于恢复印度支那和平的协议，是在法国承认印度支那人民的民族权利的基础上达成的。这些协议不仅规定了印度支那三国停止敌对行动的具体办法，以结束印度支那的八年战争，将和平带给印度支那人民和法国人民，而且也规定了解决印度支那三国政治问题的原则。”不仅如此，周恩来还从更深的层次来观察，指出它所带来的具有普遍性的意义，也是更重要的一点：“日内瓦会议的成就证明，国际争端是可以用和平协商的方法求得解决的。现在世界上赞成不同社会制度的国家和平共处的人已经越来越多，美国侵略集团所坚持的扩

---

① 周恩来在政协第一届全国委员会常务委员会第57次会议上的报告记录，1954年7月8日。

军备战的实力政策已经日益不得人心。如果一切愿意和平的国家和人民坚持和平和合作，反对战争和反对组织对立的军事集团，国际紧张局势是可以求得继续和缓的。”他又说：“在日内瓦会议期间，中华人民共和国和联合王国的关系得到了改进。这种改进，将有助于我国和西方国家建立正常关系的可能性的增长。在此期间，我国和西方国家间的贸易来往和文化交流，也有了新的发展。”① 这些，对中国外交新格局的形成以至日后国际关系的发展，对新中国国际声望的提高，产生了深远的影响。

周恩来对大事从来是倾注全力，想得很远，抓得很细。为了开好这次会议，周恩来事先进行了充分的准备，包括认真学习前人的外交工作经验，倾听各方面的建议，而又不墨守成规，把这些同自己长期以来在谈判工作、统一战线工作、群众工作方面的丰富经验结合起来，在工作中表现出极大的创造性。在谈判时，他对所要商谈的问题从总体到细节都十分熟悉，对谈判对手可能作出的反应考虑得十分周到，始终从实际出发，既有坚定的原则性，又合情合理。在异常复杂的斗争面前，他沉着镇定，思想清晰，反应灵敏，决定果断，常常使对手为之折服。有时讨论已陷入僵局，仿佛将走进死胡同，经过他的努力，又化险为夷。当会议取得进展时，他又总是不满足已有的成绩，而是抓住一切机会来做工作，不断扩大战果，终于使会议得到比预期更大的成果。

日内瓦会议前后持续了近三个月。周恩来始终全神贯注，不知疲倦地工作着。会外，他还利用一切机会同各代表团和各方面人士接触，包括居住在瑞士的著名电影艺术家卓别林等。他曾分别邀请苏联、朝鲜、越南、英国、老挝、柬埔寨的朋友观看中国第一部彩色影片《梁山伯与祝英台》。在接触中，他那真诚、坦率、机智而又潇洒的个人魅力，给人们（特别是没有和中国共产

① 周恩来在中央人民政府委员会第33次会议上的外交报告，1954年8月11日。

党人接触过、原来心存疑惧的人）留下了深刻难忘的印象。一天下来了，代表团内部又要研究当天的情况，部署下一步的工作。别人休息后，他还要为第二天的谈判做准备，绝大多数给中央的电报都是他自己起草。他的休息时间实在很少很少。邓颖超曾托中国信使捎来他所喜爱的海棠花。以后，又托信使捎来装在袋里的一片红叶。袋面上写着："请交恩来留念，祝日内瓦会议获得成就。"红叶的衬纸上写着："枫叶一片，寄上想念。"周恩来到六月十三日才回信："你的信早收到了，你还是那样热情和理智交织着，真是老而弥坚，我愧不及你。来日内瓦已整整七个星期了，实在太忙，睡眠常感不足……所幸并未失眠，身体精神均好，望你放心。""现在已经深夜四时了，还有许多要事未办。明日信使待发，只好草草书此，并附上托同志们收集的院花，聊寄远念。"①

周恩来正是用这些辛勤操劳的日日夜夜换来的丰硕成果，回答了人民对他的期望。他在会议上表现出来的高度智慧和炉火纯青的才能，不仅在与会者间，而且在国际舆论中博得了普遍的赞扬。

日内瓦会议刚结束，周恩来回国后立刻又投入另一件大事：准备第一次全国人民代表大会的召开。他是八月一日从国外回到北京的。八月六日和七日，主持两次中共中央政治局会议，分别讨论《全国人民代表大会组织条例（草案）》和《中华人民共和国国务院组织条例（草案）》。接着，在接待以艾德礼为首的英国工党代表团的来访后，着手起草《政府工作报告》。

一九五四年九月十五日，中华人民共和国第一届全国人民代表大会第一次会议在北京隆重开幕。二十日，通过并公布《中华

① 《周恩来书信选集》，中央文献出版社1988年1月版，第501页。

人民共和国宪法》。二十三日，周恩来代表中央人民政府在会上作《政府工作报告》。他在报告开始时就以明白的语言，指出："经济建设工作在整个国家生活中已经居于首要的地位。"他详细地总结了建国五年来在经济、政治、文教、外交等方面取得的巨大成就，并且提出了今后的方针和任务。他归结说："我们的一切工作都是为了人民的。""逐步改善人民的物质生活和文化生活，是我们的经常性质和根本性质的任务。"他着重地强调了不断提高生产力的问题，认为这是最主要的事情。他说："我们必须用全力来实现宪法所规定的我们在过渡时期的总任务，而这里最主要的事情，就是我们人人都要关心提高我们国家的生产力。我们必须了解，增加生产对于我们全体人民，对于我们国家，是具有决定意义的。只有生产不断地增加，不断地扩大，才能逐步地克服我们人民的贫困，才能巩固我们革命的胜利，才能有我们将来的幸福。"①

九月二十七日，会议根据中华人民共和国主席毛泽东的提名，决定以周恩来为国务院总理。第二天，会议闭幕的那天，又根据周恩来的提名，通过国务院组成人员人选，陈云、林彪、彭德怀、邓小平、邓子恢、贺龙、陈毅、乌兰夫、李富春、李先念为副总理，周恩来仍兼任外交部长。

对国务院的性质和地位，宪法这样规定："中华人民共和国国务院，即中央人民政府，是最高国家权力机关的执行机关，是最高国家行政机关。"

国务院和建国初期的政务院比较起来，不只是名称的变动，在性质和地位上也有所不同。最重要的区别有：第一，建国初期的中央人民政府是由中央人民政府委员会和它所属的政务院、人

① 《建国以来重要文献选编》第5册，中央文献出版社1993年11月版，第585、601、606、607页。

民革命军事委员会、最高人民法院、最高人民检察署共同组成，政务院的性质是“国家政务的最高执行机关”；而国务院在《宪法》中有明文规定“即中央人民政府”，“是最高国家行政机关”。第二，政务院的工作范围不包括军事，所属机构中也没有设国防部。建国前夕，董必武在中国人民政治协商会议第一次全体会议上作《中央人民政府组织法》的说明时讲道：“关于政务院的名称，原来有人主张用国务院，但国务院包括军事，不太合适。”这就把“国务”和“政务”的区别说清楚了。而国务院的职权中包括“领导武装力量的建设”，并在所属机构中设立了国防部。第三，政务院向中央人民政府委员会负责并报告工作；在中央人民政府委员会休会期间，向中央人民政府主席负责并报告工作。国务院对全国人民代表大会负责并报告工作；在全国人民代表大会闭幕期间，对全国人民代表大会常务委员会负责并报告工作。这就是宪法所说国务院“是最高权力机关的执行机关”。①

从这时起，五十六岁的周恩来担任国务院总理近二十二年，直到他去世。

《共同纲领》中原来规定：“在普选的全国人民代表大会召开以前，由中国人民政治协商会议的全体会议执行全国人民代表大会的职权，制定中华人民共和国中央人民政府组织法，选举中华人民共和国中央人民政府委员会，并付之以行使国家权力的职权。”在第一届全国人民代表大会第一次会议召开后，政协的这种职能自然就消失了。

十二月二十一日至二十五日，政协举行第二届全国委员会第一次会议。会议通过《中国人民政治协商会议章程》，其中写道：“中国人民政治协商会议全体会议代行全国人民代表大会职权的任务已经结束。但是中国人民政治协商会议，作为团结全国各民

---

① 《董必武选集》，人民出版社 1985 年 3 月版，第 247 页。

族、各民主阶级、各民主党派、各人民团体、国外华侨和其他爱国民主人士的人民民主统一战线的组织，仍然需要存在。”“中国人民政治协商会议全国委员会根据《中国人民政治协商会议章程》的总纲，就有关国家政治生活和人民民主统一战线的重要事项，进行协商和工作。”① 会议选举周恩来担任政协第二届全国委员会主席。

这时，一九五四年就要结束了。

① 《建国以来重要文献选编》第 5 册，中央文献出版社 1993 年 11 月版，第 705、708 页。

四十五、亚非会议

新中国成立初期的重要外交方针之一是毛泽东提出的“打扫干净屋子再请客”。周恩来向中央政治局扩大会议报告日内瓦会议的情况时，根据他亲身观察到的国际关系格局的变化，提出了一个重要问题：“原想再关一年的门，现在看来是关不了的！新中国的声誉是很高的，苏联也很希望我国能参加国际事务，有欲关不能之势！”① 毛泽东同意这个看法，肯定地说：“关门关不住，不能关，而且必须走出去。”“缓和局势与和平共处，本是我们的口号，现在艾登、尼赫鲁都说了，形势大变了。我应与一切愿与我建立关系的国家建立工作。”“形势是很好的，应该派一些同志去做外交工作，做外交就是做建设工作。”②

“必须走出去”，这是一项重大的战略决策。而要冲破美国为首的封锁禁运和重重阻挠，把大门打开，走向更广阔的世界，又是一项十分复杂而艰巨的任务，不是在短时期内就能完全实现的。周恩来在相当长时间内把自己的工作重点放到了这方面来，做出了不懈的努力。

为了在外交工作中打开一个新的局面，周恩来除了前面所说

① 周恩来在中共中央政治局扩大会议上的报告记录，1954 年 7 月 7 日。

② 毛泽东在中共中央政治局扩大会议上的发言记录，1954 年 7 月 7 日。

的着手改善同西方国家（从英国开始）的关系外，更加重视的是致力于发展同亚非国家的友好合作和睦邻关系。这不仅因为中国是一个亚洲国家，需要同近邻先建立起和睦的关系，保证有一个和平安定的周边环境；更重要的是，中国人民同亚非各国人民有过共同的遭遇和经历，都刚从帝国主义的长期压迫下解放出来，开始把国家的命运掌握在自己手里，在许多方面有着共同的利益和愿望。这是国际社会生活中一支不可忽视的正在崛起中的新兴力量，是维护世界和平的重要保证。

同亚非国家建立起友好合作的关系是完全可能的。从新中国成立到亚非会议开始时，先后同中国建立外交关系的国家共二十二个。其中，社会主义国家十二个（包括亚洲的朝鲜、越南、蒙古），北欧和中欧国家五个，其他亚洲国家五个（印度、缅甸、印度尼西亚、巴基斯坦、阿富汗）。尼泊尔同中国的建交正在酝酿中。锡兰（后改称斯里兰卡）也同中国进行着大米和橡胶的贸易。广大亚非国家日益强烈地表现出来的要求和平、要求独立发展本国经济、反对殖民主义压迫这股不可抗拒的历史潮流，更是建立这种友好合作关系的最深厚的基础。

但是，这些国家之间存在着不同的社会制度，应当怎样相处？周恩来早就思考着这个问题。一九五三年十二月三十一日，他接见参加中印关于中国西藏地方和印度之间关系问题谈判的印度政府代表团时，第一次提出著名的和平共处五项原则。他说："新中国成立后就确立了处理中印两国关系的原则，那就是互相尊重领土主权、互不侵犯、互不干涉内政、平等互惠和和平共处的原则。"他接着说："两个大国之间，特别是像中印这样两个接壤的大国之间，一定会有某些问题。只要根据这些原则，任何业已成熟的悬而未决的问题都可以拿出来谈。"① 经过讨论，这五

① 周恩来和印度政府代表团谈话记录，1953 年 12 月 31 日。

项原则正式写入双方达成的《关于中国西藏地方和印度之间的通商和交通的协定》的序言中。

它在人们面前展现了一种新型的国家之间的关系：各个主权国家一律平等，以协商的方式解决彼此间的争端，互不干涉别国的内部事务，实行和平共处。

日内瓦会议期间，印度政府派遣驻联合国代表梅农来到日内瓦，在会外从事恢复印度支那和平的斡旋活动，并转达了尼赫鲁总理希望周恩来回国时顺道访问印度的邀请。这是新中国总理第一次到不同社会制度的国家进行正式访问。六月二十二日，周恩来向中央报告了《关于访印目的及计划的请示》，得到中央批准。

一九五四年六月二十五日至二十八日，周恩来对印度进行三天的正式访问。尼赫鲁是印度民族独立运动的重要领袖，在亚非独立国家中有着很高的声望，同国际社会也有广泛的联系。两国总理连续进行了六次会谈，讨论共同有关的事项，特别是东南亚地区的和平前途。

周恩来在第一天会谈中就以明确的语言说："中华人民共和国对东南亚的政策是和平共处。我们对印度是如此，对印尼、缅甸，甚至对巴基斯坦和锡兰也是如此。现在所提出的对老、柬的政策也是如此。我们要使吴努先生（吴努是当时的缅甸总理——编者注）相信，我们要把这一政策贯彻下去。""关于东南亚和亚洲的和平，愿与尼赫鲁总理交换意见，并听取尼赫鲁总理的意见。"尼赫鲁回答说："完全同意阁下的意见。如果把我们最近签订的协议中的五条原则适用于东南亚的国家，那么就会创造一个很大的没有战争恐惧的和平区域。我提到和平区域的意思就是在这个区域中的国家都是中立的，在这个区域中没有军事基地，没有干涉，也没有侵略，而是鼓励和平。"周恩来立刻说："这也是中华人民共和国的政策。”① 在这天谈话结束前，尼赫鲁建议两国在会谈结束后发表一个联合声明。周恩来同意，并请尼赫鲁起草这个声明。

第二天会谈时，周恩来说：“经过这次会见之后，中印之间应该更加密切合作。”尼赫鲁说：我同意我们应该在各方面更密切地合作，实际上真正的基础在于互相之间有一种友好的信任感。我们必须为互信栽下根，然后每一件事都会变得容易了。他提到，东南亚有些国家对中国存在恐惧是出于三个原因：一、中国不但大而且强，或者可能变强。二、有许多海外侨民。三、害怕国际共产主义运动通过本地的共产党来活动。他说：“现在世界上到处有冲突，有扩张的倾向，特别是互相有恐惧。我们应该首先在我们自己的区域东南亚消除分歧，这样就为解决世界问题跨了一大步。”

周恩来说：“我完全同意尼赫鲁总理说的应该建立互信。”他针对一些国家由于缺乏了解而对中国产生的恐惧，逐一作了说明。对第一个问题，他说：“中华人民共和国政府了解，亚洲各国主观上是有恐惧的。这种恐惧应该消除。印度应该了解，我们两大国都需要建设，而中国在文化、经济方面则更为落后，因此我们国内的事已经忙得很了。”对第二个问题，他说：“如果华侨还是侨居的身份，他们就应遵守人家国家的法律，不应参加驻在国的政治。如果他们已经取得驻在国的公民身份，他们就应该脱离华侨的身份。这是新中国在华侨问题上的政策。我们现在正在解决印尼的华侨问题。”对第三个问题，他说：“我们应该努力来消除亚洲各国毫无根据的恐惧。革命是不能输出的。如果人民赞成一种制度，反对也是无效的。如果人民不赞成一种制度，勉强强加是一定要失败的。我们应该以我们共信的原则给世界建立一

① 周恩来和尼赫鲁第1次和第2次会谈记录，1954年6月25日。

个范例，证明各国是可以和平共处的。”

尼赫鲁对要他起草的联合声明应该怎么写，征求周恩来的意见。周恩来这样说：“至于联合声明的内容，我有几点建议：我们所强调的五条原则，常常提及是有好处的。我们可以在联合声明中说明这些原则不仅在亚洲，而且在全世界都适用。我们在联合声明中可以互相表示信任。我们可以在联合声明中表示一下对印度支那问题的意见，希望能迅速达成停战和恢复和平的协议，使东南亚能有和平的环境。”尼赫鲁说：“我一定尽力起草并试图包括阁下所述的各点。我想那些原则是一定要包括进去的。”①

六月二十八日，中印两国总理发表了由尼赫鲁起草而又经过双方具体磋商的联合声明。声明中说：

“最近中国和印度曾经达成一项协议。在这一协议中，它们规定了为两国之间关系的某些原则。这些原则是：甲、相互尊重领土主权；乙、互不侵犯；丙、互不干涉内政；丁、平等互利；戊、和平共处。两国总理重申这些原则，并且感到在他们与亚洲以及世界其他国家的关系中也应该适用这些原则。如果这些原则不仅适用于各国之间，而且适用于一般国际关系之中，它们将形成和平和安全的坚固基础，而现时存在的恐惧和疑虑，则将为信任感所代替。”

“两国总理承认，在亚洲及世界各地存在着不同的社会制度和政治制度。然而，如果接受上述原则并按照这些原则办事，任何一国又都不干涉另一国，这些差别就不应成为和平的障碍或造成冲突。有关各国中每一国家的领土主权和互不侵犯有了保证，这些国家就能和平共处并相互友好。这就会缓和目前存在于世界上的紧张

① 周恩来和尼赫鲁第3次和第4次会谈记录，1954年6月26日。

局势，并有助于创造和平的气氛。”

和平共处五项原则虽在这以前已写入中印双方的有关协定中，但还只是作为处理中印两国关系的原则提出来的，联合声明不仅重申了这些原则，还进一步认为这些原则可以适用于各国之间，适用于一般国际关系之中，成为整个国际关系的普遍准则，这是和平共处思想的一个重要发展。而且，它是以中印两国总理联合声明的形式提出来的，产生的影响自然是年初的协定所无法比拟的。

周恩来首先提出的和平共处五项原则，是对当代国际关系的重大贡献。在他看来，这五项原则是一个不可分割的整体。周恩来一再指出：国家不分大小强弱，在国际关系中都应该享有平等的权利，它们的主权和领土完整都应该得到尊重，而不应该受到侵犯；对于任何一个国家主权和领土的侵犯和内政的干涉，都不可避免地要危及和平；如果各国保证互不侵犯，互不干涉内政，就可以在各国的关系中创造和平共处的条件，各国人民就有可能按照他们自己的意志选择他们的政治制度和生活方式。这些主张反映出了当代国际社会中不可抗拒的历史潮流，而同那些强权政治和霸权主义形成鲜明的对照。周恩来还指出：和平共处讲的是国家与国家之间的平等关系，是在独立国家之间实行的，至于殖民地、附属国的民族解放运动是不同性质的另一回事情。和平共处五项原则提出以后，成为越来越多的国家共同接受的处理国际关系的准则，经受住了时间的考验，日益表现出它的强大生命力。

在发表中印联合声明的同一天，周恩来应缅甸总理吴努的邀请，来到缅甸首都仰光进行访问。他和吴努进行了两次会谈。第一次会谈中，吴努谈到两国之间的一些他称为“不愉快事件”的事情。周恩来说：“刚才吴努总理说到的许多具体事情，有许多是传说，有许多是出于误会。”他对谈到的缅甸华侨问题、两国边境的少数民族问题、缅甸共产党问题等，一一讲明了中国政府所持的态度。然后说："我们愿意看到缅甸独立，有自由选择绝大多数人民赞成的制度，并愿与缅甸友好合作。这是中国政府的一贯政策，在这次中印联合声明中又予以重申。不应该由于传闻和误会而使我们两国之间产生隔阂，相反地，应该消除误会。我们不反对缅甸政府作友好的埋怨，我们也愿作友好的答复，辨明是非。"他举出一个很有力的反证："我想缅甸政府也会承认，敌视中国的李弥部队（李弥部队原是国民党在大陆的一支残余部队，云南解放时退入缅甸境内，割据一隅。——编者注）企图在缅甸边境建立军事基地并接受美援，而中国政府却认为这些军队既在缅甸境内，因此就等待缅甸政府采取步骤来消灭这些军队。我们从未在文件中或是公开地说过不愉快的话，而是采取了容忍和等待的态度，在国际关系中很少看到如此友善的态度。我们知道缅甸政府的困难，因此采取等待的态度，这说明我们对缅甸采取了很大的尊重和忍耐。这一切说明我们两国的友好关系是有基础的。我们应该继续加强这种友好关系。"①

这次会谈解除了吴努原来存在的许多疑虑。第二次会谈开始时，吴努先作了解释："缅甸的人口只有一千八百万，而中国的云南省就有一千六百万至两千万人口，因此缅甸的人口只及中国的一省。缅甸对于中国是有一些恐惧的，并希望中国尊重缅甸的领土完整，请阁下原谅我们这种恐惧。"周恩来回答说："我可以当面和直率地告诉吴努总理，新中国的政策是和平政策，我们愿意按照互相尊重领土主权、互不侵犯、互不干涉内政、平等互利、和平共处五条原则与世界上一切国家友好相处，何况缅甸和中国还是有亲戚关系的国家。""至于说领土，中国的地方已经很大，人口已经很多。我们立国的政策就是把自己的国家搞好，我

① 周恩来和吴努第1次会谈记录，1954年6月28日。

们没有任何领土野心。我现在作此声明，吴努总理是可以相信的。”“用一句话来说，经过更多的接触以后，缅甸会了解，中国虽然大，人口多，但是是容易相处的。”吴努兴奋地说：“我非常高兴地听到阁下讲的一番话。阁下这次来访起了很好的作用，消除了缅甸人民中对中国抱有的恐惧的相当大的一部分。假如我们第一次的会见就消除了这样大的一部分恐惧，那么接触的次数愈多，消除的恐惧也就愈多。”① 会谈后，中缅两国总理发表了联合声明。声明中确认关于中印协定的指导两国之间关系的五项原则也应该是指导中国和缅甸之间关系的原则。当天晚上，周恩来离开仰光回国。

日内瓦会议结束后，尼赫鲁和吴努应周恩来的邀请，分别在十月和十二月间来中国访问。尼赫鲁到达中国的前一天，周恩来在内部作了一个报告，把印度等民族独立国家称为“和平中立派”，以同美国的“主战派”和英法等“维持现状派”相区别。对国际状况的这种分析，和苏联历来主张的把世界划分为“两大阵营”的说法已有差别，也更加符合实际情况。周恩来把民族独立国家看作重要的团结和争取对象。这同他在新中国成立前长期从事统一战线工作时对争取中间力量的重视，看来是一脉相承的。他说：“和平中立派的确想和平。这些国家曾经是或现在仍是殖民地、附属国。这些国家以印度为首。印度觉得打仗对其不利。这些国家对和平的要求与我们是共同的。在这点上，他们与我们更接近一些，统一战线更强一些。不仅是在和平问题上，还由于他们过去和现在同样受帝国主义的压迫，因此，还有民族同情。特别是亚洲国家，更易与我们接近。但是由于社会制度和思想的不同，所以，美国曾多方压迫和威胁他们，说他们中立不了。我们则不威胁他们，不说他们中立不可能。在政策上，和平

① 周恩来和吴努第2次会谈记录，1954年6月29日。

中立是现实的，也是可能的。”他又说：“前几年，我们说先打扫干净房子再请客。这是毛主席指示的方针。当时各项社会改革还未进行，房子还未打扫干净，不请客是对的。现经过初步整理，房子又基本上打扫干净了。因此，可以请一些客人来。事实证明，来往是有好处的。”“这次尼赫鲁来，会谈的中心问题将是扩大和平地区的问题。这问题如能在会谈中有所推动，将是很好的。”①

邀请中国参加亚非会议这件事，就是印、缅总理在访问中国时向周恩来提出来的。尼赫鲁在十月十八日至三十日来华访问。他同周恩来进行了四次会谈，在会谈中告诉周恩来：南亚五国（缅甸、锡兰、印度、印度尼西亚、巴基斯坦）总理准备联合发起召开亚非会议。周恩来立刻断然回答：“我们愿意参加这个会议，因为这个会议是为亚非和平和世界和平努力的，这个会议是为扩大和平区域而努力的，因此有助于和缓紧张局势。”他坦然地说：“虽然参加会议的各国情况不同，而且会议遇到的问题是复杂的，但是终能找到共同点。”② 吴努在十一月三十日至十二月十六日来华访问。他同周恩来进行了五次会谈，在会谈中提出希望周恩来能亲自参加亚非会议。周恩来说：“东南亚国家为和平而中立的态度已经引起了广泛的同情。我们完全支持缅甸、印度、印度尼西亚三国总理关于扩大和平区域的主张。一旦和平区域扩大，形势就会起变化，战争即可推迟或制止。”③

亚非会议，是一个新的历史时代到来的象征，是第二次世界大战结束后民族独立运动蓬勃发展的结果。

① 周恩来关于外交问题的报告，1954 年 10 月 18 日。

② 周恩来和尼赫鲁第 2 次会谈记录，1954 年 10 月 20 日。

③ 周恩来和吴努第 3 次会谈记录，1954 年 12 月 5 日。

召开亚非会议，最初是印度尼西亚总理阿里·沙斯特罗阿米佐约一九五四年四五月间在锡兰首都科伦坡举行的缅甸、锡兰、印度、印度尼西亚、巴基斯坦五国总理会议上提出倡议的。会议公报表示支持印度尼西亚总理探讨召开这种会议的可能性。九月下旬，沙斯特罗阿米佐约先后访问印度和缅甸，再次商谈召开亚非会议的问题，得到尼赫鲁和吴努的明确支持。十二月二十八日至二十九日，五国总理再次在印度尼西亚的茂物举行会议，发表《联合公报》，宣布五国总理一致同意发起召开亚非会议，并定于一九五五年四月的最后一周在印度尼西亚举行，除五个发起国外再向二十五个亚非国家发出邀请。为了减少阻力，公报中说明：任何一个国家接受邀请，绝不牵涉到或意味着它对任何其他应邀国家的地位所抱的看法有任何改变。后来，除中非联邦外，其他二十四个国家都接受了邀请。周恩来在一九五五年一月二十二日接见印尼驻华大使莫诺努图，接受他代表印尼政府提出的正式邀请；二月十日又复电沙斯特罗阿米佐约，告诉他中国政府已决定派遣代表团参加这次会议。

亚非会议的召开，符合占世界人口一半以上的亚非国家的人民要求和平与友好合作的共同愿望。它们中许多国家在第二次世界大战结束后才取得独立，在国际社会中的发言权日益增大，要求在国际上也享有平等的地位，独立地发出自己的声音。如果在几年以前，要举行这样的会议是难以想象的。这反映了战后亚非地区发生的深刻变化，也决定了亚非会议发展的主流。周恩来正是紧紧地把握住了这股主流，推动会议一步一步地走向成功。

可是，中国在会上所面对的情况依然是复杂的。参加会议的二十九个国家中，有二十二个国家没有同新中国建交，甚至不曾有过来往，有些倒是同国民党集团还保持着外交关系。各国的社会制度、处境和政治观点有很大区别。他们中不少国家对新中国缺乏了解，心存疑惧，有的还受美国政府影响而抱着敌视的态度。由于相互间存在的分歧和某些外来势力的挑拨，会议很容易陷于无休止的争论，以至归于失败。

周恩来对这一切看得十分清楚。他在一九五四年十月就已说到："现在东南亚国家想召开亚非会议，来联结过去或者现在仍然是殖民地或者半殖民地的国家来开会。毫无疑问这一些国家的会议针对着一个问题就是殖民主义，因为殖民主义在这一地带危害他们是很大的。""当然他们也会同样地提出这样的问题，就是我们共产主义威胁他们。这个问题是帝国主义制造这么一个挑拨。实际上的情形是谁直接威胁他们呢？那是殖民主义。因此我们应该在这方面预先做些工作，使他们在这方面存在着的一种疑惧逐步取消。"①

准备出发参加亚非会议前，周恩来突然在三月十二日患急性阑尾炎，住院开刀，到二十八日才出院，病体还没有完全复原。他在四月四日向中共中央政治局送交《参加亚非会议的方案（草案）》、《访问印度尼西亚计划（草案）》和《关于目前中缅两国间一些实际问题的处理方针》。第二天，中共中央召开政治局扩大会议，讨论并批准了这些文件。《参加亚非会议的方案》写道：

"亚非会议是没有帝国主义国家参加，而由亚非地区绝大多数国家所举行的国际会议。亚非会议的召开正当中印、中缅联合声明在亚非地区发生巨大影响的时候，亚非人民争取和平和独立的斗争正在高涨，而另一方面美国正在组织和扩展各地区的侵略集团，力图加强对亚非国家的控制，积极准备新的战争。美国并企图通过它在亚非会议中的仆从国家来对会议进行破坏。但是，参加亚非会议的国家中不仅有中国和越南民主共和

① 周恩来在第一届全国人大常委会第1次会议上关于中苏会谈的报告记录，1954年10月16日。

国，而且有大批‘和平中立主义’和接近‘和平中立主义’的国家，大多数国家都有不同程度的要求和平、要求独立、要求发展本国经济文化的共同愿望。因此，我们在亚非会议中对于在亚非地区乃至于在全世界扩大和平势力的事业是有着有利条件的。

“根据以上基本情况，我们在亚非会议中总的方针应该是争取扩大世界和平统一战线，促进民族独立运动，并为建立和加强我国同若干亚非国家的事务和外交关系创造条件。”①

为了集中精力处理迅猛发展的国际事务，周恩来对参加三月下旬举行的中国共产党全国代表会议的一些省、市负责人说：“一两天就要走，并且说好了，不管内政了。”四月六日，国务院第八次会议听取周恩来关于参加亚非会议问题的报告，通过他提出的参加会议的方针和代表团成员名单，并宣布在周恩来出国参加亚非会议期间，总理职务由陈云代理，外交部长由张闻天代理。出席亚非会议的代表团名单是：首席代表周恩来，代表陈毅、叶季壮、章汉夫、黄镇，顾问廖承志、杨奇清、乔冠华、陈家康、黄华、达浦生，秘书长王倬如。因为吴努邀请周恩来在会前先到仰光，处理中缅两国之间的一些问题，代表团在四月七日离开北京，第二天到达云南昆明。

那时，中国民航还没有远程飞机，代表团只能向印度航空公司租用一架“克什米尔公主号”飞机载送代表团去印度尼西亚。印度航空公司的飞机不曾来过中国，只能到香港启德机场等候。代表团在昆明时得到情报：国民党特务准备在这架飞机上放置爆炸物。外交部有关部门立刻约见英国驻华代办处参赞，通报有关情况，并要他们转告香港当局注意采取安全措施。代表团又向印

① 《参加亚非会议的方案（草案）》，1955 年 4 月 4 日。

度再租用一架飞机，尝试从昆明经缅甸飞印尼。这架飞机的性能比“克什米尔公主号”差得多，经过的航线过去又没有走过，能否通航并没有把握。经过试航，才决定代表团成员改乘这架飞机前往。

情况十分险恶，谁也无法完全预料可能会发生些什么事情。四月十日，邓颖超关切地写信给周恩来：“这次蒋贼是蓄意决下毒手施行暗害的，他并从各方面的可能着手。因此往返途中停留时，飞机着陆后严加封锁，起飞前的严密检查，是必须而不可疏忽的。在逗留地区对所用交通工具，亦应请看守与检查。你出外活动，必须严密警惕，仔细机警。为了人民的利益，为了人类进步崇高的事业，为了你能做更多的工作，你必须善于保卫你自己，在这方面，亦必须取得对敌斗争的胜利的。我衷心地祝福你胜利平安地归来。”但是，不幸的事情还是发生了。由于香港当局对机场地勤人员没有检查和监督，国民党驻香港特务机关收买启德机场的检修人员周驹在“克什米尔公主号”机翼下放置了从台湾运去的定时炸弹。飞机飞离香港前往印尼五小时后爆炸，中国和越南代表团工作人员以及随同前往的中外记者十一人全部遇难。① 周恩来十分悲痛。四月十二日凌晨，他复信邓颖超：“来信收阅，感你的好意和诤言。现将来信捎回，免得失落。有这一次教训，我当更加谨慎，更加努力。文仗如武仗，不能无危险，也不能打无准备的仗，一切当从多方考虑，经过集体商决而后行。”②

四月十四日，周恩来率领中国代表团乘包租的另一架印度飞机从昆明飞往缅甸仰光。一出国境，缅甸政府就派来两架战斗机护航。到仰光后，周恩来、陈毅去拜会吴努，随后参加了缅甸的

① 访问熊向晖谈话记录，1985 年 9 月 29 日。

② 《周恩来书信选集》，中央文献出版社 1988 年 1 月版，第 514 页。

泼水节。第二天，他同吴努和途经仰光的尼赫鲁、范文同、埃及总理纳赛尔、阿富汗副首相纳伊姆汗举行了非正式的六国会谈，对怎样开好亚非会议交换意见。周恩来表明："中国代表团所采取的态度是争取团结，避免争吵，寻求共同点而不强调分歧点。"他对与会的五国领导人说："如果会议上有人要提出共产主义的问题，我们并不惧怕争论，难道共产党还怕争论这件事？问题是我们不做。我们不提出这样的问题，因为这样的问题的提出，徒然会使会议没有结果。"① 他的意见得到到会者的赞同。代表团最初准备在第二天早晨八时半起飞。当天深夜，印度机长向代表团建议：出于安全的考虑，提前在当夜起飞。周恩来征得吴努同意后，改在当晚启程。② 这架飞机的性能并不很好，速度不快，飞得也不高，途中恰好遇到雷雨难以避开，只得在新加坡机场作短暂停留。十六日傍晚，飞抵印度尼西亚首都雅加达。第二天，到达亚非会议开会的地点万隆。在万隆机场，散发了周恩来的书面谈话。他在这个书面谈话中满怀信心地表示：亚非会议一定能够克服各种破坏和阻挠，并对于促进亚非国家之间的友好和合作，对于维护亚非地区和世界的和平做出有价值的贡献。

会议前夕，万隆的空气是相当紧张的，似乎正在酝酿着一场激烈的争论。周恩来到万隆的第一天，尼赫鲁和吴努已听到一些风声，知道有些国家要破坏会议，就到周恩来住处来打招呼，希望他不要接受这些人的挑衅。周恩来从容地回答他们："我们对于要提出这样问题的人要分别看待：一种人是恶意的，他们要挑起争论，使会议归于失败，这种人我们应该意识到，不去理他，或者用一些手法，使他收回去，使他的破坏计划不能得逞。另外

---

① 周恩来在第一届全国人大常委会第 15 次扩大会议上关于亚非会议的报告记录，1955 年 5 月 13 日。

② 访问王倬如谈话记录，1985 年 9 月 29 日。

一种人他是怀疑的，他不明白真相，他是说出一些很不恰当的话，甚至于不好的话，我们应该向他们解释，使他们了解。”当然，要区别这两种人是很不容易的，在当时对许多国家的情况了解得还不多的条件下更是如此。怎样处理这个问题？周恩来在回国后这样说明：“我们允许那种没有看到事实而带有怀疑的人怀疑，因为他们没有看到，可以怀疑。你要不是恶意的，我们就以善意对待。至于他是不是恶意，这也很难从他说话中完全分别出。我们可以从他说话的表面的意义上来估计，就当做是怀疑，我们来解释。解释的结果，就使怀疑的一部分人去除他们的怀疑。”①

国民党特务机构在制造“克什米尔公主号”暗害事件后，并没有就此罢休，又策划在万隆会议期间对周恩来和代表团成员进行暗杀。代表团到达万隆的前一天，有一个署名“反省过来的暗杀队员”的人，写信给中国驻印尼使馆说：台湾当局在三月十日组织了一个二十八人的暗杀敢死队，参加者都是逃亡到印尼的前国民党军队的中低级军官，准备谋杀周恩来和其他代表团成员。当时担任使馆参赞的陈叔亮回忆道：“其中的一个人给我们代表团写了信，说：暗杀队使用无声手枪、匕首等凶器进行谋杀活动。暗杀一名代表团员给二十万盾（印尼币），暗杀总理另加四十万盾。他在信中讲：我作为一个中国人，不忍心谋害周恩来。”② 使馆得到这个消息后，立刻通知印度尼西亚外交部秘书长。他们采取了加强防卫的措施。陈毅副总理也在代表团内部作了动员。他说：代表团人人都要做保卫工作，当警卫员。就是我，也是总理的警卫员。

① 周恩来在第一届全国人大常委会第15次扩大会议上关于亚非会议的报告记录，1955年5月13日。

② 访问陈叔亮谈话记录，1984年1月26日。

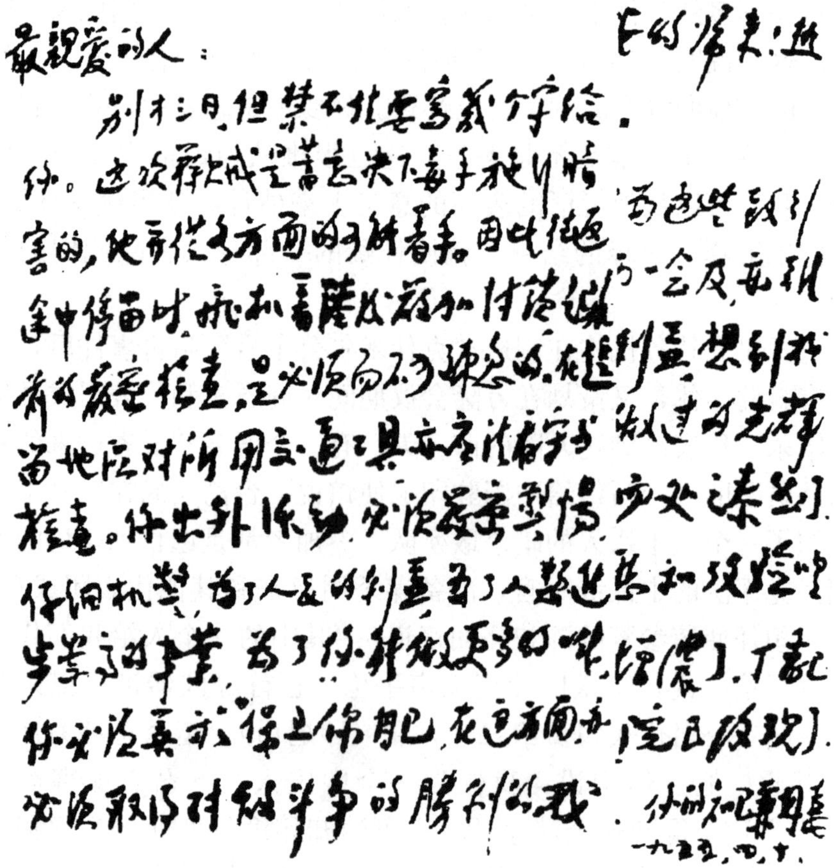

[illegible]

最亲爱的人：

别才三日，但禁不住要写几个字给你。这次蒋贼是蓄意决下毒手来谋害的，他亦从多方面的[illegible]着手。因此你途中停留时，飞机和着陆后落脚处所的严密检查，是必须而不可疏忽的。在适当地区对所用交通工具亦应请有关方面检查。你出外活动必须严密警惕，仔细机警，为了人民的利益，为了人类进步和平事业，为了你能做更多的工作，你必须妥善保卫你自己。在这方面亦必须取得对敌斗争的胜利的战果。（为这些话引起一念及我们想到我们做过的老革命，应处处谨慎。）（完全应该的。）

你的知己[illegible]

一九五五、四、十

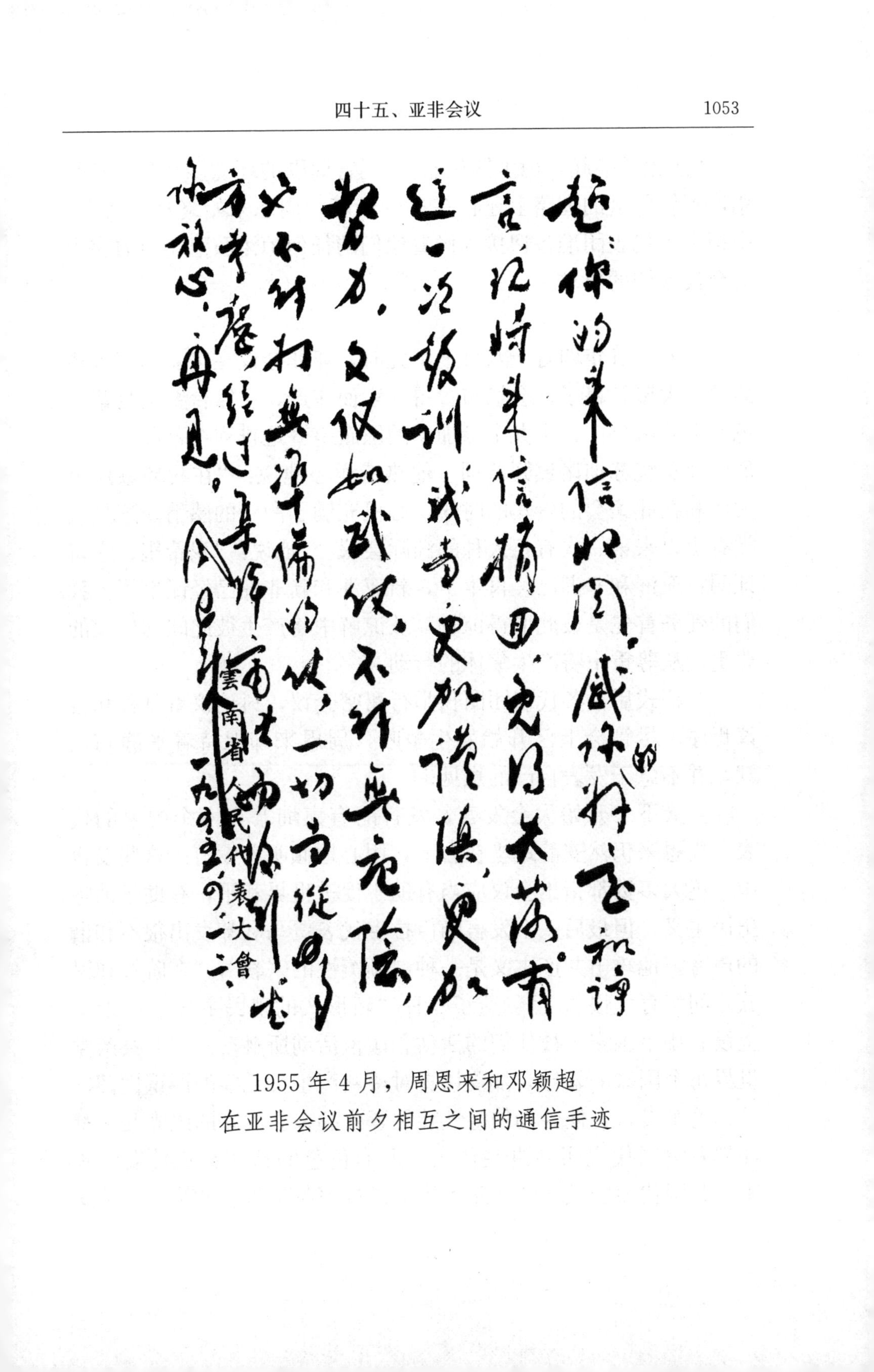

1955 年 4 月，周恩来和邓颖超
在亚非会议前夕相互之间的通信手迹

“任凭风浪起，稳坐钓鱼船。”不管周围的环境多么复杂和险恶，不管前进的道路上还存在多少荆棘，周恩来始终从容沉着，率领中国代表团准备迎接等候着他们的任何惊涛骇浪，努力实现对会议预期的要求。

一九五五年四月十八日上午九时，亚非会议在美丽山城万隆的独立大厦开幕了。会场布置得朴素而庄严，主席台壁上是紫红色的天鹅绒幕，二十九个参加国的国旗整齐地排列在幕前。印度尼西亚总统苏加诺致开幕词。他热情洋溢地说：“在我环顾这个大厅和在此聚会的贵宾的时候，心里充满了激动的感情。这是人类有史以来第一次有色人种的洲际会议。”他说：“我希望，它将证明：亚洲和非洲已经再生了，新亚洲和新非洲已经诞生了。我们的任务首先是彼此取得谅解，从谅解中将产生彼此间的更大的尊重，从尊重中将产生集体的行动。”

开幕式后，各代表团团长举行秘密会议，讨论议事日程和会议程序。尽管会上已开始发生争吵，周恩来却保持着平静和沉默，并不急于发表自己的意见。

当天下午开始大会发言，发言的有柬埔寨等六个国家的代表。周恩来仍然安静地坐在台下，用心地倾听着发言。这些发言中，绝大多数都指出会议应当有助于促进世界和平，有助于消除殖民主义。但最后一个发言的伊拉克代表贾马利却发出很不和谐的声音。他攻击共产主义是一种“颠覆性的宗教”，“在阶级和民族之间培育仇恨”，已创造了一种“新形式的殖民主义”。“地球上没有哪个国家不被他们的活动和颠覆活动所触动。”“非共产党世界每个国家的领导人都要认真对待共产主义危险的严重性。”

这个发言，使会场的空气陡然紧张起来。大家的眼光几乎都注视着中国代表团会讲些什么。形形色色的猜测在流传着。本来，各国代表团发言的次序大体上是按照各国国名的第一个英文字母的次序排列的。第二天上午，在记者室里黑板的公告上，中国是当天预定发言名单中的第一个。但轮到时，周恩来放弃了这个机会，依然耐心地坐在那里听着各国代表们的发言。这天上午发言的有十一个国家。绝大多数的发言都提到对和平与友好的愿望，对殖民主义的憎恨。但到上午的会快结束的时候，又有人以尽可能明白的语言，不点名地猛烈攻击共产主义，使会议的空气变得更紧张了。

周恩来是善于掌握时机的大师。到这时候，他决定把原来准备好的发言稿改作书面发言散发，另外作一个补充发言。他的翻译浦寿昌回忆道：

> “他说，我得另外作个补充发言，那个稿子还是照发，我不念了，我要念另外一个稿子。总理当即在会场起草了一个约两千字的详细提纲，写了他的补充发言将要讲几个什么问题。上午散会后，总理回到别墅后就对我说：浦寿昌你字写得快，我口授补充发言，你给我记下来。于是，总理根据提纲口述，我笔录，他说一句我就记一句。虽然乔冠华、廖承志当时都站在旁边，但是没有插手的余地，因为时间很紧。总理口述发言真是出口成章，没有多长时间发言稿就出来了，不仅内容好极了，而且文字也好极了。由于考虑到要赶快翻译出来，我就用比较小的纸记录，我写完一张，就撕给翻译一张，让翻译抓紧时间翻。等到我们搞完，赶紧吃了午饭，下午的会议就快开始了。补充发言稿就是这样出来的，前后大概用了一个半小时。”①

下午的会议上，先有叙利亚、泰国和土耳其三国的代表发言。泰国旺亲王的发言中直接点了中国的名。他说有三件事情引

① 访问浦寿昌谈话记录，1985 年 9 月 29 日。

起泰国的担心：一是中国在泰国附近的云南省境内组织傣族人；二是泰国境内三百万华侨拥有双重国籍；三是泰国东北部有五十万越南人。他们三人讲完后，主席宣布："我现在请中华人民共和国的代表发言。"

在场的中国新闻工作者李慎之、张彦记录下当时的情景："突然，会场里爆发了一阵从来没有的暴风雨似的掌声。环顾全场，每一个座位现在都坐满了人，没有座位的地方也站满了人。当周恩来走上讲台的时候，水银灯一齐亮起来，照相机一齐动起来，没有人不意识到这一刻的重要。"①

周恩来还是像平时一样，从容地踏上讲台。他的讲话是这样开始的：

> "中国代表团是来求团结而不是来吵架的。我们共产党人从不讳言我们相信共产主义和认为社会主义制度是好的。但是，在这个会议上用不着来宣传个人的思想意识和各国的政治制度，虽然这种不同在我们中间显然是存在的。
>
> "中国代表团是来求同而不是来立异的。在我们中间有无求同的基础呢？有的。那就是亚非绝大多数国家和人民自近代以来都曾经受过、并且现在仍在受着殖民主义所造成的灾难和痛苦。这是我们大家都承认的。从解除殖民主义痛苦和灾难中找共同基础，我们就很容易互相了解和尊重、互相同情和支持，而不是互相疑虑和恐惧、互相排斥和对立。这就是为什么我们同意五国总理茂物会议所宣布的关于亚非会议的四项目的，而不另提建议。"

他用很巧妙的方式提出：

① 李慎之、张彦：《亚非会议日记》，中国新闻出版社1986年10月版，第15页。

“本来，对于美国一手造成的台湾地区的紧张局势，我们很可以在这里提出如同苏联所提出的召开国际会议谋求解决的议案，请求会议加以讨论。中国人民解放自己领土台湾和沿海岛屿的要求是正义的，这完全是内政和行使自己的主权，并得到许多国家的支持。我们也很可以提议会议讨论承认和恢复中华人民共和国在联合国的合法地位问题。去年，科伦坡五国总理会议，还有亚非其他国家，都曾经支持中华人民共和国在联合国的地位。而且，中国在联合国所受的不公正待遇，也可以在这里提出批评。但是，我们并没有这样做。因为这样一来，就很容易使我们的会议陷入对这些问题的争论而得不到解决。

“我们的会议应该求同而存异。同时，会议应将这些共同愿望和要求肯定下来。这是我们中间的主要问题。我们并不要求各人放弃自己的见解，因为这是实际存在的反映。但是不应该使它妨碍我们在主要问题上达成共同的协议。我们还应在共同的基础上来互相了解和重视彼此的不同见解。”

接着，他谈到两天来会议上有人提出的三个问题：不同的思想意识和社会制度问题，有无宗教信仰自由的问题，所谓颠覆活动的问题。对这三个问题，一一说明了中国政府的立场和政策。他对与会者说：“大家如果不信，可亲自或派人到中国去看。我们是容许不知真相的人怀疑的。中国俗话说：‘百闻不如一见。’我们欢迎所有到会的各国代表到中国去参观，你们什么时候去都可以。我们没有竹幕，倒是别人要在我们之间施放烟幕。”

周恩来最后用洪亮的声音说道：“十六万万亚非人民期待着我们的会议成功。全世界愿意和平的国家和人民期待着我们的会议能为扩大和平区域和建立集体和平有所贡献。让我们亚非国家团结起来，为亚非会议的成功努力吧！”①

他一讲完，全场立刻爆发了长时间的热烈掌声，会上的空气陡然变了。美国记者鲍大可的报道中说：“这篇发言最惊人之处就在于它没有闪电惊雷。周恩来用经过仔细挑选的措辞简单说明了共产党中国对这次会议通情达理、心平气和的态度。他也回答了在他之前发表的演说中对共产党所作的许多直接间接的攻击。”“周恩来的发言是中国以和解态度与会的绝好说明。他的发言是前两天公开会议的高潮。”②

李慎之、张彦所写的报道说：“许多记者急急忙忙去向各国代表团打听对中国代表团团长的演说的反应。印度总理尼赫鲁说：‘这是一个很好的演说。’缅甸总理吴努说：这个演说是‘对抨击中国的人一个很好的答复’。埃及总理纳赛尔说：‘他是想答复我们昨天听说的关于他的问题。我喜欢他的演说。’巴基斯坦总理穆罕默德·阿里说：‘这是很和解的演说。’就是菲律宾的罗慕洛也说：‘这个演说是出色的，和解的，表现了民主精神。’对于经历了昨天到今天亚非会议上气候的各种变化的人们说来，中国代表团团长今天短短的十八分钟的发言已经驱散了两天来在会议上集合起来的乌云。它给会议指出了一个方向，使它能够抵抗那种把它拖入对立和争吵的企图，能够绕过前途的暗礁而达到自己的目的地。另外，它也使与会的其他二十八国以及整个世界都更进一步认识了新中国。”③

会议并不是从此就一帆风顺了。

在两天的大会以后，从四月二十日起，会议分成三个小会：

① 《周恩来外交文选》，中央文献出版社 1990 年 5 月版，第 120—125 页。

② ［美］鲍大可：《周恩来在万隆》，中国社会科学出版社 1985 年 3 月版，第 9、11 页。

③ 李慎之、张彦：《亚非会议日记》，中国新闻出版社 1986 年 10 月版，第 18 页。

由代表团团长组成的政治委员会，还有经济委员会和文化委员会。这三个会议不公开进行，但消息都很快就传开了。

第一天的政治委员会讨论了人权的基本原则、民族自决和巴勒斯坦等问题，会议的进展比较顺利。但在第二天下午的会议快要结束时，锡兰总理科特拉瓦拉突然又说了一段反对共产主义的话，还说到中国的威胁等等。周恩来立刻起来声明，他不能同意锡兰总理所发表的一些言论，他要求保留明天就此发表意见的权利。会议很快就休会了。但是，会散了很久，人们才看见周恩来和科特拉瓦拉从二号会议室里走出来。

周恩来和科特拉瓦拉谈了些什么呢？周恩来回国后讲到：“一散会，我就找到他。我说：你今天这个发言什么意思，是要破坏这个会议吗？他一听，说：我不要破坏，不要破坏。我说：要照你这样的发言，我们一定要回答。回答争论下去，结果是必然达不成任何协议。你是发起国，你把我们请来，你又来破坏会议，什么意思？”周恩来这些话为什么只在个别交谈中说？他后来作了说明：“当时在会场上就不好用这样的方式说，因为说了，他一些帮腔的都来了，那一定争得无结果，所以不采取会场争论。”“最后他说，我就是说说的。我说，既然你是说说的，你不打算破坏会议，那我们看看你的发言里有没有什么积极的东西，我们研究一下。”“第二天他就头一个声明。他说他的说话只是表示他个人的见解，也并不打算做任何提案的。他就退却了。”①

周恩来和科特拉瓦拉的这一番对话，是人们当时不知道的，也是没有料想到的。到第二天，“紧张的空气可以从走廊上记者数的增加看出来。不止一个人在预言：今天会上的第一条新闻一定是周恩来和科特拉瓦拉的论战。同这样的预言相反，中午所得

---

① 周恩来在第一届全国人大常委会第15次扩大会议上关于亚非会议的报告记录，1955年5月13日。

到的消息是：周恩来今天只作了简短的发言。他说，像他在全体会议上所表示过的那样，中国代表团并不准备在这里参加关于意识形态的讨论，因为这不是会议的目的。他告诉大家，他已经在会外同锡兰总理交换意见。他指出他不同意锡兰总理对于所谓新式殖民主义的解释。接着，他说，虽然如此，他在研究了锡兰总理的发言以后，仍然在里面找到了一点共同之处，那就是锡兰总理所说的要求一切拥有殖民地附属国的国家在十年之内给它们独立，他支持这种积极的精神。在此以前，科特拉瓦拉已经先作了表示，他昨天的发言只不过表示他自己不同的见解，并没有意思引起一场争论，更没有意思把这个会议引向失败”。①

一场似乎就要猛然袭来的惊涛骇浪，出人意料，就这样平静地过去。航船的方向又不受干扰地拨正过来了。

这一天，文化委员会和经济委员会先后结束了工作，与会各国在经济和文化合作方面取得了一致的意见。

当晚，中国代表团在别墅里举行宴会招待印度尼西亚、锡兰、泰国、菲律宾、阿富汗、尼泊尔、叙利亚各国的代表。他们中有些人正是在会议上曾经对中国提出过不很友好的意见的，宴会在和谐的气氛中进行。深夜十一点，埃及总理纳赛尔出席了周恩来的晚宴，他是非洲和阿拉伯世界最有影响的政治家之一，中国那时同这些国家都还没有建立外交关系，这种接触是十分有益的。夜已过半，又传出一个消息：越南民主共和国副总理范文同和老挝首相克特·萨索里斯进行了友好的会谈，并且发表联合声明说：“两国政府将在和平共处的五项原则的范围内，发展和协调在这两个国家之间存在着和应当存在的睦邻关系。”会谈时，尼赫鲁和周恩来也在场。

万隆会议只剩下最后的两天了。会议的一项重要议程是要讨

---

① 李慎之、张彦：《亚非会议日记》，中国新闻出版社 1986 年 10 月版，第 26 页。

论并确定亚非国家之间建立友好合作关系的共同原则，形成一个最后公报。但是，由于各国的情况和处境不同，彼此间不够了解，由于帝国主义的挑拨，与会各国又发生严重的争执。争执集中在两个问题上：是不是以和平共处五项原则作为亚非国家相互关系的准则和怎样看待在这个地区存在的某些军事集团。黎巴嫩代表马立克在会上说：一个国家参加某个防御条约总是有理由的；至于说到“共处”，那是个共产党的词儿，对不同的人有不同的意义，用这个词儿得要小心。

会议能不能达成共同一致的协议呢？许多人在焦灼地观察着，等待着。

周恩来静静地听了一天多内许多代表的不同意见后，在四月二十三日上午作了一个半小时的长篇发言。他先指出：“目前世界的形势的确是紧张的，但是和平并没有绝望，拥护和平的人一天天多起来。二十九个亚非国家在这里开会，一致呼吁和平，就证明我们所代表的、超过世界人口一半以上的人是要和平和团结的。”“我们应该以要求和平合作为共同基础，来解决现在正在讨论的问题。”

对和平共处五项原则的问题，他说：“在座有些代表说，和平共处是共产党用的名词。那么我们可以换一个名词，而不要在这一点上发生误会。黎巴嫩的代表把这一点的讨论引到对思想意识的讨论上去，那是不会得到什么结果的。在联合国宪章的前言中有‘和平相处’的名词，这是我们应该能够同意的。我们应该能够站在联合国宪章的立场来谋求和平合作。”

对本地区存在的某些军事集团问题，他说：“我们不赞成在世界上造成对立的军事同盟，增加战争的危险。”“但是今天我们共聚一堂，讨论集体和平问题，可以把军事集团的问题撇开不谈，因为那是已经存在的事实。我们应该在我们中间先团结起来。前天中午我曾去拜访巴基斯坦总理。他对我说，巴基斯坦参加马尼拉条约并不是为了反对中国，巴基斯坦也不相信中国有侵略的意图。这样，我们就取得了互相谅解。”

他综合大家的共同意见，提出七条原则，并且说：“如果我们能在这七点基础上，彼此和平相处，友好合作，就能使和平维持下去，而且首先是从我们中间开始。”①

美国记者鲍大可评论道：“周恩来选择了这个时候来发表他在亚非会议上最重要的讲话。他善于等待时机的外交才能简直是登峰造极。他在长期静观之后在这个辩论几乎已经陷入僵局的时候脱颖而出，成为会议的明星，成为排难解纷、平息争端、带来和平的人物。从这一刻开始，究竟哪一个人的品格才能左右大局就再也没有疑问了，那就是周恩来。周恩来并不打算改变任何一个坚持反共立场的领导人的态度，但是他改变了会议的航向。他确确实实以他的才干和个人‘通情达理’的态度给哪怕是反共国家的领导人也留下了深刻的印象。”②

会议重新顺利地取得进展。在当天的代表团团长会议上，通过了经济委员会和文化委员会分别提出的报告，通过了一些决议，并宣布明天下午三点将举行最后一次全体会议。

亚非会议进入了最后一天。为会议起草公报的殖民主义问题小组、世界和平和合作问题小组仍在紧张地进行着工作。周恩来、纳赛尔、泰国的旺亲王等一些代表团团长也参加了世界和平和合作问题小组的会议。小组对最后公报内容和措词的讨论，依然遇到一些棘手的问题，并不容易得到解决。这些小组会不是公开进行的。中国记者李慎之、张彦生动地报道了会场周围那种紧张的气氛：

---

① 《周恩来外交文选》，中央文献出版社 1990 年 5 月版，第 126—133 页。

② ［美］鲍大可：《周恩来在万隆》，中国社会科学出版社 1985 年 3 月版，第 62 页。

“中午到了，参加代表团团长会议的人们都回去吃饭了，楼上两个会议室的门口却还是不见动静。一直到午后一点半钟，才看见里面的代表出来。但是，他们不是像平常一样回到别墅或者旅馆去，而是到酒吧间去吃点心。而且，很快就又回到了会议室里。又过了一阵，殖民主义问题小组的代表们再次退了出来，但是争论中的一些问题并没有解决，而是被转交到了世界和平和合作问题小组去一并讨论。可以猜想，这个小组的工作是极其紧张的，为了达成协议，还需要做巨大的努力。离预定闭幕会议开始的时间越来越近了，人们的心情也越来越有点紧张起来。难道这些障碍真的到最后五分钟还无法克服吗?”①

周恩来自始至终一直留在那里。虽然时间延长了三个半小时，僵局终于在最后时刻突破了。下午四时，代表团团长会议复会，一致通过会议的最后公报。关于世界和平和合作问题，经过紧张的磋商后，形成了包含十项原则的关于促进世界和平和合作的宣言。

乔冠华回忆道：“总理促使这次会议达成协议是靠什么呢?是靠中国支持所有亚非国家的正义要求，但并不以要求他们支持中国的要求为条件。总理讲：我们的态度是我们支持人家，不要求人家支持我们；但我们的立场必须鲜明，是非必须说清楚。后来我们参加多次会议都是这样，使许多人放了心。”②

四月二十四日下午六时三十五分，亚非会议最后一次全体会议在独立大厦隆重举行。主席先请秘书长宣读亚非会议的最后公报。公报归纳了政治、经济、文化三个委员会讨论的成果，它的

① 李慎之、张彦：《亚非会议日记》，中国新闻出版社 1986 年 10 月版，第 35 页。

② 访问乔冠华谈话记录，1981 年 6 月 22 日。

最后部分是关于促进世界和平和合作的十点宣言。这个文件在热烈的掌声中被全体一致通过。接着，各国代表在会上发言。周恩来在会上说："我们的会议是有成就的。""会议的成就是开始了或者增进了亚非各国之间的了解，并在某些主要问题上达成了协议。这对于我们在反对殖民主义、拥护世界和平、增进彼此之间友好合作的共同任务上将有很大的帮助。"会议由主席阿里·沙斯特罗阿米佐约致闭幕词。

晚上九时半，这次永载史册的盛会成功地闭幕了。

周恩来在亚非会议期间的外交活动，并不只停留在会议上。两件重大的事情就是在会场以外发生的，它们是中国和印度尼西亚签订有关华侨的《关于双重国籍问题的条约》和中国宣布愿意就台湾问题同美国进行谈判。这两件事同亚非会议没有直接的关系，但都在亚非会议期间发生，使它产生的国际影响更为巨大。

华侨中的双重国籍问题是历史遗留下来的，常使一些东南亚国家感到不安，并且存在不少纠纷。当时在印度尼西亚的华侨有二百七十万人，其中在印尼出生的占三分之二。中国的国籍法传统上以血统为准，而印尼却以出生地为准，这就造成了华侨的双重国籍问题。两国之间从一九五四年十一月起，已就这个问题开始外交商谈。亚非会议期间，两国代表团再次就此进行会谈并迅速达成了协议。四月二十二日，周恩来和印尼外长苏纳约在万隆的西爪哇省长官邸签订两国关于双重国籍问题的条约。条约规定：同时具有两国国籍的人都应根据本人自愿原则在两国中选择一种国籍。条约还规定：双方同意勉励本国侨民尊重侨居国政府的法律和社会习惯，不参加侨居国的政治活动；双方愿意各自依照本国政府的法律互相保护对方侨民的正当权益。因为在东南亚其他一些国家中也有华侨具有双重国籍的问题，这个条约的签订对那些国家也发生一定影响。签字后，周恩来致词说："这个问题能在亚非会议期间获得解决，是有重要意义的。这是我们亚洲和非洲各国之间以友好协商的精神解决繁难问题的又一个良好的事例。”

台湾问题本来是中国的内政。朝鲜战争发生后，美国派遣第七舰队侵入台湾沿海，空军第十三航空队等进驻台湾。一九五四年十二月，美国同蒋介石集团又签订所谓《共同防御条约》。这是明目张胆地干涉中国内政的行为，把台湾问题大大复杂化了。就在这个所谓《共同防御条约》签订后一个月，一九五五年一月，中国人民解放军一举解放一江山岛，迫使美国撤走它的舰队；二月，又解放位于浙江海面的大陈岛和它的外围岛屿。这件事引起很大的震动，有些东南亚国家担心在亚洲再起战火。万隆会议期间，周恩来先后同各国领导人就台湾问题谈过十二次。他说明，在台湾问题中存在着两个性质不同而又互相关联的问题：中国人民解放台湾，完成中国的完全统一，是内政问题；而美国的干涉，造成台湾地区的紧张局势，是国际性的问题。美国应该放弃侵略和干涉，从台湾和台湾海峡撤走一切武装力量。有人在谈话中提到：“中国政府在历次声明中只说解放台湾，而未提用武力解放。”周恩来回答：“中国政府在历次声明中也未提不用武力解放台湾。为了实现中国人民解放台湾的正义要求，中国人民有权用一切方法解放台湾，包括和平解放的方法。”①

四月二十三日，会议主席沙斯特罗阿米佐约在家里举行一次冷餐会，约请了八个国家的代表团团长参加。快要散席的时候，锡兰总理科特拉瓦拉向周恩来谈到台湾问题，问这个地区的紧张局势如何才能缓和。周恩来向他们介绍了台湾问题的历史和现状，并且表示可以同美国就这个问题进行谈判。尼赫鲁问他能不能把这番话公开发表出来，周恩来同意了。当时担任翻译的浦寿

① 周恩来致中共中央并毛泽东电，1955年4月30日。

昌回忆道："总理发表关于台湾问题的声明并非事先决定的，完全是根据当时各国代表的要求临时决定的。总理说，不必发表长篇文章，就专门对美国讲几句话。"① 傍晚，他的讲话发给了各国记者。话说得很短："中国人民同美国人民是友好的。中国人民不要同美国打仗。中国政府愿意同美国政府坐下来谈判，讨论和缓远东紧张局势的问题，特别是和缓台湾地区的紧张局势问题。"②

这短短六十九个字的声明立刻引起巨大的轰动。吴努说：这个声明向和缓世界紧张局势走了一大步。巴基斯坦总理穆罕默德·阿里说：它在缓和世界紧张局势方面立即发生影响。沙斯特罗阿米佐约说：它使我们有了对于将来的希望。科特拉瓦拉说：这是一篇非常好的声明。埃及代表团发言人说：这个声明完全符合亚非会议的目的。菲律宾的罗慕洛和伊拉克的贾马利也说：中国的建议是肯定令人感到兴趣的。③ 美国记者鲍大可作了这样的评论："他的这个声明实际上是一个放得很巧妙的试验气球，而不是一个建议。他没有提出什么具体的东西。他没有说他愿意在哪里坐下来，同谁谈，他又到底愿意谈什么。他没有说清楚他心里真正想的是什么。但是在有二十九国代表参加的会议上，他作了一个可以被认为是重大和平行动的声明，毫无疑问，万隆的大部分代表确实是这样看他的声明的。"④

万隆会议还有一个突出的特点：与会的绝大多数亚非国家的首席代表是政府总理或外交部长，他们中不少人是第一次参加这

---

① 访问浦寿昌谈话记录，1985 年 9 月 29 日。

② 《人民日报》，1955 年 4 月 24 日。

③ 李慎之、张彦：《亚非会议日记》，中国新闻出版社 1986 年 10 月版，第 32、33 页。

④ [美] 鲍大可：《周恩来在万隆》，中国社会科学出版社 1985 年 3 月版，第 22 页。

样的国际会议，身边又没有那些以往常常左右着国际会议的西方大国的人物在场。亚非会议为与会国家提供了一个难得的相互接触和了解的机会。对中国来说，同其中二十二个国家还没有建立外交关系。像纳赛尔、西哈努克等有影响的人物，周恩来都是在这次会议上同他们第一次会面并结识的。因此，会外的交往和接触无疑就极为重要。

周恩来不断地参加一系列的午宴、晚宴和会外交谈。许多活动只是社交活动。“他不放弃任何一点可能去做工作，可以说是见缝插针的典范。”“我们主动地请客，人家也请我们，每天日程总是排得满满的。有时能凑在一起的，就一次请几个国家。”“会议闭幕的当天，五个发起国宴请总理。宴会前半小时，总理说：我还有个活动。这时他带着礼宾司司长去参加一个小国的酒会。这个国家的代表团虽然事先请了周总理，但是大会结束后五个发起国总理宴请中国代表团，主人以为周总理不能出席酒会了，万万没有想到一个大国的总理会这样重视小国的邀请，因此使他们感到很意外，感动极了。”① 在这种场合，周恩来一般并不谈论政治问题，但他那真挚、庄重、机敏、谦逊、不亢不卑的个人品格给许多人留下深刻的印象。他历来主张大小国家一律平等，在回国后讲到：对与会的国家，除保大的代表只握过一次手外，其他都交谈过。他说：“我们邀请他们到我们这个地方来参加宴会，除了保大和伊朗这两个国家的代表没有来到以外，其他国家的代表统统都来了。这是跟日内瓦会议的时候不同的情况。”②

正是在这种交往中，他同亚非国家许多领导人结下了亲切的友谊，柬埔寨的西哈努克亲王便是一个例子。浦寿昌回忆道：

---

① 访问陈叔亮谈话记录，1984 年 1 月 26 日。

② 周恩来在第一届全国人大常委会第 15 次会议上关于亚非会议的报告记录，1955 年 5 月 13 日。

"印尼组织亚非会议时有一个规矩，会场不先开门，让各国代表团在外面站着队等候，然后鱼贯而入。一次，总理问我，站在咱们旁边的那位是谁?""我一打听，是西哈努克。打听清楚后，总理主动过去跟他交谈。"① 西哈努克这样回忆他在万隆会议上第一次同周恩来相识时的情景：

"开会之后，第一个来找我的就是周恩来，同来的有陈毅元帅，那是周的左右手，一位革命与抗日时期的传奇英雄。我们三人很快建立了极友好的关系，周恩来请我到苏加诺给他安排的别墅去吃饭，我满口答应。

"周从北京带来厨师，备好中国宫廷御膳款待我！除了酒精多的茅台风味有点特别，令人不太舒服，别的一切都很不错——包括周恩来与陈毅的热情款待。他们亲切赞扬的话使午宴充满兄弟友情。

"从最初接触，我就感到周恩来总理显然想在我们两国之间建立强固的友好关系。他深深触及我的心弦，热情赞扬我为争取柬埔寨完全独立、实行同不论何种意识形态只要尊重我们独立与领土完整的国家就和平共处的中立政策的'胜利斗争'，同时他明白说明中国保证尊重柬埔寨的主权与中立，永不干涉我们的内部事务。

"最主要的是我完全为他的礼貌与聪明所折服，他使我感到我的小小柬埔寨和广大无垠的中国完全平等——同时他和我作为个人也平等。

"一九五五年柬埔寨同中国还没有任何外交或贸易关系，但周不强迫我作出决定；他说建立关系的时间完全由我定。我邀请他当年对柬埔寨进行国事访问，周与陈毅元帅很高兴地接受了。他们邀请我在正式建交前访

① 访问浦寿昌谈话记录，1985 年 9 月 29 日。

问中国，我一点也没迟疑就答应了。”①

中国和其他东南亚国家的关系也进一步得到加强。万隆会议结束后，周恩来应印尼总统苏加诺的邀请，到印尼首都雅加达作两天正式访问。五六月间，印尼总理沙斯特罗阿米佐约应周恩来的邀请来华访问，周恩来同他进行了四次会谈。五月二十一日，接见巴基斯坦新任驻华大使阿哈默德，对他说：“在万隆时，曾同巴基斯坦总理在会谈中有争论，也有和解，在会外还痛快地谈了两次，互相都很直率地谈，不隐蔽自己的意见，结果发现中巴是能和解和友好的。”“我们两国在过去和现在都有共同的遭遇，因此容易互相了解，互相尊重，互相同情，互相支持，也容易找到共同的愿望和要求并为此目标共同奋斗。这是一个有利的基础，我们应该使它得到进一步发展。”②

中日关系在万隆会议上也取得了进展。中日两国是一衣带水的邻邦。近代以来，日本军国主义者不断对中国人民发动侵略战争，给中国人民带来深重灾难。第二次世界大战结束后，日本处于被美军占领的状态下。一九五一年订结对日和约时，美国又将中华人民共和国排除在外。在这种情况下，周恩来提出对日关系要“民间先行，以民促官”，双方的民间贸易和友好往来逐步得到发展，中国还积极协助战时留在中国的三万多名日侨归国。他重视多渠道地推动外交局面的开展。日内瓦会议结束后，日本国会议员访华团和日本学术文化访华团应邀来中国参加国庆庆典。周恩来会见了他们，对他们说：“从中日关系的历史上看，我们两千多年一直是和平共处的。”“六十年来，中日关系是不好的，但这已经过去。我们应该让它过去。过去的历史不要再重演，我

---

① ［柬］诺罗敦·西哈努克亲王、［美］伯纳德·克里舍：《我所认识的世界领袖们》，当代中国出版社 1993 年 9 月版，第 80—81 页。

② 周恩来和阿哈默德谈话记录，1955 年 5 月 21 日。

想这个能够做到，因为在中日两国人民中存在着友谊。和几千年几万年的历史比较，六十年算不了什么。”他又说：中国经济发展起来了，市场扩大了，就需要彼此互通有无，开展贸易。日本是我们的近邻，你们对我们的市场和人民的需要，比任何外国都清楚。今天在贸易上虽然有障碍，贸易量很小，但是只要友好地发展起来，前途一定是广阔的。①

万隆会议上，日本代表团团长高碕达之助是鸠山内阁的经济企划厅长官。日本投降时，他正在中国东北，曾采取友好的态度。万隆会议期间，周恩来同他会见，双方谈到今后要积极发展关系，中日关系正常化的问题已引起双方的重视。以后，两国关系虽又出现曲折，但七年后在池田内阁暗中支持下，高碕率领不少日本企业家应邀访问中国，经过协商，达成了廖承志、高碕达之助备忘录贸易协议，规定了为期五年的长期、综合易货和延期付款进口成套设备等内容，日本通产省和输出入银行都参加了这件事，形成了半官方的贸易交往，这是中日关系上的一个重要突破。

亚非会议没有辜负人们的期望。会议体现的那种平等、协商、和平共处的“万隆精神”，深深印在人们心中。它揭开了亚非各国人民和平共处、反对殖民主义的历史性的新的一页，也为新中国赢得了许多朋友。周恩来在给中央的电报中说：“在亚非会议期间，我们同各种类型国家都有接触”，“我们按照中央的方案，求同存异，耐心说理，尽一切努力求得一致协议，又对所有与会国家表示尊重，因此博得了大多数与会国家的好感，而反共

---

① 周恩来接见日本国会议员访华团及日本学术文化访华团谈话纪要，1954 年 10 月 11 日。

反苏最烈的国家也多少改变了它们对新中国的一些成见。”① 人们从他身上看到了新中国的形象，增强了对新中国的了解和亲近感。

会后，来华访问的外国朋友人数激增，包括许多日本、中近东和欧洲国家的朋友。周恩来在这方面所花的精力，比以前要多得多。据不完全统计，从他五月初回北京到这年年底，会见来中国访问的外国朋友三十多批，会见外国外交官二十多次。他在接见南斯拉夫《政治报》记者米利奇，回答提问时说：“非社会主义的国家在经济、文化方面也有某些优越和值得学习的地方，如在经济方面，它们的某些技术和在文化方面的某些民族特点，是可以学习的。这种相互交往是需要的。因此，在亚非会议上，对促进国家间经济和文化交流方面，我们强调了这一点。”②

从万隆会议结束到一九五九年底，同中国先后建交的有尼泊尔、埃及、叙利亚、阿拉伯也门共和国、斯里兰卡、柬埔寨、伊拉克、摩洛哥、阿尔及利亚、苏丹、几内亚十一个国家，它们全部都是亚非国家。亚非会议为新中国的外交活动打开了新的天地，从这里也可以看得十分清楚。

参加亚非会议的国家代表了各种极不相同的意识形态、观点和政策，会上的辩论如此激烈，最后竟能共同达成协议，形成一致通过的会议公报，并且产生划时代的深远影响，这确是了不起的成就。周恩来在亚非会议上做出的卓越贡献是举世公认的。尽管他在会前做了充分的准备，但许多事先无法预料的事情都只能当机立断地随时处理。这既要有坚定的原则性，又要有足够的灵活性，既要有勇气，又要有智慧。正是在这双巨手的把握下，会议的航船终于绕过一个又一个暗礁和险滩，平安地抵达成功的彼

① 周恩来致中共中央并毛泽东电，1955 年 5 月 4 日。

② 周恩来和南斯拉夫记者米利奇谈话记录，1955 年 8 月 23 日。

岸。一位外国代表对他说："在每一场你要参加的或你允许自己参加的战斗中你都获了胜。""虽然我们在好些问题上，有些是很重要的问题上有分歧，我们却建立起了一种亲密的关系。"他坚定地维护了中华民族的民族尊严，维护了自己的原则立场，而又表现出坦荡的胸怀、谦逊和以理服人的态度。用美国记者鲍大可的话来说："周恩来在万隆的表演完全证明了他是世界上最有经验、最有才干的外交家之一。"

周恩来在会议期间表现出来的那种忘我的工作精神，达到了令人难以置信的程度。他夜以继日地工作。会内会外那样多事情集中发生在短短七天内，许多事（包括重要的细节）都要由他亲自处理或作出决断，不允许有一点闪失。这副重担似乎是谁也难以承受的，周恩来却把它担当了起来，并且完成得那样完美。他为此而需要付出多少，是可想而知的。当时在代表团担任机要秘书的郭英会回忆说："总理在万隆会议期间比在日内瓦期间紧张多了。在万隆的七八天里，他都没有怎么睡觉，平均每天睡觉时间不会超过三个小时。这是一般人都经受不了的，何况总理当时已经是五十七岁的老人了，而且是在做完盲肠手术不到半个月就出去的。"① 但当他每天出现在人们面前时，却总显得精神抖擞、举止从容、反应机敏，没有人发现他有一点疲惫的神态。要是没有对国家和人民事业的高度责任感，没有忘我的奉献精神，要做到这样是根本不可能的。

① 访问郭英会谈话记录，1985 年 9 月 29 日。

四十六、知识分子问题会议

亚非会议结束后，周恩来在以大量精力拓展外交工作新局面的同时，又把目光转向国内。一九五五年十二月五日，他在中共中央召开的有各省市负责人参加的座谈会上说到自己正在考虑三个问题：一是政府的组织形式，二是工资问题，三是知识分子问题。在这三个问题中，他最重视的是知识分子问题。

对中国的知识分子和它在国家建设中的特殊重要性，周恩来是十分了解的。早在建国初的一九五〇年八月，他在中华全国自然科学工作者会议上作《建设与团结》的报告时就指出：为了在满目疮痍的旧中国的破烂摊子上进行建设，“现有的专家不是太多而是不够”，“现在愈接触各种事实，愈使我们感到这个问题的严重性。”①

一九五一年八月，他在有各部门负责人和很多知识分子参加的会议上再次指出：现在，“人才缺乏，已成为我们各项建设中的一个最困难的问题”，“只要我们的工作开展了，中国的知识分子就不是太多，而是太少了。”“这是旧社会遗留给我们的一个困难，也是中国的一个特点。”周恩来十分熟悉和理解知识分子，并且同他们有着广泛的联系和友谊。为了使原来长时期生活在旧

① 《周恩来选集》下卷，人民出版社1984年11月版，第25、26页。

社会的知识分子能够尽快地适应新时代的需要，更好地为新中国各项建设事业服务，他在一次报告中诚恳地指出：知识分子“要为新中国服务，为人民服务，思想改造是不可避免的”。“因为我们过去的思想不是受着封建思想的束缚，就是受着帝国主义奴化思想的侵蚀。只要我们有些知识，就要受到这些影响。”“这就需要我们每一个人不断地在思想上求得改造，以适合我们今天新中国的需要，适合于人民的利益。”因此，“进行学习，来改造我们的思想是很值得的”。①

听了周恩来这个报告后，北京大学的汤用彤、张景钺、杨晦、张龙翔等十二位教授自动发起组成“教师学习会”，并通过马寅初校长请周恩来等来校讲演。② 周恩来十分高兴地接受了这个邀请。为了使这个学习运动能够扩展到更大的范围去，他向教育部建议：报告会“以北京大学为主，把北京、天津各大学的先生以及同学代表也请来”。教育部根据周恩来的建议，及时地作出部署。

九月二十九日，周恩来在北京、天津高等学校教师学习会上向一千七百多位教师作了题为《关于知识分子的改造问题》的报告。在报告中，他以亲切感人的态度，阐释了中国共产党对待知识分子的方针政策，并且以自己思想改造的亲身经历，回答了知识分子为什么需要改造和如何进行改造的问题。他说：

> “我们在学习和工作中，总有一个站在什么立场的问题。我们现在还不能说都已经站在工人阶级的立场上来看待一切问题、处理一切问题了。这不仅是你们诸位，就拿我来说，几十年以前就参加了共产党，是不是

① 周恩来为全国18个专业会议代表和中央人民政府各部负责人所作的报告记录，1951年8月22日。

② 马寅初致周恩来信，1951年9月3日。

进了共产党之后工人阶级立场就那么清楚了呢？也许看书学习、写文章的时候是那样，但是到实践的时候，是不是办每一件事情都合乎工人阶级的立场呢？认真检查起来，还是差得很远的。工人阶级立场不是从空中掉下来的，也不是自封的，决定的关键是实践，只有实践才能证明是否合乎这样一个立场。”

“知识分子的改造也要经过锻炼，经过学习，经过实践。知识分子到工厂去，到农村去，就是要学习工人阶级、劳动人民的思想和立场。”

“也许有人会说，我们受过资产阶级教育，恐怕很难改造了。这种悲观的想法是不必要的。我们都是同时代的人，都受过资产阶级教育。”“有些比我们长一辈的老先生，参加过辛亥革命，甚至参加过戊戌变法，现在还要求进步。所以，我们对思想改造要有信心。”“只要决心改造自己，不论你是怎么样从旧社会过来的，都可以改造好。”①

周恩来的报告持续了五个小时。这对亲眼看到新中国欣欣向荣、迫切要求投身到新中国建设事业中去的众多知识分子是一个很大的鼓舞。不少与会者反映：“听了总理的这次报告，对共产主义和中国共产党才有了认识，跟着共产党人前途远大光明。”“周总理是革命前辈，为人民立了大功，是党和国家的领导，尚且如此谦虚，当着我们的面解剖自己，我们还有什么不能向党交心的呢！”② 有的说：周总理的报告“时间虽长而听者不觉得疲倦”。“周总理以自我批评的精神坦白地说出自己的社会关系，听

① 《周恩来教育文选》，教育科学出版社 1984 年 10 月版，第 40、41、47、55、40 页。

② 《人民的好总理》下册，人民出版社 1977 年版，第 248 页。

者莫不感动。以这样的办法来领导知识分子改造思想，在我看来是最有效的。这不仅启发了知识分子学习的要求，而且巩固了学习者的信心，提高了学习者的情绪，推进了思想改造的进程。”① 当年担任南开大学校务委员会主任委员的杨石先教授，在二十多年后所写的一篇文章中还说到：周总理的重要报告“至今仍牢记在我的心里”。总觉得他“是针对我的思想讲的，他说的是那么真挚，那么中肯啊！”②

著名哲学家金岳霖教授在他晚年所写的回忆中说：“前一时期的领导同志当中，对我这一年龄层的知识分子来说，交往最多、对我们影响最大的是周总理。早在一九四九年，我们就经常在北京饭店看见他，听他讲话。头一个印象就是共产党员也仍然干干净净、整整齐齐，而谈吐又斯斯文文，总的印象是非常之特别，又非常之平常。”他接着讲到关于知识分子改造问题这次报告：“听众好些都是五十过头的人，我就是。我从来没有听见过有周总理这样地位高的人在大庭广众中承认自己犯过错误。对我们这些人来说这是了不起的大事。”③ 因此，他就以积极而认真的态度投入思想改造运动。

这以后，现实生活中的两个重要因素更大大增强了周恩来对知识分子问题的重视程度。一个是：从一九五二年下半年起，周恩来以很大精力投入研究和制定第一个五年计划。一搞五年计划，哪一方面都需要有足够数量和质量的专业人员参加，使他更强烈地感受到中国建设人才的严重缺乏。到一九五五年底，农业合作化高潮的兴起，预示着全面建设社会主义的新时期即将到来。这样，各种人才匮乏的问题显得更加突出了！另一个是：一

① 马寅初：《北京大学教员的政治学习运动》，《人民日报》，1951 年 10 月 23 日。

② 杨石先：《回忆敬爱的周总理对我的教益》，《天津日报》1977 年 1 月 24 日。

③ 金岳霖：《前期领导中，对我影响最大的是周总理》，《金岳霖的回忆与回忆金岳霖》，四川教育出版社 1995 年 7 月版，第 7、8 页。

九五四年和一九五五年他多次出国，参加重要国际会议和进行访问，在国外亲眼目睹世界范围内科学技术正在突飞猛进地向前发展，给人类的物质生活以及整个社会生活带来巨大变化。这给他留下深刻的印象，使他更深切地意识到掌握现代科学知识的知识分子在我国社会生活中的重要作用。他说："我们现在所进行的各项建设，正在愈来愈多地需要知识分子的参加。""知识分子已经成为我们国家的各方面生活中的重要因素。"① 这是一个很有远见卓识的判断。

正因为如此，知识分子问题、特别是国家建设迫切需要的各种高级专门人才问题，在他思想上便占着越来越突出的地位。一九五一年八月十一日，他会见将要启程出国的第一批三百七十五名赴苏留学生，对他们说："国家目前很困难，但下决心送你们出去学习，是为了将来回国参加建设。"日内瓦会议期间，他又号召在海外的中国科学家回国参加建设。从一九四九年八月到一九五五年十一月，由西方国家归来的高级知识分子多达一千五百三十六人，其中从美国回来的就有一千零四十一人。② 他们中间包括许多著名的科学家和作家，如李四光、华罗庚、钱学森、老舍、吴阶平、汪德昭、邓稼先、吴仲华等。

李四光是新中国地质事业的奠基人，对地质力学理论和中国地质构造的研究做出了卓越贡献。一九四八年，他作为中央研究院地质研究所所长到伦敦出席第十八届国际地质学会大会后留居国外。新中国成立那一年，周恩来嘱咐郭沫若借出国的机会，带信给李四光，希望他早日归国参加新中国的建设工作。年底，李四光就经意大利秘密回国。一九五〇年五月，李四光终于在冲破

① 《周恩来选集》下卷，人民出版社 1984 年 11 月版，第 160 页。

② 知识分子工作安排小组：《关于从资本主义国家回国留学生工作分配情况的报告》，1955 年 12 月 27 日。

重重阻力后回到北京。李四光的夫人许淑彬回忆道："到了北京，许多新旧朋友都来迎接。有的老朋友告诉仲揆（这是李四光的字——编者注），解放后不久人民政府就曾考虑召开第一次全国地质会议，但周总理指示要等仲揆回国后再开。谁知一直等了五个月还不见仲揆回来。于是有人造谣说：李某人是不会回来的，他去台湾了。周总理听了这话后说：我相信他不会去台湾，现在还没有回来，一定是给什么困难耽误了，我们一定等他回来再开会。仲揆听到总理这样信任他，极为感动，就决定听从党和政府的安排，留在北京工作。"① 李四光住进北京饭店的第二天，周恩来立刻到住处去看他，一见面就说："你终于回来了，欢迎，欢迎！祖国需要你呀！"不久，李四光便应周恩来的要求，出任中国科学院副院长、中华自然科学专门学会联合会主席、地质工作计划指导委员会主任委员，领导新中国地质事业的全面发展。一九五二年八月，被任命为中央人民政府地质部部长。

钱学森是研究导弹的著名专家，本来在美国加利福尼亚大学工作。新中国成立后，他决心归国，投身祖国的建设事业。美国政府却以种种蛮横手段强行阻挠。一九五五年六月，钱学森通过外国朋友请求中国政府帮助他回国。周恩来立刻指示在日内瓦参加中美大使级会谈的王炳南，通知美方说中国将提前释放十一名美国战俘（飞行员），要求美国政府取消对钱学森等归国的无理限制。同年十月，钱学森归国。周恩来立刻委托他起草《建立国防航空工业意见书》，组织力量，自力更生地开始了新中国导弹的研制工作。张劲夫回忆说："钱学森从美国回来后，懂得搞导弹关键靠推进器，于是科学院下决心搞新的推进器，靠两条腿走路，很快就搞出来了。没有两条腿，苏联毁约停援，我们就抓瞎

① 许淑彬：《回忆仲揆》，《石迹耿千秋》，上海文艺出版社 1978 年 4 月版，第 41、42 页。

了。”①

但是，对知识分子这样一个极端重要而紧迫的问题，中国共产党内的认识却并不一致。不少干部仍严重地存在着不尊重知识分子的“左”的宗派主义倾向。一些人中间还流行着“生产靠工人，技术靠苏联专家”的错误思想。少数人甚至对知识分子抱有一种盲目的排斥心理，把他们看作“异己分子”，加以压制和打击。

据当时在中共中央统战部负责联系民主党派工作的于刚回忆：

“一九五五年下半年，一天李维汉部长找我和张力之同志去他那里。他说部里近期工作的重点准备抓一抓知识分子问题，要设法摸清党的知识分子政策贯彻执行的情况。”

“办法之一，是通过民主党派去摸高级知识分子的情况。考虑到同高级知识分子联系最密切的是中国民主同盟，它的许多盟员是高级知识分子，他们都是‘身在其中’的人，对当时知识分子的思想状况，以及他们的愿望和要求，会比我们了解得更清楚、更深透一些。这样，我们议定推动民主同盟去摸情况。随后，我们把民盟中央文教委员会负责人费孝通先生请到统战部，由李老和我在礼堂的一间会议室里同他商议这件事。经过李老的说明，费孝通先生态度很积极。于是，在费孝通先生的串联下，民盟中央文教委员会花了两三个月的时间搞调查，获得了一大批第一手材料。”

“这批材料，一份留在民盟，同样的一份交给统战部。我们接到这批材料后，民主党派工作处马上进行分

① 访问张劲夫谈话记录，1988年10月31日。

类研究，大体上把问题分成六个方面，反映出我们党对高级知识分子的工作在这些方面做得还不够。我们把这些问题简称为‘六不’：一是估计不足，包括对他们的政治进步和业务水平都估计不足；二是信任不够，如他们应该看的资料不让他们看等；三是安排不妥；四是使用不当，该用的，有的没有用或用非所长；五是待遇不公；六是帮助不够。”

“材料整理完后，我们就按这六个方面的问题向李老作了汇报，接着李老就向总理面谈了。”①

过了几天，中国民主同盟负责人章伯钧在十一月九日也向周恩来反映这方面的情况，说农业合作化了，资本主义工商业改造了，这两翼配合社会主义工业化这个主体都前进了，那么，知识分子的地位和作用也应该讨论一下。②

一九五五年十一月二十二日，在年初就有过要召开一次知识分子问题会议的想法的周恩来，向刚从外地回到北京的毛泽东汇报了这方面的情况，并且陈述了他对知识分子受到伤害的忧虑，说：“这是非常严重的事情，因为它危及中国的进步。”他提出打算在政协全国委员会会议上讨论知识分子问题。毛泽东表示：“我们应该先在党内很好地讨论，提出这个问题，解决这个问题。”③ 第二天，毛泽东召集中共中央书记处全体成员和中央有关方面负责人开会，进行商讨，决定在全面建设社会主义即将开始的历史转折关头召开一次大型会议，全面解决知识分子问题。

---

① 访问于刚谈话记录，1983 年 12 月 12 日。

② 周恩来在政协第一届全国委员会常委会第 10 次会议上的讲话记录，1955 年 11 月 14 日；周恩来在中共中央召集资本主义工商业社会主义改造问题会议上关于知识分子问题的讲话记录，1955 年 11 月 24 日。

③ 周恩来在中共中央召集资本主义工商业社会主义改造问题会议上关于知识分子问题的讲话记录，1955 年 11 月 24 日。

会议的日期定在一九五六年一月。同时决定成立由周恩来负责，有彭真、陈毅、李维汉、徐冰、张际春、安子文、周扬、胡乔木、钱俊瑞参加的中共中央研究知识分子问题十人小组，下设办公室，进行会议的筹备工作。

筹备工作一开始，周恩来首先抓紧的是对知识分子情况的详细调查，作为制定政策的依据。这是正确解决知识分子问题的前提。

中央决定成立研究知识分子问题十人小组的第二天，周恩来邀请中国科学院、建筑工程设计院、北京大学、清华大学、北京医学院、中国戏剧学院的有关人员座谈，了解高等学校和研究机构中知识分子的现状。又请了各门学科的第一流科学家谈话，核实情况。他还要求各地、各部门向中共中央送交的调查研究材料应该包括高等院校、科研机构、卫生部门、文化艺术界、中小学校六个方面，每一个方面都要有好、中、差三种典型；同时要有几年来党的知识分子政策贯彻执行情况、对知识分子队伍所发生的变化的基本估计和提出解决知识分子问题的具体意见等三项内容。

同一天，他又在中共中央召集的有各省、市、自治区党委负责人参加的资本主义工商业改造问题座谈会上，专门就知识分子问题作了一次讲话。他说：这个问题“现在已经提到我们要处理的日程上来了”。“对于大知识分子，尊重他，重视他，尤其是向他们学习，这是有好处的。就是一技之长，我们把它搞出来，对于丰富我们的知识，对于我们国家的建设，对于今天和明天，都是有用处的。”他指出：我们在对待知识分子问题上，的确存在“估计不足，信任不够，安排不妥，使用不当，待遇不公，帮助不够”的问题，“需要我们很好地分析和解决”。各地也要像中央这样成立一个领导小组，“这样可以上下通气，收集材料，研究问题，便于党领导这项工作”。各地应在十二月下半月先召开一次知识分子问题会议，党的组织部、宣传部、统战部和政府的文教办公室、高等院校等部门的负责人都应该参加。他最后说：今天是通知性的，就是为的帮助大家了解这个问题，好在回去除了讨论资本主义工商业改造这个主题以外，把这个问题也谈一下。①

当天，他还召集中共中央和国务院各部门负责人开会，布置了这项工作。

应当以什么标准去衡量知识分子，这是关系到能否正确估计知识分子现状的关键。周恩来明确地回答说：在政治思想方面，“对于知识分子衡量的标准，首先应该是爱国主义，其次才是属于世界观范畴的马克思主义”。②

为了更好地从理论与实践的结合上解决知识分子问题，十一月三十日，周恩来起草了《知识分子问题》提纲，并审定了《关于收集知识分子问题材料的题目单》，责成十人小组对知识分子政治和业务状况的估计、对知识分子的信任问题等十二个方面，更加系统和全面地整理出研究材料。

在调查知识分子状况的同时，周恩来要求有关部门将苏联、美国、英国、法国、日本等国的科技发展状况，同我国科学技术的现状进行比较，研究改变这一落后面貌的方针和办法。

细致周密的调查，使周恩来和中国共产党对如何正确解决知识分子问题得出重要的结论。十二月十六日，由他主持起草并改定的《中共中央关于知识分子问题的指示（草案）》下发征求意见。这个《指示（草案）》明确地写道：

① 周恩来在中央关于资本主义工商业社会主义改造问题会议上关于知识分子问题的讲话记录，1955 年 11 月 24 日。

② 周恩来在国务院常务会议上的讲话记录，1955 年 11 月 25 日。

> “目前，党外高级知识分子的政治状况，较之全国解放以前和解放初期已经发生了根本性的变化。”“但是，目前党内的主要倾向，却是对于他们的政治变化估计不足，不按照他们的实际工作和政治立场把他们看作劳动人民的一部分，不了解工人、农民、劳动知识分子的亲密联盟是建设社会主义的基本条件，因而同他们之间存在着某种程度的隔阂。”
>
> “在伟大的社会主义建设时期，为了完成国家工业化和国民经济的技术改造的艰巨任务，每一项工作愈来愈多地依靠科学、文化和技术，也就是愈来愈多地依靠高级知识分子的积极参加。我们必须在我国的社会主义建设时期，使我国的科学文化技术尽可能迅速地脱离落后状态，赶上世界先进的水平。”①

十二月十七日、十九日，周恩来两次约胡乔木商谈如何起草关于知识分子问题的报告，并就报告的指导思想、结构、基本内容和重点系统地提出意见。一九五六年一月初，报告初稿已经写成。六日，周恩来召集十人小组会议讨论修改报告稿。随后，他自己一遍又一遍、一丝不苟地对稿子进行推敲和修改。从保留下来的历次修改稿中可以看到，他又增写了一些重要的论点。例如，在报告第八段中加写：“知识分子已经成为我们国家的各方面生活中的重要因素。”在第二部分第三段中加写：“在目前社会主义建设和改造的高潮当中，需要我们加强领导，迅速地克服这些缺点，才能更充分地动员和发挥知识分子的力量。”在第二部分第十段中增写：“应该尊重他们的意见，应该重视他们的业务研究和工作成果，应该提倡和发扬在社会主义建设中的学术讨论，应该使他们的创造和发明能够得到试验和推广的机会。”在

① 《中共中央关于知识分子问题的指示（草案）》，1955 年 12 月 16 日。

—5—

目的，党採取了一系列的步驟，党組織和領導他們去参加土地改革、鎮压反革命、抗美援朝、「三反」「五反」的鬥爭，参观工廠和農村，訪問苏联，領導他們学習馬克思列寧主义的基本知識，批判資產階級的唯心主义观點，進行反对胡風反革命集团的鬥爭並且在学習的基礎上展開批評和自我批評。在業务方面，党也採取了許多步驟帮助他們掌握理論和实际相联系的原則，学習苏联先進經驗，改進工作方法，提高業务能力。在团結、教育、改造舊知識分子的同時，党又用了很大的力量來培养大量的新的知識分子。由於所有这些和其他有關的措施，我國的知識界的面貌在过去六年來已經發生了根本的变化。

關於知識分子的目前的政治狀況，許多單位作了統計。这些統計表明：在高級知識分子中間，積極擁護共產党和人民政府、積極为人民服務的進步分子佔百分之四十幾，擁護共產党和人民政府、一般能够完成任务、但是在政治上不够積極的中間分子也佔百分之四十幾，合佔百分之八十幾。据中央十人小組对幾十个部門的高級知識分子四千五百六十六人的統計，進步分子佔百分之三九·一，中間分子佔百分之三四·八，合佔百分之七三·九。这大概可以代表一般的情况。在这百分之八十以外，落後分子約佔百分之十幾，思想上反動的和有反革命行為的佔百分之幾。

同解放初期比較起來，这个变化是很快的。例如，据北京、天津、青島四所高等学校对於

1956 年 1 月 14 日，周恩来在中共中央召开的关于知识分子问题的会议上作《关于知识分子问题的报告》。这是周恩来修改的报告稿手迹

第三部分第六段中增写："我们应该在高级知识分子中间培养出大批的坚决为社会主义奋斗的红色专家……我们应该热情地帮助他们进行自我改造，实现他们的这种愿望，任何排斥和歧视他们的态度都是错误的。"在第五部分第一、二段中增写："随着汹涌澎湃的社会主义经济建设的高潮而来的，将要出现一个文化建设的高潮。""党一定能够领导知识分子在科学文化事业中取得新的更大的胜利。那种认为党不能够领导知识分子进行科学文化建设的想法，是毫无根据的。"

对报告稿的修改，一直持续到知识分子问题会议召开的当天凌晨。当他写下"印一千四百份　周恩来　一·十四"的批示后，才躺下稍作休息。

与此同时，在周恩来指导下，十人领导小组各个专题组还起草并铅印出《关于科学家研究工作条件问题的情况和意见》、《关于解决在党外科学家、教授、医生、作家、艺术家中一部分人社会活动过多和兼职过多问题的意见》、《关于高级知识分子待遇问题的意见》、《关于从资本主义国家回国留学生工作分配情况的报告》、《关于在知识分子中发展党员的问题的报告》等十一个专题报告。

一九五六年一月十四日下午三时，中国共产党中央委员会关于知识分子问题会议，在中南海怀仁堂隆重开幕。会议规模宏大，出席的有一千二百七十九人。他们中有中共中央委员、中共中央候补委员；各省、市、自治区党委和二十七个省辖市市委书记或副书记，以及这些省、市、自治区党委组织部、宣传部、统战部负责人；全国重要高等院校、科研机关、设计院、厂矿、医院、文艺团体和军事机关的党组织负责人。

会议主席刘少奇宣布大会开幕后，周恩来代表中共中央作大会的主题报告——《关于知识分子问题的报告》。[①] 这是新中国成立后第一次把知识分子问题、发展科学技术问题，作为全党上下都必须密切关注的重大工作郑重地提了出来。

周恩来在报告中响亮地宣布："我国的知识界的面貌在过去六年来已经发生了根本的变化。""他们中间的绝大部分已经成为国家工作人员，已经为社会主义服务，已经是工人阶级的一部分。"这就明确地规定了新中国知识分子的阶级属性。如果说，在革命战争年代由于客观社会历史条件的限制，中国共产党在知识分子中所能依靠的主要还只是为数有限的参加革命队伍的知识分子，那么，到历史条件已发生根本变化的建设时期，自然必须把广大知识分子包括在内。

周恩来问道："知识分子问题，同我们目前的加速社会主义建设的任务，究竟有什么关系呢?"他接着便作了一段精辟的回答：

> "我们所以要建设社会主义经济，归根结底，是为了最大限度地满足整个社会经常增长的物质和文化的需要，而为了达到这个目的，就必须不断地发展社会生产力，不断地提高劳动生产率，就必须在高度技术的基础上，使社会主义生产不断地增长，不断地改善。因此，在社会主义时代，比以前任何时代都更加需要充分地提高生产技术，更加需要充分地发展科学和利用科学知识。因此，我们要又多、又快、又好、又省地发展社会主义建设，除了必须依靠工人阶级和广大农民的积极劳动以外，还必须依靠知识分子的积极劳动，也就是说，必须依靠体力劳动和脑力劳动的密切合作，依靠工人、

① 《建国以来重要文献选编》第8册，中央文献出版社1994年8月版，第11—45页。

农民、知识分子的兄弟联盟。”

周恩来在报告中用相当篇幅来谈“向现代科学进军”的问题，把它看作我国社会主义建设事业一项“有决定性的因素”，并且从世界全局的高度，对这个问题作了细致的考察，要求全党给予极大的注意。他说：

“我想在这里稍微多说一点科学方面的事情，这不但因为科学是关系我们的国防、经济和文化各方面的有决定性的因素，而且因为世界科学在最近二三十年中，有了特别巨大和迅速的进步，这些进步把我们抛在科学发展的后面很远。现代科学技术正在一日千里地突飞猛进。……这些最新的成就，使人类面临着一个新的科学技术和工业革命的前夕。”

周恩来以异常紧迫的心情呼吁：

“我们必须急起直追，力求尽可能迅速地扩大和提高我国的科学文化力量，而在不太长的时间里赶上世界先进水平。这是我们党和全国知识界、全国人民的一个伟大的战斗任务。”“当我们向前赶的时候，别人也在继续迅速地前进。因此我们必须在这个方面付出最紧张的劳动。只有掌握了最先进的科学，我们才能有巩固的国防，才能有强大的先进的经济力量，才能有充分的条件同苏联和其他人民民主国家一起，无论在和平竞赛中或者在敌人所发动的侵略战争中，战胜帝国主义国家。”

这就是说，谁想在当今世界的经济、政治、军事的剧烈竞争中取得主动或胜利，就必须依靠科学技术的不断进步。如此明确、尖锐和深刻地把发展科学技术的极端重要性提出来，在中国共产党的历史上还是第一次，在新中国的历史上也是第一次。

周恩来在作出知识分子“已经是工人阶级的一部分”，“科学是关系到我们的国防、经济和文化各方面的有决定性的因素”这两个极其重要论断的基础上，把报告的重心放在阐明如何最大限度地发挥知识分子作用的政策和措施上，如何大力发展我国科学技术的战略考虑和规划上。

周恩来尖锐地指出："目前在知识分子问题上的主要倾向是宗派主义"，具体表现在"低估了知识界在政治上和业务上的巨大进步，低估了他们在我国社会主义事业中的重大作用，不认识他们是工人阶级的一部分"，"对于怎样充分地动员和发挥知识分子的力量，怎样进一步改造知识分子、扩大知识分子的队伍、提高知识分子的业务能力等迫切问题，漠不关心"。

怎样才能"最充分地动员和发挥知识分子的力量"呢？十分了解知识分子的周恩来，中肯地提出三条指导原则："第一，应该改善对于他们的使用和安排，使他们能够发挥他们对于国家有益的专长。""第二，应该对于所使用的知识分子有充分的了解，给他们以应得的信任和支持，使他们能够积极地进行工作。""第三，应该给知识分子以必要的工作条件和适当的待遇。"其中包括"必须保证他们至少有六分之五的工作日（即每周四十小时）用在自己的业务上"，改善生活待遇和政治待遇，确定和修改升级制度，拟定关于学位、学衔、发明创造和优秀著作奖励等制度。

这三条原则是缺一不可的。其中，周恩来尤其重视对知识分子的信任和支持问题。他在会议前夕的一次讲话中说："信任的中心问题，就是我们要尊重这些知识分子。""光是口头上尊重不行，要尊重还是要重视他们那个知识"，"要尊重他们，要用他们，要用得得当"，"尤其是向他们学习"，使他们能够心情舒畅地运用自己的知识。

与此同时，周恩来十分重视知识分子的生活待遇问题。他在上述那次讲话中说：我国知识分子生活待遇的现状，"比抗战时期好。因为抗战时期生活一天天下降"，"但是比抗战前差"。就其整体情况看，“比旧社会稳”。“知识分子的工资一定要调整，其中有特殊贡献者的工资还可以超过国家主席。这件事将由中央直接抓。”① 为此，周恩来在知识分子问题会议的报告中进一步提出：“应该根据按劳取酬的原则，适当调整知识分子的工资。”他说明：提高的目的是为了增强他们在业务上的上进心，加强新生力量的培养，刺激科学文化的进步，同时也是为了使他们“能够把更多的精力用于工作”。在他的督促下，这年六月间，高级知识分子的工资普遍有了增加，其中教授、研究员的最高工资由二百五十三元提高到三百四十五元，增资幅度为百分之三十六点四。

这些切实有力的措施，不仅改善了知识分子的工作和生活条件，而且使一九五五年因错误地处理“胡风反革命集团”而引起同知识分子比较紧张的关系得到缓和。

为了实现“向现代科学进军”的目标，周恩来认为，既要瞄准世界先进水平又要在务实精神指导下，确定正确的发展中国科学技术的战略决策和制定具体的方针政策。根据这种设想，他在知识分子问题会议的报告中提出了追赶世界先进科学技术的战略决策：“就是要在第三个五年计划期末，使我国最急需的科学部门接近世界先进水平，使外国的最新成就，经过我们自己的努力很快就可以达到。有了这个基础，我们就可以进一步解决赶上世界水平的问题。”他说：我们将要制定的从一九五六年到一九六七年科学发展的十二年远景计划，“必须按照可能和需要，把世界科学的最先进的成就尽可能迅速地介绍到我国的科学部门、国防部门、生产部门和教育部门中来，把我国科学界所最短缺的而又是国家建设所最急需的门类尽可能迅速地补足起来”。

① 周恩来在中共中央召集的资本主义工商业社会主义改造问题会议上关于知识分子问题的讲话记录，1955 年 11 月 24 日。

周恩来在报告中要求：国家除了拟定一个大规模的培养干部规划外，还要“集中最优秀的科学力量和最优秀的大学毕业生到科学研究方面”。他提出要“用极大的力量来加强中国科学院，使它成为领导全国提高科学水平、培养新生力量的火车头”。各高等院校也要“大力发展科学研究工作”。同时，政府各部门“应该迅速地建立和加强必要的研究机构”。他指出，“必须为发展科学研究准备一切必要条件”，如图书、档案资料、技术资料和其他工作条件等，“以便尽可能地用世界最新的技术把我们国家的各方面装备起来”。

周恩来在报告中还认为，应该正确处理基础理论研究和应用科学研究的关系，使之“保持适当的比例”，纠正忽视基础理论研究的偏向。他说：“必须打破近视的倾向，在理论和技术工作之间，在长远需要和目前需要之间，分配的力量应该保持适当的比例，并且形成正确的分工和合作，以免有所偏废。”如果说，过去我们对这个问题“注意得比较少，这是难免的，也是可以理解的。但是到了现在，如果我们还不及时地加强对于长远需要和理论工作的注意，那么，我们就要犯很大的错误。没有一定的理论科学的研究作基础，技术上就不可能有根本性质的进步和革新。”

周恩来在报告快要结束时说：

“我们相信，经过我们的工作，知识分子将更进一步地团结在党的周围，并且在伟大的社会主义事业中更积极地贡献他们的力量。全国工人、农民、知识分子在社会主义事业中所形成的联盟，将随着我们的工作的发展，而一天比一天更巩固，更强大。依靠这个联盟，我们一定可以在不很长的时间内，把我们的国家建设成为一个完全现代化的、富强的社会主义工业大国，一定可以在不很长的时间内，实现毛泽东同志的伟大号召——

‘我们将以一个具有高度文化的民族出现于世界’。”

周恩来这个报告，博得了与会者经久不息的雷鸣般的掌声。

会后，这个报告在各党派民主人士中也引起巨大的反响。

黄琪翔说：“当我们看到了周恩来主席在中共中央会议上所作的关于知识分子问题的报告后，每个人都不能不为党对知识分子的重视和深切关怀而受到深深的感动。”①

章伯钧说：“在党召开关于知识分子问题会议之前，为了深入了解高级知识分子的情况，中国民主同盟做了一系列串联工作，向党反映了文教界有代表性的意见和要求。在这次周恩来主席的报告中，我们看到所有的正确意见和合理要求都得到了解决，更叫我们感动的是报告中还有关于党对知识分子工作的检查批评。”②

一月二十日，知识分子问题会议在成功地实现预期目的后胜利闭幕。这一天，毛泽东称赞：“这个会议开得很好”，并且提出要进行技术革命、文化革命，革技术落后的命，革没有文化、愚昧无知的命，号召全党努力学习科学知识，为迅速赶上世界科学先进水平而奋斗。

知识分子问题会议，作为中国共产党在成为执政党后召开的解决知识分子问题和发展科学技术问题的一次历史性会议载入史册。但在周恩来看来，会议的圆满结束，只是表明问题的解决有了一个良好的开端。他继续以很大精力投入贯彻执行这次会议精神的艰苦工作。

他首先抓了中共中央、国务院有关解决知识分子问题的许多

---

① 黄琪翔在政协第二届全国委员会第二次全体会议上的发言记录，1956 年 2 月 2 日。

② 章伯钧在政协第二届全国委员会第二次全体会议上的发言记录，1956 年 2 月 2 日。

指示、决定、通知和典型材料等文件的修改定稿、下发实施和检查落实工作。

一九五六年二月二十二日，周恩来审阅批准了争取留学生回国工作组《关于争取尚在资本主义国家留学生回国问题的报告》。中共中央为转发这个报告写了批示。《报告》指出："根据总理关于大量争取留学生回国参加建设、今年内至少争取一千人回国的指示，我们认为对在资本主义国家的留学生应采取普遍争取的方针，重点应放在美国。"①

二月二十四日，中共中央政治局会议讨论通过并下发《关于知识分子问题的指示》。《指示》确认了周恩来的报告中对知识分子问题的分析和提出的有关政策，同时强调：

> "我们必须认识，知识分子的基本队伍已经成了劳动人民的一部分，在建设社会主义的事业中，已经形成了工人、农民、知识分子的联盟。""党有必要进一步把知识分子问题放在全党和国家的各个工作部门的议事日程上，要求全面规划，加强领导，克服我们在这方面工作中的缺点和错误，采取一系列的有效措施，充分地动员和发挥现有知识分子的力量，不断地提高他们的政治觉悟和业务能力，并且大规模地培养新生力量来扩大知识分子的队伍，以便尽可能迅速地改变我国的科学和文化的落后状态，力求最急需的科学部门能够在十二年内（即第三个五年计划期末）接近世界的先进水平，而使我国建设中的很多复杂的自然科学和技术的问题能够逐步地依靠自己的力量加以解决。"②

---

① 中共中央文件，中发［1956］35号。

② 《建国以来重要文献选编》第8册，中央文献出版社1994年8月第1版，第132页。

这年四五月间，中共中央先后转发了中共中央组织部《关于在知识分子中发展党员计划的报告》、《关于高级知识分子入党情况的报告》，中共中央统战部《关于解决高级知识分子中一部分人士社会活动过多和兼职过多问题的意见》等文件。七月二十日，国务院转发了由研究改善高级知识分子工作条件小组提出的《关于高级知识分子工作条件问题的情况和意见》以及关于这个文件的《通知》。《情况和意见》就有关知识分子工作条件的十四个问题（图书、资料、情报、学术交流、仪器、试剂、实验用土地、研究经费、工作室、助手、工作时间等），分别提出具体的改进意见和措施。《通知》除规定由新成立的国务院专家局"负责研究有关高级知识分子工作条件问题"外，还开列了一个很长的应由有关单位办理的有关事情的目录，要求这些单位在规定的时间内作出关于工作进展情况的报告。

中央知识分子问题十人领导小组会同国务院专家局，在这一年内有计划地检查了高级知识分子较为集中的中国科学院和国务院十多个部委解决知识分子问题的工作进展情况，并深入到这些部委若干有代表性的单位，通过同高级知识分子座谈、对他们访问等形式了解情况，总结经验，找寻差距，明确了进一步工作的方向。

这一系列活动，有力地推动了全国范围内知识分子工作的开展。中央各部委、各省市召开各种会议，成立有关办事机构，有效地解决了知识分子的工作条件、安排使用、政治与生活待遇、入学、学术民主等问题。知识分子心情舒畅，普遍感到现在是自己充分发挥聪明才智的时候了！在全国迅速掀起一个贯彻执行知识分子问题会议精神的热潮，同时也掀起一个"向现代科学进军"的高潮。有些人曾把这一年称为"兴旺的一九五六年"。

为了贯彻执行知识分子问题会议的精神，周恩来所抓的另一项重要工作是制定科学技术发展的十二年远景规划。这次会议，对于中国科技事业的发展，对于十二年科学规划的制定，起了很大的促进作用。

会议一结束，周恩来就调国务院地方工业部副部长、党组书记张劲夫担任中国科学院副院长、党组书记。张劲夫回忆道："调我去科学院时，周总理找我谈话。他说：你一到，就要马上抓科学技术发展规划。"①

一九五六年五月二十六日，周恩来在中南海怀仁堂举行盛大酒会，招待参加全国科学规划工作的三百多名科学家，勉励他们努力开展科学研究，学习苏联和其他一切先进国家的科学技术，争取在十二年内使我国重要的和急需的科学技术部门接近和赶上世界先进水平。他对曾留学西方国家的科学家说：我们反对资本主义国家的政治和社会制度，但对资本主义国家的先进科学应该虚心学习。② 六月十四日，周恩来又陪同党和国家领导人毛泽东、朱德、陈云、邓小平、林伯渠等接见了参加全国科学规划工作的科学家。

在科学规划制定过程中，遇到一些重要的方针性问题。周恩来立足国家当前需要，放眼未来的发展，及时妥善地处理了这些问题。据当时参与科学规划工作的中国科学院副秘书长武衡回忆：在规划制定过程中，负责这项工作的十人小组曾向周总理作过多次汇报。周总理强调指出：要尽量采用世界先进技术，瞄准当时的新兴科学、新兴技术，不失时机地"迎头赶上"；同时又根据解放不久、国力有限的客观实际，要求"重点发展"，避免力量分散，拖延时日。当时，为了使我国的科学技术工作密切结合社会主义建设的实际，有效地解决生产建设中的科学技术问

① 访问张劲夫谈话记录，1988 年 10 月 31 日。

② 《人民日报》，1956 年 5 月 27 日。

题，规划小组曾提出以“任务带学科”的口号。周总理听到后，迟疑了一下，便提问说：“那么，还有一些任务带不起来的学科将怎么办?”接着又说：“是不是再补充一个基础科学的规划?”因此，在原定五十六项重大任务外又增列了《现代自然科学中若干基本理论问题的研究》，扩充为五十七项，并专门制定了基础科学研究规划。①

七月二十四日，周恩来又召集有关部门领导人开会，商议编制科学发展远景规划的有关问题，部署下一步的工作。八月下旬，陈毅主持国务院科学规划委员会扩大会议，讨论修改《一九五六——一九六七年科学技术发展远景规划纲要（草案）》。十一月十五日，周恩来就十月二十九日陈毅、李富春、聂荣臻《关于科学规划工作向中共中央的报告》一事，致信中共中央总书记邓小平：“我意可以原则批准，以便按照他们提出的程序进行讨论和审议，最后再提中央批准。”十九日，邓小平写道：“同意总理批语。”

在周恩来直接过问和国务院科学规划委员会负责人陈毅、李富春、聂荣臻等具体领导下，经过来自二十三个单位的七百八十七名科学家半年多的努力，终于在一九五六年十二月编成我国《一九五六——一九六七年科学技术发展远景规划纲要（修正草案）》。《规划》共确定五十七项国家重要科学技术任务和六百一十六个中心问题。在此基础上，又挑选出有全局性意义的十二个重点，在人力、物力上优先予以保证。对某些特别重要而在我国却很薄弱、甚至还是空白的学科，采取了紧急措施，如发展计算机技术、半导体技术、无线电电子学、自动化和远距离操纵技术四项紧急措施，加上当时没有公开的发展原子弹和导弹研究的两项绝密任务，共六项紧急措施，构成我国发展尖端科学技术的关

① 访问武衡谈话记录，1986年2月24日。

键性措施。措施中，包括工作条件和干部培养计划等，是配套的。规划确定下来后，一项一项地进行检查，做到贯彻始终。这就为我国依靠自己的力量在不太长的时间内突破某些重要尖端技术，并使“两弹”过关，奠定了基础。张劲夫回忆道：“知识分子会议对整个科学事业的发展起了很大的历史作用。有了科学规划，就有了奋斗目标。”①

不幸的是，对知识分子问题的认识，在中国共产党内实际上仍存在较大分歧，并没有真正取得一致，不久后又出现重大反复。当年九月召开的中国共产党第八次全国代表大会上，又把许多知识分子称为“资产阶级的知识分子”。第二年三月，毛泽东在中共中央召开的全国宣传工作会议上进一步提出：知识分子的“世界观基本上是资产阶级的，他们还是属于资产阶级的知识分子”。

在这种状况下，相当一段时间里，周恩来着重抓住各种实际措施，使改进知识分子工作条件、生活待遇的规定得到进一步的落实，知识分子用非所学、使用不当的现象有了明显改变，给许多专家配备了助手和辅助人员，高等院校、科研机构购置图书资料的费用有了增加，高级知识分子得到普遍的增薪和晋级。此外，还吸收了相当数量的高级知识分子入党，其中有不少是全国知名的科学家、教授、医务和文艺工作者。

在科学技术的发展方面，许多高新科技如原子能、喷气技术、电子计算机、半导体和无线电电子学技术等，从无到有，从小到大，迅速发展起来；在传统科学技术领域里，也开辟新的研究课题，取得喜人的成就；一系列新兴工业在中国土地上开始建立起来。原定在十二年完成的科学发展规划的主要任务，大多提

① 访问张劲夫谈话记录，1988年10月31日。

前五年到一九六二年就完成了，使我国科学事业有了长足的发展，有效地解决了一批国家急需的科学技术问题，大大缩小了我国科学技术同世界先进水平的差距，促进了我国社会生产力的发展和文化事业的繁荣。我国科学研究机构由三百八十一个发展到一千二百九十六个，人员由一万八千余人增加到八万六千余人，初步改善了我国原来科学力量薄弱的状况。这些变化，对我国社会主义建设事业的发展产生了深远的影响。

四十七、八大前后

知识分子问题会议前后，中国社会生活中最突出的大事是农业、手工业、资本主义工商业的社会主义改造迅速进入高潮。全国各方面工作的步伐都大大加快了。

这种迅猛发展的势头，是从一九五五年下半年开始的。这年七月三十一日，毛泽东在中共中央召开的省、市、自治区党委书记会议上作了《关于农业合作化问题》的报告，把党内在农业合作化时间和步骤上存在的不同意见作为右倾思想来批判，提出农村不久将出现一个全国性的社会主义改造高潮。十月初，中共七届六中全会根据毛泽东这个报告的精神，通过了《关于农业合作化问题的决议》。农业合作化运动迅速掀起高潮。十一月十六日至二十四日，中共中央政治局召集各省、自治区和人口满五十万以上的大中城市党委负责人会议，讨论《关于资本主义工商业改造问题的决议（草案）》。资本主义工商业的社会主义改造，迅速从个别合营推进到全行业公私合营阶段。手工业合作化的步伐也大大加快了。

这年十二月，中共中央办公厅编辑出版了《中国农村的社会主义高潮》一书。毛泽东为这本书写了序言和大量按语。他提出：农村合作化运动迅速发展这件事告诉我们，中国的手工业和资本主义工商业的社会主义改造，也应当争取提早一些时候去完成，才能适应农业发展的需要；中国工业化的规模和速度，科学、文化、教育、卫生等项事业的发展的规模和速度，已经不能完全按照原来所想的那个样子去做了，这些都应当适当地扩大和加快。他着重写道：

> “人们的思想必须适应已经变化了的情况。当然，任何人不可以无根据地胡思乱想，不可以超越客观情况所许可的条件去计划自己的行动，不要勉强地去做那些实在做不到的事情。但是现在的问题，还是右倾保守思想在许多方面作怪，使许多方面的工作不能适应客观情况的发展。现在的问题是经过努力本来可以做到的事情，却有很多人认为做不到。因此，不断地批判那些确实存在的右倾保守思想，就有完全的必要了。”①

一九五五年这一年，国民经济发展的情况相当好。农业获得了大丰收，总产值比上一年增长百分之七点六，其中粮食和棉花的产量分别增长百分之八点五、百分之四十二点六。工业总产值比上一年增长百分之五点六。其中重工业产值增长百分之十四点五，各工业部门试制成许多新产品。手工业总产值比上一年增长百分之七十二。基本建设投资比上一年增长百分之一点四。农村水利建设实际完成的工作量比上一年增加百分之六十五。各方面的工作呈现出一派蓬勃向上的发展态势，增强了人们认为可以大大加快发展速度的乐观情绪。

日内瓦会议和万隆会议后，国际紧张局势趋向缓和。中共中央判断：世界大战一时不会爆发，这种国际和平环境对加快中国的社会主义建设是有利的；要利用这段和平时期，在较短时间内取得更大成绩，才能在以后立于主动地位。

十二月五日，刘少奇在中共中央召集的座谈会上，传达毛泽

---

① 《中国农村的社会主义高潮》上册，人民出版社1955年12月版，第4页。

东的有关指示。他说：关于八大的准备工作，毛主席提出，“中心思想是要讲反对右倾思想，反对保守主义，提早完成我国的社会主义工业化和社会主义改造。保证十五年、同时争取十五年以前超额完成。有无可能呢？有可能。”“我们要利用目前国际休战的时间，利用这个国际和平的时期，再加上我们的努力，就可能加快我们的发展。”“可以设想，如果我们不加快建设，农业未合作化，私营工商业未改造，工业未发展，将来一旦打起来，我们的困难就更多。如果完成了就好办。因此必须加大速度，在我们的一切工作中都要反对保守主义，要求在较短的时间内，获得更大的成绩。”“我们的有利条件是：一、有二十二年根据地工作的经验，经过四次革命战争……二、现在有了伟大的苏联及各人民民主国家。三、有六亿人口，地大物博，物产丰富。我们完全有可能迅速建成社会主义。”“这不是急躁冒进，而是实际与可能的要求，是稳步前进。”“现在搞工业的同志不要骄傲，要加油，否则就有出现两翼走在前面而主体跟不上的可能。”要以此为中心，“迎接八大，使八大开好”。

周恩来当时也同意毛泽东的主张。他在那次座谈会上表示：最近政府在各方面的工作，“或多或少都存在着保守”。“反对盲目冒进是对的，但又带来了副作用，必须打破这个副作用。”他说：我对毛主席指示的体会可以用一副对联来反映，“上联：客观的可能超过了主观的认识；下联：主观的努力落后于客观的需要。新大陆早就存在，而我们发现得太晚了”。半个月后，他又说：《农业十七条》成为“一个推动力量”。（这个文件是毛泽东在十一月中旬主持制定的，确定粮食产量在一九六七年达到一万零六百三十二点八亿斤，比这年夏天国务院在北戴河开会时设想的六千亿斤增加了百分之七十七点二，棉花产量的指标也增加一倍多。——编者注）政府的各项工作受到推动后“变化很大”，促使其他部门也开始改变远景设想中的一些指标，钢的生产由一千八百万吨改成二千四百万吨。“过去没有设想那样多”。我们原来设想用三个五年计划的时间基本上完成工业化，“现在有可能加快这个速度，提前完成”。①

在迅速建成社会主义的思想指导下，为了使农业的发展有一个长期奋斗的目标，一九五六年一月初，毛泽东同部分省市领导人以《农业十七条》为基础，又起草了一个内容更为广泛、要求更高的《一九五六年到一九六七年全国农业发展纲要（草案初稿）》（简称《农业四十条》）。它要求粮食和棉花的产量在一九六七年分别由一九五五年的预计数三千六百五十二亿斤、三千零七万担增加到一万亿斤、一亿担②，就是每年要分别以百分之八点八、百分之十点五的速度递增。同时，对其他经济作物的产量也规定了很高的指标。经过中共中央政治局三次讨论，一月二十五日，毛泽东主持最高国务会议讨论《农业四十条》。他在讲话中说：社会主义革命的目的是为了解放生产力。农业和手工业由个体所有制变为社会主义的集体所有制，私营工商业由资本主义所有制变为社会主义所有制，必然使生产力大大地获得解放。我国人民应该有一个远大的规划，要在几十年内，努力改变我国在经济上和科学文化上的落后状况，迅速达到世界上的先进水平。这正是在知识分子问题会议结束后第五天。次日，《人民日报》公布了这个文件。

《农业四十条》提出的各项产量指标是过高的，在十二年内

① 周恩来在北京市青年纪念一二·九运动20周年、一二·一运动10周年大会上的讲话，1955年12月8日；周恩来在国务院第21次全体会议上的讲话，1955年12月21日。

② 1956年1月23日中共中央政治局讨论通过《农业四十条》时，已删去以上指标，但25日农业部部长廖鲁言在最高国务会议按照毛泽东审定的稿子作说明时，仍指出中共中央所确定的到1967年粮食产量为1万亿斤左右，棉花产量为9000万担至1亿担。而实际情况是，到1996年我国粮食、棉花的产量才分别达到9800亿斤、8400万担。可见，《农业四十条》所确定的战略目标是超越中国农业生产发展的实际可能的。

实际上难以完成。但它的公布，在工业、交通、文教等部门中立刻引起巨大的连锁反应，催逼着它们必须大幅度修改一九五五年夏国务院在北戴河开会时原已确定的各项指标，并据以编制发展国民经济的远景计划。当时，相当普遍的情绪是："各个系统都不愿别人说自己右倾保守，都争先恐后地用过高的标准向下布置工作，条条下达，而且都要求得很急，各部门都希望自己的工作很快做出成绩来。"① 不少部门的修改，是把原定一九六七年实现的目标，提早五年，改为一九六二年实现。一月十四日，国家计委将各部提出的指标汇总报告中共中央和国务院。

人们建设社会主义的热情很高，对未来的前景充满乐观的期待，这反映了中国人民要求迅速摆脱贫穷落后面貌的强烈愿望，是十分可贵的；但对实际的经济工作却缺乏经验，往往考虑需要这一面多，而对当时中国物力财力还很有限所带来的可能条件注意很少，脱离实际地急急忙忙往前赶，并且对自己这种弱点没有多少认识。

主持政府经济工作的周恩来和陈云经过周密的计算，不能不看到：如果按照各系统提出的这些高指标去做，那么，在一九五六年，国家统一分配的八类物资二百五十余种产品中的大部分将是紧张和严重不足的，最突出的是钢铁严重短缺，差额达七十多万吨，这将使一九五六年经济建设受到严重损害。②

由于看到在大好形势下已开始出现"盲目冒进"的苗头，一月二十日，周恩来在知识分子问题会议上作结论时已提醒大家：在经济建设中，不要做那些不切实际的事情，要"使我们的计划

---

① 《人民日报》社论：《要反对保守主义，也要反对急躁情绪》，1956 年 6 月 20 日。

② 参见国家计委《一九五六年国家统一分配物资平衡情况简报》，1956 年 1 月 13 日。

成为切实可行的、实事求是的，不是盲目冒进的计划”。那时，全国计划会议和财政会议正在进行。周恩来说：“这一次我们在国务院召集的计划和财政会议，主要解决这个问题。”①

一月三十日，周恩来在政协第二届全国委员会第二次全体会议上作《政治报告》。他先充分肯定：“关于我国目前国内情况，它的特点正如毛泽东主席所说的，是‘处在伟大的社会主义革命的高潮中’。”对各项建设事业，他说：“我们应该努力去做那些客观上经过努力可以做到的事情，不这样做，就要犯右倾保守的错误；我们也应该注意避免超越现实条件所许可的范围，不勉强去做那些客观上做不到的事情，否则就要犯盲目冒进的错误。”

对正在加速进行的手工业和资本主义工商业的社会主义改造，周恩来冷静地提出了一些重要意见。他说：

> “我国手工业有经营分散、散布面广、行业复杂、一般技术落后、社会经济性质不同等特点。”“应该注意保持过去手工业者十分关心他们自己的产品质量和市场销路的优点。在合作化以后，凡是不宜于集体生产的，就应该保持分散生产的形式。”“有些特殊好的手工业和手工艺业，如果一时不易组织合作，就让他们单干；如果在加入合作社后，一时难以调整，就让他们原封不动，待摸清情况后再行调整。总之，手工业在改造以后，品种只许加多，不许减少；货色只许更好，不许变坏；技术只许提高，不许降低。”
>
> “我们对资本主义工商业进行改造的基本目的是为了改变生产关系，解放生产力，它的最终表现是生产的发展和提高。因此，在实行合营的过程中，最重要的问

① 周恩来在中共中央召开的知识分子问题会议上的结论记录，1956 年 1 月 20 日。

题是保持生产和营业的正常进行，绝不允许在生产和经营上发生混乱现象，造成国家和社会财富的损失。”“对于那些分散的肩挑小贩，不要急于改变他们的经营方式，因为这种经营方式对人民是方便的，也是受人民欢迎的，应该在长时间内将它保留下来。”①

全国计划会议结束后一天，二月八日，因为社会主义建设中的急躁冒进的苗头没有得到有效的遏制，周恩来在国务院第二十四次全体会议上以更加郑重的态度叮嘱大家：

“不要光看到热火朝天的一面。热火朝天很好，但应小心谨慎。要多和快，还要好和省，要有利于提高劳动效率。现在有点急躁的苗头，这需要注意。社会主义积极性不可损害，但超过现实可能和没有根据的事，不要乱提，不要乱加快，否则就很危险。”“绝不要提出提早完成工业化的口号。冷静地算一算，确实不能提。工业建设可以加快，但不能说工业化提早完成。晚一点宣布建成社会主义社会没有什么不好，这还能鞭策我们更好地努力。”“各部门订计划，不管是十二年远景计划，还是今明两年的年度计划，都要实事求是。”“对群众的积极性不能泼冷水，但领导者的头脑发热了的，用冷水洗洗，可能会清醒些。各部专业会议提的计划数字都很大，请大家注意实事求是。”②

当时，突出的问题是各省市、部门要求基本建设投资数字不断追加，造成各方面的紧张。防止和反对冒进，关键在于控制基本建设投资。二月六日，周恩来召集国务院副总理兼国家计委主任李富春、国务院副总理兼财政部部长李先念等开会，对他们

---

① 《新华半月刊》，1956 年第 5 期。

② 《周恩来选集》下卷，人民出版社 1984 年 11 月版，第 190、191 页。

说：“各部专业会议订的计划都很大，计委、财政部要压一压。”① 二月十日，在周恩来主持下，国务院常务会议抓住严重脱离物资供需实际可能和破坏国民经济整体平衡的指标，进行了压缩。会议决定：中央各部基本建设投资总额削减百分之六（加上各省市削减后的金额），全国基本建设投资由一百七十多亿元（年初甚至达到二百亿元左右）减到一百四十七亿元；双轮双铧犁产量由五百万部减到三百五十万部。会后，国家计委根据会议决议修订《一九五六年国民经济计划（草案）》。

二月下旬，周恩来又两次召集国务院常务会议。他在会上说：“今天主要讨论解决物力、财力、人力三大问题。”“陈云同志说得好，过去‘吵’财力，现在进到‘吵’物力，我看以后还要‘吵’人力。各方面能够提出问题，只有好处，没有害处。”制定计划，“不能只有加减法，还要有乘除，有比例”，“我希望大家在财力、物力、人力（的平衡）上交锋”。会议责成经委主任薄一波和计委副主任张玺邀请各工业部门、有关的交通运输部门分别节约钢材百分之四、百分之二点五。

这就是后来所说的“二月促‘退’会议”。周恩来自己也说过，计委和财政部“组织了一个‘促退会’，退到一百四十七亿，就很难退下来了。那个时候，我说各方面的要求是千军万马，奔腾而来，一下子就不容易控制住”。“上了马就不容易下来”。②

事实正是这样。国家计委这时提出的《中华人民共和国发展国民经济的十五年远景计划纲要（草案）》第三稿中的各项指标仍居高不下。它规定：到一九六七年工农业总产值将由一九五二年的八百二十七亿元增长到五千四百六十九亿元，十五年共增长

① 转引自财政部编《敬爱的周总理对财政工作的指示》，1977 年。

② 周恩来在中共八届二中全会上《关于 1957 年国民经济计划的报告》，1956 年 11 月 10 日。

五点六倍，每年递增百分之十三点四。到一九六七年，粮食产量由一九五二年的三千二百七十八亿斤增长到九千五百亿斤，十五年共增长二点九倍，每年递增百分之七点四。由于一九五三年到一九五五年的粮食产量每年只增长百分之三点九，因此，必须在一九五六年到一九六七年的十二年中每年递增百分之八点二，才有可能实现九千五百亿斤的指标。三月二十五日，国务院下达经过压缩后的《一九五六年国民经济计划（草案）》。由于种种主客观条件的制约，一些主要指标仍然很高。

第一季度刚刚过去，到四月上旬，经济建设中急于求成、齐头并进造成的严重后果已经相当突出地表现出来："不但财政上比较紧张，而且引起了钢材、水泥、木材等各种建筑材料严重不足的现象，从而过多地动用了国家的物资储备，并且造成国民经济各方面相当紧张的局面。"① 但经济建设中反馈回来的这些情况，并没有引起许多人的重视，一些部门仍在盲目地要求追加基本建设投资。薄一波回忆当时的情景："不少地方由于劳动力增加和对'右倾保守'的批判，下面普遍要求多生产，多建设，而上面却不敢将物资供应紧张情况向群众交底，因此工作很被动。"②

怎样对待这种状况？为了避免因再追加投资而带来更加严重的物资供需上的矛盾，减轻建设中已经出现的比例失调问题，四月十日，周恩来主持召开国务院常务会议，讨论计委《关于一九五六年基本建设计划安排和要求增加部分投资的补充报告》。

这次会上，突出地提出了基本建设规模同我国实际所能供应

① 《周恩来选集》下卷，人民出版社 1984 年 11 月版，第 219 页。

② 薄一波：《若干重大决策与事件的回顾》上卷，中共中央党校出版社 1991 年 5 月版，第 533 页。

的物资条件严重不相适应的矛盾。薄一波说：现在基本建设遇到的“最大问题不是财政问题，根本的是生产潜力和材料、设备、物资平衡问题。因为财政是建立在生产基础上的，只要生产、设备有保证，财政上是没有问题的”。去年制定的“今年的计划应该说是最好的，很早就提出来了，后来高潮来了，打乱了”。①陈云进一步指出：基本建设规模“首先决定于生产、材料，不是决定于财力。钱就是用来买材料的，如果材料买不到，钱又有什么用?”经济建设“应按比例发展，而基建和生产的比例是最重要的”，基建规模超过了生产所能提供的材料就不行。因此，“订计划首先应该进行物资平衡，再进行财力平衡”。②

当时，中国不可能从国外换取大量建设所需的物资。周恩来在会上重申：“搞计划必须注意实事求是。”他强调：“生产是中心，三大改造也要以生产来推动。我们要自力更生，要靠自己，首先就要进行很多平衡工作，一切都要靠生产，生产是主要的环节。搞生产就要联系到平衡。”“一定要为平衡而奋斗。数量上平衡以后，还有品种和时间上的平衡问题。”为了扭转这种被动状况，他提出：计委关于新增基本建设投资的三个方案，应该采取第二方案，即允许各部门分别轻重缓急，缓办一部分原定项目；在不增加投资和物资的前提下，补进三点五亿元必须增加的新项目；即使是重点建设项目，我们也“要实事求是，有的没有材料，只好不建”。本年度的物资供应问题，“可先照现有的物资状况（钢四百四十二万吨、水泥六百四十七万吨）作个框框，进行分配”。③

这次会议根据周恩来、陈云、薄一波等的意见，决定从六个

① 薄一波在国务院常务会议上的发言记录，1956 年 4 月 10 日。

② 陈云在国务院常务会议上的发言记录，1956 年 4 月 10 日。

③ 周恩来在国务院常务会议上的发言记录，1956 年 4 月 10 日。

方面开源节流，来缓和供需之间的矛盾：（一）增加生产。全国再增产钢材二十万吨、水泥三十万吨。（二）厉行节约。双轮双铧犁的生产由三百五十万部再削减到二百五十万部，以节省钢材七点二万吨，铁道部减少钢材用量五万吨。（三）争取进口。（四）减少出口。（五）普查库存。（六）互助调剂。十四日，国务院发出通知，要求各地区、各部门："必须使群众的社会主义建设高潮同计划的全面平衡相结合，特别是同物资供应计划相结合。"

为了落实这个决定，周恩来着重抓紧增加生产和厉行节约两项主要措施。为了增加钢铁生产，他奔走各地，亲自过问国家几个重要钢铁企业的生产和增产问题。四月十四日至十八日，他先后到鞍山钢铁公司、抚顺钢铁厂、天津钢铁厂，同工厂负责人、工程技术人员和工人研究增产措施。回北京后，他审定了鞍钢、抚钢等企业的增产计划。十九日，他约重庆大渡口钢铁厂、上海钢铁厂厂长来京商量增产事宜。五月六日，他飞往山西，到全国唯一能生产矽钢的太原钢铁厂，向有关人员指出：过去我们需要的矽钢全靠进口，卡脖子的苦头已经吃够。没有矽钢，很多事情都办不成。要自力更生，艰苦奋斗，挖掘潜力，勤俭办企业，发挥老企业的作用，迅速发展我国钢铁工业。第二天，他又飞抵唐山，视察唐山钢铁厂。回到北京后，他感叹地对外宾说："闭关是不好的。但是现在不是我们闭关，而是美国想关住我们，不让我们同各国来往。"① 本着这种自力更生的精神，经过上下共同努力，全国钢材生产在年度计划规定比上年增长百分之五十点三的基础上，又超额百分之五完成了国家计划，这是十分不容易的。为了减少钢材的过度消耗，五月十五日，周恩来根据陈云在南方调查中了解的情况，在国务院常务会议上果断地决定：将消

---

① 周恩来同新西兰文化界人士访华团谈话记录，1956 年 5 月 8 日。

耗钢材较多而在南方又往往难以使用的双轮双铧犁的产量再减到一百八十万部（《农业四十条》中规定："在三年至五年内，推广双轮双铧犁六百万部。" 在急于求成的气氛下，一九五六年原设想生产五百万部），使国务院节约钢材的决定得到进一步落实。

这些切实有力的措施，在一定程度上缓解了钢材供需的尖锐矛盾。

四月中旬以后，周恩来、陈云等根据国民经济已经出现相当紧张的局面，作出肯定的判断：经过压缩后的一九五六年国民经济计划仍是一个冒进的计划，相应地规定的远景规划数字同样也冒了。但是，党内的认识并不一致。

四月下旬，毛泽东在中共中央政治局会议上主张再追加二十亿元的基本建设投资。与会的大多数人不赞成这样做，周恩来更是竭力劝阻。胡乔木回忆说：

> "一九五六年各条战线、各省市根据毛主席一九五五年冬写的《中国农村的社会主义高潮》序言的精神，加快速度，扩大了预定计划的规模，增加了预算指标。四月下旬，毛主席在颐年堂政治局会议上提出追加一九五六年的基建预算，受到与会同志的反对。""会上尤以恩来同志发言最多，认为追加预算将造成物资供应紧张，增加城市人口，更会带来一系列困难等等。毛泽东最后仍坚持自己的意见，就宣布散会。会后，恩来同志又亲自去找毛主席，说我作为总理，从良心上不能同意这个决定。这句话使毛主席非常生气。不久，毛主席就离开了北京。"①

因为整个国民经济在四月份以来出现日趋紧张的局面，从五

① 胡乔木谈1956年"反冒进"和1958年批"反冒进"的一些情况，1982年11月4日。

月起，周恩来由防止急躁冒进进一步转到反对和纠正急躁冒进上来。

五月十一日，他在国务院全体会议上断然提出："反保守、右倾从去年八月开始，已经反了八九个月，不能一直反下去了!"① 当时，国务院正在起草将要提交给一届人大三次会议的一九五五年国家决算和一九五六年国家预算的报告。这个月内，周恩来同李富春、李先念再次就解决订得过高的一九五六年国家预算交换意见，并指导起草预算报告稿。稿中提出："在反对保守主义的时候，必须同时反对急躁冒进倾向。"六月一日，国务院常务会议讨论这个报告。周恩来指出，经过二月会议压缩后的基本建设投资指标比上一年增长百分之六十八，仍然过高，不可能完成。他说："超过客观经济条件的可能去搞，结果不是窝工，就是粗制滥造。""涨上去以后，收回来很费劲，我们一定要接受这个教训。"②

六月四日，刘少奇主持会议讨论这个报告稿。出席会议的有周恩来、朱德、陈云、李富春、李先念、薄一波、李维汉、胡乔木等。③ 会上，周恩来代表国务院介绍半年来经济建设中所产生的种种矛盾和出现的不平衡问题，提出继续削减财政支出、压缩基本建设投资的意见。会议提出了既反保守又反冒进、在综合平衡中稳步前进的经济建设方针，决定压缩高指标，基本建设应该下马的要立即下马。

第二天，周恩来主持召开国务院常务会议，研究压缩仍然过高的一九五六年国家预算。会上，李先念、薄一波因为基本建设投资的增长同可能供应的原材料之间缺口太大，都认为："现在

① 周恩来在国务院第28次全体会议上的讲话记录，1956年5月11日。

② 周恩来在国务院常务会议上的讲话记录，1956年6月1日。

③ 中央工作大事记。

非下马不可，半路改正错误总比到年底完不成才改正更好。”

周恩来明确地表示：“既然认识到不可靠，就应该削减。昨天党中央开会决定了这个精神。今天在会上讨论，把数字减下来。明知原来的预算完不成，又在报告中列出去，对广大人民群众来说，是没有告诉他们实际情况。”对削减的具体办法，他主张“将富春和一波同志的办法相结合，预算一律削减百分之五”，并指出“但是不能平均都砍百分之五，有的可以多砍，有的不能砍，总的要求是砍去百分之五”。他强调：“右倾保守应该反对，急躁冒进现在也有了反映。这次人大会上要有两条战线的斗争，既反对保守，也反对冒进。”① 显然，周恩来的主要用意是要把反对冒进的问题在全国人民代表大会上正式提出来，以便在全国范围内反对并纠正这种倾向。

这次国务院常务会议决定：（一）国家财政预算一律按百分之五削减，预算支出由原来的三百一十七亿元削减十亿元，其中基本建设投资削减七点三五亿元，降到一百四十亿元。（二）财政部对各部委、各省市基本建设投资按一百四十亿元拨付，削减下来的七点三五亿元基本建设经费列为预备费，付款超过一百四十亿元时，必须经过国家经委审查并由总理核批后，方可从预备费中支付。

六月十日，刘少奇主持召开有周恩来、陈云、彭德怀、彭真、林伯渠、董必武、张闻天、康生、邓小平等参加的中共中央政治局会议，确认六月四日中央会议作出的决定，基本通过预算报告初稿。十二日，周恩来主持国务院全体会议，讨论通过这个报告（草案）。他在会上说：“去年十二月以后冒进就冒了头，因此，现在的情况和去年不同了，已经不是预防而是需要反对冒进了！如果冒进继续下去，又会脱离实际，脱离群众，脱离今天的

① 《周恩来经济文选》，中央文献出版社 1993 年 2 月版，第 261、262 页。

需要和可能。不能向群众泼冷水，但也不能把少数积极分子的要求当成群众的要求。”①

六月十五日，第一届全国人民代表大会第三次会议在北京开幕，李先念代表国务院在会上作《关于一九五五年国家决算和一九五六年国家预算的报告》。他在报告中说：“在当前的生产领导工作中，必须着重全面地执行多、快、好、省和安全的方针，克服片面地强调多和快的缺点。生产的发展和其他一切事业的发展都必须放在稳妥可靠的基础上。在反对保守主义的时候，必须同时反对急躁冒进的倾向，而这种倾向在过去几个月中，在许多部门和许多地区，都已经发生了。急躁冒进的结果并不能帮助社会主义事业的发展，而只能招致损失。”②

第二天，各报全文刊载这个报告，《人民日报》发表《读一九五六年国家预算》的社论。社论中说：预算报告“最值得注意的一点，是在反对保守主义的同时，提出了反对急躁冒进的口号，这是总结了过去半年中执行国民经济计划的经验得出来的结论”。

六月二十日，《人民日报》又发表了刘少奇要求中宣部起草的《要反对保守主义，也要反对急躁情绪》的社论。这篇社论肯定了国家社会主义建设总的情况是好的、健康的，是在不断前进的，又分析了经济建设中存在的急躁冒进问题。社论强调：“右倾保守思想对我们的事业是有害的，急躁冒进思想对我们的事业也是有害的，所以两种倾向都要加以反对。”“在反对右倾保守思想的时候，我们也不应当忽略或放松了对急躁冒进倾向的反对。”因为从去年开始“反保守主义之后，特别是中央提出‘又多、又快、又好、又省’的方针和发布《全国农业发展纲要（草案）》

---

① 《周恩来经济文选》，中央文献出版社 1993 年 2 月版，第 264 页。

② 《李先念文选》（1935—1988 年），人民出版社 1989 年 1 月版，第 205—206 页。

之后，在许多同志头脑中就产生了一种片面性”，出现了“一切工作，不分缓急轻重，也不问客观条件是否可能，一律求多求快，百废俱兴，齐头并进，企图在一个早晨即把一切事情办好”的急躁冒进倾向。社论指出：因此，“在反对保守主义和急躁冒进的问题上，要采取实事求是的态度”。“应当根据事实下判断，有什么偏向就反对什么偏向，有多大错误，就纠正多大错误，万不可一股风，扩大化，把什么都反成保守主义，或者都反成急躁冒进。”① 刘少奇在审阅修改这篇社论后批示：“主席审阅后交乔木办。”毛泽东认为社论的内容是针对他的，只批了三个字：“不看了。”

对这个时期反对冒进的努力，薄一波在回顾时作了这样的评论：“由于党中央、国务院从年初开始，大力压缩基建指标，从防止冒进到明确提出反对冒进，一股来势很猛的盲目冒进势头总算被遏制住了。一九五六年的经济发展，总的说来还算是健康的。据统计，一九五六年实际完成的工业总产值比上年增长百分之二十八点一，基本建设投资比上年增长百分之六十二，是‘一五’期间我国经济增长速度最高的一年。”“如果不是党中央、国务院及时采取正确的方针，遏止来势很猛的冒进倾向，而是一个劲地反对‘右倾保守’，只讲多和快，不讲好和省，那么，一九五八年‘大跃进’那样的大灾难，就有可能会提前到来。但是，正因为来势很猛，冒进势头还只能说是基本遏止住，并没有完全遏止住。”②

全国人民代表大会通过一九五六年国家预算后，周恩来立刻

---

① 《建国以来重要文献选编》第 8 册，中央文献出版社 1994 年 8 月版，第 382、383 页。

② 薄一波：《若干重大决策与事件的回顾》上卷，中共中央党校出版社 1991 年 5 月版，第 539、540 页。

把自己的精力转入第二个五年计划建议的编制工作。这是为中国共产党第八次全国代表大会准备的一个重要文件。

这时，经济建设的现实情况引起周恩来对中国国情的进一步思考，努力对经济建设过程中的经验教训作出初步的理论概括。他既清楚地看到中国经济建设的种种有利条件，同时也正视存在的种种不利因素对建设速度的制约。他认为，中国经济建设速度应当高于资本主义国家。确定这样的速度，既是社会主义制度的本质所决定的，也是改变中国贫穷落后面貌的需要，是有可能的。但是正因为中国贫穷落后，要赶上发达国家，又需要做长期的努力，绝不是一朝一夕的事情。① 周恩来得出的结论是：确定经济建设的速度，“必须根据可能，建立在稳妥可靠的基础上。计算生产潜力，除人力条件外，还必须考虑到物资等其他条件”。② 也就是说，必须在不使综合平衡遭到破坏的前提下来确定。

正是在这种深化了的认识指导下，一九五六年七月以后，周恩来等投入了编制第二个五年计划建议的工作。

第二个五年计划是从一九五五年八月开始编制的，不久便提出一个比较接近实际的轮廓数字。其中要求到一九六二年工农业总产值、粮食产量、棉花产量分别达到二千零七亿元、四千六百亿斤和四千三百万担，即以一九五七年预计数为准，每年分别以百分之九点九、百分之三点六、百分之五点六的速度稳步递增。③ 这个数字，同以后的实现数是大体吻合的。

可是，到这年年底，随着《农业十七条》的提出和对“右倾保守”思想的批判，不仅一九五六年的计划数字大大提高，各部

① 周恩来会见外宾时的多次讲话，1956 年夏。

② 周恩来在国务院常务会议上的讲话，1956 年 7 月 17 日。

③ 国家计委《工农业总产值历次方案》、《主要工农业产品产量历次方案对照表》，1956 年 6 月。

提出的“二五”计划的指标也跟着大大抬高了。其中要求到一九六二年的工农业总产值、工业总产值、农业总产值、粮食产量、棉花产量分别增长到二千九百九十七亿元、一千九百六十亿元、一千零三十七亿元、六千三百三十六亿斤、七千万担，即每年分别递增百分之十五点五、百分之二十点六、百分之八点九、百分之七点八、百分之十一点四。① 由于在确定这些指标时，对作为基数的一九五五年各项产值、产量的预计数估计过高，同以后实际完成数相差很大，所以，在实际上每年必须分别以百分之十九点一、百分之二十四点六、百分之十一点七、百分之十点三、百分之十六点四的速度递增，才能实现以上的高指标。这自然是无法做到的。而这些过高的指标又已在四月下旬得到毛泽东的认可，使正在编制中的财政收支、物资供应等更加难以取得平衡。

迫于这种情况，六月间，国家计委继提出各项指标已作过修改的第一方案后不久，又提出第二方案②。但那只是小修小改，并不能解决问题，从而使整个编制工作陷入严重困境之中。

这时，离中共八大的召开只有两个多月了，有关部门心急如焚，周恩来、陈云等国务院领导人同样感到时间已十分紧迫，必须当机立断地提出一个比较切实可行的方案来。

七月三日至五日，周恩来连续三天主持国务院常务会议，讨论国家计委报送的“二五”计划的两个方案。

会上，周恩来严肃地提出：制定新方案“是为了贯彻既积极又稳妥可靠的方针”。他指出：“第一方案冒进了”，第二方案确定粮食产量在一九六二年达到五千五百亿斤，也是“很不可靠的，有虚假的”，“是危险的”，就是定为五千三百亿斤“也值得考虑”。他说：有的同志认为“如果不写上五千三百亿斤，四、

①② 国家计委《工农业总产值历次方案》、《主要工农业产品产量历次方案对照表》，1956 年 6 月。

五、八[①]就没有保证了，似乎有道理。我可以答复，我们说四、五、八，不是说灾荒地方也要达到。真正算起来，不可能全国到处都是四、五、八……即使到第三个五年计划也不可能”。“我们要科学地来算。”[②] 他说：这是因为，农业合作化后，虽然农业生产的“积极因素增加了，但消极因素并未减少”。我们还“不能排除歉收，水、旱、虫灾总要起作用”，它们天天都在影响着农业生产。因此，农业生产在“二五”计划期间也会有丰年、平年和歉年，所以粮食生产很难以每年百分之六以上的速度增长，“搞这个假设不好”。[③] 他强调：“农业生产一算高了，农业税、轻工业利润、基本建设投资和财政预算等一系列数字都受到影响。这是一个根，而这个根是我们最不容易掌握的。”那样假设的农业指标一旦不能实现，必然危及整个国民经济计划的完成。[④]

在财政收支指标问题上，周恩来、陈云、李先念、薄一波等一致认为：“二五”期间要求财政收入和支出每年以百分之十六的速度增长，以实现五年累计二千六百亿元的指标，“实际上达不到”，结果会使重点建设项目的资金“也保证不了”，因此这个指标“应该压下来”。[⑤]

在工业生产指标问题上，周恩来、陈云、薄一波等指出：设想到一九六七年钢铁产量达到二千七百万吨至三千万吨，“这是高的想法”。“我国工业化的关键不在于钢能否达到这个数字，而在于我国的水平。（现在）英国、德国都没有达到二千万吨钢，但国内什么机器都能生产，就是工业国。”对于我们来说，“更重

---

① 四、五、八，指《农业四十条》规定粮食平均年产量从 1956 年开始，在 12 年内，在黄河、秦岭、白龙江、黄河（青海境内）以北地区，要达到 400 斤；黄河以南、淮河以北地区，要达到 500 斤；淮河、秦岭、白龙江以南地区，要达到 800 斤。

② 国务院常务会议记录，1956 年 7 月 3 日、5 日。

③④⑤ 国务院常务会议记录，1956 年 7 月 4 日、5 日。

要的，也是要各种机器都能制造，技术高，有发展的余地”。因此，应该设想钢铁生产少一些，煤炭生产指标、基本建设投资等相应地“都可以少些”。①

经过认真讨论后，与会者一致同意继续精打细算，按五年财政总收支二千三百五十亿元至二千四百亿元来安排，相应地减少主要工农业产品产量指标和基本建设投资，在稳妥可靠的基础上搞一个比较可行的方案，作为向八大提出的“二五”计划建议。

这是一个重要的决策性会议。会后，周恩来要求国家计委根据“一五”计划已有的经验，估计生产增长速度，考虑各种比例如何安排、积累与消费的比例如何、投资多少等等，以此编制出可行的方案来。② 在整个七月份里，他同计委负责人薛暮桥、王光伟、陈先等不断商议，反复计算各项指标的可行性。后来，王光伟回忆道：

> “那个时候，富春同志到莫斯科去了，总理就亲自动手编制第二个五年计划，亲自确定控制数字，后来形成的文件叫《关于发展国民经济的第二个五年计划（一九五八——一九六二）的建议》。”“《关于第二个五年计划的建议》的文字比第一个五年计划短，但建议中的数字各方面都是经过反复平衡的，都是总理呕尽心血考虑的。他不仅过问每一个数字，而且经常是在他的西花厅宿舍计算到深夜，连文字都是他亲自定下来的。”“总理在编制计划中，总是辩证地考虑问题，比如在水利建设上，有时我们有片面性，总理却把它

① 国务院常务会议记录，1956 年 7 月 4 日、5 日。

② 薛暮桥在理论工作务虚会上《根据实践经验来回顾二十多年的经济工作》的发言，1979 年 3 月 15 日。

辩证地统一起来了。他讲灌时不忘注意排，要求排灌结合。讲蓄时不忘注意泄，要求蓄泄兼顾。”“夜深了，由于工作时间长，疲劳得很，总理就披上大衣在院子里站一会。”“那时的工作程序是：晚上总理讲，白天按总理讲的算、改、写。第二天晚上再送到总理那里审查修改。这样循环，风雨无阻，夜夜如此，紧张工作约个把月。”①

八月三日至十六日，周恩来、陈云在北戴河召集多次会议，审查七月下旬提出的“二五”计划建议的第三方案，对其中的部分指标又作了调整。回到北京后，他同张玺、薛暮桥等对建议方案再仔细推敲，对存在的问题作了批注，并提出书面的修改原则。这时，离八大召开已不到一个月，距八大预备会只有十来天了。

在修改“二五”计划建议稿和“二五”计划建议的报告稿时，周恩来再次面对如何处理两个稿子中多次出现的“多、快、好、省”的问题。在最初的修改稿中，他仍然保留这个口号，而在后面加写了“又安全”三个字。这时，他把这个口号作为需要斟酌的问题，在书面意见中提了出来。因为一九五六年初以来，由于反对右倾保守思想斗争的持续开展和急躁冒进情绪的严重存在，“多、快、好、省”口号自提出后，人们看重和追求的往往只是“多”和“快”，而忽视“好”和“省”，并且常常以牺牲“好、省”为代价来求得“多、快”，这个口号没有发挥它预期的积极作用。根据这一情况，周恩来等经过再三斟酌，把两个稿子中原来多次出现的“以多、快、好、省的精神”删掉了。这以后的一年多时间里，没有再提“多、快、好、省”。批评反冒进开

① 王光伟：《周总理与第一、二个五年计划的制定》，《怀念周恩来》，人民出版社 1986 年 1 月版，第 43、44 页。

始后，不提这一口号被指责成反冒进的“三大错误”之一而屡屡遭到批判。

当修改“二五”计划建议的报告稿时，周恩来在书面意见中提出一个重要主张：在第一部分中增加“谈几个大的经验教训”，并且强调基本教训是“均衡发展，综合平衡”问题，原来的报告稿对“困难谈得不够”，这是报告稿起草过程中所作的一次重要改动。

周恩来还提出同西方国家发展贸易的问题：“只要所有具有古老文明的国家都努力起来，发展工业，就可以在世界上得到平等的地位。”“如果有可能的话，东西方国家签订长期贸易合同是需要的。现在的问题是，如何促其实现。譬如说，中国并不拒绝同美国恢复关系，发展贸易；我们反而需要他们的东西。问题是，现在是在禁运当中。我们建设需要从国外进口机器设备，我们有些需要的东西是美国所有的。”①

八月三十日至九月十二日，中共中央举行八大预备会议。在这段时间内，苏联方面正式表示：对中国“二五”计划期间所需设备要从一九六一年起才能开始供应。这对周恩来主持起草的“二五”计划被中共中央采纳起了有利的作用。九月初，周恩来受毛泽东的委托，在阅读修改八大政治报告稿时，将别人改动后的“到一九六二年要求生产粮食五千二百亿斤、棉花五千二百万担”，恢复为“到一九六二年要求生产粮食五千亿斤左右、棉花四千八百万担左右”，并且在修改稿旁批道：“粮食产量是经过多次商议并与陈云同志谈过的。”九月八日，毛泽东致函刘少奇：“恩来同志的改本送上，我看改处均可用。如你同意，请饬人将改处准确地抄在一个本子上，和你我改的合在一起，立即付印，付翻译。”这样，两个比较实际而又非常重要的指标最后确定了

① 周恩来和希腊访华代表团谈话记录，1956 年 9 月 9 日。

下来。

接着，在周恩来的主持下，先后形成“二五”计划建议（草案）第六稿和“二五”计划建议报告第三稿。

毛泽东审阅后，在九月十三日九时三十分和十一时两次写信给周恩来。前一封信说：“看了一遍，很好，作了一些小的修改，请酌定。”后一封信说：“你的报告全文很好。只是觉得头一部分（总结第一个五年计划时期经验）写得不甚清楚，不大流畅，不如以下各部分写得好……如能在今明两天请一位（乔木没有工夫）文笔流畅的同志改一下，那就更好。如不可能，也就罢了。”当晚，毛泽东在中共七届七中全会第三次会议上发言时再次认可了建议稿和报告稿，并说：“报告，我看写得不坏，就是头一部分文字上要重新修改修改，后面写得很好。”会议原则通过这两个文件。

根据毛泽东所提意见，周恩来等对报告中总结的四条经验教训进行润色修改，最后形成报告的第四稿。

经过紧张的工作，准备提交八大讨论的《关于发展国民经济的第二个五年计划（一九五八——一九六二）的建议（草案）》和《关于发展国民经济的第二个五年计划的建议的报告》终于诞生了。

九月十五日，举世瞩目的中国共产党第八次全国代表大会在北京举行。这是新中国成立以来第一次党的全国代表大会。

这次大会对国内形势和国内主要矛盾的变化作出重要的判断：“我国的无产阶级同资产阶级之间的矛盾已经基本上解决，几千年来的阶级剥削制度的历史已经基本上结束，社会主义的社会制度在我国已经基本上建立起来了。”“我们国内的主要矛盾，已经是人民对于建立先进的工业国的要求同落后的农业国的现实之间的矛盾，已经是人民对于经济文化迅速发展的需要同当前经济文化不能满足人民需要的状况之间的矛盾。”①

十六日，周恩来在大会上作《关于发展国民经济的第二个五年计划的建议的报告》。《报告》共分三个部分：第一个五年计划的执行情况；第二个五年计划的基本任务；关于第二个五年计划建议的若干主要问题。

在第一部分中，他充分肯定“一五”计划期间中国经济建设的成就是巨大的，是比预想还要快还要大的胜利，同时也剖析了发生过的一些缺点和错误，并从这几年经济建设的实践中概括出四条带有指导性的基本经验教训。他着重指出：“吸取这些经验和教训，就使我们有可能把社会主义建设的工作做得更好。”这些经验教训是：

第一，应该根据需要和可能，合理地规定国家经济的发展速度，把计划放在既积极又稳妥可靠的基础上，以保证国民经济比较均衡地发展。他说：

> “经验证明，我们在编制长期计划的时候，应该按照我们实现社会主义工业化的根本要求和国家物力、财力、人力的可能条件，实事求是地规定各项指标，同时，还应该保留一定的后备力量，使计划比较可靠。而在编制年度计划的时候，就应该根据当年和以后年度的可能的发展条件，积极地发挥潜在力量，以保证长期计划的完成和超额完成。经验还证明，我们在编制年度计划的时候，在有利的情况下，必须注意到当前和以后还存在着某些不利的因素，不要急躁冒进；相反地，在不利的情况下，又必须注意到当前和以后还存在着许多有利的因素，不要裹足不前。”

① 《建国以来重要文献选编》第9册，中央文献出版社1994年8月版，第341页。

第二，应该使重点建设和全面安排相结合，以便国民经济各部门能够按比例地发展。他说：“我们强调重点建设，并不是说可以孤立地发展重点，而不要全面安排；我们要求全面安排，也不是说可以齐头并进，而不要保证重点建设。”

第三，应该增加后备力量，健全物资储备制度。他说：

> “必须认识，像我们这样一个经济落后人口众多的国家，在相当长的时期内，各种物资的缺乏是经常的现象，而物资的多余是暂时的现象。这就需要我们更加注意增加后备力量，建立物资储备制度，由国家储备必要的物资，特别是比较缺乏的重要物资。”“我们也要反对把由于盲目生产所造成的产品积压，当做国家的物资储备，因为这种做法，必然会造成国家资金的积压和浪费，也是对生产和建设不利的。”

第四，应该正确地处理经济和财政的关系。他说：“多年来的经验是：我们的财政收入必须建立在经济发展的基础上，我们的财政支出也必须首先保证经济的发展。”

周恩来告诫说：“在我们这样一个地区广阔、情况复杂并且经济上正在剧烈变革的国家里，任何疏忽大意，都可能发生重大的错误，造成重大的损失。”

在第二部分中，周恩来提出第二个五年计划的基本任务：“我国社会主义工业化的主要要求，就是要在大约三个五年计划时期内，基本上建成一个完整的工业体系。这样的工业体系，能够生产各种主要的机器设备和原材料，基本上满足我国扩大再生产和国民经济技术改造的需要。同时，它也能够生产各种消费品，适当地满足人民生活水平不断提高的需要。”他还指出：“即使我们在将来建成了社会主义工业国之后，也不可能设想，我们就可以关起门来万事不求人了。”“我国同世界各国在经济上、技术上、文化上的联系，必然会一天比一天发展。”

在第三部分中，周恩来对影响到经济建设全局的十二个问题，作了详细的阐述。

对积累和消费的关系，他说：“消费部分所占比重小了，就会妨碍人民生活的改善；积累部分所占比重小了，就会降低社会扩大再生产的速度。这两种情况都是对人民不利的。”他强调：“由于我国国民经济还很落后，农业所占的比重还比较大，人民生活的水平还比较低，因此，积累部分在国民收入中所占的比重，不可能也不应该有过多的和过快的增长，但是可以稍高于第一个五年已经达到的水平。”“积累的总额，将随着国民收入的增长，仍然会有比较多的增加。”

在如何分配建设资金问题上，他提出：“在分配工业投资的时候，还应该在轻重工业之间进行适当的安排。第一个五年由于我国的轻工业还有很大的潜力，因此计划规定轻工业的投资占工业投资的百分之十一点二，在执行过程中略有增加，这样的比重是适当的。考虑到第二个五年人民消费水平的逐步提高，若干轻工业品的生产能力将会不足”，因此，“有必要适当地提高轻工业投资所占的比重”。“农业、水利和林业的投资所占的比重，可以从第一个五年的百分之七点六提高到百分之十左右。此外，还应该注意安排运输和邮电部门，文化、教育、科学和保健部门，城市建设部门和商业部门等的投资，使它们保持适当的比例。”

在农业生产问题上，他注意到一个当时受到忽视的“发展农业多种经济”，即正确处理粮食、棉花生产同其他农作物生产的关系问题。他说：“粮食是保证人民生活和发展整个农业经济的基础，我们必须加以足够的注意。这几年来，各地方重视了粮食和棉花的增产，这是完全必要的。但是，有些地方却因而对其他农业经济——除棉花以外的各种经济作物、畜牧业、林业、水产养殖业、蚕桑业和各种农家副业的增产注意得不够，加上有些农业产品和土特产品受了收购价格偏低的影响，结果使农业经济不能够全面地和充分地发展，从而影响到整个国民经济的发展，影响到农民的收入。”

周恩来谈了经济管理体制改革的问题。在新中国的最初几年里，高度集中的经济管理体制对国民经济的恢复和大规模经济建设起过相当重要的作用，但到这时已暴露出它的弊病。从一九五六年三四月起，周恩来以不少精力研究这个问题。五至八月，他又召开国务院体制会议。在审改这个报告草稿时，他就提出："集中过多的毛病，还应当讲讲。”在报告中，周恩来提出："发挥地方的积极性，是我们完成社会主义建设事业的重要条件。”“现在，我国的社会主义改造已经取得了决定性的胜利，人民民主专政已经更加巩固，这就使我们有必要也有可能，按照统一领导、分级管理、因地制宜、因事制宜的方针，进一步地划分中央和地方的行政管理职权，改进国家的行政体制，以利于地方积极性的充分发挥。”

周恩来在报告中还提出“更好地运用价值规律”的问题。他说：“在国家统一市场的领导下，将有计划地组织一部分自由市场；在一定范围内，将实行产品的自产自销；对某些日用工业品，将推行选购办法；对所有商品，将实行按质分等论价办法，等等。采取这些措施，不仅不会破坏国家的统一市场，相反地，将会对国家的统一市场起有益的补充作用。”①

周恩来的这个报告，反映出中国共产党人在实践中探索，对经济工作的客观规律的认识正在走向深化。

八大在九月二十七日通过了《关于发展国民经济的第二个五年计划（一九五八——一九六二年）的建议》。在同一天通过的《关于政治报告的决议》中写道：

---

① 《建国以来重要文献选编》第9册，中央文献出版社1994年8月版，第167—206页。

我们“有可能高速度地发展我们的生产力。如果对于这种可能性估计不足，或者不努力把这种可能性变为现实性，那就是保守主义的错误。但是，我们也必须估计到当前的经济上、财政上和技术力量上的客观限制，估计到保持后备力量的必要，而不应当脱离经济发展的正确比例。如果不估计到这些情况而规定一种过高的速度，结果就会反而妨碍经济的发展和计划的完成，那就是冒险主义的错误。党的任务，就是要随时注意防止和纠正右倾保守的或‘左’倾冒险的倾向，积极地而又稳妥可靠地推进国民经济的发展。”①

在八大的正确决策下，国民经济在一段时间内是积极而稳妥地向前发展的。周恩来主持制定的第二个五年计划后来虽曾受到批评，但在经历了“大跃进”的严重挫折后，终于得到毛泽东的肯定。他在一九六〇年谈到高指标的教训时说：“一九五六年周恩来同志主持制定的第二个五年计划，大部分指标，如钢等，替我们留了三年的余地，多么好啊！”②

八届一中全会上，周恩来当选为中共中央副主席。会后，周恩来和陈云等把工作重点，放到领导编制一九五七年的国民经济发展计划和预算上来。

编制一九五七年的国民经济发展计划，是由刚刚成立、主管年度计划的国家经济委员会负责，从一九五六年七月起开始编制的。当时各部门各地区向经委提出的基本建设投资额高达二百四十三亿元，比一九五六年的投资额又增加一百零三亿元。当经委

① 《建国以来重要文献选编》第9册，中央文献出版社1994年8月版，第347页。

② 毛泽东：《十年总结》，《建国以来毛泽东文稿》第九册，中央文献出版社1996年1月版，第214—215页。

把投资额压到一百五十亿元时，就受到各部门、各地区的强烈反对，不同意再往下压了。经委再次根据财政、物资和市场等方面的情况进行平衡，发现即使压到一百四十亿到一百五十亿元仍显得偏高。如果这样，当年的财政收入就必须达到三百二十亿元左右，而实现这个数字是难以做到的。①

面对这一情况，周恩来对学习秘书范若愚说，这样搞计划不行，仍然是冒进的。我准备在八届二中全会上讲一讲这个问题。他要范若愚代他查找一下马克思关于“人类始终只提出自己能够解决的任务”一段话的出处。范若愚告诉他这段话出自《〈政治经济学批判〉序言》中，那就是：“人类始终只提出自己能够解决的任务，因为只要仔细考察就可以发现，任务本身，只有在解决它的物质条件已经存在或者至少在形成过程中的时候，才会产生。”②

周恩来和陈云等有着共同的认识：压缩过大的基本建设投资规模是使积累和消费关系正常与协调的根本途径。基本建设规模不往下压，积累率就下不来，财政支出必然会继一九五六年之后再度出现较大赤字，物资紧张程度在一九五六年已过多动用储备的情况下会更加严重。一句话，必须把各部门、各地区提出的基本建设投资额坚决压下来，而且要压到明显低于一九五六年的投资额。

从十月二十日到十一月九日，在三星期时间内，周恩来共主持召开了十次国务院常务会议，检查一九五六年计划执行情况，商议一九五七年计划的控制数字。出席会议的有陈云、李富春、李先念、薄一波、习仲勋、贾拓夫、宋劭文、谷牧等。

---

① 国务院常务会议记录，1956 年 10 月 20 日。

② 范若愚：《历史最终会把一切纳入正轨——回忆周恩来同志的一件事》，《中央党校通讯》，1983 年 3 月 11 日；访问范若愚谈话记录，1983 年 2 月 16 日。

会上，薄一波介绍了一九五七年计划控制数字的编制情况。他报告说：基本建设投资现在已压缩到一百四十亿元至一百四十五亿元，这就“要求财政收入能达到三百一十八亿元”，但“达到这个数有困难”。如果“就这样定下来，计算一下，损失很大”。他为难地说：这种情况，使计划的制定处在“想上上不去，想退退不下来”的困难状况中。“计划到现在还搞不出来，大家意见很多。”他还介绍说：“苏联一九三六年冒进了一次”，结果“物资不够了，工资增加了，消费品供应不上，人民骂娘”。“可难受了，退了三年才扭转过来。”①

但是，个别与会者仍主张下年度的指标可以定得高一些，说：一九五六年的计划是冒进了，但又因为执行计划时松了，“结果形成到处紧张，投资分散，百废俱兴”。为了适应三大改造高潮的需要，计划“出了些冒，在执行中也不应该松”。

周恩来立刻说：“这四个字（指前一个发言者提到的‘冒、松、紧、分’）不能并提，主要是冒了。”“不但年度计划冒了，远景计划也冒了，而且把年度计划带了起来。”因此，现在我们“主要应该批‘左’”。他断然表示：“各部提出不能减的理由，就是完不成第二个五年的数字，达不到第三个五年的水平。我们答复他们：可以达不到。”② 李先念支持周恩来的意见，强调：“今年成绩很大，但问题不少，如不把今年的经验很好加以总结，明年仍然铺那么大，就过不了日子。如果不讲今年冒，明年就压缩不了。”“搞明年计划，首先把党的思想统一了才行。”③

为了统一政府各部门的思想，周恩来请各部党组负责人参加十一月九日的国务院常务会议。

---

① 薄一波在国务院常务会议上的发言记录，1956 年 10 月 20 日、29 日。

② 周恩来在国务院常务会议上的发言记录，1956 年 10 月 24 日。

③ 李先念在国务院常务会议上的发言记录，1956 年 10 月 24 日、25 日。

周恩来在总结发言中说："从苏共二十次代表大会批判斯大林以来，暴露了社会主义建设中不少问题。""苏联发展重工业过多，束紧腰带发展重工业，忽视轻工业和农业，农业发展缓慢，经过三十九年，产量仅高于沙皇时代的最高年产量。发展重工业、忽视轻工业、忽视农业的影响，苏联现在还没有纠正过来，这是需要时间的。这个建设方针影响了东欧国家。""十几年来，他们就是这样搞社会主义的，只搞重工业，不注意人民生活，完全学苏联。"东德、波兰、匈牙利发生的群众闹事，反映了这样做的严重后果。

他指出："我们国家这么大，很落后，人口多，要建设，又要注意人民生活"，现在的速度"已经是很了不起了"。"我们现在根据可能比原来设想的放慢，不能算是错误"。"明年度的计划必须采取退的方针，指标可能要回到北戴河会议的方案"，各部"都应该退"，"有的应该退少，有的应该退多"，"目的是保持平衡"，使"明年不能再有赤字"。这样做，"不发生'左'倾、右倾的问题。不像政治方面，'左'了就是盲动，右了就是投降"。他强调："搞重工业不要失掉人民，否则就没有了基础，就成了沙滩上的建筑物。"我们"就是要在人民需要的基础上建立重工业，重工业要为人民服务，同时也注意轻工业和农业，使人民的长远利益和目前利益结合起来，否则就要吃亏"。所以，对于高指标"应该勇于抵抗，敢于修改，这才是马克思主义者"。①

由于周恩来在会上坚持耐心的说服工作，与会者的认识大体取得了一致。一位参与负责年度计划工作的人说："我是最冒进的一个，总想把工业多搞些。经过几天的会议，我觉得我的想法是有些片面和主观。"

国务院常务会议一结束，十一月十日至十五日，中国共产党

① 周恩来在国务院常务会议上的总结发言记录，1956 年 11 月 9 日。

举行八届二中全会。

开会的第一天，周恩来作了《关于一九五七年国民经济计划的报告》，提出一九五七年应当实行“重点发展，适当收缩”的方针。他说：

“优先发展重工业，这个原则是对的，但是在发展中忽视了人民的当前利益。直接与人民利益关系最大的是轻工业、农业，轻视这两者就会带来不好的后果，就会发生经济发展上的严重不平衡。毛泽东同志在这几个月常说，我们又要重工业，又要人民。这样结合起来，优先发展重工业才有基础。发展重工业，实现社会主义工业化，是为人民谋长远利益。”“如果不关心人民的当前利益，要求人民过分地束紧裤带，他们的生活不能改善甚至还要降低水平，他们要购买的物品不能供应，那么，人民群众的积极性就不能很好地发挥，资金也不能积累，即使重工业发展起来也还得停下来。”“一些社会主义国家发生的事件值得我们引为教训。”

“八大规定的建设方针是，‘为了把我国由落后的农业国变为先进的社会主义工业国，我们必须在三个五年计划或者再多一点的时间内，建成一个基本上完整的工业体系’。”“这个任务的实现是决定于东西的有无，不决定于是否有很高的产量。”“这样一个大国，数量上的增长稍微慢一点，并不妨碍我们实现工业化和建立基本上完整的工业体系。”①

他对这个问题解释道：任何一个国家建设社会主义总要自己有一点独立的能力，尤其像我们这个大国。不然，一旦风吹草动，没有任何一个国家可以支援我们的。“这样一个大国，各方

① 《周恩来选集》下卷，人民出版社 1984 年 11 月版，第 230、232—233 页。

面都要求配合得恰当，不可能只是一个方面单独地搞成，因此速度可能要慢一点。”拿钢铁为例，“我们设想第三个五年计划的指标定在二千万到二千五百万吨上，将来如果执行得好，有可能超过，但是现在不能定到三千万吨。因为定到三千万吨，其他就都要跟上去。像我们常说的，把两脚悬空了，底下都乱了，不好布局，农业、轻工业也会受影响，结果还得退下来。”

他以明确的语言说道：“明年的计划方针应该是，保证重点，适当退却或者适当收缩。”有些东西，过去冒了，现在要收缩一下，但是并不是没有重点。“总的方面是要收缩一下的，不然站不稳，那就会影响我们的货币、物资、劳动、工资等各方面。我们应该意识到，不要使中国也发生‘波兹南’，几十万人或者几千万人站在街头上请愿，那问题就大了。”

针对许多人存在的顾虑，他鼓励大家坚持从实际出发，把思想从原先已定下过的框框里“解脱”出来。他说：

“八大的建议和农业四十条，是规定了每年进度指标的。这两个文件经过我们研究以后觉得可以修改。上不去，就不能勉强，否则把别的都破坏了，钱也浪费了，最后还得退下来。凡是不合实际的都可以修改，这样就把我们的思想解脱了，不然自己圈住了自己。”

他还从对国际形势大局的观察来谈国内经济工作的决策。他说：第一个五年计划制定的时候，朝鲜战争还在打，那时必须加紧重工业和国防工业的建设。一九五三年朝鲜停战以后，我们对整个世界局势还要看一看。“直到日内瓦会议、万隆会议以后，到去年年终和今年年初，才慢慢感到国际局势是缓和下来了。”“在这样的情况下，我们才设想今年、明年把国防工业步子放慢，有些生产规模可以缩小。这也是很自然的。”为了表明这种决心，他斩钉截铁地说：

“设想可能有一个和平时期，容许我们把完整的工业体系建设起来，这是最好的，我们把方针摆在这上面。但是我们还要准备另外一种可能，即发生战争，这决定于敌人是否要冒险。如果今后十二年内发生了战争，那怎么样呢？那不是我们犯了错误吗？到时候打起来军火少了，后备力量动员起来又没有军火，大家就哇哇叫了。”“我们顶多犯那样的错误。”“到那时候将功折罪，戴罪图功。只有这个办法。不然就徘徊歧路，东边走几步又回到西边走。把器材、资金统统集中搞国防工业，别的生产少了，人民的生活也不能改善，各方面紧张，而武器制造出来，仗又不打，炮不能吃，枪也不能吃，子弹生产多了还不利。所以非下决心不可。”①

这天，刘少奇在报告中也就经济建设的比例关系和建设速度问题发表了意见。他说：

“我们应该注意这么个问题，就是国家的积累、社会的积累，用多少资金投资，积累应该多少，重工业与轻工业和农业发展的比例这么一些问题，以及我们工业建设中的速度，放在一种稳妥可靠的基础上。什么叫稳妥可靠呢？就是群众总不能上马路，不能闹起来，还高兴，还保持群众的那种热情和积极性。昨天陈云同志也讲，他主张宁愿慢一点，慢个一两年……每个五年计划慢个一年稳当一点，就是说‘右倾’一点。‘右倾’一点比‘左’倾一点好一些，还是‘左’倾一点好？”“昨天有同志讲，慢一点、‘右’一点，还有一点回旋余地，过了一点、‘左’了一点，回旋余地就很少了。”②

毛泽东对周恩来、刘少奇等的讲话是不满意的。他在十一月

① 《周恩来选集》下卷，人民出版社 1984 年 11 月版，第 233—237 页。

② 刘少奇：《目前时局问题的报告》，1956 年 11 月 10 日。

十五日的讲话中谈了七点意见。他说：

> “要保护干部同人民的积极性，不要在他们头上泼冷水。我们曾经泼过冷水，在农业社会主义改造问题上泼过冷水，不也是促退吗？那个时候我们有个促退委员会。后头我们说不应该泼冷水，就来一个促进会。本来安排的是十八年，一个促进就很快，四十条上写的是一九五八年完成高级化，现在看样子是今冬明春。毛病也不少，但是比那个促退会好一点，农民高兴，（因为能）增产。没有这个合作化，没有这个增产，这样大的灾荒，就不好增产二百多亿斤。”①

毛泽东显然是有不同意见的，但他当时没有提出批评，并且同意一九五七年实行“保证重点、适当收缩”的方针。一九五七年年初批判“反冒进”时，他说他在八届二中全会提出的七条是个妥协方案，是筑一条堤坝，用来挡水的，想挡一挡“反冒进”之水。② “保证重点，适当收缩”的方针，经过充分讨论后被八届二中全会通过并在会后得到比较认真的贯彻执行。

根据当时国际形势发展的需要，周恩来从十一月十七日起出访亚欧十一个国家。这次出访的时间比较长。根据八届二中全会决定的方针，陈云接过了主持具体编制一九五七年国民经济发展计划的担子。

十二月二十七日，陈云主持召开国务院常务会议，根据再次摸清的情况，商讨进一步减少一九五七年基本建设投资问题。他开门见山地提出：“今天集中讨论明年投资减不减、减多少、减

① 毛泽东在中共八届二中全会上的讲话记录，1956 年 11 月 15 日。

② 毛泽东在南宁会议上的讲话记录，1958 年 1 月 12 日；毛泽东在中共中央政治局扩大会议上的讲话记录，1958 年 2 月 18 日。

什么。先把这个问题解决，再讨论其他问题。”“首先考虑到民生，建设就不至于摆得过大。”投资究竟搞多少，“首先是我们几个人负责，我们肩上担负着六万万人的事，如果搞得天下大乱，打我们的屁股”。把投资压缩好，“我们责无旁贷”。“不要怕别人说机会主义”。明年的投资“削了以后，不仅明年平衡，将来也可以平衡”。当然，削减多少要研究。他强调：“明年要削减投资，必须搞些死办法，灵活了不行。”有的项目“不搞就是不搞，人不准增加就是不能增加，要砍就砍下来”。“过去，照顾基本建设多，照顾生产少。应该是首先保证必需的生产，其中主要部分应该保证最低限度的民生，有余搞基本建设。这样基本建设就是冒也冒不了多少。”① 会议决定将基本建设投资再压缩到一百一十四亿元，待进一步核算后提交中央讨论。

出访中的周恩来，在一九五七年一月三日短期回国，停留了四天，七日再次出国。临行那天，陈云前往机场送行。薄一波回忆道：

> “陈云同志送总理回来后赶紧打电话给我，说：‘总理上飞机时同我讲了三次，他要我转告你，基本建设投资不能超过一百亿元。’这时我正准备拍板。于是，我在会上说：‘不要争了，按总理的指示定为一百一十亿元（因为陈云同志讲的是上海话，我把一百亿元听错了，听为一百一十亿元）。’可见，总理反对急躁冒进很坚决。”②

以后，国务院对一九五七年计划的各项指标和财政收支指标进一步作了核算和压缩，在二三月间召开的全国计划会议上安排了一九五七年的计划。

---

① 陈云在国务院常务会议上的发言记录，1956年12月27日。

② 访问薄一波谈话记录，1983年7月23日。

四月六日、八日、十二日，出访亚欧十一国归来的周恩来连续主持国务院第四十四至四十六次全体会议讨论批准《一九五七年国民经济计划（草案）》。他在会上说：这个计划，“一般地说是平衡、积极、紧张的，今年比去年平衡”。各部在工作中，对上对下要注意左顾右盼。比例关系不恰当的，宁愿放慢速度；材料不足时，先满足市场，推迟基本建设。不这样安排，第一个五年计划就难以顺利完成。七月十五日，第一届全国人大第四次会议审议通过了一九五七年计划主要指标。

在《一九五七年国民经济计划》指导下，国民经济健康地向前发展，工农业总产值和财政收入稳步增长，基本实现财政、物资、信贷的三大平衡，保证了市场的稳定，使一九五七年的经济建设成为建国以来进行得最好的年份之一。到一九五七年底，第一个五年计划的经济指标大幅度超额完成。胜利进行第二个五年计划经济建设的大好形势，展现在全国人民面前。

四十八、访问亚欧十一国

为什么周恩来在党的八大开完不久、国内工作十分繁忙的时候，要在一九五六年十一月至一九五七年二月，抽出这样长时间来访问亚欧十一个国家呢?

从世界范围来说，一九五六年的秋冬之交是一个多事之秋。国际上接连发生的两件大事，使万隆会议以来本来已日趋和缓的局势又紧张起来。一件事发生在中东，英、法两国为重新霸占苏伊士运河，联合以色列发动了侵略埃及的战争；另一件事发生在东欧，先后发生波兰和匈牙利事件，苏联出兵匈牙利。这两件事引起世界范围的思想混乱。

面对这两件突然发生的事情，中国政府很快作出反应。十一月初，周恩来先后约见埃及、缅甸、印度尼西亚、印度、南斯拉夫等国驻华大使，公开阐明中国政府的立场。

但是，一些国家，特别是中国周边的有些邻国不仅对英、法、苏等国的做法一概反对，而且由此对新中国强大起来后会不会向外侵略也产生担心和恐惧。十一月四日，缅甸驻华大使吴拉茂在同毛泽东、周恩来谈话时坦率地告诉他们：怕中国侵略，实在是有点怕。① 这种疑惧心理的产生，周恩来早就预料到了。他

① 毛泽东、周恩来会见吴努等谈话记录，1956 年 11 月 4 日。

在这年六月就说过："中国是一个新兴的国家，我们知道，一个新兴的国家，特别是一个大国，往往不能在短时期内得到别人的充分了解，而且还常常引起某些疑惧。如果再加上某些方面别有用心的造谣和挑拨，这种缺乏了解和疑惧的现象还可能加深。但是，造谣和挑拨是经不起事实的考验的，缺乏了解和疑惧，也可以经过较长时期的观察和实际的接触来消除。"①

现在，在国际局势动荡的影响下，"这种缺乏了解和疑惧的现象还可能加深"的现象果然出现了。于是，"亲善四邻，安定友邦"的任务便急迫而突出地摆到新中国的面前。周恩来最初的出访目标是亚洲八国。那时候，越南、柬埔寨、印度、缅甸、巴基斯坦、阿富汗、尼泊尔、锡兰等国先后向中国发出邀请。中国政府决定，由周恩来率领中国政府代表团对这些国家进行友好访问。这是继参加日内瓦会议和亚非会议后，新中国的又一次重大外交活动。

这次访问亚洲八国的目的，周恩来把它概括成三句话："寻求友谊，寻求和平，寻求知识。"这些国家中，除越南外，都是民族主义国家。中共中央认为，在世界分为社会主义阵营和帝国主义阵营的情况下，还存在第三种力量，这就是占世界人口大多数、主要聚居在亚非地区的民族主义国家。他们过去遭受帝国主义的压迫，现在独立了，或正在争取独立。周恩来说："我们的政策要适应这种情况，必须有个战略部署。"② 这个战略部署就是：在加强社会主义各国团结的同时，争取民族独立的国家，共同反对帝国主义的侵略。这是从国际战略的角度来考虑的。从这些国家的内部情况来看，中共中央认为，虽然他们的政治制度与中国不同，但是，这些国家的历史遭遇同中国大致相同，他们的

① 周恩来在全国人大一届三次会议上的发言记录，1956 年 6 月 28 日。

② 周恩来在重庆干部大会上的发言记录，1957 年 2 月 10 日。

民族愿望同中国也是大致相同的，同他们确立睦邻友好关系，可以为中国正在开始的大规模经济建设创造一个良好的国际环境。

离开北京的前一天，周恩来在一次座谈会上把这次出访的意图说得更加明白。他这样讲："匈牙利和埃及事件证明帝国主义不敢大打。我们要利用这一有利形势，使东方局势更加和缓。东方各国彼此利益冲突少，主要是与美国有冲突，局势和缓的可能性存在。"① 以后的事实证明：他这个判断是完全准确的。

出访亚洲各国的第一站，是越南民主共和国。十一月十八日，周恩来飞抵越南首都河内。陪同他一起去的有国务院副总理贺龙、外交部部长助理乔冠华等。一九五四年七月日内瓦协议签订后，越南北方已全部取得解放，但是，南方却落到美国的控制下，成为亚洲地区反帝斗争的一个焦点。因此，周恩来非常重视这次越南之行。

十八日上午十时，周恩来乘坐的飞机飞临越南嘉林机场上空时，地面的人群欢声雷动，一束束鲜花抛向空中。在越南总理范文同陪同下，中国客人乘车前往主席府。"沿路有数万市民聚集在街道两旁，向中国贵宾鼓掌欢呼。"② 越南民主共和国主席胡志明在主席府前迎候周恩来一行。胡志明和周恩来有过一段不平常的友谊。三十四年前，周恩来赴欧洲留学时，同胡志明在法国首都巴黎相识。当时，胡志明已经是一个成熟的马克思主义者，周恩来还刚刚加入中国共产党，因此，周恩来始终把胡志明称作"老大哥"。胡志明在欢迎周恩来的国宴上充满感情地说："对我来说，周恩来是我的兄弟，我们曾经在一起共甘苦，一起做革命

① 《人民日报》，1956年11月19日。
② 《人民日报》，1956年11月19日。

工作。他是我三十多年来的亲密的战友。”① 周恩来在答词中同样充满感情地说：“在我认识胡主席的三十多年中，他的生活永远是如此简单朴素，他的样子、精神和生活方式都没有改变。”②在友好的气氛中，他们互相为对方带上象征友谊的红玫瑰花。

历史上，中国封建王朝曾经侵略过越南，在越南人民心中蒙上过一层阴影。因此，周恩来在河内访问时，特别强调新中国反对大国主义的立场。他说：“我愿意提出保证，中国永远遵守五项原则，坚决反对大国沙文主义，这样来增强各国的友谊和加强各国之间的团结。”③ 十一月二十日，周恩来和贺龙专程到河内市郊参观越南人民为纪念他们的民族女英雄征侧和征贰而建立的“二征王庙”。这两位女英雄曾经在一千九百多年前抗击过中国封建王朝对越南的侵略。周恩来等去“二征王庙”这件事在越南影响很大。当地报纸报道说：“今天的中国和过去的中国大大的不同了，大民族主义正在被清除，而代之以兄弟的情谊。”

在越南访问期间，周恩来同越南劳动党中央政治局进行了五次会谈，并且同范文同总理进行了两次会谈。周恩来谈到目前国际形势、兄弟国家的关系、中越两党和中越两国的关系，以及中国党近几年所办的几件大事和中国从这些工作中取得的经验教训。他在向中共中央的报告中说：“我们特别强调了中国党在把马克思列宁主义的革命理论同中国的革命实践相结合的过程中，根据列宁主义的原则，贯彻群众路线的重要性和纠正错误的长期性。”④

当时，越南党面临着两个突出需要解决的问题：一个是国内财政经济发生困难，预算出现赤字；另一个是越南党在纠正国内

①② 《人民日报》，1956 年 11 月 22 日。

③ 《人民日报》，1956 年 11 月 21 日。

④ 周恩来致毛泽东和中共中央的电报，1956 年 11 月 22 日。

第五期土改工作中，由于没有首先肯定成绩和对发生的偏差及若干错误进行具体分析就开始纠偏，因此，在党内和群众中引起“极大的思想混乱”，他们希望得到中国的支持和帮助。① 经报告中共中央后，十一月二十七日晚，周恩来访问柬埔寨后再回到河内时答复了越南党提出的问题。两党领导人就治理国家、建设国家的有关问题，进行了认真的探讨。越南劳动党的领导人对周恩来“每次所谈的问题均很重视，很认真”。② 周恩来对越南的访问，进一步沟通了双方的思想，加深了中越两党的友好关系和两国人民的友好感情。

十一月二十二日，周恩来结束对越南的访问前往柬埔寨，回报诺罗敦·西哈努克亲王这年二月对中国的访问。

一九五四年日内瓦会议结束后，在美国策动下，成立了东南亚条约组织。当时，柬埔寨王国刚刚独立不久，这个小国不怕美国的压力，在万隆会议上宣布奉行独立、中立和不结盟政策，引起人们的关注。周恩来认为，做好柬埔寨的工作有重要的战略意义。他强调：“一定要交好这个朋友。”③ 新中国和柬埔寨的友好关系就是从万隆会议周恩来同西哈努克的相识开始的。西哈努克后来在回忆录中写道：“周恩来赞赏我的发言，尤其是赞赏我那个轰动一时的‘关于柬埔寨奉行中立政策的声明’。”④

这是周恩来第一次来到这个美丽而富饶的国家。那时，中柬两国还没有正式建交。柬埔寨首都金边只有三十万人，而走出家门欢迎周恩来的就有十万人。在中国代表团必经的道路两旁，烈日炎炎之下，站满了欢迎的人群。对欢迎的盛况，当地报纸是这样评论的：“柬埔寨在历史上从来也没有对它的客人给予过这样

① 周恩来致毛泽东和中共中央的电报，1956 年 11 月 22 日。

② 中国驻越南大使罗贵波致中共中央的电报，1956 年 11 月 28 日。

③ 访问原中国驻柬埔寨大使王幼平谈话记录，1991 年 4 月。

④ 《西哈努克回忆录》，黑龙江人民出版社 1987 年 7 月版，第 253 页。

大的欢迎。”为什么周恩来第一次到柬埔寨就能受到这样隆重的礼遇呢？苏拉玛里特国王在欢迎词中说：柬埔寨人民“尊敬周恩来有两个理由：首先，作为中国人民的代表，总理带来了把两国联系在一起的友好感情；其次，‘他是我们的皇太子（指西哈努克——编者注）最亲爱的朋友’。”① 在柬埔寨访问期间，周恩来等冒着热带的高温，参观了金边、磅湛、磅清扬等城市，并且同国王、王后、西哈努克亲王和桑云首相进行了亲切友好的谈话。周恩来高度赞扬柬埔寨的和平中立政策，提出要进一步加强两国的经济往来。双方谈话的一个重要话题是华侨问题。在历史上，华侨到柬埔寨很早，他们的文化程度比较高，经商也很有办法，逐渐在柬成家立业，发展起来。一般说来，在城市中，华侨有自己的居住区域，不和其他人住在一起，和当地人通婚也较少；而在农村，几乎所有的华侨都和当地人结了婚。周恩来访问时，在五百万柬埔寨居民中就有三十多万是中国的侨民。这个问题能不能处理好，直接关系到柬中两国的友好关系，因此，周恩来对它非常重视。他在谈话中说：“华侨在柬埔寨应遵守当地法律和尊重当地的风俗习惯；可以使华侨慢慢同化，参加柬埔寨的大家庭；华侨和华侨子弟应学习柬文和柬语；鼓励华侨对柬建设投资，在人力、物力两方面对柬埔寨做出贡献。”② 他还向西哈努克、桑云等表示：希望华侨尽量加入柬埔寨国籍，为柬埔寨的建设贡献力量；已经加入柬埔寨籍的华人，更不应该参加华侨的同乡会和其他的华侨团体组织。周恩来对柬埔寨的访问使这两个亲戚般的国家之间的关系有了进一步的发展。一九五八年七月十九日，中柬两国正式建交。

十一月二十八日，周恩来一行开始访问印度共和国。

---

① 《人民日报》，1956 年 11 月 25 日。

② 周恩来访问柬埔寨时同西哈努克会谈记录摘要，1956 年 11 月 23 日。

在亚洲，无论从人口还是从地域面积来说，印度都是仅次于中国的大国。周恩来深知，中印两国的友好，对亚洲地区的和平与稳定有重要意义。他说："印度和中国之间的友谊是保卫世界和平的一个非常重要的因素。"① 因此，同第一次访问印度时相比，他这次花的时间更长，走的地方更多。在周恩来访问亚洲各国的整个期间，他四次路过印度，两次经过印度首都德里，两次经过印度的重要城市加尔各答。他还走访了遍及这个次大陆的南北东西的大城市和工业中心，如：浦那、孟买、班加罗尔、马德拉斯、阿桑索尔、奇特兰詹、辛得利等，受到印度人民的盛大欢迎。

到达印度的第二天，周恩来访问了印度的国会。担任主席的联邦院议长向两院议员介绍周恩来时说："在印度谁不知道周恩来总理？事实上，他就像是我们当中的一个人一样。"他指出："周恩来总理在世界面临战争危机的时候第二次访问印度是有特别的意义的。"② 周恩来在讲话中指出："为了团结的利益，一切爱好和平的国家，首先是作为五项原则——潘查希拉——倡议国的中国和印度，有必要更高地举起五项原则的旗帜。当现在武力又被公然使用来作为解决国际争端的手段的时候，应当重申我们坚定不移的信念。一切国家，不问其社会制度和政治制度的不同，都应当遵守互相尊重领土主权、互不侵犯、互不干涉内政、平等互利、和平共处的原则。历史将要证明：一切违反五项原则，企图把一方的意志强加给另一方的做法，在现代的国际关系中，最后都会是行不通的。只有实行五项原则，才能符合我们时代的要求。"他说："中国人民深深知道，要搞好建设，就像尼赫鲁总理所说的'和平是一种绝对的必需品'。""对中国人民来说，

① 《人民日报》，1956年12月4日。
② 《人民日报》，1956年12月1日。

没有比和平更可贵的了。”[①] 在周恩来发言的二十分钟里，议员们二十次以击桌鼓掌的方式表示欢迎。

同尼赫鲁会谈，是周恩来访问印度的一项重要议程。会谈中，双方就国际问题和两国关系问题交换了意见。在这期间，英、法和以色列在埃及人民的英勇抗击和世界舆论的压力及联合国的干预下，被迫宣布停火撤军；匈牙利国内也平静下来。但是，这两个地区仍然是国际关心的焦点。周恩来和尼赫鲁的会谈也主要是围绕这两个问题进行的。关于埃及问题，周恩来在会谈中指出：“中近东的混乱虽然还会继续一个时期，但是大规模战争的可能性是很小的。这种混乱情况，固然一方面由于阿拉伯国家本身的弱，但是，另一方面也是由于英、法在侵略战争中失败后转而在阿拉伯国家内部制造分裂。此外，美国企图在中近东取代英法的地位也增加了阿拉伯国内的混乱。”对美国企图在中近东取代英法地位的看法，尼赫鲁“未表示异议”。他强调联合国部队的任务是监督撤兵，安理会通过的解决埃及问题的六条原则应该成为下一步解决航行自由问题的根据，反对英美法的国际管制计划。周恩来同意这些看法。[②] 对匈牙利问题，双方存在不同的看法。周恩来强调：“苏联应卡达尔政府的要求出兵挽救匈牙利的社会主义制度，是不得已而为的事，当时只能如此，否则，反动势力得逞，匈牙利将恢复旧的反动统治。”[③] 尼赫鲁承认有颠覆分子进入匈牙利，也承认如果匈牙利落入西方国家之手，将是对社会主义国家的一个威胁，希望卡达尔政府能够稳定国内局势。但是，对苏联出兵问题，他坚持不同的意见。[④] 这些分歧，没有影响会谈的友好气氛，相反加深了彼此的相互了解。

---

① 《人民日报》，1956 年 11 月 30 日。

② 周恩来会见尼赫鲁谈话记录，1956 年 12 月 9 日。

③ 周恩来致中共中央的电报，1956 年 12 月 3 日。

④ 周恩来会见尼赫鲁谈话情况的报告，1956 年 12 月 9 日。

为了满足各国记者的要求，十二月六日和九日，周恩来先后在马德拉斯和加尔各答召开记者招待会，回答他们提出的涉及范围很广泛的问题。参加招待会的除印度和中国记者外，还有来自苏联、英国、法国、美国等国的记者，人员十分复杂。一些西方国家的记者事先做了准备，如果周恩来的回答出现一点差错，他们马上就向全世界大肆宣传。然而，周恩来沉着冷静，对答如流，使人找不到一点漏洞。美国《纽约时报》的一位记者感叹地说：周恩来到底比咱们强！印度的一些官员也称赞周恩来是从未见过的如此智慧的政治家。

周恩来访印期间还做了一件重要的工作，就是争取滞留印度的西藏十四世达赖喇嘛·丹增嘉措回国。

为什么达赖会来到印度？为什么他要滞留印度而不回国呢？这要从西藏的历史谈起。西藏是中国不可分割的一部分，但是，十九世纪后期，英国为代表的西方侵略势力以同中国相邻的印度为基地，向西藏进行渗透活动，并攫取种种特权，企图把西藏从中国分裂出去。印度独立后，统治集团中有些人仍想继承英国过去在西藏的一些特权，保持它在西藏的特殊地位和影响。一九五〇年，为了阻止中国人民解放军进藏，控制西藏地方政府的以达扎·阿旺松饶为首的亲西方的分裂分子，在金沙江以西昌都地区以武力相抗，遭到沉重打击。西藏上层统治集团发生分化，达扎被迫下台，十四世达赖喇嘛·丹增嘉措于十一月十四日亲政。为了和平解放西藏，毛泽东和周恩来对达赖做了大量的争取工作。在大势所趋下，一九五一年，西藏地方政府派出以阿沛·阿旺晋美为全权首席代表的代表团到北京，同中央人民政府指定的以李维汉为全权首席代表的代表团进行谈判，经过充分讨论，在五月二十一日达成《中央人民政府和西藏地方政府关于和平解放西藏办法的协议》。与此同时，周恩来还派人迎回因同达赖集团发生矛盾而避居青海的十世班禅额尔德尼·确吉坚赞，促成了西藏内

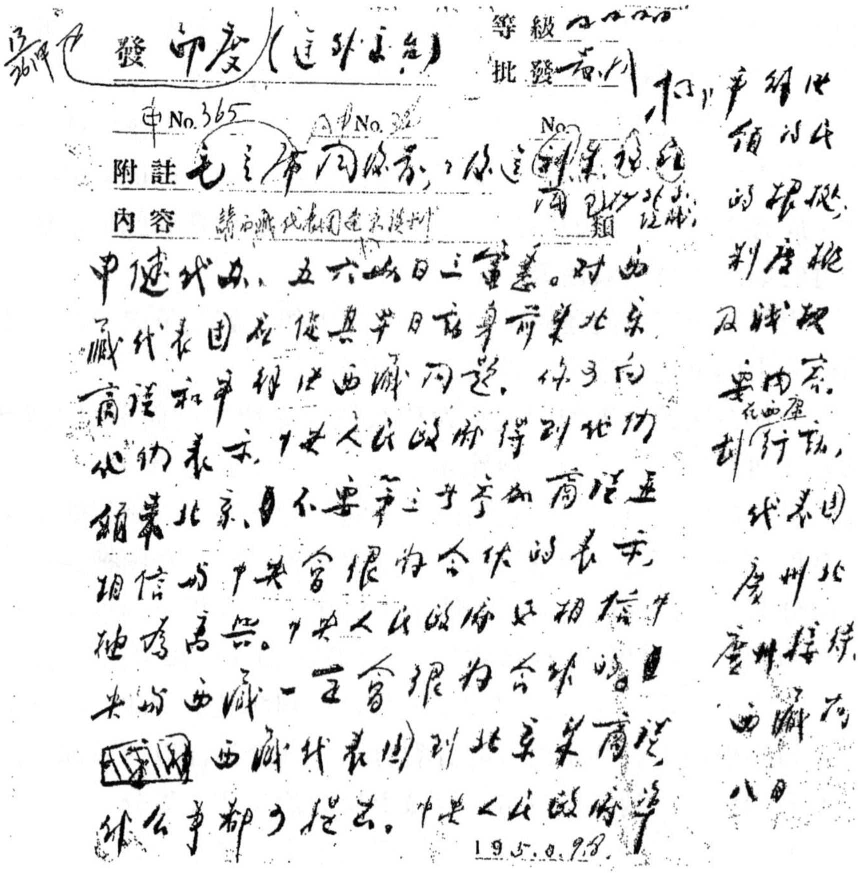

1950 年 9 月 8 日，周恩来为中共中央起草的欢迎西藏代表团“早日前来北京商谈和平解决西藏问题”的电报手迹

部的团结。一九五四年七月，在毛泽东和周恩来的关怀下，达赖和班禅同时当选为第一届全国人民代表大会代表。这项举措，推动西藏地区的工作有比较快的发展。一九五六年西藏自治区筹委会成立，达赖当选为主任，班禅当选为副主任。

筹委会成立后，西藏一些地区开始进行社会改革，取得一些成效。但是，由于很多西藏上层人士对改革有抵触和疑惧，一些人借江东（金沙江以东）地区改革中出现的偏差进行煽动，使昌都地区在七月下旬发生武装叛乱。西藏出现比较复杂的政治形势。正在这个时候，印度政府邀请达赖和班禅前往印度参加释迦牟尼涅槃二千五百周年纪念活动。这时，是否允许达赖出国是一个难以决定的棘手问题：如果不允许他出国，西藏人士会产生误解和不满，甚至可能会发生更大的事件；如果允许他出国，达赖可能受到坏人包围，滞留国外搞西藏独立。经过反复慎重的研究，中共中央决定还是允许达赖出去。毛泽东说：“佛菩萨死了二千五百年，现在达赖、班禅他们想去纪念他，让他去，还是不让他去？中央考虑再三认为还是让他去好，不让他去不好。”“有人说，达赖可能不回来了，也可能不仅不回来了，而且天天骂娘，说‘共产党侵略西藏’等等。”① 十一月二日，周恩来出访前夕，致电达赖和班禅，传达中央的精神。阿沛·阿旺晋美后来说：“总理电报来得很及时，否则要酿成事故。”② 十一月二十日，达赖从拉萨出发到日喀则会同班禅经亚东赴印度，二十五日到达德里。事情果然如中共中央所估计的那样：达赖到印度后，受到他的哥哥——从美国赶来的晋美诺布·嘉乐顿珠，以及从江东跑出去的一些叛乱分子和长期在印度进行分裂活动的坏人的包围。他们认为“达赖喇嘛来到印度，这是十分难得的机会”，要

① 毛泽东在中共八届二中全会上的发言记录，1956 年 11 月 15 日。

② 西藏工委致中共中央的情况报告，1956 年 11 月 22 日。

求达赖留在印度领导“西藏独立”。[①] 这就是周恩来在印度期间需要做争取达赖回国工作的原委。

十一月二十九日、十二月三十日、一九五七年一月一日，周恩来三次同达赖谈话，做说服工作。在第一次谈话中，达赖报告了西藏自治区筹委会成立以来的工作情况。他说，这一时期比较重要的一点是在团结方面出了一点问题，西康改革中发生叛乱之后，大家议论纷纷，思想极为不安，我们对此问题经常解释说，中央的政策是正确的，只是下面在执行政策上有错误和缺点。周恩来说：汉族干部无论在自治区委员会或在地方，都应该尊重藏族干部，使藏族干部真正做到有职有权。训练藏族干部的事情不要办得太急，应该在自觉自愿的基础上来进行。他又说：西康土改没有搞好，引起昌都地区的一些混乱，现在中央已派王维舟同志带领访问团去处理善后问题。这项工作中有偏差，有些事情没有搞好，不能光怪下面的干部，上面也没有抓紧及时纠正。西藏，包括昌都及前、后藏三个地区的一切改革都要得到你们的同意。毛主席这次要我转达你，现在肯定不谈改革，在大家都没有安置好以前不改，而先将自治区成立起来，培养干部，做好其他方面的工作，将西藏的贫困情况予以改变，使大家的生活先好过起来。[②] 十二月三十日，周恩来在谈话中更明确地指出：“根据协议，西藏的领导人即达赖不同意是不进行改革的。现在毛主席要我告诉你，可以肯定在第二个五年计划以内，根本不谈改革；过六年之后如可以改的话，仍然由达赖根据那时的情况和条件决定。将来如何改革，现在也不要讨论，因为讨论时反容易引起不必要的误会和疑虑。现在主要是做好建设，发展西藏的经济，改善人民的生活。只有经济发展了，人民的生活好过了，包括贵

① 中国驻印度大使潘自力会见阿沛·阿旺晋美谈话记录，1957年1月9日。

② 周恩来会见达赖谈话记录，1956年11月29日。

族、寺庙的生活水平均应比现在有所提高，那时看情况再谈改革，办法也就多了。”“西藏是很贫困的，发展建设一定要中央拿出钱来帮助。”① 达赖告诉周恩来：“现在主要的是随行官员中的思想发生很大的变化，他们在西藏时只听到一面的话，看到一面的事，想法亦较单纯，这次出国后接触了许多原来在此的西藏人，他们只说坏的，不说好的，使这些随行官员的思想被扰乱了。这是最复杂最不好处理的。”②

听到达赖所说这些情况后，周恩来在一九五七年一月一日约见了在达赖身边的几个主要官员。周恩来对他们说：“西藏的主要问题是改革问题”，“改革是要改了之后对当地人民对大家都有利才改。改了没利，那么就可不改”。他还严肃地指出：在西藏搞叛乱、反对中国，我们是不允许的。使自治区尽早成立起来，西藏的事情就能办好，达赖的威信也就越高。可是现在有人想把达赖留在印度并搞西藏独立，这是走不通的。③ 周恩来的谈话“非常详细而且明确彻底，对他们的思想帮助很大”。④ 达赖事后对中国驻印度大使潘自力说：“总理的谈话真解决问题，不但稳定了我的思想，同时稳定了大部分官员的思想。如果这次总理不在这里，那就太困难了。”⑤为了加强西藏内部的团结，周恩来还同班禅谈话，劝他多尊重达赖，搞好关系。

周恩来同尼赫鲁接触中也谈到西藏问题。尼赫鲁表示，印度政府承认西藏是属于中国的，印度一向尊重中国对西藏的主权，有些不满意的人跑出来住在印度是允许的，但不能进行政治活动，向西藏进行颠覆，危害中国主权，如果发现了要禁止。关于有些坏人在噶伦堡活动问题，尼赫鲁承认那里是国际间谍的活动

①② 周恩来会见达赖谈话记录，1956年12月30日。

③ 周恩来会见达赖随行官员谈话记录，1957年1月1日。

④⑤ 潘自力会见达赖谈话记录，1957年1月3日。

地，他过去没有注意这个问题，以后注意；如果在噶伦堡发生问题，他就要采取行动禁止。尼赫鲁还表示："印度政府对西藏的态度只是宗教上联系，没有政治企图。"周恩来说："我们欢迎发展宗教联系，不但和印度，而且和东南亚各佛教国均要发展这种联系。但是我们反对那种以宗教为外衣而以政治为内容的活动。"

一九五七年一月三日，周恩来飞离印度时在机场对达赖讲，相信他能够做出正确的选择。达赖事后对潘自力说："他和中央完全信任我能够决定得正确，希望我早回去，这些话非常重要。"① 由于周恩来细致耐心的工作，以及阿沛·阿旺晋美等西藏爱国民主人士的协助，班禅和达赖先后返回西藏，避免了分裂事件的发生。

一九五六年十二月十日，周恩来一行从印度飞往缅甸。

缅甸，是民族主义国家中最早表示承认新中国的国家。一九五〇年六月八日，中缅两国正式建交并互派大使。一九五四年周恩来第一次访问缅甸时，和吴努总理共同发表的和平共处五项原则的联合声明给缅甸人民留下了深刻印象。因此，这一次，他们对周恩来的来访表现出更大的热情。十二月十二日，巴宇总统在欢迎周恩来的宴会上说："周恩来总理是缅甸人民的真诚的朋友。"他提出："在这世界处于恐惧、猜疑和紧张状态中的时候，我们不仅可以以口号而且以实例证明，和平共处的五项原则就是走向世界和平的道路。"周恩来十分赞成巴宇总统"树立共处的榜样"的提议。他说，中国将不懈地坚持贯彻五项原则的精神，力求加强同缅甸和其他亚非国家人民以及全世界人民的友谊和团结来反对殖民主义，保卫独立和主权，保卫世界和平。②

缅甸是个多民族的国家。在访问期间，周恩来除了在首都仰

---

① 潘自力会见达赖谈话记录，1957年1月3日。

② 《人民日报》，1956年12月13日。

光和主要城市曼德勒、眉谬等地参观外，还到了许多少数民族地区，受到热烈的欢迎。十二月十三日，周恩来一行到达克钦邦首府密支那，邦长吴赞塔信把克钦包和克钦剑挂在周恩来肩上，对他说："按照克钦族的风俗，这个布包是表示你已经被当做我们克钦家族的一员，这把剑是表示保护我们的家族。"① 十五日，周恩来和缅甸总理吴巴瑞等来到中国云南德宏傣族景颇族自治州的芒市，参加在那里举行的中缅边境人民联欢大会。这是周恩来几次到云南中第一次到少数民族聚居的地区。参加大会的有居住芒市附近的傣族和从三百里外赶来的景颇族人，也有不远千里而来的拉祜族人和来自缅甸的掸族、克钦族朋友。周恩来在晚宴讲话中说：我们两国的确是山连山，水连水，地理上把我们连在一起，边界不能够把我们的友谊分开。这次联欢活动推动了两国边民的友好和团结，对两国关系进一步发展有特殊意义。

十二月十七日傍晚，周恩来和吴巴瑞等回到仰光。十八日和十九日，两国总理连续举行会谈，就边界问题、华侨问题和国际形势问题坦率地交换意见。讨论国际形势时，周恩来全面分析了帝国主义、社会主义和民族主义三种力量的关系，指出社会主义和帝国主义在对民族主义国家的态度上是对立的。他说，中国坚持反对大国主义的立场。② 针对吴巴瑞担心大国侵略的忧虑，周恩来诚恳地表示，就中国来说，这是不会发生的，中国是一个大国，但我们自觉地提出反对大国主义，我们说话是算数的。吴巴瑞听了这些话非常高兴，他说：中国反对大国沙文主义，这对小国是一种鼓舞，我们相信中国能够实行。十九日，周恩来会见美国哥伦比亚广播公司记者爱德华·穆罗，详细回答了他所提出的中国对匈牙利问题的看法、中苏团结等问题。这篇讲话于十二月

① 《人民日报》，1956 年 12 月 15 日。

② 中缅两国总理会谈记录，1956 年 12 月 19 日。

三十日在哥伦比亚广播电视节目中播出，产生了广泛的世界性影响。在缅甸十天的访问再一次给缅甸人民留下了深刻印象。吴巴瑞评价说："周恩来总理对缅甸的友好访问'为中缅友谊大厦增添了另一根支柱'"，"这个大厦是按照五项原则建造的，而周恩来总理是这些原则的主要建筑师之一"。①

十二月二十日，周恩来开始访问巴基斯坦伊斯兰共和国。巴基斯坦和印度原来不是两个国家，在十八世纪和十九世纪，这个广阔的地区沦为英国的殖民地。第二次世界大战结束后，在世界形势的影响和当地人民的强烈反抗下，英国不得不考虑放弃对这个地区的统治，允许他们取得独立。一九四七年三月，蒙巴顿勋爵出任印度总督，负责权力移交事宜。当时，由于印度教和穆斯林之间存在着尖锐的冲突，蒙巴顿提出，按居民宗教信仰把英属印度分为印度和巴基斯坦两个自治领。西旁遮普、信德、俾路支、西北边境省以及孟加拉、阿萨姆的一部分等穆斯林占多数的地区组成巴基斯坦，其余部分组成印度联邦；土邦可以自由选择加入任何一方。这个方案在六月三日正式公布，称为"蒙巴顿方案"。

中巴之间的文化和经济往来早在公元五世纪就开始了，中国的高僧法显和玄奘为寻求知识先后来到这个国家。周恩来说："今天我们落到法显和玄奘的后面了。他们在学习其他国家，特别是邻国的优秀文化方面树立了榜样。"② 在整个访问期间，周恩来到了西巴基斯坦的卡拉奇、海德拉巴、白沙瓦、拉合尔这样一些历史名城，也到了东巴基斯坦的达卡和锡特拉基河上富庶的纳拉扬甘吉工业区，受到热烈的欢迎。东巴基斯坦首席部长阿陶尔·拉赫曼说："为中国总理举行的这次欢迎会是他的同胞自从独

① 《人民日报》，1956 年 12 月 20 日。
② 《人民日报》，1956 年 12 月 26 日。

立以来为任何外国客人所举行过的最盛大的一次。”[①] 十二月二十六日晚，周恩来在拉合尔谈到他的访巴目的时说：我们这次访巴的第一个目的是寻求友谊。我们所到之处受到盛大的欢迎，这说明两国人民之间有着深厚的友谊，这种友谊是建立在反对殖民主义和建设自己的国家的共同愿望的基础上的。我们访问的第二个目的是寻求知识。过去曾经有中国的学者到过巴基斯坦，现在我们又来了，中国人民要向不论大小的一切国家学习，特别要向邻邦学习。我们访问的第三个目的是寻求和平。苏拉瓦底总理访问中国时看到中国人民是要和平的，我们这次访问看到巴基斯坦人民也是要和平的。为了建设自己的国家，我们两国人民今后长时期内都要和平。[②] 周恩来所谈的这三点，实际上也是他访问其他国家的根本目的。

和前面几个国家不同的是，巴基斯坦独立后，参加了当时受到美国控制的东南亚条约组织和巴格达条约组织。周恩来认为要做好同这个国家的友好工作。在这次访问中，苏拉瓦底向周恩来表示，保证不参加美国对中国的侵略战争，在相互关系上，巴基斯坦不提和平共处五项原则，但是同意万隆十项原则。周恩来认为这就是两国的共同点。

在巴基斯坦，周恩来同样受到大群外国记者的追问，他们提出的敏感问题是“克什米尔问题”。按照“蒙巴顿方案”规定，穆斯林占多数的地区组成巴基斯坦，其他地区组成印度联邦，但对克什米尔却规定可以自由选择加入印度或巴基斯坦或保持独立。一九五三年以来，巴基斯坦坚持在克什米尔举行公民投票，而印度认为克什米尔是“印度联邦不可分割的一部分”。因此，克什米尔问题成为印巴之间长期存在的主要争端。周恩来认为印

---

① 《人民日报》，1956 年 12 月 31 日。

② 《人民日报》，1956 年 12 月 28 日。

巴分治是英国分而治之政策的结果。他对记者说："我们对这个问题正在研究阶段，在中国有这样一个原则，没有研究就没有发言权"，但是"希望看到印度和巴基斯坦和睦相处，并且解决他们之间的争执"。对记者提出的另一个敏感问题——台湾问题，周恩来用英语提醒他们：台湾是中国的内政，"台湾过去是，现在还是中国的一个省份"。①

十二月三十日，周恩来结束对巴基斯坦的访问，经印度回国。

按照预定计划，周恩来结束对巴基斯坦的访问后应该前往阿富汗。但是在这以前，十一月三十日和十二月四日，周恩来还在印度访问时，先后收到中共中央的两封电报。前一封电报中说，苏联的尤金大使会见刘少奇时口头转达赫鲁晓夫的意见，希望周恩来访问南亚后到莫斯科一谈，"政治局常委认为在目前形势下，我国总理由苏方正式邀请访问苏联，是有必要的"。② 后一封电报中说，波兰大使来谈，他们的国会选举时间是一九五七年一月二十日，迫在眉睫，希望中国予以帮助。中央认为"如果统一工人党失去领导权，那是很不利的。因此，我们认为你去一次波兰是有必要的"。③ 十二月八日，周恩来复电中央，同意去苏、波访问的意见。为了避免过多地牵动访问南亚各国的日程，他建议将访问阿富汗的时间推迟。④

一九五七年一月三日，周恩来回到北京，做访问苏联、波兰的准备工作。在北京停留的几天中，周恩来的工作非常忙，他除了同邓小平、张闻天、王稼祥商谈访问东欧的事情，向外国使节

① 《人民日报》，1956 年 12 月 26 日、31 日。

② 中共中央致周恩来的电报，1956 年 11 月 30 日。

③ 中共中央致周恩来的电报，1956 年 12 月 4 日。

④ 周恩来致中共中央的电报，1956 年 12 月 8 日。

通报访问南亚的情况外，几乎每天晚上都要参加中央会议。①

一月七日，周恩来乘坐一架白色的图—104喷气式专机飞往莫斯科。和他同行的是贺龙、王稼祥和中国驻苏联大使刘晓。

飞机在莫斯科市郊的伏努科夫机场降落。那天，天气十分寒冷，正飘着细细的雪花，但是，机场上仍旧站满欢迎的人群。苏联党和政府主要领导人几乎都在场，还有正在苏联访问的德意志民主共和国总理格罗提渥率领的代表团全体成员。

赫鲁晓夫这么急切地邀请周恩来访问苏联，是因为苏共二十大后，在东欧先后发生了波兰和匈牙利事件。在这些事件背后，一方面有帝国主义插手进行的颠覆活动，另一方面是由于本国领导的错误和这些国家同苏联之间的矛盾。波兰和匈牙利这两个社会主义国家，都是第二次世界大战后在苏联的帮助下发展起来的，但是，由于他们不加分析地完全按照苏联的模式进行经济建设，片面发展重工业，忽视人民的物质生活需要，引起人民群众的不满。同时，苏联对波、匈等兄弟国家长期采取大国主义的政策，干涉他们的内政，也激起波、匈人民的反抗情绪。一九五六年六月二十八日，矛盾首先在波兰爆发，广大群众一方面要求政府提高物质生活福利，另一方面要求政府把苏波关系建立在平等独立的基础上。十月十九日，以哥穆尔卡为首的波兰统一工人党举行二届八中全会准备纠正以往工作中的错误时，赫鲁晓夫却赶到华沙进行干涉，同时调动驻波苏军进行威胁，造成苏波之间的紧张局势。与此同时，在匈牙利发生的政治事件出现更严重的情况。事件发生后，曾在一九五五年被开除党籍的纳吉·伊姆雷组成新政府，宣布退出华沙条约，脱离社会主义阵营。在这种情况下，以卡达尔为首的匈牙利工农革命政府成立，请求苏联出兵进行干预，把事件平息下来。匈牙利事件发生后，南斯拉夫共产主

① 周恩来办公室台历，1957年1月3日、4日、6日。

义者联盟总书记铁托发表谈话，公开指责苏联，号召把各国党的“斯大林主义分子”赶下台。这些接连发生的事，使苏联陷入十分被动的处境。赫鲁晓夫邀请周恩来访苏正如他所说的，就是想请中国帮助缓解一下矛盾，“促进一下社会主义的团结”。①

实际上，在周恩来出访前，为了克服社会主义阵营内部的危机，中共中央已经做了许多努力。一九五六年四月和十二月，《人民日报》先后发表了根据中共中央政治局扩大会议讨论写成的《论无产阶级专政的历史经验》和《再论无产阶级专政的历史经验》两篇编辑部文章，澄清了苏共二十大以来出现的一些错误思想。波兰事件发生后，毛泽东在十月二十一日晚举行的中共中央政治局常委扩大会议上指出：苏联准备对波兰进行武装干涉，违反起码的国际关系准则，是严重的大国沙文主义。会议一致同意坚决反对苏联的武装干涉。接着，中共中央又派出刘少奇、邓小平等组成的代表团前往苏联进行调解，着重批评苏联的大国沙文主义，同时也劝说波兰党顾全大局。这些工作取得一定成效，苏联发表了改进社会主义国家关系的宣言，苏波关系有所缓和。但是，问题并没有完全解决。正如邓小平回国后向中央汇报时说的：“从波兰和匈牙利的情况看，已经出现了否定苏联的一切以至否定十月革命的倾向，各自夸大民族特性，否定国际共性。苏共领导人虽然开始感到过去大国主义一套不灵，但并未觉悟到必须改弦易辙。我们帮人要帮到底，今后还需要向两方面多做工作。”②

周恩来肩负着维护社会主义阵营团结的使命来到苏联。他的访问受到苏联各界的热烈欢迎。

从一月七日至十日和一月十七日至十九日，周恩来分两个阶

① 周恩来会见卡达尔谈话记录，1957 年 1 月 11 日。

② 吴冷西：《忆毛主席》，新华出版社 1995 年 2 月版，第 15 页。

段在苏联访问。在整个访苏期间，周恩来的大部分时间用于同苏共领导人布尔加宁、赫鲁晓夫、米高扬、谢皮洛夫会谈，前后共谈了五次。在前一阶段的会谈中，周恩来谈话的主题是世界战略方针问题。一月八日，双方举行第一次会谈。周恩来着重阐述了毛泽东提出的“世界讲和，长期防御”的世界战略方针。他说：在社会主义和帝国主义两个对立的阵营外，还存在正在形成的第三个集团，这就是民族主义国家如亚非国家、拉丁美洲国家及将要走向中立的国家。这些国家从经济社会制度来说是资本主义国家，但属于第三个阵营。“目前，在民族主义国家这一地区展开着斗争。帝国主义想占领这个地带，因此发生反殖民主义的斗争。因此，如果我们能坚持我们的战略方针，我们就能够争取更多的国家，推动反殖民主义的斗争。我们想请你们考虑，有否这个可能，应否采取这个战略方针。”① 赫鲁晓夫对这个问题没有提出原则性的不同意见，但他表示：“具体问题还得研究。”② 在第二天的会谈中，周恩来又一次谈了对民族主义国家的态度，说：“他们处在中间状态，不是社会主义国家，也不是帝国主义国家。在反对战争、要求和平、反对殖民主义、要求独立的斗争中可以做我们的朋友，成为我们反对帝国主义的同盟军。但他们怕社会主义，怕社会主义革命的道路。”他谈到东南亚有些国家的不安，说：“所以我们强调反对大国主义，使他们安心。”③ 第三天的会谈主要谈波兰问题。周恩来说：“党内的问题，我们的经验主要靠他们自己。”“同时，我们卷到中间去很不好办。”④ 由于苏方参加会谈的只有苏维埃主席团的四位成员，所以，周恩来又利用布尔加宁举行的有苏维埃主席团委员、候补委员和一些

① 中苏两党第一次会谈记录，1957 年 1 月 8 日。

② 周恩来致中共中央的电报，1957 年 1 月 9 日。

③ 中苏两党第 2 次会谈记录，1957 年 1 月 9 日。

④ 中苏两党第 3 次会谈记录，1957 年 1 月 10 日。

部长参加的宴会上，重申了他的观点。他还谈到中国共产党过去纠正自己错误的经验和加强思想教育的重要性。在宴会上，伏罗希洛夫、莫洛托夫、马林科夫、卡冈诺维奇、苏斯洛夫、尤金以及许多东欧国家的使节对《人民日报》发表的《再论无产阶级专政的历史经验》表示祝贺。赫鲁晓夫、布尔加宁、米高扬在会谈中却没有提到它。

对苏联第一阶段的访问结束后，周恩来到了波兰和匈牙利。

一九五七年一月十一日，周恩来到达波兰首都华沙，这是他第二次来到这座城市。周恩来第一次访问华沙是一九五四年日内瓦会议结束后。当年到机场迎接周恩来的现波兰部长会议主席西伦凯维茨满怀深情地回忆说："波兰人民永远不会忘记，周恩来总理一九五四年到波兰的时候，曾经对足以防止侵略力量再起的解决德国问题的办法所表示的支持。"① 周恩来这一次到波兰正临近波兰议会选举的前夕。虽然波兰统一工人党在努力纠正工作中的错误，但是，许多群众、甚至党员对政府工作仍不满意，同苏联的对立情绪仍很强烈。波兰《人民论坛报》一位负责人对新华社记者说："人民，尤其是党员，对这次访问抱有很大兴趣，因为，中国党和政府对我们党的充分谅解和支持，有着特殊的意义。"周恩来访波的目的十分明确，他说："我们去波兰的方针主要是支持，在群众中支持。"② 一月十五日，周恩来在中国驻波大使馆举行的欢迎会上，公开表示支持以哥穆尔卡为首的波兰统一工人党，对改善波兰党内的情况和加强波兰统一工人党在大选中的地位起了重要作用。

帮助波兰党处理同苏联的关系是周恩来访波的又一个重要任务。他花了大量时间同波兰党的负责人谈话，其中单独同哥穆尔

---

① 《人民日报》，1957 年 1 月 15 日。

② 中苏两党第 3 次会谈记录，1957 年 1 月 10 日。

卡谈了两次，最后一次一直谈到天亮。一月十一日，双方举行第一次会谈，哥穆尔卡详细介绍了波兰的情况。他认为：波兰事件发生的最主要原因是党的领导脱离群众。他说：工人上街游行的直接原因是工资太低，因为党没有实现六年计划中许下的诺言，但是，假如原来党群关系好些的话，也不会发展到罢工的地步。哥穆尔卡指出：党的主要缺点是，在通过各民族自己的道路走向社会主义及对社会主义建设问题上的思想准备不够。最近中国报纸上发表的《再论无产阶级专政的历史经验》提出，要分清两类矛盾，反对修正主义思潮，社会主义国家对外应保持团结等观点对波兰帮助很大。关于苏波关系，他认为主要的问题是没有建立在平等和独立的基础上，而这个问题是人民所关心的。哥穆尔卡说：苏共二十大后，波兰党内分成两派，一派要求改变这种状况；另一派害怕会由此引起苏联外部的干涉和内部反动势力的上涨，这样就形成党内斗争，党的领导在很大程度上瘫痪，不能按照形势的要求来进行工作。直至党的二届八中全会，要求重新调整苏波关系的力量才有所增长。但在八中全会的第一天，赫鲁晓夫就率领代表团到华沙，表示“要进行强硬干涉”。苏联军队也作了调动。消息传开后，华沙立刻沸腾起来。他还说，匈牙利事件时，波兰国内的反动势力才抬头，但是，党从政治上采取措施，稳住了形势。周恩来在谈话中充分肯定了波兰党的立场。他说：“我们兄弟党之间的关系应该用合乎马列主义的原则来解决。社会主义国家之间的关系只能在平等的原则上来解决。”① 苏波问题不只是两党和两国间的问题，也是两国人民间的问题，这里面夹杂着民族感情。周恩来同意哥穆尔卡的这些观点：应该把苏联的作用及社会主义国家间的团结问题在人民群众中做很多教育工作，相互之间有意见应该从内部去解决，不应该公开争吵。他

① 中波两党会谈记录，1957 年 1 月 11 日。

强调："尽管与苏联的关系中有很多问题，可总的归纳起来不外乎是不平等。但是，与苏联作为第一个社会主义国家以及其带头作用这点比较起来，那都是只属第二位了。"周恩来说："苏联虽然有错，但是他开创了十月革命的道路，而这条路总还是对的。""我们都是列宁时代的党，大家都还在摸索道路，多少都会犯些错误，应该互相帮助。"① 当天晚上，周恩来单独会见哥穆尔卡，进一步深入讨论苏波关系。哥穆尔卡坦率地说：关于苏联的领导作用，我们有些看法。不可否认，苏联是第一个社会主义国家，是最强的国家。一九四八年以来，波兰党整天强调苏联的领导作用，但是现在我们不公开强调苏联的领导作用，因为，在许多党员及人民群众心中"领导作用即意味着命令和一切模仿苏联"。周恩来说："目前承认以苏联为首、社会主义国家团结起来很重要，这样才能更有力地与敌人进行斗争。社会主义国家可以通过相互往来、商量，增进相互信任团结。"至于不同的意见，周恩来认为可以求同存异。② 在第二天的会谈中，周恩来对波兰党的工作提出了八项建议。他还谈到，匈牙利事件和波兰事件是不一样的，我们支持苏联在匈牙利问题上的态度，当时需要果断的措施，决心是很难下的，但是为了挽救社会主义，我们准备挨全世界的骂。③

一月十四日，周恩来收到王炳南大使转来的毛泽东的一封来电。电报中说："波兰党的根本路线应当承认是正确的。关于团结一切可能团结的积极力量向党内外的右倾力量和暗藏反革命分子进攻（在实际行动上要分期分批）的问题，请你找一个机会向波兰领导同志谈一下，并征求他们的意见，因为这个问题是波兰

① 中波两党会谈记录，1957 年 1 月 11 日。

② 周恩来会见哥穆尔卡谈话记录，1957 年 1 月 11 日。

③ 中波两党会谈记录，1957 年 1 月 12 日。

各项问题中的最根本的问题。”① 第二天，周恩来将这份电报转交哥穆尔卡。哥穆尔卡十分感谢中国党的支持，同时强调，波兰的情况和中国不同，波兰曾经被瓜分过，帝俄是主要占领国，波兰人民对英、美、法没有憎恨感情，因为他们过去口头上主张波兰独立。中国人亲眼看到过英美等国的帝国主义行为，而波兰人看到的是帝俄军队的占领，中国人民能接受的波兰人民不一定能接受和理解。经过几天的会谈，尽管波兰党对一些问题还有保留意见，但仍表示：“周恩来总理的发言中有许多有意思的、有趣的、有益的东西，我们将仔细地研究。”②

事后，周恩来致电毛泽东说：“波兰领导上是正确的，党与群众是有联系的，中心问题还没有掌握好。”③

会谈以外，周恩来等参观了波兰的第二大城市、著名的工人运动中心罗兹，钢铁制造中心诺瓦胡塔，波兰西部的工业基地弗罗茨瓦夫和古都克拉科夫。那几天，尽管下着雪，人们还是万人空巷地出来欢迎。他们一遍又一遍地唱着家喻户晓的古老歌曲：《让他在我们中间活一百年》。周恩来后来说：“这种景象是我们永远也不能忘记的。”④

一月十六日上午，周恩来离开华沙飞往匈牙利首都布达佩斯。

由于匈牙利的局势比较混乱，最初，中国方面并没有打算去匈牙利。到苏联后，赫鲁晓夫建议周恩来去一趟，帮助缓和一下苏匈关系。为了促进社会主义阵营内部的团结，周恩来不顾个人

① 毛泽东致周恩来的电报，1957 年 1 月 14 日，手稿。

② 中波两党会谈记录，1957 年 1 月 12 日。

③ 罗光禄致毛泽东的报告，1957 年 1 月 18 日。

④ 《周恩来外交文选》，中央文献出版社 1990 年 5 月版，第 190 页。

安危当场答应下来。① 匈牙利方面得到消息后，立即派卡达尔总理秘密飞往莫斯科会见周恩来。卡达尔说："匈牙利自新政府成立以来，除了苏联以外已有几个国家派了党政代表团访问了匈牙利，我们认为周恩来同志访匈是很好的，在国内和国际上加强我们政府的地位方面是会起不可估量的作用的。因此，哪怕是去访问两个钟头也是好的。这次能去布达佩斯一天，我们是很高兴的。"他又说："《人民日报》这篇文章给了我们很大帮助。这绝不是客气，对那些思想混乱的好人，对动摇的共产党人影响很大，因为他们对中国无怀疑，无偏见，比《真理报》讲这些话要好。"②

周恩来在上午九时进入布达佩斯。匈牙利的社会秩序正在恢复，但仍很混乱，街上还有放冷枪的。中共中央十分关心周恩来的安全，要求中国驻匈牙利大使郝德青每两小时向国内报告一次周恩来的活动情况。由于匈牙利的电讯局遭到破坏，大使馆内无法发报，只能通过匈牙利外交部同国内取得联系。为了保证周恩来的安全，在他住的宾馆外停着苏联的坦克。③ 这天下午，周恩来出席了匈牙利社会工人党布达佩斯临时执行委员会在建筑工人大厦举行的党和非党积极分子大会，这是事件发生后这个委员会举行的第一次群众性集会。周恩来在会上发表讲话，充分肯定"匈牙利人民在对反革命阴谋进行斗争中所取得的胜利，具有世界范围的重要意义"，"六万万中国人民支持匈牙利人民的斗争"。他的讲话赢得了在场的一千五百名代表的热烈掌声。晚上，中匈两党举行会谈。周恩来在谈话中说："这回来此地很好，我们能够在布达佩斯亲眼看到恢复的情况，有事实说明秩序在逐步改

---

① 访问中国驻匈牙利大使郝德青谈话记录，1984 年 11 月 17 日。

② 周恩来会见卡达尔谈话记录，1957 年 1 月 10 日。

③ 访问郝德青谈话记录，1984 年 11 月 17 日。

善。”[①] 会谈一直到深夜。第二天一早，使馆工作人员给他送来他喜欢吃的鸡汤面，他没有来得及吃一口就匆匆赶往机场。郝德青后来回忆说：“总理在匈牙利只停留了二十四小时，也整整忙了二十四小时，真是辛苦极了。”周恩来在匈牙利遭到严重破坏、处于最困难的时候来到布达佩斯，使许多匈牙利人很受感动。当时一直陪伴周恩来访问的郝德青离任时还为此被授予国际勋章。

一月十七日，周恩来回到莫斯科。当天下午，他不顾旅途的疲劳，立刻开始同赫鲁晓夫、布尔加宁等进行第二阶段的会谈。第二天发表中苏联合声明。中苏间在前后两个阶段的会谈中发生过不少争论。二十四日，周恩来在给中共中央的报告中写道：

> “他们常常把苏共党的利益同各兄弟党的利益对立起来，常常把个人领导的利益同党的利益对立起来，常常把苏联的利益同世界人民的利益对立起来，这样就使得他们常常主观地、片面地、冲动地设想问题和解决问题，而不能客观地、全面地、冷静地把上述两方面的利益结合起来。这样他们即使纠正了一个错误也不能保证不犯另一个错误。他们即使有时承认这是自己的错误，也只是为着应付一时，而并非彻底的觉悟。这样的例子可以举出很多。我曾经两次向他提出‘担心’的问题，比如兵临华沙实行威胁，这显然是武力干涉兄弟国家兄弟党的内部事务，而并非镇压反革命。这种严重错误他曾经承认过，甚至就在这一次谈话中他们也承认干涉兄弟党内部事务是不许可的。但是，他们却又狡辩这不是错误。”
>
> “关于批判斯大林问题，赫鲁晓夫只承认秘密报告是在群情激愤的情况下作的，未能作全面分析，更未考

① 中匈两党会谈记录，1957年1月16日。

虑到报告泄密的后果。还承认后来虽然做了一些补救工作，但已经来不及了。但是，当我们对斯大林进行全面分析提到思想根源和社会根源等问题时，他们屡次都不愿接触。”

“关于各兄弟党遇事协商问题，他们承认二十次大会批判斯大林时根本未想到事先同各兄弟党会商。”

“关于波兰问题，波兰事件明明是由于历史上波俄之间民族隔阂很深，战后多年来工作又未做好，最近兵临华沙一举更是影响很坏，所以目前波党不便提出‘以苏为首’的说法。波兰同志也承认同苏联同志间互相信任不够，而哥穆尔卡正尽力挽回这些不利的情况，尽力调整波苏关系，表示坚决镇压反苏的挑衅行动。但是苏联同志还是强调波兰人民都是亲苏的，有反苏情绪的只是个别坏分子，而不愿把对苏联怀有不满情绪的人同坏分子区别开来。在对波兰问题上苏联同志更不愿意接受大国主义的批评，持这种态度也就不能从根本上说服波兰同志。”

“在国际局势问题上，我觉得他们考虑或者应付具体的现实问题多，缺乏对于整个局势的全面分析和预见，考虑和讨论世界战略和远景问题很差。虽然在会晤过程中，我曾经两次提出讨论国际局势和我们提出的战略方针，但是几乎都没有得到深入的讨论。”“另一方面，在策略问题上由于原则性不够明确，故有时灵活无边，常常不能通过具体策略的正确运用去圆满地实现总的战略方针。我感觉这里更主要的是他们缺乏对于局势的好坏两种估计，缺乏辩证观点，所以在国际事务中也常有发生使人担心的事件的可能。”

“虽然如此，中苏关系较斯大林在世时毕竟是不同了。第一，现在是大敌当前，极需加强中苏的团结互助，这个最高原则双方是认识到的，也是都承认了的。第二，中苏两国可以平等地坐在一起开始讨论问题了。即使苏联同志对某些重大问题持不同意见，但不能不同我们讨论。中国党的文章正在影响苏联的干部和人民，乃至某些领导人员。第三，各兄弟国家和各兄弟党之间也已经不再像过去那样一塘死水不能争论了，现在不同的意见可以讲了，这有助于推进团结和进步。第四，苏联广大人民是热爱中国的，对中国人民的成就和力量的壮大是感到高兴的，对中国人民的友爱是与日俱增的。但是，人民的骄傲自大并未全去，而且又增长了自由主义的气氛。这次对我们的接待是十分隆重的，这也表示苏共领导同志是想在人民面前和全世界面前搞好。第五，一方面他们领导人中有些唯我独尊、利令智昏，既缺乏远见，又不懂人情世故，一年来虽然碰了不少钉子，但是受益还不大；另一方面，他们却也有时表现信心不足，内心有些恐惧，所以在对外事务中和兄弟党的关系中常常采取一些吓人的手段。他们同我们谈话中有时也谈些真心话，但是就是不肯放下架子。总结一句：我觉得对他们不做工作已经势在不许，但是又绝不能求成太急。因此，恐非有计划有步骤长期而耐心地进行这个工作不可。”①

这份详细的书面报告，对中共中央全面了解苏共领导层的思想状况，做好下一步工作有十分重要的帮助。经过十几天的奔波，周恩来访问苏联等国的预期目的基本达到。

① 周恩来致中共中央、毛泽东并抄王稼祥的报告记录，1957年1月24日。

一月十九日，周恩来飞抵阿富汗。阿富汗位于中亚，它的东北部同中国毗邻。几百年来，中阿两国始终保持着密切的贸易和文化往来。历史上著名的“丝绸之路”从阿富汗北部通过。阿富汗是一个农业国，是世界上最不发达的国家之一，在国际事务中常常受到一些大国的歧视。新中国对阿富汗采取完全平等的态度，使阿富汗人民很受感动。周恩来到达阿富汗后受到隆重而热情的欢迎。达乌德首相在欢迎词中说：周恩来是“在人们比过去任何时期都更加感觉需要国际友好和谅解这样一个时期来进行访问的”，“我们希望你们会在阿富汗人民心中找到好客的热情，希望友好的光芒会驱散严冬的酷寒，而使你们在我们国家所进行的访问成为难忘的访问”。这是周恩来第一次访问这个国家。他十分赞成达乌德的看法，说：国际友好和谅解现在比过去任何时候都有更重大的意义。他希望这次访问不仅能够有助于增进中国同阿富汗的友谊，而且能够有助于亚洲和世界和平。

访问苏联等国后，周恩来感觉很疲倦，原想到阿富汗时能休息一下，但是，他在阿富汗的五天中，活动日程依然排得很满。他访问了首都喀布尔、南部大城市坎达哈，还参观了意大利帮助修建的索罗比水电站。在阿富汗期间，周恩来同查希尔国王和达乌德首相进行了亲切友好的会谈。会谈中，周恩来说明中国的睦邻政策和和平共处五项原则，支持阿富汗奉行的中立政策。查希尔表示十分钦佩中国，“不仅因为中国表现在物质上的强大，尤其是在国际事务中所采取的政策”。[①] 中国和阿富汗之间也存在边界问题，达乌德提出要在阿富汗走廊修一条公路。周恩来赞成这个意见，表示可以研究。会谈中涉及最多的是国际形势问题。周恩来说：无论是社会主义国家还是帝国主义国家都应该尊重民族独立国家的独立和主权，不干涉他们的内政，不侵犯他们的自

① 中阿两国会谈记录，1957年1月19日。

由和自主；在经济上平等互利，不附任何政治条件。周恩来还强调，我们主张集体安全，不搞军事集团，做到真正和平共处。这些民族独立的国家，也可以得到帝国主义国家的帮助。美国对他们的帮助，对美国经济发展也有利，这样世界和平就有了保证。达乌德认为周恩来的讲话是合理的，是合乎逻辑的。他说："我希望这种合乎逻辑的立场会得到成功，非但对中国有利，也是对世界和平有利。"① 周恩来同阿富汗领导人的接触，增进了相互之间的了解，为两国友好关系翻开了新的一页。

一月二十四日，周恩来告别阿富汗，经印度去尼泊尔。尼泊尔位于喜马拉雅山南麓，是个历史悠久的内陆国家。二十五日，当飞机在绿色的加德满都河谷降落时，周恩来一行受到尼泊尔首相阿查里雅和等候在机场的人群热烈而隆重的欢迎。在周恩来经过的途中，群众越聚越多，有些街道上连屋顶和树上都站着人。沿街房屋的每一层楼口都有穿着节日服装的妇女向周恩来和阿查里雅抛撒鲜花、花瓣、炒玉米，并且按照尼泊尔风俗向他们撒朱砂粉。当周恩来和阿查里雅到达宾馆时，他们从头到脚都被朱砂粉染红了。在二十六日的晚宴上，阿查里雅称周恩来为他"个人的朋友"和"尼泊尔在喜马拉雅山那一边的亲密的朋友"。② 他相信，周恩来对尼泊尔的访问将大大有助于中国和尼泊尔之间的友谊和亲善精神的发展。由于时间的关系，周恩来没有机会到远离首都加德满都的地方参观，但是，他仍然深深地感受到尼泊尔人民对中国人民的友情。周恩来和阿查里雅多次进行了友好而诚挚的会谈，在许多问题上取得一致的认识。双方认为亚非团结对于维护世界和平具有重大意义，亚非国家应该超出他们彼此间细小的分歧。尽管亚非国家有着不同的社会制度，但在维护他们各

① 中阿两国会谈记录，1957年1月22日。

② 《人民日报》，1957年1月28日。

自人民的福利的伟大目标上是一致的。两位总理还指出，他们心目中各国之间的团结并不限于亚非国家，而且也为世界上一切爱好和平国家的真正团结提供了基础。

一月二十九日上午，周恩来离开加德满都前在国家大厦举行了七十分钟的记者招待会，回答了新闻界普遍关心的几个问题。关于一九五五年开始的中美会谈搁浅的原因，周恩来指出："美国老是希望别人让步，而自己却不想做任何让步，这就是不能达成妥协的原因。"关于中国、印度、尼泊尔三国之间存在的不同认识是否会妨碍亚非团结的问题，周恩来指出，所谓"不同"，正如尼赫鲁所说的是"友好的不同"，它们不会妨碍三个国家之间的团结，也不会妨碍亚非国家之间的团结。关于克什米尔问题，周恩来表示刚刚开始研究，但他说如果把这个问题交给联合国解决是得不到什么好结果的，应该劝印度和巴基斯坦这两个姐妹国家自己坐下来讨论和解决问题。①

周恩来访问的最后一个国家是富饶美丽的岛国锡兰（后称斯里兰卡），这也是一个同中国有着悠久友好往来的国家。三十年前，周恩来赴欧洲求学第一次路过锡兰首都科伦坡时，曾被这个城市的美丽所打动。今天，在周恩来眼中"它仍然是那样美丽，但是不同的是，它已经不再处于殖民主义之下了。他说：'它将永远属于锡兰人民。'"②

五十年代初期，当新中国受到帝国主义的封锁、禁运，经济十分困难的时候，锡兰同中国签订了五年大米和橡胶贸易的协定，给予新中国巨大的支持。从此，中锡两国的友谊日益发展起来。从一九五七年一月三十一日开始，周恩来对锡兰进行为期五天的访问，锡兰人民对周恩来的欢迎比以前对其他客人更热烈。

① 《人民日报》，1957年1月31日。

② 《人民日报》，1957年2月5日。

班达拉奈克总理在欢迎会上说：周恩来的到来“正是在极其需要大家为解决世界纠纷而贡献力量的时候”，不论我们两国存在什么分歧，锡兰人民对中国是怀有友好感情的。周恩来走访了这座城市的许多地方，首都科伦坡引起他对往事的回忆。周恩来还到了古都康提和波隆纳鲁瓦。他被邀请在锡兰独立九周年庆祝大会上讲话。在那天的会上，一位高僧走上台，尊敬地称他为“中国人民的英雄”。周恩来还同班达拉奈克就两国共同关心的问题进行了友好的谈话。虽然，他们对某些问题的看法有分歧，但在许多原则问题上立场是一致的。双方主张促进五项原则的实施；主张加强亚非国家的团结；主张不同制度的国家和平共处；主张国际争端应该和平解决；反对成立敌对性的军事集团；反对一月五日美国政府宣布的“艾森豪威尔主义”，即由美国来填补英、法殖民主义者在中近东地区遗留下来的所谓“真空”。周恩来指出：“这些主张的实现，将能有助于世界和平的加强。”①

从一九五六年十一月十八日起至第二年二月五日结束，周恩来对亚欧十一国的访问前后共近八十天，全部旅程大约有五万四千多公里。二月五日，当周恩来离开锡兰途经印度加尔各答市时，他在广播演说中总结这段不平常的历程说：“我们是抱着寻求友谊、寻求和平、寻求知识的目的访问印度和其它亚洲国家的。现在当我们回去的时候，我们可以满意地说，我们的愿望已经实现了。”

---

① 《周恩来外交文选》，中央文献出版社1990年5月版，第206页。

四十九、解决中缅边界问题

一九五七年二月十三日，周恩来途经昆明、重庆回到北京。

这次出访任务已经圆满地完成了，特别是在亚洲各国。周恩来回到北京的第二天说："在亚洲看到人民普遍强烈地要求和平和友好，因为亚洲国家的遭遇相同，都要求取得民族独立，需要和平环境发展自己的国家。所以亚洲人见面分外亲热，这点使我们深深感动。"① 但亚洲国家之间并不是没有分歧和争端，特别是一些历史遗留下来的问题需要妥善处理，其中比较突出的是中缅边界问题。

在缅甸，吴巴瑞和吴努都曾对他说："这个问题不宜久拖，否则外力破坏的可能性就会增加。"② 缅甸方面的担心不是没有根据的，在埃及事件和匈牙利事件发生后，有的西方大国利用缅甸对中国的恐惧心理一直在进行挑拨，企图破坏亚洲地区的和平。周恩来清楚地看到这一点，十分理解缅甸方面急于解决好两国边界问题的心情。二月十八日，他在这次访问报告的提纲中写道："问题应当解决，但决不应妨碍团结，致为殖民主义者所乘。办法是相见以诚，通过和平协商，按照五项原则和万隆决议解

---

① 周恩来和日本教职员会工会教育考察团谈话记录，1957年2月16日。

② 周恩来致中共中央的电报，1956年12月21日。

决。最困难的问题是边界问题，现有多处遗留。中缅之间亦有边界问题。中缅曾经商谈，可望获得公平合理的解决。”① 同时，他也认识到，及时而妥善地处理好这个问题对中国自身创造一个长期稳定的睦邻友好的国际环境也是十分必要的。因此，周恩来回国后花了许多时间和精力来关心和处理这个问题。

边界问题，不只是中缅两国关系中的问题。它是新中国对外关系中必须处理好的一个十分重要的问题，很早就受到周恩来的重视。一九五三年，中国驻缅甸第一任大使姚仲明回国述职，周恩来曾对他说：“我们的对外关系中，有切身利害的是两个问题：一个是华侨问题，一个是边界问题。我们同周边国家都有边界纠葛，解决好这个问题是十分重要的。”② 一九五五年万隆会议期间，周恩来代表中国政府首先同印尼之间顺利地解决了华侨的双重国籍问题，在这方面树立了范例。这样，如何解决好边界问题就变得更加突出了。一九五六年一月，他又对巴基斯坦大使阿哈默德说：中国同一些国家还有边界问题没有解决好，“如果使所有这些问题都严重化，那就会天天吵架，我们就没有精力进行建设了。”③

中国的边界线漫长而曲折，单拿陆地疆界来说就有二万多公里长。和中国接壤的国家有朝鲜、原苏联、蒙古、阿富汗、巴基斯坦、印度、尼泊尔、不丹、锡金、缅甸、老挝和越南。中国在封建王朝统治时期，正像封建时代的许多国家一样，它的四至边界一向不那么明确，而处在“犬牙交错、出出入入、分而又合、合而又分”的状态。在边境地区，还散居着不少部落。这种历史遗留下来的复杂状况，使边界问题的解决有着极大的难度。中缅

① 周恩来：《关于访问亚欧十一国的报告（提纲）》，1957年2月18日。

② 访问姚仲明谈话记录，1995年8月8日。

③ 周恩来同巴基斯坦大使阿哈默德的谈话记录，1956年1月4日。

边界的情况也是这样。一八八五年英国侵入缅甸后，划定了一部分边界，又制造了许多纠纷，遗留下不少没有解决的问题。一九四八年缅甸独立后，同中国之间的未定界问题十分引人注意就是这个原因造成的。新中国建国之初，面对许多重大而迫切的问题需要处理，因此，包括中缅边境在内的所有边界问题都没有来得及处理，采取了“暂维现状”的方针。①

缅甸同中国的云南省接壤，蜿蜒曲折的边界线呈南北走向，有二千七百多公里长。新中国成立时，中缅边界的大部分已经划定，但有三段还存在没有解决的问题。

第一段是南段，即佧佤山区的一段。这里一直居住着勤劳的佤族人，他们长期过着部落生活。一八八五年，英国占领缅甸后，它的军队从来没有到达这个地方。而那时，中国却到达了这个地区的班洪部落和班老部落。在班老那个地方有银矿，中国政府曾经动员民工去开采过。一八九四年和一八九七年，中英两国先后签订的两个条约，对这一段边界都有一些规定，但由于有关条文自相矛盾，这一段边界长期没有确定下来。为了造成既成事实，一九三四年初，英国派军队进攻班洪和班老地区，遭到当地佤族人民的英勇抗击，没有得逞。七年后，也就是一九四一年，中国面临抗日战争的严重危机时，英国又乘机借封闭滇缅公路（当时连接中国和外国的主要通道）来施加压力，强迫中国政府用换文的方式，在佧佤区划定了一条边界，把班洪和班老辖区的一块划入英国占领地，这就是人们通常所说的“一九四一年线”。不久，由于爆发了太平洋战争，双方没有来得及在这条线上竖立界桩。缅甸独立后，继承这个协定，班洪和班老在“一九四一年线”以西的这块土地被划入缅甸的自治邦——掸邦。

第二段是南畹河和瑞丽江汇合处的勐卯三角地，又名南畹三

① 周恩来批发的《中共中央关于中缅边界问题的指示》，1956年10月31日。

角地。这个地方是中国的领土，面积约有二百五十平方公里。过去英国在条约中也明文承认这一点。但是，一八九四年中英两国签订第一个中缅边界条约以前，英国不经中国同意，强行通过这个地区修建了由八莫到南坎的公路。到一八九七年，中英两国签订第二个中缅边界条约时，英国又以“永租”的名义取得了对中国这块领土的管辖权。缅甸独立后，继承了这个地区的“永租”关系。

第三段是尖高山以北的一段。这段边界过去始终没有划定。清朝时，有一些地方两国都没有管，由一些部落在这里散居着。英国在这个地区曾不断制造纠纷，借机扩大它的殖民领域。最严重的是，一九一一年初英国武装侵占片马。这个事件激起中国人民的强烈义愤，抗议运动风起云涌。在中国人民的强大压力下，英国政府不得不在一九一一年四月十日照会中国政府，正式承认片马、岗房、古浪三处各寨属于中国。但是，事实上，英国仍一直侵占着这个地区。缅甸独立后，继承了英国的统治。

由于中缅边界问题由来已久，问题本身又十分复杂，因此，新中国一开始处理这个问题就采取了审慎的态度，有准备、有步骤地寻求解决办法。

周恩来最早接触这个问题是在一九五四年夏第一次访问缅甸时。有一天，在使馆休息时，周恩来对姚仲明说：“要清醒地估计到，两国发表和平共处五项原则的声明后，如何先急后缓地解决一些两国关系中的实际问题，像边界问题等势将提上日程。”他要姚仲明抓紧研究，以便因势利导，避免落后于事态的发展。果然，在最后一次会谈中，吴努向周恩来提出，希望早日解决两国边界问题。姚仲明说：“周恩来真是事事想到前面了。”① 当

① 访问姚仲明谈话记录，1995年8月8日。

时，吴努提出这个问题的直接原因是边界南段发生的情况引起的。五十年代初，中国云南解放时，国民党军队残部李弥率几千人逃往缅甸，盘踞在掸邦地区。此后，他们不断向中国境内进行破坏和骚扰。一九五二年，中国人民解放军追剿时，进入南段“一九四一年线”以西的地方，并且在那里驻扎下来。当时，缅甸内战还未结束，无暇顾及这个地区。而到一九五四年，缅甸内战已经结束，开始向这里派遣部队。为了避免出现军事冲突，吴努希望两国政府抓紧解决这个问题。周恩来对吴努说：“希望有一点时间，把情况弄清楚后再正式商谈。”这年十二月，吴努应邀访问北京，双方第一次就边界问题全面而认真地交换了意见。在会谈中，双方的主要分歧是对未定界的认识。缅甸方面认为只有北段边界存在问题。中国方面认为南、北两段都存在问题。当时，陪吴努一起来访的吴敏登对周恩来说：“南段边界是已定界。”周恩来当即指出：“这是你们的观点。”尽管双方存在不同认识，会谈还是取得很大成效。十二月十二日，中缅两国总理发表的会谈公报中指出：“中缅两国边界尚未完全划定，两国总理认为，有必要根据友好精神，在适当时机，通过正常的外交途径，解决此项问题。”① 以后，周恩来每次出访路过缅甸，都要谈到边界问题，寻找解决问题的途径。

然而，正当中缅两国领导人为解决边界问题进行积极努力的时候，一九五五年底，在中缅边界南段未定界的黄果园附近，双方的前哨部队由于误会而发生一次武装冲突。那天清晨，边界线上大雾浓密，几步外什么都看不清。中国军队巡逻到黄果园附近时，同缅甸军队相遇，由于弄不清情况，互相开了枪。事隔不久，缅甸军队在北段边界又占领了五个地方。由此，边境局势一下子变得异常紧张。更严重的是，黄果园事件发生后，缅甸《民

① 《人民日报》，1954年12月13日。

族报》歪曲事实，攻击中国侵入缅甸，并且把两国正在协商中的问题全部公布了。与此同时，美国借这个事件大做文章，极力渲染中国正在对外“扩张”，并且支持马尼拉条约国搞了一次军事演习，制造紧张空气，威胁到东南亚地区的和平。在这种情况下，周恩来感到：“解决中缅边界问题应该加快步伐了。”①

一九五六年初，中缅两国政府就边界问题开始频繁接触。这年春夏之交，缅甸政府接连致信中国政府，主要内容是，要求中国军队撤出一九四一年线。为了慎重而妥善地解决这个问题，从一九五六年下半年开始，周恩来认真研究了中缅边界的全部情况。他要求外交部会同云南省和中国驻缅使馆等部门，把对中缅边界的调查研究工作摆到议事日程的重要地位。他一再强调，除了同缅方在交换意见中缩小分歧外，对一切有关问题都要事先认真摸透，做到心中有数，方能在同缅方交换意见时提出恰当切实的建议。他说：“如若仓促从事，反而不利于问题的合理解决。”周恩来亲自认真地查阅有关中缅边界问题的各种资料，研究中缅边界涉及的各项问题，设想解决这些问题的各种方案。他经常同有关同志一起讨论，有时请他们当场回答一些问题，有时又请他们提出需要进一步调查的题目。周恩来反复告诫他们：对如此复杂的边界问题，想当然绝对不行，若明若暗也绝对不行，一定要做到了如指掌，胸中清晰有数，才能提出好主意。

经过一段时间的深入调查和研究，周恩来认为孤立地解决这个问题对中国是不公正的。这同他两次派往边境实地考察的中国人民解放军总政治部副主任萧华得出的结论是一致的。萧华说：“这是一条比较难于承认的线，需要研究。”

八月下旬，周恩来形成一个同时解决南北两段问题的方案。这个方案得来很不容易，用毛泽东的话说是“周总理读了几本

① 访问姚仲明谈话记录，1995年8月8日。

书，我们把过去的文件和书都研究了又研究”的结果。[①] 八月二十五日和二十七日，周恩来两次会见吴拉茂，向他提出这个方案。周恩来首先指出：“应该按照吴努的建议，成立关于边界问题的联合委员会。这个委员会应该谈判解决南北两段边界问题，这样才是公道，否则就不能寻找到解决的办法。”关于具体方案，他提出：“在南段，即使我们承认一九四一年线是有困难的，但是，我们还是愿意考虑把中国军队撤离一九四一年线以西的地区。我们同时要求在北段，缅甸军队也从片马、岗房、古浪这三个同样由英国文件承认是中国的地方撤走。我们还要求缅甸军队撤出今年在北段所占领的五个地方。双方军队撤走后，我们应该保证，另一方的军队不进入撤出的地区，这样就可以把双方隔离开来，由联合边界委员会寻求一个对边界问题的恰当解决。”周恩来还强调：“北段的问题不是一个历史问题，而同南段一样，都是法律问题和实际问题。”[②]

会谈中，吴拉茂交给周恩来一封吴巴瑞的信，信中强调缅甸国内存在的困难，希望中国政府能够答应他们的要求。吴拉茂说：“缅甸政府处在困难的境地。特别是因为国会在八月三十日要开会，希望在此以前能解决一些问题。”周恩来表示理解缅甸方面的困难，他说：“既然缅甸政府坚持自己的意见，我们作为友邦，应该慎重地加以研究。”[③] 同时，周恩来也严肃地指出黄果园事件发生后缅甸国内出现的一些错误舆论。他说：“中国毫无侵略缅甸的意思，我们正忙于建设，我们国内还有许多没有开发的地方，而且我们的制度也不容许我们进行侵略。至于说我们采取军事行动，那更谈不到，李弥的军队已经在缅甸多年，但是

① 毛泽东会见吴努等谈话记录，1956 年 11 月 4 日。
② 周恩来会见吴拉茂谈话记录，1956 年 8 月 27 日。
③ 周恩来会见吴拉茂谈话记录，1956 年 8 月 25 日。

我们从来没有在报上说过一句伤害缅甸政府的尊严的话，这是别的国家所不会做的。”①

由于缅甸方面一时难于转变认识，如果双方继续就这些具体问题进行争论，只能使谈判陷入僵局。因此，周恩来决定暂时先不讨论具体问题，而先确定一个解决问题的原则，统一彼此的见解，为总的解决开拓道路。这时，国际上相继发生的埃及事件和匈牙利事件，引起缅甸方面的恐慌。为了解除缅甸方面的疑虑，周恩来在出访亚欧十一国前夕，主动邀请吴努访问中国。

从十月二十五日至十一月四日，周恩来同吴努进行了四次会谈。在第一天的会谈中，周恩来根据新中国的和平睦邻政策，以及对边界问题调查研究的结果，向吴努提出一揽子解决中缅边界问题的三点原则性建议：第一，关于南段未定界，周恩来指出：“我们承认，缅甸有权用纯法律的理由来提出这个问题，因为缅甸承继了英国的统治。国际法上有一个原则，新的政府可以承袭过去政府的既成事实，不管过去政府是被交替的或者是被推翻的。但是，我们过去都是被压迫的民族，现在独立起来了，我们应该既考虑本国的愿望，也考虑对方的愿望。我们承认缅甸有权在法律上提出这个问题。我们要求缅甸方面也承认，中国人民承认一九四一年线在情感上的困难。”周恩来还说：“我们准备把驻在一九四一年线以西地区的军队撤出。我们愿意得到缅甸政府的保证：缅甸军队不进驻我军过去驻扎的地区。”周恩来的这个要求包含两个意义：一个是立桩划界以前，军队最好不要急于进去。另一个是缅甸政府可以先派人进去做工作，因为当地民族很强悍，必须先做好工作，搞好关系，否则要出乱子。第二，关于勐卯三角地区，周恩来考虑到如果断然收回这块“永租地”，缅甸北部交通会面临严重困难，因此十分体谅地说：“中国人民认

① 周恩来会见吴拉茂谈话记录，1956年8月25日。

为，这块土地最好由中国收回，但是因为缅甸有公路通过，我们愿意提出这个问题来商量，究竟应该如何收回。”第三，关于北段未定界，周恩来建议：“自尖高山以北边界没有划定，我们愿意看到缅甸政府定出时限，把缅军从片马、岗房、古浪三地撤出，中国军队保证不进入这一地区，以待划定界限。”周恩来强调：“以上三点要联系起来解决，才能改变我在前边所说过的情况。这个方式比较好，缅甸的要求可以得到满足，也照顾了中国人（民）的感情，便于我们进行解释。”① 这三点建议后来写入十一月五日中国政府的备忘录中。周恩来提出的这个全面而又兼顾双方利益的建议使吴努深受感动，他说：“你说不会容许边界问题来破坏中缅的友谊，我非常感激。中缅友谊正是我们设法在五项原则的基础上建立起来的，友谊非常有价值。”他赞成：“在解决边界问题的时候，要向前看，而不要向后看。”②

在二十六日的会谈中，周恩来进一步阐述了自己的意见，他提出，双方可以组成一个边界委员会，这个委员会在南段的任务是立桩，在北段的任务是划界，在勐卯三角地的任务是寻找具体的解决办法。他建议缅方，对南段问题应该“一方面说这段边界应该是一九四一年线，另一方面也承认一九四一年线是英国乘中国之危强加于中国的。现在既已成为事实，就应该维持下来。那么你们既向人民做了交代，又对中国表示了友好”。对勐卯三角地的“永租”问题，“应该想个办法来解决”，“可以同边界问题全盘联系起来研究”。对北段的划界，周恩来认为应该有一个大致的方向，按照传统习惯线划界，就是在尖高山以北、恩梅开江以东。他说：“中缅北段边界可以划到接上‘麦克马洪线’的一点为止，但是这是我们之间的一个默契”，“将来划界时，把英国早在一九一一年承认是中国领土的片马等三地划入中国。这一点

①② 周恩来会见吴努谈话记录，1956 年 10 月 25 日。

现在我们也不宣布，便于缅甸做工作”。①

为了说服吴努，二十七日，周恩来又在西花厅家中单独会见他，谈话气氛十分融洽。吴努认为：“整个说来，中国政府的建议是公平的。”这使周恩来很高兴。他对吴努说：“我们不仅以这样的原则来对待中缅边界问题，而且也用同样的原则来对待我们同印度、巴基斯坦、阿富汗、苏联、蒙古、朝鲜、越南的边界问题。”②

在中缅两国的谈判中，周恩来提出了“互谅互让”的主张。对有争议的问题，他总是坚持先弄清事实的由来，抱着现实的态度，通过友好协商，寻求公平合理的解决。会谈期间，缅方认真研究了周恩来的建议。事后吴努告诉周恩来：“我和缅甸政府的一些人都感到满意，内阁的外交小组也认为周总理的建议是合理的。”③ 由于建议中的一些内容涉及到缅甸克钦族的切身利益，吴努请来克钦邦的三位首领吴赞塔信等前来一起参加会谈。十一月三日，会谈继续进行，周恩来向克钦邦首领耐心解释了中国这样提出问题的原因和好处。吴赞塔信十分感动，他说：“对周总理这样耐心的解释非常感谢。能这样讨论问题，就不会有不能解决的问题。”吴努在一旁也表示：“现在中国是一个强大的国家，缅甸是一个弱小的国家，中国能提出这样合理的方案，我非常满意。”

在友好的气氛中，周恩来进一步表达了他的愿望：把“与缅甸的边界问题解决好，作为典范。”④ 这是周恩来酝酿已久的想法。他准备以解决中缅边界问题作为开端，创造经验，提供范例，再争取逐步同其他邻国一一解决历史遗留的边界问题。为什

① 周恩来会见吴努谈话记录，1956 年 10 月 26 日。

② 周恩来会见吴努谈话记录，1956 年 10 月 27 日。

③ 周恩来会见吴努谈话记录，1956 年 11 月 1 日。

④ 周恩来会见吴努谈话记录，1956 年 11 月 3 日。

么选择解决中缅边界问题作为处理这个问题的范例呢？周恩来曾经对姚仲明说："边界问题是帝国主义侵入东方后遗留下来的，很复杂，无论是勘界、竖桩，还是绘制地图，我们都没有好经验，需要认真研究一下，选择一个对象来试之。缅甸与我们关系好，是和平共处五项原则的倡议者，这是我们相互之间可以谈问题的政治基础。缅甸代表了一些小国的想法，如果我们同缅甸的边界问题解决得好，对于消除缅甸对我们的恐惧心理、安定其他周边国家都会产生很好的影响。更深一层的意义是，还可以推动中国和其他国家的边界问题解决得好。"①

经过这次北京会谈，双方虽然没有形成正式协议，但是，两国领导人对如何解决边界问题在原则上达成了一致意见。周恩来和吴努在联合发表的新闻公报中宣布："从一九五六年十一月底到一九五六年年底，中国军队撤出一九四一年线以西地区，缅甸军队撤出片马、岗房、古浪。"按照这个约定，中缅两国在一九五六年底以前分别完成撤军工作，这就在边境上先造成一种良好的和缓气氛，有利于双方冷静地研究和解决其他比较复杂的问题。

一九五六年底，周恩来访问缅甸期间，同吴巴瑞和吴努就未定界问题进一步说明了各自的观点。除此之外，双方还谈到已定界问题。吴巴瑞说："已定界的一部分是以瑞丽江为界，而瑞丽江时常改道，使一些原来在缅甸的村庄到了中国那边，又有一些原来在中国的村庄到了缅甸这边。当缅甸村到了中国那边时，缅甸政府的行政统治并不延伸过去，而当中国村庄到了缅甸这边时，中国的行政统治就延伸过来"，希望明确这个问题。周恩来很重视这个情况，建议可以确定一个原则："凡进入对方国境的村庄就算作对方的领土。但如果村民不愿加入该国国籍，也可允

① 访问姚仲明谈话记录，1995 年 8 月 8 日。

许他们回来，但这样他们就得抛弃原来在该村的财产。”① 吴巴瑞同意以这个建议作为基础来解决已定界方面存在的问题。这次访缅期间缅甸人民和缅甸政府所表现出的真挚友情，更加增强了周恩来解决中缅边界问题的决心和信心。

同时，他也更深切地感到，为了巩固东南亚的和平，这个问题不能够再拖下去了。一九五七年八月七日，他在史地学家座谈会上说：我们社会主义国家当然不扩张，但人家不信。一些亚洲国家很担心，认为大国必然扩张。所以要用实际行动使他们慢慢相信，争取和平共处，在十年内要努力解决同邻国的边界问题，先从缅甸开始，陆续解决，解决后他们就放心了。

边界问题不仅仅是一个对外关系问题，同时，对国内也有很大影响。究竟应该怎样解决这个问题，还需要充分听取国内各界人士、特别是边境地区民众的意见。这正是周恩来出访回国后所要进行的主要工作之一。

中缅边界问题提出后，引起国内各界人士的普遍关心。由于这个问题是帝国主义长期推行的侵略政策造成的，曾经严重地伤害过中国人民的感情，许多人记忆犹新，国内要求改变边界现状的舆论十分强烈。中缅边界又是一些少数民族聚居的地区，两边的部落、家族、亲戚关系极其密切，却被边界线多年分割。所以，一些人对周恩来提出的“互谅互让”的原则并不是一下子能够理解和接受的。

一九五六年十一月五日，周恩来向全国人大常委会报告同吴努会谈的情况后，虽然得到会议的批准，但是，实际上不少人没有想通，有些人还提出了相当尖锐的意见。当时，周恩来正忙于做出访前的准备，没有来得及充分研究这些意见。一九五七年三

① 周恩来会见吴努、吴巴瑞谈话记录，1956 年 12 月 18 日。

月五日至二十日，政协二届三次会议在北京召开。在三月五日的全体会议上，周恩来作了关于访问十一国的总结报告。本来，他还打算根据上一年十一月五日全国人大常委会的批准和中缅两国总理会谈的公报精神，对中缅边界问题作一个比较详细的说明。但是，开会之前，他看到全国人大代表王季范、政协委员于树德、云南省代表尹明德写来的意见书后，改变了主意，决定另找时间单独谈一次这个问题。周恩来后来说："当我发现他们几位很好的提醒的意见的时候，我觉得这个报告应该推迟，应该把各种材料搞得更充分一些，准备得更充分一些。"他还解释说：尽管解决中缅边界问题的建议已经经过一些法定手续，但是我们还要做得更细、更周到。因为"我们国家决定一个政策，根据政策进行的，不管是内政外交的措施，凡是关系大的，能够尽量地多讨论多商榷，总是对事情有好处的"。①

会后，周恩来多次邀请一些熟悉情况的专家、学者进行座谈，认真听取他们的意见。他还向原国民党高级将领卫立煌、郑洞国等了解国民党时期处理中缅边界问题的情况。周恩来听说尹明德在一九二六年曾经化装到边界北段的江心坡调查，并且几十年来一直从事对中缅边界的研究工作，十分钦佩，立即请他到北京来当面讨教。尹明德从云南给周恩来带来许多资料和地图。那几天，周恩来集中精力研究这些书和图。在他的办公桌上、地板上堆满了资料，有些字太小，周恩来就用放大镜一点一点地看，边看边画，十分专注。有时，为了搞清一个问题，他常常忙到深夜。

经过十天的悉心准备，三月十六日，周恩来在政协二届三次全体会议上，作了关于中缅边界问题的专题报告。因为事关重

① 周恩来在政协第二届全国委员会第三次全体会议上的讲话记录，1957 年 3 月 16 日。

要，在开会的前一天，他再一次会见了尹明德、王季范、于树德，还有云南省副省长龚自知等，征求他们的意见。在会议开始前，他还在同历史学家金灿然一起研究如何划界。① 这天的会场布置得别开生面，大会主席台上挂着中缅边界情况示意图。周恩来首先根据示意图详细讲解了历史上地图的变化。

为什么周恩来首先要从地图的变化讲起？因为近六十多年来，国内和国外出版的地图中，先后出现了对中缅未定界的很多很不相同的画法，这种情况不能不在广大范围内引起混乱的看法。会议召开的前一天，王季范见到周恩来时说的第一句话是："根据地图，我感觉很大的不安。"周恩来后来说：我一下就听懂了，"王季范先生就是读图有感的人"。所以，周恩来在报告中说："我今天从他那里学来，头一个也讲地图。"② 因为是尚未划定的边界，在地图上是用虚线表示的，位置也没有固定下来。在收集到的几张历史地图中，最早的一张是清朝道光二十九年由清政府出版的《皇朝一统舆地图表》。在这张图上，中缅边界北段未定界标在中国怒江（进入缅甸后称为萨尔温江）以西的高黎贡山脉处。第二张图是清朝光绪二十九年，经京师大学堂审定出版的《中外舆地全图》。在这张图上，北部未定界也标在高黎贡山脉处。第三张图是民国六年出版的《中国新舆图》。当时，由于受到片马事件的刺激，这张图将未定界所标位置西移，把高黎贡山脉以西的江心坡标在中国一边。第四张图是民国二十二年丁文江、翁文灏等为纪念申报馆成立六十周年，采用近代制图方法绘制的。这次出版的行政总图和云南省分省地图有出入。总图中，北段未定界是以尖高山为起点，沿怒江和恩梅开江（位于高黎贡

① 周恩来办公室台历，1957 年 3 月 16 日。

② 周恩来在政协第二届全国委员会第三次全体会议上的讲话记录，1957 年 3 月 16 日。

山以西）之间一直向北。云南分省图中，是以尖高山偏西北一点，把江心坡划成两块。第五张图是一九四二年国民政府军事委员会下令对上图作了修改后的地图。这张图在南段承认一九四一年线，而在北段的未定界处却把划在中国一边的面积大大扩大了，实际上是想把地图上的未定界尽量往西划，来掩饰他们在一九四一年条约中所造成的损失。这张图在人们头脑里留下了很深的印象，但并不能作为要求划界的根据。周恩来说，这五张图的变化“说明我们（的）地图是一件事，实际的情况是一件事，交涉又是一件事。这三件事并不吻合。当然实际跟交涉可能不吻合，因为交涉还没有达到。制图时要把实际和交涉之间有一个交代，可是我们过去的地图一百年来从刚才说的，一八四九至一九四八年没有交代的。所以爱国人士看到这样的地图当然很高兴”。①

既然历史上的地图存在这么多的问题，新中国成立以后又是怎样对待这个问题的呢？一九五二年中国地图出版社在申报馆出版的地图的基础上绘制了一本新图，送到周恩来处审批。周恩来认为：“这样一本地图恐怕不适宜出版”，原因是边界上有许多问题没有解决，如果批准出版这本地图，我们的四邻都会为之不安。因此，一九五三年地图出版社委托私人出版了这本地图。在这本地图上，南北两段边界都注明了是未定界，并且说明不是政府审定的。周恩来在报告中说：“今天必须跟大家说清楚，这是一种不得已的办法。”他强调说：“这一个工作，还是需要很认真的，又很慎重的；又要站稳民族立场，又要照顾到友好关系；又要划得合乎实际，又要能够不损失我们的主权。这的确是一件艰难的工作。”②

①② 周恩来在政协第二届全国委员会第三次全体会议上的讲话记录，1957 年 3 月 16 日。

中缅边界的交涉从清朝末年开始，经过了清政府、北洋政府和国民党政府，整个交涉过程实际上是中国人同帝国主义侵略者作斗争的过程。周恩来在报告中指出："我们应该把清末时候的情况仔细研究一下，作为根据。这是我们研究边界最主要的根据，历史的根据。"他高度赞扬了历史上"这种爱国主义立场是对的，与帝国主义必须寸土必争"。同时，他又指出："现在两个国家的情况发生了根本的变化，所以新的问题又出现了。从过去由英国占领的缅甸来说，已经取得民族独立，成为独立的联邦共和国。中国也结束了半封建半殖民地的地位，成为社会主义人民共和国。两个国家的制度虽然不同，但彼此之间建立了友好关系。在这个基础上来解决问题不能相同。"周恩来强调，要解决中缅边界问题，"必须解决得是公道的、合理的，能够给人家一个范例，就是中国现在解决边界问题是合理的，使大家放心，能够和平共处。这是一个现实的态度，也只有这样才能实事求是地处理我们国家的边界问题。方法上只能经过谈判，不能采取别的办法，军事紧张应该把它消除。"

在中缅边界问题中，最伤害中国人民感情的是南段的"一九四一年线"。既然这条线是帝国主义强加给我们的，为什么还要承认它呢？这是到会代表普遍存在的思想问题，也是必须回答的问题。周恩来说："如果否定一九四一年线，就要修改条约，或者重新废弃这个条约，这就使人家感觉过去历史上所有划界的条约都可以改变，绝不是一个条约为止。一九四一年线是乘人之危不公道的条约，但是那是已经签订的边境条约。而这个地方两国都不是直接统治的，我们按照现在办法解决比较否定了重新划要好得多。两个利弊相比，两害相权取其轻。所以一九四一年线我们顶多提出某一点斟酌，而不是给他来一个否定。"这是符合国际惯例的。对北段，中央采取低的方案，只提出归还片马、岗房、古浪三个寨子，而不提出过分的要求，许多政协委员也想不通。周恩来解释说："我们的目的是求和缓，而引起一个很大的紧张，这很不利。"他还说："这是我在人大常委会报告里着重谈的，得到人大常委会批准的主要根据。因为现在两国的情况不同了，是友好的国家，所以我们提出的解决北段的要求不能过高。我们的历史根据和政治理由必须结合起来，取现实的态度来解决。"

围绕周恩来的报告，政协会议上展开了热烈的讨论。许多人转变了认识，开始从全局的高度来重新认识这个问题。尹明德的发言很有代表性。他说：

> "这次政府对于中缅边界所以及时提出协商解决的方针，是为了争取和缓世界局势，搞好我们的和平建设；为了争取亚非国家，打破帝国主义的包围，扩大它的缺口；为了在新型国际关系上做一个示范。因此，对于南界采取以一九四一年线为协商的基础，是极其正确的。这不仅仅是一个中缅边界问题，而是使中缅两国更能加强友好关系的问题，是使亚非国家对我国更加友好亲善的问题，政治意义极其重大。所以我完全同意和衷心地拥护。"①

靠近缅甸的云南省是一个少数民族聚居的地区。边界问题处理得好坏也直接影响到民族关系问题。为了把工作做得更加细致周到，三月二十八日，周恩来离开北京经成都到昆明。在昆明期间，周恩来多次召集云南省各界、少数民族代表参加的有更广泛代表性的座谈会，认真听取他们的意见。针对一些人认为中央解决中缅边界的方针是"吃亏太大"，使他们"情有难安"的思想

① 尹明德在政协第二届全国委员会第三次会议讨论会上的发言记录，1957 年 3 月。

情绪，[1] 周恩来进行了耐心的说服工作。三十一日，周恩来在云南省政协会议上重申了三月十六日的报告精神，着重强调了这样解决问题的重要意义。他说："我们把中缅边界谈好，使四邻相安，这样可以起示范作用，争取亚洲国家和平共处，也有利于社会主义国家的和平建设，使我们国家强大起来。"[2] 四月二日，周恩来在云南各界中缅边界问题汇报会上又进一步强调了同缅甸解决好边界问题的国际意义。周恩来的一系列讲话和报告，使"多数人脑子打开了，懂得大道理了"。昆明工学院召集人赵建中在汇报中说："对总理为人民利益而博访周咨搜集资料和周到深刻慎重考虑问题的服务精神，十分钦佩。"他还说："总理报告不但具有政治、外交、历史、地理和政策的丰富知识，而且贯穿着历史唯物主义和辩证唯物主义的精神，说服教育的力量极大，听了报告等于上一次政治和教授法的示范课。"[3] 以后，在划界的实际工作中，又努力对边境地区少数民族的利益作了细致和周到的照顾，如：通过合理调整，尽可能保持每个村寨的完整，分别划归中方或缅方；对大量边民过界耕地的处理，采取交换或补贴的办法等。经过周恩来的辛勤努力，有效地统一了国内各方面的思想。

四月三日，周恩来返回北京。七月九日，他在一届人大四次会议上全面阐述了中国政府关于解决中缅边界问题的立场。报告首先回顾了中国政府处理这个问题的大致经过和所遵循的基本政策。周恩来指出：

> "我们的国家自从开国以来在国际事务中一贯奉行的政策，就是争取世界局势的和缓，争取同世界各国，

---

① 周恩来在云南昆明召开的中缅边界汇报会上的发言记录，1957 年 4 月 2 日。

② 周恩来在云南省政协会议上的发言记录，1957 年 3 月 31 日。

③ 周恩来在云南昆明召开的中缅边界汇报会上的发言记录，1957 年 4 月 2 日。

特别是同我们的邻国和平共处。这个政策有利于我们国家的社会主义建设，也符合于世界各国人民的利益。我国政府在处理中缅边界问题时所根据的，也正是这个基本的和平外交政策。”

“中缅两国之间的边界问题，正像其他亚非国家之间的许多悬而未决的问题一样，都是帝国主义长期侵略政策所造成的。现在，中缅两国都已经取得独立，都在努力为本国的和平建设争取一个和平的国际环境。中缅两国又是同印度一起首先倡议和平共处五项原则的国家，我们都珍视自己的民族独立和民族利益，我们都深刻地认识到，只有通过和平共处和友好合作，才能更好地维护我们各自的民族独立和民族利益。但是，帝国主义者却从来没有停止利用亚非国家的分歧在这些国家之间制造紧张和不和，竭力企图重新对这些国家实行‘分而治之’的侵略政策。针对这样的情况，我国政府在同缅甸政府商谈中缅边界问题的过程中，一向强调双方相见以诚，按照五项原则友好协商，求得一个公平合理的解决。这样，中缅边界问题的解决，不仅会使中缅两国的友好关系得到进一步的巩固和发展，而且还将有利于亚非国家的团结。我国政府在解决中缅边界问题上所采取的立场，是从维护我国的民族利益出发的，同时也是从促进中缅友谊和亚非各国团结的利益出发的。”

面对中缅边界问题复杂的历史背景和由于历史情况造成的在广大范围内引起的对中缅边界未定界的混乱的看法，周恩来在报告中强调：

“在处理中缅边界问题的时候，必须认真地对待历史资料，必须以正确的立场和观点对历史资料进行科学的分析和判断，把可以作为法理依据的历史资料同由于情况变化只有参考价值的历史资料加以区别。同时，更要注意到中缅两国已经发生的具有历史意义的根本变化，那就是，中国和缅甸已经分别摆脱了原来的半殖民地和殖民地的地位，成为独立的和互相友好的国家。缅甸政府继承了原来受英国统治的地区，不同民族的自治邦同缅甸本部组成了缅甸联邦。我国政府接管了国民党政府所管辖的地区。在处理中缅边界问题的时候，必须注意到这些历史变化，同时也要按照一般国际惯例来对待过去签订的有关中缅边界的条约。只有把以上各点结合起来考虑，才能够正确地运用历史资料，求得中缅边界问题的公平合理的解决。”

“中缅边界问题直接地关系到聚居在中缅边境的各民族的利益。因此，在解决中缅边界问题的时候，就特别需要照顾这些民族的利益。我们知道，两国之间的边界把聚居在边境的同一民族划分为二，是常见的事。这是历史发展的结果。在中缅已定界的各段，在我国和许多其他邻国的边界上，我们都可以看到同一个民族分居边界两旁的情况。我们在解决中缅未定界问题的时候必须事先估计到，有关民族被边界线分隔是难以避免的。鉴于这种情况，我们就更加需要同缅甸政府协商采取措施，使将来划定的边界成为和平友好的边界，进一步发展两国边民之间的亲密联系。”①

七月十五日，全国人大一届四次会议批准了周恩来的报告。此后，中缅边界问题开始进入新的阶段——具体协商阶段。

谈到具体问题，双方的分歧又出现了。

---

① 《周恩来外交文选》，中央文献出版社1990年5月版，第230—238页。

人大会议召开前，一九五七年二月四日，周恩来收到吴巴瑞的来信。这封信实际上是缅方对一九五六年十月周恩来向吴努提出的“双方各有得失的连锁方案”的理解和回答。由于国内的压力，吴巴瑞还是希望中国政府能够接受缅甸独立时从英国手中继承下来的边界状况，即在南段承认“一九四一年线”；在中段把勐卯三角地无条件地由缅甸支配；仅有的修正是，在北段把包括片马、岗房、古浪在内的五十平方英里土地交还中国。[①] 当时，中国国内要求改变英国统治时期边界状况的舆论十分强烈，商谈具体方案的时机还不成熟，因此，周恩来没有马上答复。三月底，周恩来在昆明时，会见了正在那里访问的吴努，口头说明了中国方面的意见。内容是：“在北段，我根据地形和双方行政管理的方便，并且根据过去英国在致清政府的正式文件中承认中国在小江流域的管辖范围，要求把归还中国的片马、岗房、古浪三地面积划得比缅方所建议的较大”；关于勐卯三角地，“中国不准备收回，但是要求在一九四一年线作调整，即换回该线以西的班洪、班老等地区”。周恩来建议：“将来中缅边界商妥后，由中缅两国签订新的边界条约，替代一切旧的边界条约。”[②] 周恩来这样提出问题主要是从两方面考虑：一方面，勐卯三角地作为中国的领土理应交还中国，但是这样做会给缅甸的交通造成困难；另一方面，班洪和班老一直同中国关系密切，两个部落的头人都住在中国境内，而缅甸政府过去从来没有管辖过。此外，班洪和班老两部落在一九四一年线以西的辖区面积也比勐卯三角地的面积小。这样做，既贯彻了废除勐卯三角地“永租”关系的原则，也便于中国政府去说服中国人民接受以“一九四一年线”为基础来进行谈判，使中缅双方的利益和实际困难都得到适当的照顾。

---

① 吴巴瑞致周恩来的信（中译本），1957 年 2 月 4 日。

② 周恩来致中共中央、毛泽东并转外交部的电报，1957 年 3 月 31 日。

这次会谈后，按照吴努的建议，由周恩来以书面的方式提出双方的保证：这就是“为了巩固和进一步发展中缅两国在和平共处五项原则的基础上所建立起来的友好关系，中缅两国同意在两国边界问题得到最后解决的同时，签订一个体现友好合作和互不侵犯原则的友好条约，双方互相保证不参加针对另一方的军事集团”。①

五月二十一日，吴努来信催促周恩来对吴巴瑞二月四日信中所提出的意见做出正式答复。六月七日周恩来约见缅甸驻华大使吴拉茂，告诉他：“关于中国方面的正式复信，那需要在人大开了会批准了政府的方针后才能回答。因为，如果不经过人大的手续，人民代表可提出责问政府。”② 人大会议结束后，周恩来立即致信吴努，并附上三张地图，正式提出中国政府对解决中缅边界问题的各项具体意见，并以此作为对吴巴瑞二月来信的正式答复：

一、关于尖高山以北地区，中国政府重申，中缅边界的最北部分，即从伊索拉希山口往北直到底富山口的部分，可以按照一九五六年十月至十一月你访问北京期间我们共同谈定的习惯边界线划界；至于伊索拉希山口至尖高山的一段，中国政府重申除片马、古浪、岗房三处各寨地区应该归还中国以外，原则上同意以怒江、瑞丽江、太平江为一方和恩梅开江为另一方的分水岭划定边界；至于应该归还给中国的片马、古浪、岗房三处各寨地区的面积，中国政府根据历史上可以依据的事实和双方行政管理的方便等因素，提出如附图二所示的具体建议，希望缅甸政府能够予以同情的考虑和接受。

二、关于佧佤地区和勐卯三角地区，一九四一年六月十八日

① 周恩来致吴努的信，1957 年 4 月 1 日。

② 周恩来会见吴拉茂谈话记录，1957 年 6 月 7 日。

由当时中英两国政府经过换文在佧佤地区划定的界线，是英国强加于中国而为中国人民所不满的一条界线。但是，考虑到中缅两国之间现存的友好关系，中国政府除要求对这条线作某些调整以外，同意在佧佤地区基本上按照这条线定界。中国政府所要求的调整是把一直同中国关系密切的班洪部落和班老部落在一九四一年线以西的辖区划归中国，中国政府建议调整的地区面积见附图三。如果缅甸政府同意中国政府的调整建议，中国政府愿意把属于中国而在一八九七年永租给英国管辖的勐卯三角地区，永久地移交给缅甸联邦，成为缅甸联邦领土的一部分。中国政府认为，以上各点具体建议应该作为一个整体联系起来考虑。

信中提出："为了使这种新的情况能够以庄严的条约形式肯定下来，中国政府建议中缅两国签订一个新的边界条约，以代替一切旧的有关中缅边界的条约。在新的边界条约中，将包括过去已经划定、无需加以更改的各段边界和即将由我们双方划定的各段边界。"信中还表示，为着尊重缅甸的独立和主权起见，中国政府愿意在新的条约中声明，放弃一九四一年六月十八日中英两国政府换文中规定的，中国有权参加炉房银矿经营的权利。中国政府希望缅甸将单独经营炉房银矿，而不让其他国家参加经营。①

从这封信和吴巴瑞二月四日的来信可以看出，中缅两国在如何解决边界问题的具体方案上存在两点明显的分歧：一、关于片马、古浪、岗房三地，原则上已确定归还中国，但是，在归还的具体面积上，吴巴瑞信中提的小一些，周恩来信中提的大一些。二、关于勐卯三角地，双方都同意取消永租关系，求得合理解决，但是，吴巴瑞信中要求无条件划归缅甸，而周恩来认为应该对"一九四一年线"做一些调整。这是两个"症结性的问题"。

① 周恩来致吴努的信，1957 年 7 月 26 日。

为了说服中国接受缅甸方面的意见，一九五七年九月下旬，吴努派缅甸联邦最高法院首席法官吴敏登率缅甸友好代表团来到北京，向周恩来通报缅甸国内的情况和对周恩来七月二十六日信的反应。

九月二十七日，双方举行第一次会谈，吴敏登除了坚持吴巴瑞信中的立场外，又提出一个新的问题引起周恩来的注意。这就是边界北段从伊索拉希山口的一段到底富山口的一段，也就是中国称为“习惯线”，而缅甸称为“麦克马洪线”的一段边界，在吴巴瑞信中所附的图上和周恩来信中所附的图上有很大的出入。所谓“麦克马洪线”是中国和印度接壤的一段边界线，它是一九一四年英国代表麦克马洪同中国西藏地方当局背着中国政府用秘密换文的方式产生的，中国历届政府都没有承认过，而一直称它为“习惯线”。当时，缅甸和印度都是由英国统治的，这条线一直划到缅甸境内，从伊索拉希山口至底富山口是其中的一段。新的问题就是：究竟什么是习惯线？吴敏登说：“缅甸认为应该按伊洛瓦底江流域，因为这是符合地形的。在一九一四年那张临时版地图上是注明了经纬度的，但是，如果按经纬度，可以发现是没有包含地形的。在麦克马洪的备忘录中，讲得比较含混，说以伊洛瓦底江和布拉马卜特拉江的分水岭为界。实际上，缅甸认为只提伊洛瓦底江流域就可以。自然，这些地方非去看看才能知道。我们很难说我们的地图就是正确的。但是，它能代表伊洛瓦底江流域。如果中国能接受伊洛瓦底江流域为界就容易了。”他还谈到：“在一九一四年原图上独龙江直流到我这张图上的红线（麦线），而经勘测后发现是流到我这张图上的蓝线（吴巴瑞信中图），因此现在采取红线就是没有意义的。”① 周恩来十分注意地听他讲完，没有马上回答，只是对他说：“你提出的是个新问题，

① 周恩来会见吴敏登谈话记录，1957 年 9 月 27 日。

这很值得研究，这倒是一个重要的发现。”①

十月三日，周恩来第二次会见吴敏登，回答了他九月二十七日提出的问题。关于“麦克马洪线”，周恩来指出：“去年在北京，我曾对吴努说过，这条线是不公平的，也是不合法的。它所以是不公平的，是因为当时中国并不了解那个地方的地形，当时的达赖喇嘛之所以没有反对也是因为不了解，因此是强加于中国的。它所以是不合法的，是因为它是由英国和西藏简单地换文确定的，是个密约。当时中国政府没有加以批准，这在中英文本上都是注明了的。因此，我们是很不愿意承认这条线的。但是为了中缅友好，为了安定我们之间的边界，我们在中缅边界这一段愿意按照习惯线来解决。”周恩来在研究两张地图时发现，它们之间对习惯线不同的划法，造成面积的差别达一千多平方公里，这比片马、古浪、岗房和缅甸用来交换勐卯三角划地加起来的面积还大。如果按照吴巴瑞信中所附图来划界，中国就要损失很多土地，这显然是不公正的，也是中国人民所不能接受的。那么，究竟怎样才能公正地解决这两条线的出入呢？周恩来说：“我的看法是进行实地勘察”，同时，也要“根据友好关系来考虑”。他指出：“如果勘察的结果缅甸确实管到那个地方，中国可以否定麦克马洪线，因为我们本来就是不愿意采用麦克马洪线。”② 为了有利于问题的解决，周恩来还提出四点建议：一、中缅边界问题的原则已确定，可以暂时不忙于解决具体问题，但不停止工作；二、按照吴努在昆明的建议，成立联合边界委员会，由双方委派首席代表和其他代表组成。这个委员会可每月或每两月谈一次，继续处理边界问题；三、共同进行勘察；四、先签订两国友好条约，规定互不侵犯，互不进行领土扩张。吴敏登认为周恩来解决

① 周恩来会见吴敏登谈话记录，1957年9月27日。

② 周恩来会见吴敏登谈话记录，1957年10月3日。

问题的态度和所提出的方案是“眼光远大而体谅的”。他说：“我感到放心了，因为两国总理所确定的原则仍然是完整的而没有改变，目前双方的分歧仅仅是如何执行这些原则的问题。”①

十月十日，双方举行第三次会谈。吴敏登转达了缅甸方面的意见，说：“缅方认为吴巴瑞信中方案是对缅甸最愉快的方案，其中包含中国需作的小小的牺牲。但中国是一个大国，又是宽宏大量的，因此是可以作这种让步的。”他还列举了缅方坚持这些意见的所谓“法律依据”，强调，在边界委员会动身前往勘察前，应该确定原则，原则应该是地形，而“合乎自然而又方便的地形是分水岭”。②

尽管在谈判中，周恩来一向照顾到缅甸方面的困难，但是，在原则问题上他是从来不让步的。对吴敏登的谈话，周恩来立即做出明确回答：“中国政府了解缅甸政府的愿望和困难，当我们考虑答复你们所提出的建议时，我们会把它们考虑进去。但是，你今天提出了一些法律依据，自然你也指出这是过去的历史，只能供作参考，而不能作为谈判基础，因为那些条约是过去英国签订的条约。我今年在政协和人大会议上报告时都曾指出历史资料只能用作参考，因为按历史来谈是谈不清楚的。另外有一部分历史材料到现在还起法律作用，主要是并且特别是关于边界问题的，这是要考虑的，可以作为谈判基础的一部分。但是更重要的是根据新的情况，根据两国的友好关系。新的情况就是两国都已独立，并根据五项原则互相表示友好，而实际上也是友好的。”周恩来告诉吴敏登，他七日到北京天文馆参观，增加了一点新知识，人们看看这些眼光就远大了。他说：“我现在愿意加一点新意思：现在已有了人造卫星，不久就可到月亮（上）去，而我们

① 周恩来会见吴敏登谈话记录，1957年10月3日。

② 周恩来会见吴敏登谈话记录，1957年10月10日。

还在争论边界问题，未免太小。”① 对所谈的具体问题，周恩来进一步强调了中国政府的立场和困难。他说：在北段，从伊索拉希山口至底富山口的“习惯线”，我们不愿用“麦克马洪线”这一名称，因为我们不愿承认英国和西藏订的密约，它是地方政府订的，未经中国政府批准，而且目前西藏政府也反对这条“密线”，认为它是不公平的。确定“习惯线”必须经过勘察。对勐卯地区，我们为了友好，认识到交换是比较好的方法，如果吴努照顾我方的困难，同意在昆明谈判的基础上继续努力，那么我们愿意在片马地区的面积上作让步。考虑到双方在有些问题上还会有些出入需要解决，周恩来还向吴敏登表示：我们愿意等待，“在一切问题都顺利解决后，我们再签边界条约。但是从现在起到签订边界条约时止，可以作为准备时间，作为进行准备工作的时期，而不是僵持时期”。②

周恩来所以能在谈判中做到对实际情况了如指掌，事事成竹在胸，提出切实中肯的意见，是同他对人民利益的高度责任心和极端认真细致的工作态度分不开的。当时担任昆明军区司令员的秦基伟回忆道：

“周总理办事极为认真。向他汇报工作，说‘大概’、‘可能’、‘差不多’这些字眼，是注定要挨批评的。他要求汇报一定要准确、实在，决不能模棱两可。有时我们自以为准备得充分又充分了，可总理深入地从不同角度三问两问，又能把我们问倒。这时总理总是态度温和地说：汇报得很好，那几个问题你们再下去调查核实一下。

“总理的记忆力和换算力是非凡的。和我们谈话时，一些全国性的经济数字，历史上哪个朝代距今有多少

①② 周恩来会见吴敏登谈话记录，1957年10月10日。

年，外国哪个国家大约有多大面积、多少人口，多少亩换算成多少公顷，多少市斤（当时是十六两制）换算成多少公斤，他都是随口就能说出。最令我惊讶不止的是，在我国和缅甸关于领土所属问题的争议上，他竟能随口说出有争议的几个村庄的名字和面积，这使我深感敬佩，深受教育。这是天分问题吗？不！我认为这反映出周总理看文件、材料极其认真，看过的东西都能印在脑子里。”①

一九五七年十二月，缅甸联邦副总理吴觉迎率领的缅甸经济考察团和吴巴瑞率领的缅甸友好代表团先后到达北京。周恩来陪同他们到杭州等地参观后，在上海继续就两国边界问题进行会谈。周恩来又做出进一步的努力，同意缅方提出的除独龙江流域外，这一段边界基本上沿着分水岭去勘察，看看是否符合地图的情况，然后加以肯定。他说：“目前中缅边界问题看来还不容易立即解决，考虑到你们的困难，并且为了推动两国就边界问题尽速达成协议，我们建议两国先成立边界委员会，首先勘察伊索拉希山口至底富山口的一段中缅边界线。在这段边界上，除独龙江流域外，可以大体按照分水岭进行勘察。这样就给解决边界的其他部分创造了有利条件。我们可以接着逐步解决片马三处各寨问题和勐卯三角地同班老、班洪交换的问题。如果边界委员会能在今冬成立，经过明年一个春天的准备，待大雪融化以后，就可以开始勘察，估计三四个月可以完成。”周恩来恳切地说：“我们的这一建议，希望能获得缅甸政府的同意。”②

但是，缅甸方面对这个建议迟迟没有答复。直到第二年四月，吴拉茂才向陈毅转达了缅甸方面的意见。主要内容是：一、

① 《秦基伟回忆录》，解放军出版社 1996 年 3 月版，第 433—434 页。

② 周恩来会见吴觉迎、吴巴瑞谈话记录，1957 年 12 月 15 日。

关于从伊索拉希山口至底富山口的一段边界，缅甸政府仍然希望双方先确定以分水岭为界，然后进行勘察，而不赞成中国政府所提出的首先基本上沿着分水岭进行勘察，然后加以肯定的建议；二、关于片马、古浪、岗房地区，缅甸政府同意归还中国，但是要求对吴巴瑞总理一九五七年二月四日给周恩来的信中所建议的交还地区的范围不作任何修改；三、缅甸政府难于接受中国政府所提出的由缅甸将班洪、班老部落在一九四一年线以西的辖区划归中国以换取属于中国的勐卯三角地的建议，要求中国政府同意由缅甸政府继续保持对勐卯三角地的"永租"关系；四、缅甸政府希望双方迅速达成协议，并组织联合边界委员会，勘察两国最北段边界情况，但是，认为必须先就前三点达成原则协议，才能着手组织这个委员会和进行实地勘察工作。①

这些意见，中国人民显然是不能同意的。七月三十日，周恩来在致吴努的信中坚持原有立场并进一步协调说：一、关于伊索拉希山口至底富山口的一段，为双方尽速消除还存在的分歧，中国政府认为，从速成立边界委员会，并且派出勘察队去勘察这段边界，可能仍是最切实有效的办法；二、关于片马、古浪、岗房三寨地区，我们双方已经在原则上达成协议，承认这一地区应该归还中国，至于面积大小问题，双方就整个边界问题作进一步友好协商的过程中，是不难解决的；三、关于勐卯三角地如何用适当的方法来废除它的"永租"关系，这在当前是"症结性的问题"，中国政府从来没有说过以勐卯三角地交换片马、古浪、岗房地区的话。事实上，这两个地区依照法理都应该归还中国，两者自然不能交换。因此，我希望缅甸政府愿意回到我们双方已经协议了的废除"永租"的原则上来，重新考虑中国政府提出的废除勐卯三角地区"永租"的具体办法。②

①② 周恩来致吴努的信，1958 年 7 月 30 日。

由于在这些“症结性的问题”上，双方思想认识上的差距一时难于统一，问题不得不拖了下来。但是，周恩来这一年多的努力并没有白费，他所提出的原则和解决问题的具体办法为两年后最终顺利解决这个问题打下了坚实的基础。一九五八年八月，根据周恩来的提议，成立了由陈毅领导的边界委员会，继续为解决边界问题进行积极的准备。周恩来始终关怀着这项工作。他叮嘱委员会的中方负责人：解决中缅边界问题，既要雷厉风行，尽快完成，又要扎扎实实，不留后患，力争一气呵成，以免出现拖而不决的局面。在后来的日子里，中缅双方协商中有时难免出现争论，周恩来总是平静自若，坚持以和平共处五项原则为指导，摆事实，讲道理，进行疏导，耐心协调双方思路，促使对方进一步考虑，从不伤害对方的自尊心，赢得了缅甸朋友的尊敬和信任。双方虽然一时还没有达成一致意见，但是，中缅边界始终保持了和平稳定的局面，解决中缅边界问题的工作也始终积极而艰难地向前推进，终于使问题得到解决的时机日趋成熟。中缅两国之间的友好关系，在这个过程中变得更加亲密。其他邻国的情绪也趋向稳定。它所产生的影响是十分深远的。

五十、在整风反右的日子里

一九五七年春天，正当周恩来忙于处理对外关系中种种复杂问题时，国内社会生活中出现了一个引人注目的现象，那就是在社会主义改造基本完成以后，人民内部各种矛盾开始代替原有的其他矛盾而突出出来。

周恩来出访前，一些地区已经发生了工人罢工、学生罢课，以及各种游行请愿事件。一天，周恩来陪同外宾游园的时候，几个北京大学的学生要向他请愿，遭到有关部门的阻拦。周恩来闻讯后说，不要挡，让他们来，你们谈不清楚，我去谈。既来之，则安之。如果对的话，要接受人家的意见，不对的话，我们还要做解释，究竟错在哪里，要弄清楚。① 周恩来出访期间，这类情况更加严重起来，据不完全统计，从一九五六年九月至一九五七年三月这半年时间内，各地发生的程度不同的罢工请愿事件有十几起，约一万多工人卷入；参加罢课、游行活动的学生也有一万多人。② 这种情况，不能不引起毛泽东和中共中央的严重注意。

应该说，这个时期，国家的政治经济形势都处在一个相当好的时期，为什么内部会发生这些闹事的情况呢？一九五七年二月

---

① 周恩来在中共八届二中全会上的发言记录，1956 年 11 月 10 日。

② 中共中央关于处理罢工罢课问题的指示，1957 年 3 月 25 日。

二十七日，毛泽东在最高国务会议第十一次（扩大）会议上是这样分析的：

> “这些人闹事的直接的原因，是有一些物质上的要求没有得到满足；而这些要求，有些是应当和可能解决的，有些是不适当的和要求过高、一时还不能解决的。但是发生闹事的更重要的因素，还是领导上的官僚主义。这种官僚主义的错误，有一些是要由上级机关负责，不能全怪下面。闹事的另一个原因是对于工人、学生缺乏思想政治教育。”“为了从根本上消灭发生闹事的原因，必须坚决地克服官僚主义，很好地加强思想政治教育，恰当地处理各种矛盾。”①

在这次会上，毛泽东全面阐述了如何正确处理人民内部矛盾的问题。三月十二日，在中国共产党全国宣传工作会议上，毛泽东又提出，要在适当的时候重新提倡新的整风来克服党内的主观主义、宗派主义、官僚主义的作风。毛泽东的这两次讲话，在党内外引起巨大反响。

这时，周恩来访问亚欧十一国后已经回到北京。也许因为他刚刚访问匈牙利，亲眼目睹了几个星期的骚乱给这个国家带来的严重损失，因此，对毛泽东提出的这个新问题有着格外深切的体会。当时，毛泽东要求中央负责人把正确处理人民内部矛盾和整风作为“天下第一大事”② 来关心。周恩来回到北京后，无论在什么会议上，只要讲话都要谈到这个问题，几乎是走到哪里，讲到那里。他说：“在阶级斗争基本结束以后，人民内部矛盾就突出地显出来。在我们社会中，仍然有生产力和生产关系的矛盾、经济基础和上层建筑的矛盾，而在各种社会关系中，领导和群众

---

① 《人民日报》，1957年6月19日。

② 《解放日报》，1957年5月10日。

的矛盾方面也会突出。”“我们承认矛盾，检查缺点，区别处理方法，就可以不断地解决这些矛盾。”① 他把这个问题放在整个国际国内形势的大局中来考察，指出：“根据国内的形势，现在进入社会主义建设的阶段。根据国际形势，我们有可能争取和平建设的时间，推迟世界战争的爆发。”“处在这样一个国内外形势之下，因此我们才提出以解决人民内部矛盾为主，来团结六万万的人建设社会主义。”②

周恩来认为，社会主义国家应该首先把自己的事情做好，“这是根本的大计”，而“要搞好自己，我们觉得首先要承认国内的矛盾，要正确地处理国内矛盾”。他提醒大家：不能把两类不同性质的矛盾混同起来。并且说：“这一点是从匈牙利的教训，从批判斯大林问题上取得的。”③ 周恩来指出：在阶级斗争基本结束以后，先进和落后的矛盾、新与旧的矛盾、生产力和生产关系的矛盾等等都是人民内部矛盾，这些矛盾会长期存在，因此要很好地解决，防止矛盾转化。然而，当时在干部中却出现两种不正确的倾向：一种倾向是，不承认社会主义社会还有矛盾，以为“没有这个可能，可以高枕无忧”了；另一种倾向是，“把人民内部的一些争论，一些不同的意见，一些困难的问题，一些没有解决的问题，特别是由于领导上的官僚主义所造成的一些可以解决而没有解决的问题，有些应该说清楚而没有说清楚的问题，人家有不同意见，就当成敌我的问题”。周恩来认为这两种倾向都是错误的，前一种是右的错误，后一种是“左”的错误，“一种很

---

① 《人民日报》，1957 年 4 月 26 日。

② 周恩来在浙江省委第四次全会（扩大）和全省宣传工作会议上的报告记录，1957 年 4 月 24 日。

③ 周恩来在政协第二届全国委员会第三次全体会议上的发言记录，1957 年 3 月 19 日。

严重的错误”。[①] 他在另一次会议上还指出：

“共产党处在新的任务和新的形势之下，警惕敌人是必要的，但是要分清楚，什么是敌我的矛盾和什么是人民内部矛盾，要善于发扬民主，做好领导工作；其方式是和风细雨，而首先最重要的是学习。”“去年在国际上出了些问题，就因往往没把人民内部的矛盾和敌我的矛盾区别开来。”[②]

要正确地处理人民内部的矛盾，先要从共产党内的整风做起。周恩来十分赞成毛泽东提出的“在适当的时候要重新提倡新的整风”[③] 的意见。他说：这对于我们党政机关、各级领导机关，首先是国家的工作干部很有必要。“如果我们再不认识这个问题，那我们要犯更大的错误。”[④] 四月二十四日，周恩来在杭州出席浙江省委第四次全会（扩大）和全省宣传工作会议，对这个问题作了系统的阐述。他说：

“团结国内外一切可以团结的力量，利用一切可以利用的因素，为什么？为建设社会主义，为反对帝国主义，还有一个，为与自然界斗争。我想，我们现在都是三个目标吧！”“正确地对待人民内部（矛盾）的问题，首先要把共产党搞通，因为你是先锋队，你是领导的党，如果共产党对这个问题还有抵触，那一切问题都解决不好。因此，要解决人民内部的矛盾，使我刚才所说的那些问题解决得好，保证生产力永远前进，上层建筑永远适应经济基础，领导者永远依靠广大人民群众，不

---

① 周恩来在杭州群众大会上的讲话记录，1957 年 3 月 24 日。

② 周恩来会见 60 多位电影工作者的讲话记录，1957 年 4 月 14 日。

③ 毛泽东在中国共产党宣传工作会议上的讲话记录，1957 年 3 月 12 日。

④ 周恩来在政协第二届全国委员会第三次全体会议上的发言记录，1957 年 3 月 19 日。

犯官僚主义、主观主义、宗派主义的错误，那就必须首先使共产党本身能够认识这个问题，能够掌握这个问题，能够解决这个问题。要有不怕麻烦、不怕困难的精神。在这一点上，需要拿过去革命时的那种不怕艰难困苦的精神来执行新的方针，采取新的态度，实行新的方法。”“为着要把共产党首先弄通，所以我们主张从现在开始，自上而下地进行整风。整风主要是三个口号，反对主观主义，反对官僚主义，反对宗派主义。”

周恩来把这次整风同抗日战争时期的延安整风进行了比较，说明两次整风的相同之处是，都从思想认识整起，联系到实际，理论同实际结合。不同之处有两点：一是上一次整风主要是整历史上的风，拿历史作引子，拿历史的教训同当时的思想实际结合起来进行整风，而这一次整风的重点是当前的建设问题，这个问题还没有像革命时期那样积累长时间的经验，究竟有多少错误还要很好地总结，不能一下子下断语。二是上一次整风可以允许很大一部分高级干部暂时离开工作岗位，这一次整风要在工作中整，就是要同实际工作结合起来整。他强调：

“最重要的是解决实际问题，今天主要的一环还是发展生产，搞增产节约，这个问题解决了，思想上的风也就好多了，实际了，宗派主义也会少了，官僚气也会少了。正确地解决人民内部矛盾归根结底，首先要靠共产党人认识这个问题，加强整风工作。”①

第二天，周恩来在杭州笕桥机场迎接苏联最高苏维埃主席团主席伏罗希洛夫时也谈到中国党准备整风的问题。他说：“现在我们掌握了全国政权，并且已经进入社会主义建设时期，我们要

① 周恩来在浙江省委第四次全会（扩大）和全省宣传工作会议上的报告记录，1957年4月24日。

加强全国人民的团结，我们要整风。整风是应该经常进行的。不整风，过了几年思想就会生锈。整风是一个很好的办法。它会使我们不断地前进。这个办法要一直传下去。人总是这样，稍有成绩，就会骄傲。共产党人也不例外，特别是在胜利的时候。”①

不久后，周恩来又向一位西班牙政论家说：“关于为什么要整风，我们一个根本的看法是：不仅在阶级社会有矛盾，在社会主义和共产主义社会也有矛盾。阶级社会的矛盾是对抗性的，社会主义社会的矛盾是非对抗性的，两种矛盾的性质不同，但都是生产力与生产关系之间、经济基础和上层建筑之间的矛盾。非对抗性的矛盾也可能转化为对抗性的，譬如官僚主义太厉害，压制民主，以致成为生产力发展的障碍。现在就是要指出这些矛盾。我们党有个走群众路线的传统，还有一个传统是整风，整风就如人脏了要洗脸。”② 这自然是处理日益突出的人民内部矛盾的正确方法。

周恩来在进行宣传和解释的同时，更重要的是，注意改进实际工作，解决矛盾，调整关系，有效地调动各方面积极因素。他着重抓了调整三个方面的关系，这就是同少数民族的关系、同文艺界的关系、同工商界的关系。

同少数民族的关系是周恩来一贯重视的问题。因为中国是一个多民族的国家，有着五十六个民族，而汉族占全国人口总数百分之九十以上，能否处理好汉族同少数民族的关系是国家能否稳定发展的重要因素。一九四九年周恩来主持起草的《共同纲领》中，根据中国国情的特点，确定以实行民族区域自治为解决我国民族问题的基本政策。在国内，先后成立了内蒙古自治区和新疆

① 《人民日报》，1957 年 4 月 26 日。

② 周恩来和西班牙前外长阿·德·瓦约夫日的谈话记录，1957 年 5 月 1 日。

维吾尔族自治区。到了一九五七年，处理好汉族同少数民族的关系，有着更特殊的意义。那时候，从国际范围来看，民族问题已日益显得突出，匈牙利事件发生的一个重要原因就是没有处理好民族问题，在一些人插手后使事态扩大；从国内来说，外国势力正在利用西藏社会改革中出现的一些问题从事分裂活动。周恩来认为，在这种情况下，"我们应该创造一些范例"，[①] 推动各民族之间的团结合作。当时，周恩来亲自抓的"范例"是解决广西壮族自治区的问题。

壮族，是中国少数民族中人口最多的一个民族，主要分布在当时的广西省境内。一九五六年十月，中共广西省委根据中共中央的倡议，开始在党内外酝酿建立壮族自治区。在酝酿讨论中出现两种方案。一种方案是"合的方案"，即把广西全省改建为壮族自治区。另一种方案是"分的方案"，即把广西划分为两部分：仍保留广西省的建制，管辖现在广西省的东部，约占全省面积的十分之三；而把现在广西省的西部约占全省面积十分之七的壮族聚居地区划出来建立壮族自治区。[②] 为了统一思想，一九五七年三月十七日至二十六日，在周恩来主持下，政协全国委员会邀请来京协商建立自治区的广西省代表团全体成员，广西籍政协委员和有关政协委员，以及在北京、上海、广州、武汉、长春等地工作的广西籍人士，就以上两个方案和自治区名称等进行协商和讨论。

这次会议开得生动活泼，发言十分踊跃。大部分人赞成"合的方案"，主要的理由是：广西壮族聚居的西部地区经济发展水平低一些，但广西丰富的矿藏、森林等资源和荒地主要在西部；广西的铁路、公路、水运交通也是一个整体，如果分开来，东西

① 《周恩来统一战线文选》，人民出版社 1984 年 12 月版，第 343 页。

② 《人民日报》，1957 年 4 月 20 日。

两部的发展都要受到限制。[1] 广西籍的政协全国委员会委员梁漱溟说：合者为不分，不分是中国文化的精神，“一争两丑，一让两有”。许多少数民族的代表在发言中强调，作为弟弟的少数民族欢迎汉族老大哥参加到壮族自治区里面来。少部分人在发言中赞成“分的方案”，理由是广西建省已有六百多年，汉族在广西是多数，如果把广西改建为“广西壮族自治区”，恐怕汉人从感情到习惯都难于接受。对这种顾虑，广西籍的全国政协副主席李济深认为完全没有必要，他说：“感情习惯问题应该提高到建设社会主义的最高原则上理解。”[2] 还有一些人赞成“合的方案”，但是不同意用“广西壮族自治区”的名称，而主张采用“广西省壮族自治区”、“广西各族自治区”或者“广西自治区”。

三月二十五日，周恩来在会议的最后一天作总结性发言。他先谈到：民族问题是个复杂的问题，每个民族都有它长期发展过程中遗留下来的历史痕迹，在有阶级的社会里，民族问题离不开阶级问题，但是民族问题又不完全等于阶级问题，这两个问题既有联系又有区别。他认为，“在合的方案比分的方案为好的问题上，绝大多数人的意见是一致了，这就是很大的成功。”他联系历史上的民族关系指出，有些少数民族是随着汉族的发展，后来逐渐被挤到边疆去的，使他们的发展受到限制。“今天，汉族应该多多地替少数民族设身处地想一想，不要让他们再受委屈，应该使他们也能得到较好的发展条件。只有汉族主动地替少数民族着想，才能够团结好少数民族。不要一讲到壮族自治，就讲汉族的民族感情。我同意梁漱溟先生在这次会议上说过的一句话，要‘互相以对方为重’。”

接着，周恩来就大家提出的一些问题作了回答。关于“合与分”的问题，他认为：“主张合，不主张分，是适合我国的历史

---

①② 《人民日报》，1957 年 4 月 20 日。

情况和社会环境的。”他说：“不论是从全国来看，还是从一个省来看，都需要合。为了合，就要采取一些必要的照顾少数民族的办法。今天会上李济深副主席谈话的精神就是主张合，并且说汉族要对少数民族有所让步。合，就要多为少数民族着想，少数民族也才能为汉族着想。今天，要想一想少数民族的好处。汉族人口众多，经济文化比较发达，但地大物博都在他们（指少数民族——编者注）那里。从全国来说是这样，广西也是这样。将来发展工业，扩大农业，都要大力开发少数民族地区，都需要把地大、物博和人口众多、经济文化发达结合起来。可见，合则双利，分则两害。”关于“还债”问题，周恩来指出：不叫“还债”，叫“赔不是”也可以。讲“还债”这是个比喻。有些人害怕提还债会引起民族关系搞不好，这是不必要的顾虑，哪里会有这种事情？严格地批评自己，不但不会引起对方的反感，反而会促使对方对自己缺点的注意。关于民族感情问题，周恩来说：“各民族都有自己的民族感情，它是长期历史发展形成的，并且在很长的时期里还要存在下去。民族感情有两面性，要加以分析。”他强调：“社会主义国家应该把民族感情和社会主义结合起来。不结合起来，不注意民族感情和民族特点，或者过分强调民族感情，都会犯错误。”关于名称问题，周恩来说：“总要使少数民族感觉到是个自治区，不要为保留一个‘省’字，把广西各族人民共同前进的道路阻挡了，那样将来我们的子孙会笑话我们的。”对周恩来的发言，与会者都表示赞同。

六月七日，周恩来主持召开国务院第五十一次全体会议。会议同意成立广西壮族自治区。在这次会议上还通过在原来的甘肃省范围内建立回族自治区，并根据这个地区的不同特点而采取“分的方案”。回族自治区以甘肃省所包括的原宁夏地区为基础，再划入一些邻近地区，面积为七点七八万平方公里，人口为一百七十二点八万多人，其中回族占三分之一以上。周恩来解释说：

在甘肃成立回族自治区采取分的方案，是因为汉族居住在这个地区的历史很久，回族是后来去的，人口比重又不大，历史上回汉之间在这个地区的矛盾很尖锐，所以划出一部分土地另成立一个自治区为好。他在讲话中还说：在中国，民族区域自治的政策是个原则问题。帝国主义就希望我们分。我国各民族宜合不宜分，分出去独立，不但不能发展，甚至会被帝国主义利用，因此，要采取有利于国内团结的方案。七月十五日，全国人大一届四次会议批准了成立广西壮族自治区和宁夏回族自治区这两个议案。

不久，全国民族工作座谈会在青岛举行。八月二日，周恩来飞青岛。四日，他在会上发表讲话，全面阐述了中国共产党的民族政策。他说："我们反对两种民族主义，就是既反对大民族主义（在中国主要是反对大汉族主义），也反对地方民族主义，特别要注意反对大汉族主义。"① 这个问题怎么解决呢？他认为，除了极少数人以外，都是人民内部矛盾的问题，应当从建设强大的社会主义祖国这个共同目标出发，用处理人民内部矛盾的原则来解决。在中国为什么实行民族区域自治，而不像苏联那样实行"民族自治共和国"呢？周恩来指出：这样做是因为"历史发展给我们造成了另一种条件，就是中国各民族杂居的条件，这种条件适宜于民族合作，适宜于实行民族区域自治"。"这种民族区域自治，是民族自治与区域自治的正确结合，是经济因素与政治因素的正确结合，不仅使聚居的民族能够享受到自治权利，而且使杂居的民族也能够享受到自治权利。从人口多的民族到人口少的民族，从大聚居的民族到小聚居的民族，几乎都成立了相当的自治单位，充分享受了民族自治权利。这样的制度是史无前例的创举。"他还谈到民族繁荣和社会改革的关系，指出："民族繁荣是我们各民族的共同事业，对此不能有任何轻视。只有改革才能使

① 《周恩来选集》下卷，人民出版社 1984 年 11 月版，第 247 页。

民族繁荣。经济改革是各民族必须走的路。走这条路才能工业化、现代化。工业化、现代化了，经济生活才能富裕，民族才能繁荣，各族人民才能幸福。这里要顺便说一下，就是有些兄弟民族还需要增加人口，但汉族人口增加得太快了，所以汉族地方要提倡节制生育。”最后，周恩来谈了关于民族自治权利和民族化的问题，强调“民族自治权利必须受到尊重”,① 因此必须重视民族化的问题，包括尊重各民族的语言文字、尊重各民族的风俗习惯、培养民族干部等。周恩来提出的这些重要原则对推动我国民族工作的发展有重要的指导意义。

在关于正确处理人民内部矛盾问题的大讨论中，文艺界表现得很活跃，反映出不少思想问题，引起周恩来的关注。

周恩来同文艺界人士有着长期的友谊，可以无拘无束地交谈。

四月十四日，他会见六十多位电影工作者，听取他们的意见。谈到对电影《武训传》的批判时，有人问周恩来：“这个片子如果现在拍是否就不会受到批判?”周恩来坦诚地回答：“提起《武训传》来，我也应该有责任，如果要整风，首先就应该从我这儿整起吧。一九四九年在电影工作者协会的成立大会上，我碰到了孙瑜同志（《武训传》导演——编者注），当时《武训传》只拍了三分之一还不到，孙瑜同志就问我：‘我们现在正在拍《武训传》，你有什么意见?’因为问题猛一提出，我也没有很好地考虑，我就说：‘你试一试，恐怕难拍吧?’这就不够负责任。”这时，罗静予插话说：“总理，你当时还说：‘我们今天对待历史问题要辩证地去看它。’……可是我们当时谁也没有理解总理所指示的这辩证的说法。”主管电影工作的文化部副部长夏衍接着说：“提起来话就长了，远在重庆的时候，就酝酿过要拍《武训传》，

① 《周恩来选集》下卷，人民出版社 1984 年 11 月版，第 257、258、268 页。

但一直就没有更好地认识这个问题，在解放以后终于拍出来了。”周恩来说：“是呀，对这片子，上海党也点了头的，所以大家都有责任哪！在片子送到北京来的时候，我看了以后，也拍了两下手。看时还有陆定一同志和胡乔木同志，他们也拍了手的呀。他们是理论家，这我一定要把他们拉上（大家笑）。所以说大家都有责任。”谈到对“胡风集团”批判的问题时，周恩来说，对一些人的错误批评“应该加以纠正”。会上还谈到对胡适的批判，周恩来说：“胡适的典型资产阶级思想，我们要批判。但是如果今天胡适要求回来，愿意为社会主义服务，我们仍然可以要他讲他的实验主义。因为他的唯心主义的学说已经受了批判，大家已经有了认识，所以仍然可以要他讲。同时，在提到‘五四’时代的新文化运动时，也仍然要提到他在那时所起的一定的作用。”他还说：“我们对于学术讨论，自由结社是不会反对的。有必要，也只要事先打一个招呼就行了。”对一些人提出的“外行领导内行”的问题，周恩来表示：“党内有许多人对科学和文艺确实懂得不多。在全国的五百万知识分子中有百万是党员，他们对科学和文艺懂得一些。对科学是能领导又不能领导，但不是完全不能领导，而是在建设和政治上可以领导，对科学本身的问题，不学习则是不能领导的。”① 周恩来的真诚态度和勇于负责的精神使与会者深受感动。大家积极发言，提出许多对改进工作十分有益的意见。

在社会主义制度已经建立起来的新的历史条件下，周恩来曾主张工商业等方面可以“搞一点私营的”。在国务院全体会议讨论一九五七年国民经济计划草案时，他说：“主流是社会主义，小的给些自由，这样可以帮助社会主义的发展。工业、农业、手工业都可以采取这个办法。我看除了铁路不好办外，其他的都可

① 周恩来会见 60 多位电影工作者的讲话记录，1957 年 4 月 14 日。

以采取这个办法。如三轮车、摊贩等都可以采取自负盈亏的办法，加入合作社的占总数的百分之九十六，其余的个体就让他个体，有些私人办的小学，也可以让它办下去。大概工、农、商、学、兵除了兵以外，每一行都可以来一点自由，搞一点私营的。文化也可以搞一点私营的，这样才好百家争鸣嘛！在社会主义建设中，搞一点私营的，活一点有好处。”① 几天后，在讨论一九五六年收支情况和一九五七年预算安排时，他又说：“一切东西都靠国家生产不行，各方面都应该有百分之几的自由活动，太死了不行，不仅商业方面如此，工业方面也可以如此。”②

周恩来重视调整同工商界的关系，还因为在三大改造运动中，一些部门在执行政策上出现一些偏差，引起香港企业界朋友的不安，这对社会主义建设是不利的。为了充分利用香港在国际上的特殊经济地位来为新中国服务，建国前夕，中共中央曾对香港作出“暂不收回，维持现状”的重大决策。周恩来一直亲自指导着对港工作。一九五一年春，他曾对新华社香港分社社长黄作梅说，香港对我们大有好处，“可以支持我们的反美斗争，支持我们的国内建设”，要求他们做好这方面的工作。一九五七年四月二十八日，他到上海听取工商界朋友的意见，并发表了关于香港问题的讲话。周恩来选择上海来谈这个问题是因为香港的企业家有不少是从上海去的，可以通过上海工商界对他们做一些工作。

那天，接受周恩来邀请参加座谈会的，主要是工商界人士，如盛丕华、盛康年、胡子婴、吴志超、唐志尧、简日林等。会议开始后，周恩来开门见山地说：“我很想了解海外的一些情况。你们各位都是工商界的朋友，与海外有广泛的联系，能不能够帮

① 周恩来在国务院第 44 次全体会议上的发言记录，1957 年 4 月 6 日。

② 周恩来在国务院第 46 次全体会议上的发言记录，1957 年 4 月 12 日。

助我们做一些工作呢?”在轻松愉快的气氛中，大家谈了许多情况。简日林谈到国内实行的工资改革办法照搬到香港，工人意见很多时，周恩来急忙问：“工资后来加了没有?”简日林回答：“加了。”周恩来又问：“你们厂独立起来行不行?”简日林如实告诉周恩来：“有客观困难。”周恩来毫不犹豫地说：“可以管得松一点，让港厂独立经营。”吴志超谈到：香港工商界对我们进行的“五反”运动“耿耿于心”，说现在（情况）很好了，今后情况如何还想再看一二年时，周恩来说：“太少了，多看几年。”①

最后，周恩来作了总结性发言。他说：“今天听到大家反映的情况，很有收获。大家谈得都很好。这些意见，中央要进行研究。”接着，他全面阐述了对香港问题的看法。周恩来指出：

> “我们不能把香港看成内地。对香港的政策同对内地是不一样的，如果照抄，结果一定搞不好。因为香港现在还在英国统治下，是纯粹的资本主义市场，不能社会主义化，也不应该社会主义化。香港要完全按资本主义制度办事，才能存在和发展，这对我们是有利的。香港的主权总有一天我们是要收回的，连英国也可能这样想。”
>
> “香港是自由港，原料来得容易，联系的范围很广，购置设备可以分期付款，成本低，有市场，技术人才容易训练出来。所以，香港发展生产具备很多有利条件。我们在香港的企业，应该适应那里的环境，才能使香港为我所用。我们不是要动员一切可以动员的力量，化消极因素为积极因素吗?香港应该化为经济上对我们有用的港口。”

对一些人担心随着国内社会主义改造基本完成，私营企业全

① 周恩来在上海工商界人士座谈会上的讲话记录，1957年4月28日。

周总理在上海工商界人士座谈会上的讲话

日期：一九五七年四月二十八日下午三点半

地点：延安西路200号小礼堂

出席者：周恩来、柯庆施、曹荻秋、王致中、荣毅仁、刘述周、
盛丕华、郭棣活、刘靖基、胡子婴、刘念义、严谔声、
魏如、叶宝珊、史慕韩、陈铭珊、汤蒂因、唐志尧、
王性尧、吴志超、简日林、吴光汉、姚惠泉、万中一、
沈维亮、陈湾涛、丁佐成、郭秀珍、盛康年

周总理：今天从香港谈起吧。工商界与海外联系，可不可
以做些工作。我一到上海，市委要我讲话，明天要对党内
外干部讲一次话。我在杭州讲了二次，上海没有讲过，所以
得讲一次。我到昆明、重庆，讲了多次，西南讲了，东南不
讲不好。政协会议开后，偶而看了争取外汇的文件，过去
这个工作有成绩，也有困难。我很想知道海外情况如何，
可能何在？困难何在？

（当吴志超谈到去香港碰到一些上海朋友到港回内地觉得
紧、烦恼，不如在香港有钱好一些时），总理说：过去你
们不能坐汽车，是收入不够？汽油不够？还是外汇

1957年4月28日，周恩来在上海工商界人士
座谈会上关于香港问题的谈话记录

部公私合营后，是否还要变动他们在香港的企业，周恩来坚定地回答："不会去变动它。"周恩来说：

"没有合营的不要合营，否则在原料、市场、销路上反而吃亏。保持和扩展香港这个阵地有好处。至于将来怎么办？我们不会来个七反八反的，不会像'三反''五反'那样的搞法。我们这样大的社会主义国家，经过几十年的工业化，经济力量会更加强大。所以在香港的人，一般不要回来，在那里发展这个阵地有好处。香港的企业家是我们的朋友，他们搞的是资本主义，不是帝国主义。过去我们同民族资产阶级合作过，将来同香港的企业家还是可以合作的。港澳的同胞不要担心前途。"

周恩来还检讨了某些部门在执行政策上出现的一些偏差，希望得到朋友的谅解。周恩来说："我们过去对有些事情处理方法上有些问题，但不能说大的方面做错了。有偏差可以纠正，如对外贸易，应该管制，但不能管得太严。现在我国社会主义革命已经基本上胜利了，要进行社会主义建设，香港可作为我们同国外进行经济联系的基地，可以通过它吸收外资，争取外汇。我们要打开局面，就得对香港的民族资产阶级讲清政策，使人家有利可图。"①

这次谈话，反映了周恩来对解决香港问题富有远见的构想，它不仅在当时对争取香港各界人士支持国内的社会主义建设起了积极的作用，而且对中国人民在一九九七年七月一日顺利地实现对香港恢复行使主权也起了某些先导的作用。

毛泽东提出正确处理人民内部矛盾问题后，周恩来等中共中

① 《周恩来统一战线文选》，人民出版社1984年12月版，第353—355页。

央领导人所做的种种努力，创造了一种团结和谐的气氛，开展党内整风的时机已经成熟。

一九五七年四月三十日，毛泽东在天安门城楼上向前来参加五一庆祝活动的各民主党派负责人和无党派民主人士宣布了这个消息。他说："几年来都想整风，但找不到机会，现在找到了。凡是涉及许多人的事情，不搞运动，搞不起来。需要造成空气，没有一种空气是不行的。现在已造成批评的空气，这种空气应继续下去，以处理人民内部矛盾为主题，分析各方面的矛盾。"①第二天，《人民日报》第一版以醒目标题登出"全党进行一次反官僚主义、反宗派主义、反主观主义的整风运动"。报上还发表中共中央四月二十七日在内部发出的《关于整风运动的指示》。《指示》要求，这次整风运动把正确处理人民内部矛盾的问题作为当前的主题。

为了动员党外人士帮助整风，中央统战部在五月初和五月中旬分别召开各民主党派、无党派民主人士座谈会和工商界人士座谈会。国务院各部委、各省、市委和一些高等院校党委也相继召开党外人士座谈会。中央以及地方的报纸每天都以很多篇幅报道整风情况。整风初期，运动是健康地向前发展的。但是，随着运动的深入，出现了一些不正常的现象。在中央统战部召开的座谈会上，中国民主同盟负责人罗隆基提出，现在是马列主义的小知识分子领导小资产阶级的大知识分子，外行领导内行。② 农工民主党主要负责人章伯钧认为："现在工业方面有许多设计院，可是政治上的许多设施，就没有一个设计院。我看政协、人大、民主党派、人民团体应该是政治上的四个设计院，应该多发挥这些

① 毛泽东和各民主党派、无党派民主人士的谈话记录，1957 年 4 月 30 日。

② 李维汉：《回忆与研究》（下），中共党史资料出版社 1986 年 4 月版，第 834 页。

设计院的作用。一些政治上的基本建设要事先交他们讨论。”① 《光明日报》总编辑储安平说：“在全国范围内，不论大小单位，甚至一个科一个组，都要安排一个党员做头儿，从而形成了现在这样一个家天下的清一色局面。”“我认为这个‘党天下’的思想问题是一切宗派主义现象的最终根源。”这些言论，周恩来认为是“出了轨”的。当听到有人要求和共产党“轮流坐庄”等言论后，毛泽东震怒了。他说：“他们这样搞，将来会整到他们自己头上。”毛泽东决定，将这些言论在《人民日报》上公布。他对前来汇报工作的中央统战部部长李维汉说：“要硬着头皮听，不要反驳，让他们放。”② 毛泽东后来会见外宾时说：“我们在这个期间的策略是，党委领导人、支部书记只准听他们的批评，不准说话。我们也不告诉他们和下级干部如何办，要他们自己用脑筋去想，要他们在这两个星期中不睡觉。很多人流了泪。”③ 六月十二日，党内印发了毛泽东写的《事情正在起变化》一文，文中说：“现在右派的进攻还没有达到顶点，他们正在兴高采烈。党内党外的右派都不懂辩证法：物极必反。我们还要让他们猖狂一个时期，让他们走到顶点。”④

对整风运动中出现的某些不正常现象，周恩来是有所警觉的。六月初，在招待法国总理富尔的酒会上，章伯钧对他表示：武汉交通部的学校的学生们要到北京来请愿，请把这件事交给他来处理。周恩来笑了笑没有说话，心想章伯钧“脑袋膨胀得很，热得很，他觉得共产党不能维持了”。⑤ 但是，运动速度发展之

---

① 《人民日报》，1957 年 5 月 22 日。

② 李维汉：《回忆与研究》（下），中共党史资料出版社 1986 年 4 月版，第 834 页。

③ 毛泽东会见匈牙利政府代表团谈话记录，1957 年 9 月 27 日。

④ 《毛泽东选集》第 5 卷，人民出版社 1977 年 4 月版，第 425 页。

⑤ 周恩来在民主党派和无党派民主人士座谈会上的讲话记录，1957 年 7 月 7 日。

快，来势之猛是他没有想到的。六月二十五日，周恩来在一次国务院全体会议上说："我们用整风鸣放、和风细雨、团结批评团结的方法，是为了发展我们的国家，建设我们的国家。""有些朋友竟然看成漆黑一团，觉得波匈事件以后，中国也差不多了。""有的人认为船要沉了，天要黑了，另有打算，那就出了轨了。我们料到会发生一些错觉，但没有料到这样多，这样激烈，原则性问题都出来了。"①

毛泽东下决心发动反击是在六月六日"卢郁文事件"发生之后。卢郁文是国务院秘书长助理，是民主党派成员。五月二十五日，他在民革中央的座谈会上指出，一些人的意见有摆脱党的领导的意思。他认为，党和非党之间的"墙"应该由两方面来拆，并且批评了章伯钧提出的"政治设计院"的主张。不久，卢郁文收到匿名信，信中攻击他"为虎作伥"，辱骂他是"无耻之尤"，恫吓他如不"及早回头"就"不会饶恕他"。六月六日，卢郁文在座谈会上宣读了这封信，他说："我不理解，有人为什么只许说反面话，不许说正面话，对讲了正面话的人就这样仇视，有的人辱骂我，有的人威胁我，有的装出'公正'的态度来钳制我的发言，难道我们不应该站在社会主义的立场上吗？"他表示不怕威胁，不怕辱骂，还要讲话。② 六月七日，毛泽东约胡乔木、吴冷西谈话。吴冷西后来回忆："我们刚坐下来，毛主席就兴高采烈地说，今天报上登了卢郁文在座谈会上的发言，说他收到匿名信，对他攻击、辱骂和恫吓。这就给我们提供了一个发动反击右派的好机会。"毛泽东还对他们说："过去几天我就一直考虑什么时候抓住什么机会发动反击。现在机会来了，马上抓住它，用

① 周恩来在国务院全体会议第53次会议上的讲话记录，1957年6月25日。

② 《人民日报》，1957年6月7日。

《人民日报》社论的形式发动反击右派的斗争。”①

那时候，有些人问：既然要反击，为什么不在问题刚刚露头时就反击呢？周恩来后来解释说：

> “事情发生之后，为什么我们不马上敲起警钟，马上回击，反而让他们在报纸上、大字报、大辩论中这样大讲特讲呢？因为右派分子来势很凶，本来我们讲的‘鸣放’只限于学术上的百家争鸣和文化上的百花齐放，而右派分子要把整党都搞成鸣放。这样一来，问题就扩大了，什么反动话都打算说出来。既然来势很凶，我们索性就让他们都说出来。否则，如果马上反驳，群众必定跟着起来反驳，正义的人也要跟着起来反驳。结果少数人的话说了，右派中的多数人的话还没有说出来就又回去了，回去了又悬起来了，将来还有一天又要露出来，所以不如让他们都说出来。于是在一个短时期内，拿北京来说，包括党校在内的各学校、机关好像是乌云遮天，了不起。这一点，应该说我们是有意识的‘放’，便于把形形色色的反动观点都暴露出来，使群众更容易认识它的反动性，认识事件的严重性，就更可以激起群众的正义。”②

六月八日，中共中央发出《关于组织力量准备反击右派分子进攻的指示》。同日，《人民日报》发表题为《这是为什么?》的社论，拉开了反右斗争的序幕。这时，正处在全国人大一届四次会议召开的前夕。由于反右运动起来了，会议不得不推迟。周恩来从四月开始就在思考和草拟的政府工作报告也不得不重新准

① 吴冷西：《忆毛主席》，新华出版社 1995 年 2 月版，第 39—40 页。

② 周恩来在中央党校的讲话记录，1957 年 11 月 11 日。

备。从六月十一日开始，周恩来花了将近两个星期的时间改写政府工作报告。六月二十五日，周恩来在国务院第五十三次全体会议上解释说：

“八年来，在国务院会议上我们是开诚相见的。这次我的报告也是开诚相见。当然，我的报告也可以设想只一般地谈谈工作成绩和缺点，在平常情况下可以，在整风运动面前，政府的报告避开问题不谈，那不像话，是脱离人民群众的。由于情况的发展，我的报告与两月前所设想的不同，只是在这两个星期写的。首先，我需要向大家说明，这个报告，得到党的批准，今天提到国务院会议上来，征求大家的意见通过。在正确处理人民内部矛盾的方针下，报告是否可以说得和缓一些？毛主席的报告已经发表了，作为总理的身份，为了使运动向健康的方向发展，如果不拿主席报告的方针检查工作，答复问题，那就软弱无力了。”

他说：整风中暴露出来的不仅是错误观点问题，已发展到人民内部的有关方针、政策的对立斗争，涉及到我们国家的根本制度。当然反社会主义的还是极少数，不论是政治斗争或者思想斗争，绝大多数人尽管见解不同，还是好意，这是主要的方面。反社会主义的力量较我们的预料来得清楚。按照各方面的揭发，也比我们预料的多些。因此，我们的政府工作报告应该对这方面有所回答。他还说：

“如果今天大多数人通过了这个报告，还要在人大代表里讲清楚，这样是为了创立社会主义民主生活，推动社会政治生活健康发展，走向社会主义，走向共产主义。”“如果我们不教育，那走入歧途的人会更多。学校中出了谬论，如果不加驳斥，就等于放弃领导，允许它影响大多数人走入歧途。”①

六月二十六日，第一届全国人民代表大会第四次会议在北京举行，周恩来作《政府工作报告》。他先说明：这个报告是依据毛泽东《关于正确处理人民内部矛盾的问题》所提出的方针，来检查一年来政府的工作，并且解答各方面对政府工作提出的意见。报告共分五个部分：关于社会主义革命；关于社会主义建设；关于人民生活；关于国家基本制度；关于国内外团结。

对过去一年的工作应该怎样看呢？周恩来在报告中说：“一九五六年，我国基本上完成了对农业、手工业和资本主义工商业在生产资料私有制方面的社会主义改造。”“在这样一个大革命的过程里，社会财产没有遭到损坏，社会秩序没有发生混乱，社会生产没有下降。恰恰相反，我们在这个大革命取得基本胜利的第一年，就在各方面取得了巨大的成绩。”他列举了大量事实：一九五六年的自然灾害是几十年以来我国最大的一次，受灾田地约二亿三千万亩，受灾人口约七千万人，但农业仍实现了增产的要求，接近了第一个五年计划最后一年的指标；工业总产值在五年计划的前三年共增加一百七十七亿元，而一九五六年这一年就增加了一百三十九亿元，超过了五年计划所要求的一九五七年的指标；基本建设方面，一九五六年全国完成了五年计划规定的投资总额的三分之一；文化教育事业有了很大的发展；人民生活得到显著改善。周恩来说：“在上述巨大的群众性运动中，在具体工作上是发生过一些偏差和错误的。政府对于这些偏差和错误，有的已经作了检查和处理，有的正在检查。我们欢迎全国人民继续提出批评和建议。”“但是，历次运动中发生的偏差和错误，是掩盖不了当时产生这些运动的客观需要和历次运动的基本成绩的。”

在报告中“关于国家基本制度”的部分，他谈了右派分子的

① 周恩来在国务院全体会议第53次会议上的发言记录，1957年6月25日。

问题："现在有些右派分子借口帮助共产党整风，发出了许多破坏性的言论，其中有不少是直接向我们国家的基本制度进攻的。""他们的目的不外是想使我们的国家政权离开工人阶级和它的先锋队——共产党的领导。""批评缺点和错误是为了健全和发展我们的社会主义制度，这是我们所欢迎的。而右派分子实质上是要把我们的国家从社会主义的道路拖到资本主义的道路上去。这是广大人民所决不容许的。"

周恩来在这个报告中，一般地仍把右派分子的问题放在人民内部的范围里讲的，但也谈了矛盾性质转化的可能性。他说：

> "处在目前中国社会大变革的时代，在人民内部，一部分人对于新的社会主义制度会暂时感到不习惯，另外一部分人甚至会感到严重的抵触。在社会向前发展的过程中，人们在思想和立场上常常表现出进步、中间和落后的不同状态，常常有左派、中间派和右派的分化。"
>
> "资产阶级右派分子虽然置身于人民的队伍之中，但是却站在反对社会主义的立场上，甚至采取不利于社会主义事业的行动。因此，我们必须在政治上和思想上同右派分子划清界限，对这种人进行必要的坚决的斗争，使绝大多数真正爱国的人认识到右派分子的立场和行为的错误。右派分子一旦处于完全孤立的地位，他们本身就会发生变化。我们希望，经过外力的推动、生活的体验和自己的觉悟，右派分子能够幡然悔悟，接受改造。社会主义改造的大门对他们是开着的。但是，也可能有极少数右派分子坚持反动立场，抗拒改造，甚至采取破坏社会主义建设的行动，那么，他们就将自绝于人民。"①

---

① 《人民日报》，1957年6月27日。

七月一日，《人民日报》发表社论《文汇报的资产阶级方向应当批判》，把民盟和农工民主党这两个民主党派错误地说成是反共反社会主义的党派，称资产阶级右派就是“反共反人民反社会主义的资产阶级反动派”，使批判斗争进一步升级。七月十七日至二十一日，中共中央在青岛召开省市委书记会议，讨论毛泽东在会议期间起草的《一九五七年夏季的形势》，进一步部署反右派斗争。七月十八日，周恩来飞青岛，参加了会议。这次会后，反右派斗争就以狂风暴雨之势在全国普遍开展起来，发生了严重扩大化。

对当时的情况，夏衍后来回忆说：“那时谁不左？我也左，每几天要到中宣部汇报，每个人都拿个（右派的）单子去。”① 在运动高潮中，周恩来一面动员大家积极参加批判右派的斗争，一面仍强调要实事求是。他在一次会议上说：“投入战斗最中心的问题就是要实事求是，走群众路线，是则是，非则非，有则有，无则无，不能无中生有，也不能化有为无。”② 他对形势的基本估计，在这以前已经说过：“反社会主义的还是极少数，不论是政治斗争或者思想斗争，绝大多数人尽管见解不同，还是好意，这是主要的方面。”③

从这个认识出发，周恩来对犯了错误的人采取不同的方式进行帮助。对章伯钧、罗隆基等错误严重的人，周恩来进行了严肃的批评和斗争。七月七日，他在民主党派和无党派民主人士负责人座谈会上说：这样做“为的是救他”，“我的政府工作报告上面两方面都写了，能够救，欢迎他悔悟。社会主义的大门是敞开着的。他承认了一部分，我们也欢迎，欢迎他改造，一步一步地向

---

① 访问夏衍谈话记录，1983 年 2 月 10 日。

② 周恩来在外交部全体干部会议上的发言记录，1957 年 8 月 8 日。

③ 周恩来在国务院全体会议第 53 次会议上的发言记录，1957 年 6 月 25 日。

前推进”。他还说：“不能温情主义，要尖锐的批判，我的态度就是这样。但是说话的方式，可以说理。大概我在朋友面前，总觉得我这一个人不是那么‘残酷斗争，无情打击’”，“我在朋友面前，说理的态度还是多一点。但是，立场不能不站稳。不然，他感觉大家都安慰他，你看，同情我的人很多，结果，他不会认识错误，关还是过不去。所以，严肃并不等于一定要搞得很凶，搞得粗暴；尖锐并不等于要打人，刺人。政治上、思想上刺疼他一下，并不是实际上要去打人。粗暴态度，动手打人，我们是反对的”。① 一九五八年一月二十九日，周恩来受中央委托分别同章伯钧、罗隆基等谈话，就准备撤销他们所担任的部长职务征求意见，谈话中对他们有所批评，劝他们真心改造。当天，周恩来在他主持召开的国务院全体会议上就这个问题作了说明。会议经过讨论，一致同意撤销他们的职务。

对一些同党一直保持友好关系的老朋友，周恩来主张“应该劝，要使他感觉这个问题严重，能改多少是多少，慢慢地来，不能急”。他强调：“不要希望反右派的斗争速战速决，因为速战速决并不好。有些时候没有搞清楚，就马上作结论，太早了并不好。”他说：“这些人本身他们也许愿意悔改，也有悔改的机会。太急了倒反而弄得粗糙，太粗糙倒不能解决问题。”②

对在反右斗争中受到严重冲击的知识分子，周恩来在力所能及的范围内，采取不同方式进行保护。例如，对著名作家萧乾，周恩来用请他参加座谈会的方式公开进行保护。萧乾的夫人文洁若在回忆录中写道：“当时报纸上已公开点了亚（指萧乾——编者注）的名。十二日《人民日报》八版也登出了何谷润写的《萧乾所争的是什么样的自由?》，批判他的《放心·容忍·人事工作》

① 周恩来在民主党派和无党派民主人士座谈会上的发言记录，1957 年 7 月 7 日。

② 周恩来在民主党派和无党派民主人士座谈会上的发言记录，1957 年 7 月 7 日。

一文。当时，他已绝望，认为在劫难逃了。七月中旬的一天，亚回家时，突然十分兴奋，那像是被确诊为患了癌症、束手等死的人，忽然得到通知说，那是误诊，他的病是可以治好的；又像是死囚被无罪释放。亚告诉我，那天开会时，老友巴金坚持坐到他身边。总理讲话中间问：‘萧乾同志来了没有?’亚应声站起来。总理宽慰他说：‘你不是右派。要认真检查，积极参加战斗。’后来又问：‘吴祖光同志来了没有?’并对他也热情地照样说了一遍。”① 萧乾说：“他并没有把我们列为敌人。”② 著名画家徐悲鸿的夫人廖静文受批判时，周恩来立即派夏衍前去探望，并嘱他让廖静文写一份“检讨”保护过关。著名经济学家马寅初一九五六年在人大会上作的“新人口论”报告曾经引起争论，被一些人攻击为是宣传“反动的马尔萨斯思想”。当时，周恩来说：“这个问题不能一概驳掉，说他是马尔萨斯思想。马尔萨斯思想在分析人口的规律上有它一定的客观性。”反右运动中，马寅初受到不点名批判，有人主张把他定为右派。周恩来得到消息后说：“马寅初这个人有骨气，有正义感，是爱国的，他是我国有名的经济学家，国内外都有影响，不能划为‘右派’。”在周恩来直接干预下，马寅初得以幸免。③

反右运动的浪潮也冲击到“总理办公室”，在周恩来身边工作的三位秘书的亲属被划成右派。周恩来所在的党支部将情况向周恩来作了汇报，周恩来没有说什么，这三位秘书没有为此受到牵连，照样做自己的工作。周恩来的秘书周家鼎后来回忆说：“反右运动开始后，人人自危，许多人不再敢讲话。而我们在周恩来身边还可以发表意见，他总是鼓励我们讲真话。”④

---

① 文洁若：《迟来的蜜月——我与萧乾》，《人物》，1992年第2期。

② 萧乾：《挚友益友和畏友巴金》，《新华文摘》，1982年第3期。

③ 朱正直等：《马寅初传》，北京出版社1986年4月版，第207页。

④ 访问周家鼎谈话记录，1996年3月4日。

根据以往的经验，运动一发动起来后，人们常常情绪激烈，不能冷静地看待问题，容易出现斗争扩大化的情况，为此，周恩来作了一些规定。他曾经召集意识形态各部门的负责人开会，就划右派问题制定了两条原则：一是全国人大代表、政协委员中要划右派，需报国务院批准；二是对海外国外有影响的人，包括一些知名的知识分子要划右派，需把材料送给他看。夏衍说：“总理是尽可能想保护一些人。”① 反右派运动中有些政策性文件是在周恩来参与下制定的。七月十五日，中共中央发出经过周恩来修改的《关于处理本届高等学校毕业生中有严重反社会主义言行的分子的通知（草案）》。通知指出：“各校在学生的左、中、右的排队时，应该实事求是，不要强求一律。”九月十五日，中共中央发出的《关于自然科学方面反右派斗争的指示》也是经过周恩来修改审定后下达的。他十分同意邓小平在批示中加写的“对于自然科学方面的反右派斗争应该按照不同的情况区别对待，特别是对那些有重大成就的自然科学家和技术工作人员，除个别情节严重非斗不可者外，应一律采取保护过关的方针”。虽然这一系列政策和指示在许多地方没有得到很好贯彻，但是，它在一定范围内对有些知识分子还是起到了保护作用。

为了加强党对文教部门的领导，改进对知识分子的工作，六月二十八日，中共中央发出《关于在一两个月后吸收一批高级知识分子入党的通知》。周恩来在这方面也做了大量工作。著名地质学家李四光就是他关心的无数高级知识分子中有代表性的一个。抗日战争时期他们在第一次见面时周恩来就给李四光留下深刻印象。他曾对夫人许淑彬说：“我从周恩来先生身上产生了一个最大的感觉：有了共产党，中国就有了希望。”新中国成立之初，李四光正是怀着这种希望从海外归来的。李四光被任命为地

① 访问夏衍谈话记录，1983 年 10 月 2 日。

质部部长后，先后主持组建了地质力学研究室、地质力学研究所，为开展地质力学研究和地质勘探工作做出了巨大贡献。整风运动开始时，李四光正好住院，周恩来多次去看望他，谈话中直率地问他："李老，这么多年未见你向组织提出过入党申请，不知你对参加共产党有什么想法?"李四光回答说："在旧社会，我缺乏觉悟，没有投身于革命队伍中，已深感惭愧。革命成功后虽然对国家建设出了一些力，但离一个共产党员的标准仍相差甚远。况且自己年龄大了，身体又不好，入了党不一定能起到一个共产党员的先锋作用。"周恩来鼓励他说："现在搞社会主义建设，很需要知识分子为党工作。你可以考虑考虑，和地质部党组、科学院党组的负责同志谈谈自己的想法。"这次谈话打消了李四光的顾虑。不久，他向党组织提出入党申请，并且在一九五八年年底加入中国共产党。

在这个时期中，周恩来还介绍著名京剧表演艺术家程砚秋入党，这是他三十年来第一次介绍人入党。在程砚秋的入党志愿书上周恩来写了这样一段话：

> "程砚秋同志在旧社会经过个人的奋斗，在艺术上获得相当高的成就，在政治上坚持民族气节，这都是难能可贵的。解放后，他接受党的领导，努力为人民服务，政治上积极要求进步，这就具备了入党的基本条件。他的入党申请，如得到党组织批准，今后对他的要求，就应该更加严格。我曾经对他说，在他被批准为预备党员期间，他应该努力学习，积极参加集体生活，力图与劳动群众相结合，好继续克服个人主义思想作风，并且热心传授和推广自己艺术上的成就，以便提高自己的阶级觉悟，发扬为劳动人民服务的精神。"①

① 《周恩来选集》下卷，人民出版社 1984 年 11 月版，第 272 页。

他还把这些意见写信告诉程砚秋本人，说是“作为我这个介绍人对你的认识和希望的表示”。这件事不仅对程砚秋一个人，而且对一批像程砚秋这样的知识分子都是巨大的鼓舞。

一九五七年秋，中共中央决定对右派分子作出处理。周恩来的意见：“总的方针是：态度好的从宽，恶劣的从严；悔改好的从宽，不好的从严。”他认为应该给他们机会为国家做些事情，以功折过，“要以处理人民内部矛盾的方式处理”。他还在会见大专院校、文艺、教育、民主党派的知识分子时征询意见，并且特别强调在科学方面、教育方面、出版方面还能做工作的，在艺术上还能搞表演的，只要态度好一些，要注意使用他们。① 周恩来说：“过去右派利用教授治校向我们进攻，但批驳之后，不等于教授不管学校，不管教学。”② 当时，在北京对许多被划为“右派分子”的人采取“下放”的方式。周恩来指出：“我们在北京批判这样一个情形，就是推出去不管，以为下放以后他就卸包袱了，这种观念是不对的。那种错误的东西——官僚主义呀、主观主义呀、宗派主义呀，要丢掉，人你不能丢掉。”他强调：“我们不能使一个人在下放中被丢掉不管，这是错误的，这是认识上的错误。”他还说：“反右斗争也是个大任务，是过社会主义的关。但是这个的量是少数的。量多还是改进工作。”③

周恩来的努力，并没有改变运动向扩大化的方向发展。对这场运动，中共中央《关于建国以来党的若干历史问题的决议》中作出结论：“在整风过程中，极少数资产阶级右派分子乘机鼓吹所谓‘大鸣大放’，向党和新生的社会主义制度放肆地发动进攻，妄图取代共产党的领导，对这种进攻进行坚决的反击是完全正确

① 周恩来在上海文艺界座谈会上的讲话记录，1957年12月23日。

② 周恩来同各大学党内外人士座谈时的讲话记录，1957年12月21日。

③ 周恩来在天津市第二届第二次党代表大会上的发言记录，1957年11月25日。

和必要的。但是反右派斗争被严重地扩大化了，把一批知识分子、爱国人士和党内干部错划为‘右派分子’，造成了不幸的后果。”这的确是一个值得永远记取的深刻教训。

五十一、从八届三中全会到八大二次会议

毛泽东最初对发动整风运动还有一个考虑：就是一九五六年发生的党内对经济工作的争论并没有结束。一九五六年十一月召开的中共八届二中全会本来准备讨论这个问题，由于波兰和匈牙利事件的发生，大家的注意力转移到国际问题上，对这个问题的讨论就没有充分展开，只形成一个被称作“七条”的“妥协方案”。毛泽东后来说：“那七条是筑一条堤坝，挡一下水”,① “解决得不彻底”。这一次，他想“借整风统一思想”。

在一九五六年那场争论中，毛泽东对周恩来等主张反对急躁冒进是不满意的，但是，究竟以什么方针来进行建设，他还在思索中。到一九五七年秋天，国际上波匈事件已经过去，国内反右派斗争基本结束，第一个五年计划提前超额完成。随着形势的发展，毛泽东又着重考虑到建设方面的问题，观点也更加明确起来。当时，两个新的情况对毛泽东的思考也产生影响：一个是，整风运动开始后，个别人利用党内关于“反冒进”的争论，攻击新中国的经济工作搞糟了，甚至提出共产党不能领导经济等。这

① 毛泽东在中央政治局会议上的发言记录，1958 年 2 月 18 日。

使毛泽东更加认定："反冒进也促进了右派的进攻。"① 因此，当反右运动高潮过去后，他回过头来准备解决党内关于怎样建设社会主义的这场争论，用他后来的话说是："用整风来反掉右倾保守思想。"另一个原因是，这年十一月二日至二十一日，毛泽东到莫斯科参加十月社会主义革命四十周年庆典，接着又参加各国共产党和工人党代表会议。在同苏共领导人会谈中，赫鲁晓夫告诉毛泽东："十五年后，苏联可以超过美国。"这使毛泽东十分兴奋。他回答说："十五年后，我们可能赶上或超过英国。"② 毛泽东的依据是，他在同英国共产党负责人波立特、高兰谈话中了解到，再过十五年，英国钢的年产量可从现在的两千万吨增长到三千万吨，而中国再过十五年可能达到四千万吨。胡乔木后来回忆："毛主席对这个会议非常满意。加上苏联的人造卫星上天，毛主席这时确实感到胜利在我们一边，提出东风压倒西风，超英赶美。""毛主席觉得可以探索一种更高的发展速度，把群众发动起来，而且是全国发动起来，生产一定会大跃进。"③ 毛泽东从莫斯科给国内打电话，批评一九五六年的"反冒进"是不对的，说以后再也不要提反冒进了，搞社会主义就要冒一点。④

作为反对急躁冒进的主要代表人的周恩来，自然地成为毛泽东批评的主要对象。在这以前，周恩来已经觉察到这个问题。他在一九五七年六月二十六日所作的《政府工作报告》中，有这样一段话：

"有人认为，我国的发展国民经济计划在一九五六年全面冒进了，在一九五七年又全面冒退了。很明显，

① 毛泽东在中共八大二次会议上的发言记录，1958 年 5 月 18 日。

② 毛泽东在莫斯科 64 国共产党和工人党代表会议上的讲话记录，1957 年 11 月 18 日。

③ 《胡乔木回忆毛泽东》，人民出版社 1994 年 9 月版，第 14 页。

④ 访问顾卓新谈话记录，1984 年。

这种意见是不正确的。我国一九五六年的计划是在改造和建设的高潮中拟定的。社会主义革命的基本胜利，大大鼓舞了劳动人民建设社会主义的积极性，他们纷纷要求增加生产，提高工作定额。一九五五年农业的大丰收，又为国民经济的发展准备了物质条件。同时，基本建设发展到了五年计划的第四个年度，也确实有扩大规模的必要。这些情况，都说明我们不但需要而且有可能加快建设的速度。一九五六年的计划就是适应这种情况，采取了跃进的步骤，而且在各方面取得了如前所说的巨大成就。不错，某些指标是大了一些，但是，这是属于局部性质的缺点。即使以基本建设投资多了十五亿元到二十亿元来说，也只占去年全部支出的百分之五到百分之六，仍然是局部性质的缺点。因此，决不能说一九五六年的建设是全面冒进。一九五七年，由于去年农业收成的情况不好，同时国家的财政和物资的后备力量也有减少，在这种情况下，适当地放慢建设的步骤，积蓄力量，准备今后更好的前进，是完全必要的，这决不是全面冒退。我们应该懂得，任何事情都不会是直线发展的。随着客观条件的变化，发展速度总会有快有慢，并且常常会出现不平衡。社会主义建设事业的发展也是这样。尤其是像我们这样人多且穷的国家，由于农业的比重很大，自然灾害时常发生，要求国民经济年年都毫无起伏地按照同样的速度向前发展，这是一种不切实际的想法。”①

周恩来后来回想起这次讲话时说：“这是我最早抛弃反冒进的开始。”不过，那时他没有认为这是“方针性”的错误。他说：

① 周恩来在全国人大一届四次会议上的发言记录，1957年6月26日。

“我当时的中心思想是维护社会主义，反击右派，从建设的实绩上，肯定了一九五六年的建设是跃进的发展，抛弃了对一九五六年建设是‘冒进’的错误估计。”① 毛泽东说过，周恩来的这篇报告是“以无产阶级战士的姿态向资产阶级宣战”。② 但是，他认为还没有从根本上解决问题。

一九五七年九月二十日至二十九日，中共八届三中全会在北京召开。会上，邓小平作关于整风运动的报告，陈云作关于改进国家行政管理体制问题和关于农业增产问题的报告。周恩来从一九五六年以来一直在抓工资改革问题，由他向全会作关于劳动工资和劳保福利的报告。从九月三日至十六日，他多次召集有关部门负责人对这个问题进行了调查和讨论。③

九月二十六日，周恩来向全会所作的这个报告中，充分肯定建国以来我国在劳动就业、工资制度和劳保福利方面取得的成绩，同时也指出，对于我国人口多、底子穷的情况了解不透，在某些方面存在不切实际和不合理的现象。他说：“我国的劳动工资和劳保福利政策，必须从统筹兼顾全国人民生活、首先是工农生活，适当安排城乡关系这个基本观点出发，实行合理的低工资制，尽量使大家都有饭吃，并且在发展生产的基础上使工农生活能够逐步地得到改善。”他还谈到，我国人口的增长应同生产发展相适应，指出节制生育的重要性以及公费医疗严重浪费和低房租的不合理性；提倡用互助互济的办法，解决职工生活中的某些困难问题。④

然而，这些并不是毛泽东关心的焦点。十月九日，会议的最

① 周恩来致毛泽东的信，1958 年 5 月 26 日。

② 毛泽东在中共八大二次会议上的发言记录，1958 年 5 月 17 日。

③ 周恩来工作台历，1958 年 9 月 3 日—16 日。

④ 周恩来在中共八届三中全会上关于劳动工资和劳保福利的报告，1957 年 9 月 26 日。

后一天，毛泽东作总结性发言。他以尖锐的语言指出："去年这一年扫掉了几个东西：一个是多快好省扫掉了，不要多了，也不要快了，至于好省就附带扫掉了。好省我看没有哪个反对的，就是一个多、一个快人家不喜欢。有些同志叫冒了，我看，加一点限制，加一点形容词，就没有弊病了。本来这个好省是限制这个多快的。省者，就要少用钱，多者，就是多办事，快一点也是多办事，而且要有一个好，要质量好。"他还说："去年下半年一股风，把这个口号扫掉了，我还企图恢复，有没有可能？请大家研究。"① 他批评一九五六年扫掉的另外两个东西，一个是《全国农业发展纲要》，一个是促进委员会。这是毛泽东第一次公开地、没有点名地对"反冒进"问题提出批评。毛泽东为什么讲这番话，他究竟在批评谁，他的针对性其实是很清楚的，但当时与会的大多数人都不清楚，更没有意识到这个问题的严重性。因此，会上没有人对这个问题发表多少意见。

毛泽东在讲话中还从扩大化了的反右派斗争的事实中得出结论："无产阶级与资产阶级、社会主义道路与资本主义道路的矛盾是主要矛盾。"② 这就改变了中共八大一次会议对当前中国社会主要矛盾的判断。而一旦在这个关系全局的根本问题上偏离了正确的方向，便会越走越远，导致在社会主义社会中提出"以阶级斗争为纲"的错误理论，带来灾难性的后果。

全会还通过了《一九五六年到一九六七年全国农业发展纲要（草案）》。草案规定：从一九五六年开始，在十二年内粮食亩产平均年产量黄河以北地区由一九五五年的一百五十多斤增加到四百斤；黄河以南、淮河以北地区，由一九五五年的二百零八斤增加到五百斤；淮河以南地区，由一九五五年的四百斤增加到八百

---

① 毛泽东在中共八届三中全会（扩大）上的发言记录，1957 年 10 月 9 日。

② 毛泽东在中共八届三中全会（扩大）上的发言记录，1957 年 10 月 9 日。

斤。这个草案过去曾先后在毛泽东召集的最高国务会议以及全国人大常委会第八十次会议和全国政协常委会第四十六次会议联席会议上进行了讨论和修改。十月二十六日，《人民日报》公布了这个纲要。

三中全会结束后，国务院及其各直属机构和事业单位进行体制改革、机构精简和工作改进，形成干部下放的高潮。在周恩来直接关怀下，国务院成立了以安子文为首的安排下放人员十人小组。[①] 周恩来接见中央国家机关的下放干部，向他们提出要求：这次下放是为了使中央了解下边的困难，为了改进工作，如果搞得好，就成为制度。他约法三章，说：第一是下去帮助地方解决困难，帮助中央克服缺点；第二是只许搞好不许搞坏，只许通气不许堵气，否则割断关系；第三是工作以地方为主，暂定二八开，分一部分时间为中央写报告，使地方感到你们下去是有利，而不是有弊。[②] 为了做好这项工作，周恩来带头精减身边工作人员，到一九五八年三月为止，总理办公室从原来的二十五人减少到十二人。

十一月下旬，毛泽东从苏联回国后，连续召开会议讨论他正在思考的如何取得更高发展速度的问题。十二月八日他离开北京，到华东地区停留了将近一个月。“毛主席认为那时北京的空气沉闷，华东的空气活跃，想以地方来促北京。”[③] 十二月十四日，周恩来陪同缅甸友好代表团和缅甸经济考察团到达杭州。十六日和十七日，他在杭州参加了毛泽东召集的，有柯庆施、舒

① 《周恩来书信选集》，中央文献出版社 1988 年 1 月版，第 540 页。

② 周恩来在国务院和中央国家机关财贸计划部门下放干部会议上的讲话记录，1957 年 12 月 9 日。

③ 薄一波：《若干重大决策与事件的回顾》下卷，中共中央党校出版社 1993 年 6 月版，第 636 页。

同、曾希圣、刘顺元、江渭清、叶飞、江华参加的会议，讨论浙江省委向省第一届党代会第二次会议的工作报告。① 当时，因为也门王国副首相兼外交和国防大臣巴德尔王太子将第一次到中国访问，因此，十二月二十六日，周恩来赶回北京。一九五八年一月一日，周恩来陪同巴德尔又到杭州，并在二日至四日继续参加毛泽东召集的会议，除前次会议参加的人员外，这次会议又增加了胡乔木、陈丕显、林铁、石西民、张春桥等。②

在杭州召开的这两次会议，讨论了党领导经济建设的方法问题、政治与业务的关系问题、技术革命问题等。毛泽东在会上发了脾气。周恩来等提出过的反对急躁冒进的主张受到严厉批评。毛泽东后来说：杭州会议，我在那里放火，“我是放恩来的火，有柯老（指柯庆施——编者注）为证，就在杭州，实在憋不住了。几年之气，就向薄一波发泄。我说：我不听你这一套，你讲什么呀？我几年都不看预算了，横直你是强迫签字”。③ 毛泽东还在周恩来面前“发了一通牢骚”，说：“农村社会主义高潮一书的序言，对全国发生了很大的影响，是‘个人崇拜’‘崇拜偶像’？不管什么原因，全国各地报纸、大小刊物都登载了，发生了很大的影响。这样，我就成了‘冒进的罪魁祸首’。为什么军队多了几十万人，招收工人学徒多了一百多万人？我说各部门都有对形势估计不足的情况，反对右倾保守为什么要多加人，我不懂，我也不知道。”④ 但是，杭州会议并没有取得令毛泽东满意的结果。

一月六日，周恩来回到北京，为即将召开的一届人大五次会议做准备。考虑到一九五八年的预算和年度计划等需要研究确

① 中央工作大事记，1957 年 12 月 16、17 日。

② 中央工作大事记，1958 年 1 月 2 日。

③ 毛泽东在中央政治局扩大会议上的讲话记录，1958 年 5 月 29 日。

④ 毛泽东在南宁会议上的讲话记录，1958 年 1 月 12 日。

定，周恩来向毛泽东建议，是否在人大召开前先开一次党内会议讨论一下。毛泽东表示同意，并亲自写了准备到南宁去开会的通知。通知写道："吴冷西，总理，少奇，李富春，薄一波，黄敬，王鹤寿，李先念，陈云，邓小平，彭真，乔木，陈伯达，田家英，欧阳钦，刘仁，张德生，李井泉，潘复生，王任重，杨尚奎，陶铸，周小舟（已到），史向生，刘建勋，韦国清，毛泽东，共二十六（二十七）人，于十一日、十二日两天到齐，在南宁开十天会，二十号完毕（中间休息二天到三天，实际开会七天到八天）。"他还提出，会议期间"谭震林管中央，总司令挂帅。陈毅管国务院"。①

一九五八年一月十一日，会议在南宁如期召开。毛泽东所点的人中，陈云、邓小平、张德生、潘复生没有到会，周恩来因为要送巴德尔王太子回国，到南宁的时间推迟了两天。会议的重点本来是总结第一个五年计划的执行情况和讨论第二个五年计划及长远规划等问题，但是，就在南宁会议的第一天，毛泽东又提出"反冒进"的问题，把三中全会以来对"反冒进"的批评推向高潮。毛泽东说："不要提'反冒进'这个名词——这是政治问题。首先没有把指头认清楚，十个指头，只有一个长了包，多用了一些人（工人、学生），多花了一些钱，这些东西要反。当时不要提'反冒进'，就不会搞成一股风，吹掉了三条：一为好快多省，二为四十条纲要，三为促进委员会。这是属于政治，不属于业务。一个指头有毛病，整一下就好了。原来'库空如洗'、'市场紧张'，过了半年就好了，变过来了。没有搞清楚六亿人口的问题，成绩主要，还是错误主要？是保护热情，鼓励干劲，乘风破浪，还是泼冷水泄气？"第二天，毛泽东从工作方法的角度继续阐述他的观点："我们要注意，最怕的是六亿人民没有劲，抬不

① 《关于召开南宁会议的通知》，1958 年 1 月，毛泽东手稿。

起头来就很不好。群众观点是从六亿人口出发。看问题要分别主流、支流，本质、现象。”“工作方法希望改良一下。这一次千里迢迢请同志们来一趟，是总理建议的，本来我不想多谈，有点灰心丧志。”他还说：“右派的进攻，把一些同志抛到和右派差不多的边缘，只剩了五十米。”① 这些措辞严厉的批评使“会议从一开始空气就非常紧张了”。②

一月十三日，周恩来到机场送走巴德尔王太子的当天傍晚，乘飞机抵达南宁。同一天，柯庆施也飞抵南宁。这天晚上，毛泽东约周恩来、刘少奇谈话，直到深夜。③ 在十六日的会上，毛泽东拿出柯庆施在上海市党代会作的《乘风破浪，加速建设社会主义的新上海》的报告说：“柯文章很好，上海一百万工人，无产阶级集中的地方才能产生这篇文章。”④ 他当众对周恩来说：“恩来同志，你是总理，你看，这篇文章你写得出来写不出来?”周恩来回答说：“我写不出来。”毛泽东又说：“你不是‘反冒进’吗？我是反‘反冒进’的!”⑤ 听了毛泽东的批评，周恩来和到会的副总理们“坐卧不安”。⑥ 当年随周恩来一起到南宁开会的他的经济秘书顾明后来回忆：“几乎每天晚上，先念、一波等都聚在总理那里讨论到夜里二三点，商议怎么检讨等等。那时，会议的形势很紧张。”⑦ 一月十七日，毛泽东在听取各省市汇报时继续批评“反冒进”。他认为，“反冒进”是针对他所写的《中国

---

① 毛泽东在南宁会议上的发言记录，1958年1月11日。

② 吴冷西：《忆毛主席》，新华出版社1995年2月版，第49页。

③ 中央工作大事记，1958年1月13日。

④ 毛泽东在南宁会议上的发言记录，1958年1月16日。

⑤ 薄一波：《若干重大决策与事件的回顾》下卷，中共中央党校出版社1993年6月版，第639页。

⑥ 顾明：《历尽艰辛创四化》，《周恩来和他的秘书们》，中国广播电视出版社1992年3月版，第18页。

⑦ 顾明在中共中央文献研究室召开的座谈会上的讲话记录，1987年1月9日。

农村的社会主义高潮》的"序言"，说：一九五六年六月二十日《人民日报》社论"要反对保守主义，也要反对急躁情绪"，把我撇开，又要利用我。一不麻烦我，二可利用我打别人。"没有想到造成这样'反冒进'空气，挫伤积极性没有料到。"①

经历了两次杭州会议的周恩来，对毛泽东的批评不是毫无思想准备，但他没有想到毛泽东会发这么大的火，把问题提得这么严重。一月十九日，毛泽东约周恩来单独谈话。随后，继续进行大会讨论。会议从晚上八点多一直开到深夜一点多。② 周恩来在大会上发言，对"反冒进"问题承担了责任。他说："反冒进"这个问题，一段时间（一九五六年夏季到冬季）带方针性的动摇和错误。"'反冒进'是由于不认识或者不完全认识生产关系改变后生产力将要有跃进的发展，因而在放手发动群众进行社会主义革命和建设中表示畏缩，常常只看见物不看见人，尤其是把许多个别现象夸大成为一般现象或者主要现象，这是一种右倾保守主义思想。"他说："反冒进"的结果损害了三个东西——促进会、农业四十条、多快好省，使一九五七年的工农业生产受到了一些影响，基本建设也减少了一些项目，而最重要的是群众和干部的劲头得不到支持，反而受到束缚，使我们建设走群众路线这一方针受到某些损害。"这个方针是与主席的促进方针相反的促退方针。实行这个方针，不管你主观想法如何，事实上总是违背主席的方针的。越是不自觉这是方针性的违背，就越严重越危险。"他表示："这一'反冒进'的错误，我要负主要责任。"③

一月二十日，毛泽东说：冒进是全国人民烈焰冲起来的，是好事，部分是坏事，"反冒进"把前进放在第二位了。第二天，

① 毛泽东在南宁会议上的发言记录，1958 年 1 月 17 日。

② 中央工作大事记，1958 年 1 月 19 日。

③ 周恩来在南宁会议上的发言提纲，1958 年 1 月 19 日，手稿。

他在会议上作总结性发言，提出："从一九五八年起，在继续完成思想、政治革命的同时，着重点应放在技术革命方面。"关于"反冒进"问题，他强调教训是："反掉了三个东西，把一些同志抛到（同）右派似乎相近的地位。"① 话说得这样重，使许多人不好再发表不同意见了。

一月二十三日凌晨，南宁会议结束。当天下午，周恩来和刘少奇一起回到北京。

二月一日至十一日，全国人大一届五次会议在北京召开。周恩来在会上作《目前国际形势和我国外交政策》的报告。李先念和薄一波分别作《关于一九五七年国家预算执行情况和一九五八年国家预算草案的报告》和《关于一九五八年度国民经济计划草案》的报告。这两个报告是在南宁会议期间经周恩来审改过的。报告要求：各地方、各部门要切实保证本部门财政的收支平衡，非因重大灾荒等事故，不得向国家要求追加支出。在扩大各地方、各企业财政管理权限的同时，中央各业务主管部门应该加强全面的综合平衡工作，并且加强业务方针的领导。报告还强调，一九五八年不仅应当使工业生产在数量方面有一个跃进，而且应当在质量方面也有一个跃进的发展。这次会议确定，一九五八年的钢产量是六百二十万吨。这个指标是根据南宁会议要求生产计划制定三本账的精神确定的。所谓三本账是："中央两本账，一本是必成的计划，这一本公布；第二本是期成的计划，这一本不公布。地方也有两本账。地方的第一本就是中央的第二本，这在地方是必成的；第二本在地方是期成的。评比以中央的第二本账为标准。"② 国务院要求这是国家的第一本账，要求各省市自治区、各部门在此基础上再制定第二本账。从这个数字来看，指标

① 《在南宁会议上的结论提纲》，1958 年 1 月 21 日，毛泽东手稿。

② 《工作方法六十条（草案）》，1958 年 1 月，毛泽东手稿。

的安排比较高，但并没有远离正常的轨道。

这次会议还决定，任命陈毅兼外交部部长，周恩来不再兼任外交部部长。

人大会议刚刚结束，周恩来接受金日成的邀请赴朝鲜，商谈中国人民志愿军从朝鲜撤军问题。

这个问题不是突然提出来的。自从朝鲜停战以来，中朝两国政府一直遵循日内瓦协议，积极主张从南北朝鲜同时撤出一切外国军队。但是，由于美国方面的反对而一直未能实现。一九五七年下半年以来，美国方面不顾朝中两国政府的反对，把原子武器、导弹等运进南朝鲜，甚至在军事分界线附近举行所谓“原子出击”的演习，加剧了朝鲜半岛和远东地区的紧张局势。为了逼迫美国撤军，早日实现朝鲜国内的和平统一，中共中央考虑，中国人民志愿军首先撤出朝鲜，以此推动若干国家撤退他们在联合国军中的部队，孤立美国。这是中国政府为促进远东和平而采取的重大步骤。一九五七年十一月，毛泽东在莫斯科时向金日成提出这个问题。最初，金日成感到“有点突然”，[①] 担心志愿军撤出后，美国和南朝鲜会乘机向北发动进攻。经过毛泽东的解释，金日成同意中国方面的建议。他认为，这可以“给美国出一个难题，有好处”。[②]

金日成回国后，给毛泽东拍来两封电报。第一封电报表示，朝鲜劳动党中央赞成中国将志愿军撤出朝鲜。第二封电报提出两项办法征求中国党的意见：一项办法是，由朝鲜政府发表声明，要求双方撤兵，中国政府表示同意和支持；另一项办法是，中国政府发表声明，提议双方撤兵，朝鲜政府声明同意和支持。中共

① 周恩来关于访问朝鲜问题的报告记录，1958 年 2 月 23 日。

② 周恩来会见苏联驻华大使尤金的谈话记录，1958 年 1 月 8 日。

中央赞成采取第一项办法。接着，经中共中央政治局常委会和书记处商定拟出“关于从朝鲜撤出中国人民志愿军的方案”。十二月三十日，周恩来批改了这个方案。方案中提出的办法是：首先由朝鲜民主主义人民共和国政府发表声明建议：（1）联合国军和中国人民志愿军撤出朝鲜；（2）南北朝鲜在对等的基础上进行协商，以建立和发展南北朝鲜之间的经济和文化关系，并且筹备全朝鲜的自由选举；（3）在外国军队完全撤出南北朝鲜以后的一定时期内，在中立国机构监督之下举行全朝鲜的自由选举。第二，中国政府发表声明，支持朝鲜政府的主张，并且正式表示准备就中国人民志愿军分批定期撤出朝鲜问题同朝鲜民主主义人民共和国协商，要求联合国军方面有关各国政府也采取同样的步骤。第三，由苏联政府发表声明，支持朝中两国政府的声明，强调联合国军方面各国政府应采取同样步骤，并且建议召开有关国家会议，讨论和平解决朝鲜问题。方案还确定，志愿军在一九五八年底以前分三批全部撤出。十二月三十一日，毛泽东批准了这个方案。

一九五八年二月五日，朝鲜民主主义人民共和国发表声明，要求一切外国军队同时撤出南北朝鲜，实现全朝鲜自由选举，实现南北朝鲜和平统一。二月七日，中国政府发表声明，响应朝鲜政府的和平倡议，准备同朝鲜协商撤出志愿军，要求美国和其他有关各国采取措施从南朝鲜撤退。

一个星期后，二月十四日，周恩来率领中国政府代表团前往朝鲜。代表团成员有副总理兼外交部部长陈毅、外交部副部长张闻天、中国人民解放军总参谋长粟裕、中国驻朝鲜大使乔晓光。代表团一到平壤，就被热情和友好的气氛所包围。金日成在平壤群众欢迎大会上说，中朝两国人民的友好关系是不可动摇的，任何力量也不能摧毁这种友好关系。

二月十五日，双方举行会谈。朝鲜的和平统一问题是会谈的主要内容。双方一致认为，朝鲜民主主义人民共和国在二月五日声明中提出的建议，在目前国际形势下是适时和现实的，反映了朝鲜人民要求和平统一祖国的民族愿望。关于志愿军撤军问题，周恩来说："准备分三批撤退，今年三至四月先撤三分之一，七至八月撤第二批，十至十二月撤第三批，在一九五八年内撤完。这一点要在两个政府代表团声明中说清楚，利用这个机会在国际上争取主动。"① 为了消除对美国和南朝鲜军队是否会乘机向北进攻的顾虑，周恩来建议，在联合声明中注明撤退后可以在需要时再来；再加上人民和舆论要求撤军，朝鲜的问题应由朝鲜内部对等谈判来解决，别的国家不能干涉。

二月十九日上午，周恩来和金日成分别代表本国政府签署了联合声明，声明指出：

> "从朝鲜全部撤出中国人民志愿军这一主动措施，再一次证明了朝中方面对于和平解决朝鲜问题和和缓远东紧张局势的诚意。现在正是严重地考验美国和参加联合国军的其他各国的时刻，如果它们对于和平解决朝鲜问题有丝毫的诚意，它们就应该同样从朝鲜全部撤出它们的军队。否则，全世界就会看得更加清楚，阻挠朝鲜和平统一的，始终就是它们。如果美国政府和南朝鲜李承晚集团甚至把朝中方面的主动措施看作是软弱的表现，以为有机可乘，那么，它们必然会遭到不堪设想的后果。现在全世界的人民更不容许帝国主义发动新的战争。朝鲜人民反抗侵略的力量，也已经比过去任何时候更为强大。中国人民和朝鲜人民有着休戚相关的利益，帝国主义对于朝鲜民主主义人民共和国的任何侵犯，中

① 周恩来与金日成会谈记录，1958年2月15日。

国人民过去没有，今后也绝对不会置之不理。”①

联合声明宣布，中国人民志愿军将在一九五八年年底以前分批全部撤出朝鲜。

在金日成陪同下，周恩来率代表团先后参观了朝鲜祖国解放纪念馆、平壤纺织厂；访问了咸兴、元山，参观了兴南化肥厂和人民军阵地；还访问了平安南道顺安郡的上阳农业生产合作社，参观了黄海南道的黄海制铁所。“朝鲜人民的欢迎热情特别令人感奋”。② 乔晓光后来回忆道：

> “代表团每到一处，都受到热烈欢迎。欢迎人群载歌载舞的热烈场面，使周总理和代表团的同志们都情不自禁地卷入了舞圈，同欢迎的市民们一道欢乐地跳起了朝鲜的民间集体舞。一位曾慈母般地救护过志愿军伤员的老妈妈，听说周总理要到黄海制铁所参观，不远百里从自己的家乡赶到那里表示欢迎和敬意。她拉着周总理的手，把用红绸包着的一双银筷和一个银碗献给他。”③

访朝期间，周恩来还视察了志愿军总部。二月十七日上午，周恩来、陈毅、张闻天、粟裕会见了以杨勇司令员、王平政治委员为首的志愿军负责人。在那里，周恩来召开了两次师级以上干部会议，着重讲了两个问题，一个是撤军的意义，另一个是毛泽东在南宁会议上提出的工作方法六十条。周恩来还冒雪到志愿军烈士陵园献了花圈。下午，代表团出席中国人民志愿军举行的欢迎大会。周恩来、陈毅、张闻天、粟裕先后在会上讲话，称赞他们胜利地完成了祖国人民赋予的抗美援朝保家卫国的任务。

---

① 《人民日报》，1958年2月20日。

② 周恩来、陈毅、张闻天、粟裕致毛泽东、中共中央并外交部的信，1958年2月16日。

③ 乔晓光等：《周恩来总理为中国人民志愿军撤军访问朝鲜》，《我们的周总理》，中央文献出版社1990年1月版，第325—326页。

不久，中国人民志愿军按照已宣布的决定撤军。第一批六个师共八万人，从三月十五日至四月二十五日撤出；第二批六个师及其他特种部队共十万人，从七月十一日至八月十四日撤出；第三批志愿军总部、三个师和后勤保障部队共七万人，从九月二十五日至十月二十六日撤出。至此，志愿军全部从朝鲜撤出。

周恩来在朝鲜的活动，特别是他和金日成发表的联合声明在国际上引起强烈反响。有舆论报道说：此举，使中国在远东取得更大威望和声誉。

二月二十二日，周恩来结束对朝鲜的访问回到北京。这时，北京正在举行政治局扩大会议，传达南宁会议精神，继续批评“反冒进”问题。不过，同南宁会议时相比，会议的气氛缓和了许多，因为，一些搞经济的同志“睡不着觉，吃安眠药”，毛泽东认为：“我们还是靠这些人办事，此外没有人。”关于“反冒进”的性质，毛泽东在十八日的会上说：“一九五六年‘反冒进’这是个什么事情呢？这是总路线，大家都在正确的之下，在个别问题上意见不一致这么一种性质。”“以后‘反冒进’的口号不要提，反右倾保守的口号要提。”毛泽东还说：“冒是有一点冒，而不应该提什么‘反冒进’的口号。”“今年下半年，你们就看到要有一个大冒就是了，我看是比那一年冒还要厉害。”①

这时，像周恩来这样受到严厉批评的一些领导人不能再发表什么不同的意见。他们必须顾全大局，不能不郑重地考虑毛泽东不久后所说：“搞得不好，我们党会分裂，一分为二。”②

二月二十三日，周恩来参加了中央政治局扩大会议的最后一次会，向会议汇报了访问朝鲜的情况。

---

① 毛泽东在中共中央政治局会议上的发言记录，1958年2月18日。

② 毛泽东在中共八大二次会议上的发言记录，1958年5月17日。

为了巩固反“反冒进”的“成果”，毛泽东提出再到成都开一次会。他说：“我们在南宁是半个中国了，华东、中南、华南这三个区域，东北找了一个欧阳钦，华北找了一个刘仁，西北是张德生，西南是李井泉。这一次我们是到成都，大概是三月上旬，去谈一谈。”

因为成都会议上还要讨论治理长江的规划问题，周恩来来不及休息，又匆忙赶往武汉。他必须赶在会议前对有关情况进行认真的调查。

为什么在这个时候要提出治理长江的问题，并且要由周恩来去抓这件事呢？因为毛泽东批评“反冒进”的根本目的是准备在经济建设上发动一场“大跃进”，而这场“大跃进”首先从农业开始。毛泽东清楚地知道，“水利是农业的命脉”，要实现农业发展纲要四十条，必须重点抓好水利建设。因此，南宁会议期间，他一边批评“反冒进”，一边提出兴建三峡的可能性问题。他把对兴建三峡持有不同意见的林一山和李锐都请到会上，听取他们的意见。林一山后来回忆：“会上毛主席给周总理讲，长江三峡问题你管吧。总理还客气了一下说：‘还是主席管吧。’毛主席说：‘我哪有那么多时间呢？’总理说：‘好吧，我就担当。’主席把大拇指伸出来说：‘一年抓四次。’实际不止四次，我只要来一次北京，说汇报工作，周总理马上就接见我。”①

治理长江的问题，在新中国建立后不久就提出来了。一九五四年，长江中下游发生百年不遇的大洪水，沿江人民的生命财产受到巨大损害。毛泽东、周恩来根据专家们的意见，开始酝酿修建三峡大坝。在几年的酝酿过程中，对需不需要修建三峡大坝，能不能修建三峡大坝，三峡大坝是不是开发长江水利资源的主体工程，这个工程是不是有巨大的经济效益和社会效益，是不是会

① 访问林一山谈话记录，1986年7月15日。

带来严重的消极后果，是不是要争取提前修建这个工程等等，一直存在着不同意见。成都会议要讨论三峡问题是不能回避这些矛盾的。因此，周恩来决定先沿江实地勘察一下。

二月二十六日，周恩来离京飞抵汉口。当天晚上，他在李富春、李先念陪同下，率中央有关部委、省市负责人以及各方面专家一百多人，乘“江峡号”客轮溯江而上，开始对三峡地区进行考察。

一路上，他像以往一样谈笑风生，向专家们请教各种问题。没有人看得出，这时周恩来的内心还承受着“反冒进”问题的巨大压力。二十七日，他在船上主持会议，讨论并通过建设丹江口水利枢纽工程的决定。二十八日，轮船行至荆江大堤。那天，天气相当冷，下起鹅毛大雪。周恩来身穿一件黑呢大衣，头戴一顶印尼式呢帽，对荆江大堤的几个险要地段进行实地考察。当时的险情是十分令人焦虑的。陪同他一起勘察的湖北省委第一书记王任重在日记中写道：

> “大堤上，长办（指长江流域办公室——编者注）主任林一山同志向他汇报了长江洪水水位高出地面十多米。假如荆江大堤有一处决口，不但江汉平原几百万人生命财产将遭毁灭性的灾害（可能有几十万、上百万人被淹死），武汉市的汉口也有被洪水吞没的很大可能。在大水年，湖南洞庭湖区许多垸子也将决口受灾，长江有可能改道。为了防洪，为了确保荆江大堤，加高培厚堤防只能是治标的办法。当然，修堤防汛抢险是当前主要的防洪手段。有了三峡大坝，也还要修堤防汛，但那时的安全程度就大不一样了，再遇到一九五四年那样的洪水，分洪区可以不用了。建立分洪区也只是两害相权取其轻，在一定程度上缩小洪水的灾害。只有修建三峡大坝，迎头拦蓄调节汛期上游来的洪水（占中游洪水量

的70%），才能从根本上防止洪水可能产生的大灾难。

周总理等人边看边听，频频点头。”①

周恩来认为，只有修建三峡大坝，才能从根本上防治洪水可能产生的大灾难，但这是一件十分复杂而需要全面论证的事，必须慎重对待，所以在三峡大坝没有修建之前，决不能放松加高培厚堤防和分洪工程等治标工作，有了三峡大坝，也还要修堤防汛。

第二天，天气转晴，雪全部化了。周恩来先后到南津关坝区和三斗坪坝区两个可供选择的三峡大坝坝址进行实地考察。他详细听取了地质人员的汇报，看了钻出的岩心，还取了一截花岗岩心说要带回北京。技术人员说，这是编了号的。他就按照岩心管理制度，带走时在编号卡片上签了“周恩来”三个字。

经过两天的实地考察后，从三月二日开始，在周恩来主持下，围绕中央关于“如何积极准备兴建三峡枢纽”的问题进行讨论，这也是对三峡工程进行的第一次规模较大的论证。船舱内挂着规划和设计示意图，气氛十分热烈。苏联专家组长德米特里也夫斯基首先发言，他着重谈了大坝工程的地质条件、技术、造价、期限等问题，对南津关、三斗坪坝址的优劣条件进行了综合比较。他充分肯定三峡大坝的综合效益，也提出不能忽视长江的几条重要支流，应当将这些支流的规划方案同三峡方案作一个比较。

三月三日，会议继续讨论。周恩来一再强调大家要敞开思想，各抒己见。他要水电部水电总局局长李锐先谈。李锐同长办主任林一山在三峡问题上存在不同意见。林一山提出长江流域的规划原则应该是：以三峡为主体进行长江流域规划；正确掌握三

① 王任重：《随同周总理考察三峡》，《不尽的思念》，中央文献出版社1987年12月版，第173页。

峡与干支流开发的相互关系；远景规划与近期规划相结合。李锐认为，这三个原则实际上就是一切围绕三峡，后两条都是从属的。他说："三峡虽好，但它最大的不好是，时间长，需要十五至二十年才能建成，它不能解决和满足国家建设的近期要求。"因此，"应先支流后干流"。讨论会上，水利电力部副部长钱正英、科学院副院长张劲夫、国家计委副主任刘西尧、水电部副部长李葆华和刘澜波、四川省委书记阎红彦、湖北省委第一书记王任重等都发表了自己的意见。尽管这次会是在南宁会议后"争当促进派"的形势下召开的，但是在周恩来主持的这次讨论中，大家还是能充分地发表不同意见。周恩来边听边做记录，会议间隙还同李先念、李富春等交换意见。讨论会经常开到深夜，大家回去休息后，周恩来仍在仔细地研究墙上的规划和设计示意图，比较和思考着各方面的意见。

他那严谨细致的工作作风和民主作风，给大家留下深刻的印象。王任重后来回忆道："在随从总理视察的十天中，我看到总理对工作是那样的认真、细致，对同志那样平易近人，主持会议那样虚心听取各种意见，他的生活艰苦朴素，善于和各方面的群众接触，人们在他面前无拘无束。他有惊人的记忆力，许多和他偶有过接触的人，他差不多都能说得出名字来。他有超人的充沛精力，每天只睡五六个小时的觉，中午也不休息。我比他年轻二十多岁，也不能像他那样夜以继日地工作。"①

三月五日，轮船到达重庆。第二天，他在重庆主持讨论由林一山起草的、为成都会议准备的《总结纪要》；下午，为几天的现场会作了总结。

周恩来在总结中着重谈了四点。他首先说明，这次会议是根

---

① 王任重：《随同周总理考察三峡》，《不尽的思念》，中央文献出版社 1987 年 12 月版，第 179 页。

据南宁会议的精神召开的，会议的目的是积极准备兴建三峡，同时涉及整个长江流域规划问题。第二点肯定长办工作是有成绩的，同时说明，“两年来的争论是必要的，不争论哪会有这样多的材料回答各个方面提出的问题？这是建设社会主义内部问题，这也是有意义的”。“在今后工作中，还允许有反对的意见。”他指出，三峡是千年大计，如果对问题只强调一面，很容易走到片面。为了把三峡工程搞得更好，是可以争论的，这样才有利于工作，而不是妨碍工作。第三点是修建三峡本身的问题。周恩来说，兴建三峡的准备工作要认真搞，按照毛泽东提出的“积极准备，充分可靠”的原则去做；三峡综合利用，不能孤立地谈，要与干支流、上中下游结合搞。他强调：“三峡枢纽是问题的主体，但是我们不能集中一点不及其他，三峡是重点而不是一切，应有主有从，这样才能全面论述问题。”他还谈到要正确处理防洪、发电、灌溉和航运的关系。至于兴建三峡的具体准备，周恩来认为可以分为：长江流域规划要点阶段，规划性设计阶段，初步设计阶段；三峡的坝址还得在进一步斟酌设计比较后再作决定，坝高的正常高水位应控制在吴淞基点以上二百米；三峡工程完成的具体时间设想为十五至二十年。第四点是提出以三峡为主体的长江流域规划的方针是“统一规划，全面发展，适当分工，分期进行”。周恩来最后建议，成立长江流域规划委员会，由水电部提出组织方案报中央批准，“长办”属“规委会”和水电部领导，以上问题报毛泽东和中央批准后才能执行。三月七日，周恩来顾不上休息，连夜赶往成都，参加即将在那里举行的中共中央政治局扩大会议。

成都会议是从三月九日至二十六日召开的，参加会议的除政治局委员外，还有中央有关部门负责人和各省、市、自治区党委第一书记。会议在成都郊外金牛坝的金牛宾馆举行。

经过对三峡工程一个星期的实地考察，周恩来对制定长江流域规划有了比较全面的认识。三月二十三日，周恩来在会上作关于三峡水利枢纽和长江流域规划的报告。会议同意这个报告，并在二十五日形成《中共中央关于三峡水利枢纽和长江流域规划的意见》。四月十五日，中央政治局会议批准了这个文件。那时，有人批评成都会议通过了三十几个文件都是促进的，唯有这个文件是促退的。周恩来没有因此而退缩。他顶着压力，坚持实事求是，使三峡工程没有匆促上马，这在当时的形势和气氛下，特别是周恩来还受到“反冒进”问题的批评的情况下，是不容易的。

当然，成都会议主要要解决的并不是兴建三峡水利工程问题，会议的中心还是讨论如何进行社会主义建设的方针这个问题。三月九日，会议的第一天，毛泽东又提出“反冒进”问题，他说，建设社会主义有两种方法的比较，“一种是马克思主义的‘冒进’，一种是非马克思主义的‘反冒进’，究竟采取哪一种？我看应采取‘冒进’，很多问题都可以这样提”。① 从三月九日至二十六日的十八天会议中，“毛泽东始终处于兴奋状态”，② 他除了在听各省汇报时不断插话外，一连发表了六次长篇讲话。他也谈到，在建设速度上要留有余地，“不要公开去挡，要在内部讲清楚，把空气压缩一下，要去掉虚报、浮夸，不要争名，而要务实”。③ 但是，他更多地谈的是要“破除迷信，解放思想”，并提出“鼓起干劲，力争上游，多快好省的总路线”。毛泽东认为：“过去八年的经验，应加总结，‘反冒进’是个方针问题，南宁会议谈了这个问题，谈清楚的目的是使大家有共同语言，好做工作。”④

---

① 毛泽东在中共中央政治局扩大会议上的发言记录，1958 年 3 月 9 日。

② 吴冷西：《忆毛主席》，新华出版社 1995 年 2 月版，第 60 页。

③ 毛泽东在中共中央政治局扩大会议上的发言记录，1958 年 3 月 20 日。

④ 毛泽东在中共中央政治局扩大会议上的发言记录，1958 年 3 月 9 日。

周恩来在会上作了两次发言，一次是总结外交工作，一次是继续对“反冒进”问题进行检讨。

关于外交问题，周恩来认为：“我们倒是教条主义比较少一点。”在外交政策上，周恩来认为“一般地是执行了中央、毛主席的指示。但是，有个别的问题有时还有些偏差”。如，对日本潜在的帝国主义力量有时还宣传不够，这回主席提出这一点，是应该特别提起警惕的；同民族主义国家的关系，我们过去是又团结又斗争，求同存异，求同存异这方面过去说得多了，现在要防止它挑拨，防止它拿我们做资本去兜生意；关于同苏联和东欧社会主义国家的关系，我们应该加强团结，加强经济协作，加强文化交流，但也要有防止的一面，如同主席说的，要防止盲从。①

关于“反冒进”问题，周恩来根据毛泽东所指出的问题检讨说：

> “在当时就是没有听取多方面意见，没有接触群众和实际，而只局限在会议室和办公室中，更没有看清在所有制改变后解放了的生产力要求大发展的群众运动正在起来。我们反而只看见死的物不看见生气勃勃的人，务实而不务虚。我负主要责任提出的‘反冒进’报告就是对群众生产高潮这个主流泼了冷水，因而不是促进而是促退，不是多快好省，而是少慢差费，四十条也就被打入冷宫，这就是问题的本质。我也认为问题本质还不是什么战时赤字和和平赤字的问题，这两种赤字虽然有条件的不同，但对于我们共产党人来说，解决这两种赤字的方针是一个，就是只能依靠人民的力量。”
>
> “当时确没有这样认识，等到右派教育了我，主席提醒了我，群众实践更启发了我，才逐渐认识这是在社

① 周恩来在中共中央政治局扩大会议上的发言记录，1958 年 3 月 19 日。

会主义建设问题上方针性的错误。更深一层说也就是对社会主义革命本质的东西解放生产力，社会主义建设的主流发动群众、发展生产看不到，自然就抓不起了。”①

尽管毛泽东感到会上“思想谈得较少，似是缺点”，但是“这次会议解决了大批问题，比南宁进一步”。② 他说：“会开得很好，重点归结到方法问题。”对周恩来的检讨，毛泽东说：“如果从经验上、从方法问题上作为例子，那倒是可以的。这个问题不是个什么责任问题，也不是老要听自我批评的问题，南宁我们都听过了，北京也听过了的。”③ 周恩来的检讨还没有使毛泽东感到满意。

成都会议通过了《关于一九五八年的计划和预算第二本账的意见》、《关于发展地方工业的意见》等三十七个文件。在反“反冒进”、鼓干劲的形势下，会议制定的各项经济指标比二月间全国人大会议通过的第一本账大幅度地提高了，例如，农业总产值的增长速度由百分之六点一提高到百分之十六点二，工业总产值的增长速度由百分之十提高到百分之三十三。

为了巩固这次会议取得的成果，把形成的决议以更权威的方式确定下来，中共中央决定召开八大二次会议。④ 三月三十一日，中共中央发出通知：中央决定在五月五日召开党的第八届全国代表大会第二次会议，在这之前，五月三日召开第八届中央委员会第四次全体会议。会议的主要议程是通过中央委员会的工作报告和关于各国共产党和工人党参加的莫斯科会议的决议，通过

① 周恩来在中共中央政治局扩大会议上的发言提纲，1958 年 3 月 25 日，手稿。

② 毛泽东在中共中央政治局扩大会议上的发言记录，1958 年 3 月 22 日。

③ 毛泽东在中共中央政治局扩大会议上的发言记录，1958 年 3 月 25 日。

④ 中共八大通过的《党章》规定：“全国代表大会会议由中央委员会每年召开一次。在特殊情形下，中央委员会可以决定延期或者提前召开。”实际上，在这次会议以前和以后都没有召开过这样的会议。

全国农业发展纲要（修正草案）。出席会议的代表，除全国代表大会代表外，各省市自治区可以选派二至八人列席。中央委员会第四次全体会议，除中央委员和中央候补委员出席外，不是中央委员或中央候补委员的省和自治区党委的第一书记也列席会议。①

成都会议结束后，中共中央马上开始为即将召开的八大二次会议做准备。毛泽东离开成都，经重庆，下三峡，到武昌召集华东和中南一些省委书记开会，传达成都会议精神，统一思想。刘少奇返回北京主持修改在成都会议上通过的准备提交八大二次会议的政治报告（草案）。

三月二十七日，周恩来和邓小平、陈云一起回到北京。应该说，周恩来从南宁会议以来一直处在痛苦的思想斗争中，他需要有一个安静的环境，坐下来认真地总结一下这几年来的经济工作，如果错了，究竟错在哪里；认真思考一下南宁会议以来毛泽东一次又一次的批评。但是，回到北京后，繁忙的外事活动，特别是黄河三门峡水利枢纽工程中出现的问题，占据了他很多时间。一位当年在周恩来身边工作的同志回忆说："现在回想起来，那是周总理最痛苦的一段时间。但是，在工作面前，在我们这些工作人员面前，他从来没有表现出来，对工作依然是那么认真，那么投入。"

四月十二日，李葆华到西花厅向周恩来汇报三门峡水利枢纽工程出现的问题，说陕西的同志要求重新审议设计方案。这个情况引起周恩来的高度重视。

对黄河的事周恩来一直十分关注，从一开始就倾注了大量心血。

① 中共中央关于召开党的第八届全国代表大会第二次会议的通知，1958 年 3 月 31 日。

黄河，是中国的第二条大河，蕴藏着丰富的水利资源。然而，黄河也是一条“害河”。据史料记载，解放前二千多年间，黄河下游溃堤泛滥达一千五百多次，较大的改道有二十多次，给广大人民的生命财产带来巨大损害，因此被称为“中国的忧患”。几千年来，世世代代的中国人想把黄河的水害变为水利，但都没有做到。新中国成立后，毛泽东下决心“要把黄河的事情办好”。周恩来曾对水利工作者说：“历史是发展的，黄河在旧中国不能治理。我们要摸索规律，认识规律，掌握规律，不断地解决矛盾，总有一天可以把黄河治好。我们要有这个雄心壮志。”① 五十年代初，治理黄河的事提到新中国议事日程上来，并被列入苏联援助的一百五十六项工程中。为了控制黄河洪水，开发黄河水利，一九五三年七月十六日，黄河研究组正式成立，李葆华任组长，刘澜波、王新三、顾大川、王化云任副组长。一九五四年，在苏联专家帮助下，编制了《黄河综合利用规划技术经济报告》。这年四月，国家计划委员会将黄河研究组改组为黄河规划委员会，增加张含英、钱正英、宋应、竺可桢、柴树藩、赵明甫、李锐等为委员。年底，黄河规划委员会正式提出《黄河综合利用规划技术经济报告》，把三门峡水利枢纽列为第一期工程的主要项目。一九五五年三月七日召开的全国人大一届二次会议通过这个报告，并且批准邓子恢代表国务院作的《关于根治黄河水害和开发黄河水利的综合规划的报告》。这次会议后，由周恩来具体负责三门峡机构的组建工作。他调刘子厚任三门峡工程局局长，王化云、张铁铮、齐文川任副局长。因为当时中国缺乏修建大型水利工程的经验，决定委托苏联水力发电设计院列宁格勒分院专家帮助设计。经过充分的准备，一九五七年四月十三日，举国瞩目

① 钱正英：《跟随周总理治水》，《不尽的思念》，中央文献出版社 1987 年 12 月版，第 187 页。

的三门峡水利枢纽工程正式开工。在开工典礼上，水利部（一九五八年二月水利部和电力部合并为水利电力部）部长、原国民党高级将领傅作义激动地说："我们现在举办这样一个工程，把千百年来的水害变成水利，只有在中国共产党的领导下才能办到。"①

然而，治理黄河的问题并不那么简单，三门峡水利枢纽工程尚未开工就出现了争论。因为黄河的最大问题是泥沙多，每年从中上游的黄土高原要夹带十几亿吨的泥沙冲下来，这些泥沙部分送入黄海，部分就在水势比较平缓的下游河床淤积下来，使黄河下游形成高出地面的悬河，全靠两岸的大堤控制洪水。为了解决泥沙问题，三门峡工程的规划采取以拦蓄为主的方针，即首先以三门峡巨大的库容拦蓄，同时大力开展水土保持工作。根据这个思想，工程设计蓄水位是海拔三百六十米，相应库容六百四十七亿立方米，水库的回水末端到达西安附近，关中平原需要大量移民。这个规划一提出，就引起了争论。有人认为这样做，整个水库会很快淤死；有人建议是否可以把坝再提高一些；还有人提出，把全部泥沙都放下去，不发电，不灌溉，就是将洪水拦一些，然后再放出去。这些争论一直到工程开工后还在继续，并且矛盾愈来愈尖锐。怎么办？周恩来认为，存在争论是不可避免的，"它反映了修建三门峡水库过程中还存在着没有解决的问题。肯于反映，敢于反映，而且敢于说出来，这是唯物主义的态度"。周恩来决定把其他事放一放，先来解决这个问题。正像一位长期从事水利工作的干部所说："每当全国发生难以解决的水利纠纷，或是水利建设中出现了重大难题，总理都亲自出面处理。"②

---

① 《人民日报》，1957 年 4 月 14 日。

② 林一山：《周恩来与水利建设》，《不尽的思念》，中央文献出版社 1987 年 12 月版，第 193 页。

一九五八年四月二十一日，周恩来赶到三门峡工地，召开为期三天的现场会。为了说服陕西的干部，周恩来特意邀请对西北地区有巨大影响的彭德怀、习仲勋一道参加会议。会议开得十分热烈，与会者畅所欲言，给了周恩来许多有益的启示。四月二十四日，会议的最后一天，周恩来综合各方面的意见和争论，作了长篇发言。

他说：开会的目的是为了听取大家的意见，特别是反面意见，树立对立面。“如果说这次是我们在水利问题上，拿三门峡水库作为一个中心问题，进行在社会主义建设中的百家争鸣的话，那么现在只是一个开始，还可以继续争鸣下去。”对工程本身的问题，周恩来提出三点具体意见：首先以防洪为主，其他为辅；其次，先防洪，后综合利用；其三，防洪的限度和防洪的目标是确保西安。对工程的减沙效果，周恩来认为不能估计过高，他说：“我如果估计保守了，我甘做愉快的‘右派’。”“我们把问题提出来，有些问题，我们能够解决的就解决，不能解决的后人会帮我们解决的，总是一代胜过一代，我们不可能为后代把事情都做完了，只要不给他们造成阻碍，有助于他们前进。”对移民问题，周恩来强调这是关系到“人民的切身利益”，“对于群众有直接利害关系的事情，要分析一下，也不是什么事都向上面要，尽力由群众解决。但是应该由国家负担的应当负担，不应推三推四，影响群众的利益，影响群众对国家对党的关系”。他说：“今后的迁移，中央要保证支援，陕西一定要把迁移工作做好。”针对一些人认为拦泥措施不可靠、对淤积的预计没有把握、移民任务太重等顾虑，周恩来果断地提出将原方案改为坝高按三百六十米设计，把坝基打好，按三百五十米施工，以限制回水末端的影响，减少移民任务。他说：“把西安损失了那是不对的，宽打后要窄用，水利工程要非常谨慎。窄用是战术上精打细算，应该每一公尺也要计算，数才是定标准的意义。”周恩来的这些意见，既照顾到整体利益，也适当照顾了局部利益，解除了陕西一些干部的顾虑。最后，周恩来表示他的意见也不成熟，还可以再讨论。他说："你们回去可以写信给我，或者写文章来争论，来讨论，在报纸上也可以。我们继续把这个问题弄清楚，这样才能使我们根治黄河的工作做得更好。"① 后来，周恩来又两次到三门峡视察，对这项工程的修建提出许多重要的指导性意见，推动三门峡大坝在一九六〇年修成蓄水。

四月二十五日，周恩来从三门峡到达西安，收到毛泽东从广州给他和陈云、彭德怀、李富春、薄一波的来信。信中说："想在这几天内谈一下工业问题，除富春已答应来此以外，你们几位是否有时间，是否愿意来此谈一下。如果可以来的话，请于廿五日或廿六日南来。"② 周恩来立即赶到广州，参加为期四天的广州会议。随后，中央负责同志陆续回到北京，准备参加八大二次会议。四月三十日，周恩来和刘少奇一起回到北京。这时，八大二次会议的准备工作已经就绪。五月三日，周恩来出席中共中央在中南海怀仁堂举行的八届四中全会。会议的前一天，毛泽东曾召集刘少奇、周恩来、陈云、邓小平、彭真、董必武、杨尚昆、胡乔木等开会商讨有关八大二次会议的问题。③ 四中全会由刘少奇主持，讨论了中央委员会准备向八大二次会议提交的各项报告。

五月五日至二十三日，经过充分酝酿和准备的八大二次会议在北京中南海怀仁堂举行。

五月五日下午三时，大会正式开幕，由毛泽东主持。会议听

① 周恩来在三门峡工地现场会上的发言记录，1958 年 4 月 24 日。

② 毛泽东致周恩来等的信，1958 年 4 月 25 日，手稿。

③ 中央工作大事记，1958 年 5 月 2 日。

取刘少奇代表中央委员会作的工作报告和邓小平作的关于莫斯科会议的报告。中央委员会的工作报告中，对国内主要矛盾作出这样的分析："在整个过渡时期，也就是说，在社会主义社会建成以前，无产阶级同资产阶级的斗争，社会主义道路同资本主义道路的斗争，始终是我国内部的主要矛盾。这个矛盾，在某些范围内表现为激烈的、你死我活的敌我矛盾。"这就继毛泽东在八届三中全会的讲话之后，在党的全国代表大会上正式改变了八大一次会议关于国内主要矛盾的正确结论。报告强调党的工作重点要转移到经济建设方面来，向全党正式提出由毛泽东倡议的"鼓足干劲，力争上游，多快好省地建设社会主义的总路线"，号召全党"要在整风运动的基础上，进一步地处理人民内部矛盾，有系统地改进国家工作，加强各级党组织的工作，百折不挠地为贯彻执行社会主义建设的总路线而斗争"。对这条总路线，中共中央后来在《关于建国以来党的若干历史问题的决议》中是这样评价的："其正确的一面是反映了广大人民群众迫切要求改变我国经济文化落后状况的普遍愿望，其缺点是忽视了客观的经济规律。"报告中对如何建设社会主义的问题，强调"建设速度问题，是社会主义革命胜利后摆在我们面前的最重要的问题"，"在社会主义建设的问题上，党中央和毛泽东同志历来的主张同样是很明确的，即应该采取快些好些的方法，拒绝慢些差些的方法。但是有些同志在这个问题上还保存一些所谓'右比左好'、'慢比快好'，小脚走路比大步前进好的陈腐观念"，因此"不断地批判那些确实存在的右倾保守思想，就有完全的必要了"。① 毛泽东在修改这个报告时，还加了一段："一个马鞍形，两头高、中间低。一九五六年——一九五七年——一九五八年，在生产战线上所表现出来的高潮——低潮——更大的高潮，亦即跃进——保守——大

① 刘少奇在中共八大二次会议上的工作报告，1958年5月5日。

跃进，不是大家都看得很清楚了吗？马鞍形教训了党，教训了群众。”从五月八日开始，陆陆续续进行了十天的大会发言，发言中，“解放思想，敢想敢做的呼声压倒一切”。①

周恩来和陈云在大会上对“反冒进”问题再一次做了检讨。事前，毛泽东在五月十五日晚间，分别约陈云、周恩来进行了长时间谈话。② 究竟怎样来做这次检讨，周恩来经历了痛苦的思想斗争。一位在周恩来身边工作的秘书曾说：他们不忍心看周恩来一个人坐在办公桌前发闷，找了一间旧房子，放上球桌，让他出来活动活动。③ 他从五月十日起，开始进行认真的准备。当年帮助周恩来整理检讨发言的秘书范若愚在回忆文章中写道：

> “一九五八年，在成都会议期间，周恩来同志对我说，回到北京以后准备一个在八大二次会议上的发言稿，要我到总理办公室的宿舍住几天。回到北京后，我就到总理办公室去住，听候周恩来同志给我布置工作。有一天，周恩来同志对我说，他这次发言，主要是做‘检讨’，因为‘犯了反冒进的错误’，在南宁会议上已经被提出来了。由于我没有随他去过南宁，也不了解那次会议的内容，只是在这次谈话中，我才知道。
>
> “周恩来同志指示我：过去起草文件，是他先谈内容，由我记录下来整理成书面材料。这次发言，不能像过去那样，因这是自己的检讨发言，不能由别人起草，只能他讲一句，我记一句。只是在文字的连接上，做一点工作。周恩来同志还说，关于他这次‘犯错误’的问题，他已和毛泽东同志当面谈过了，主要原因在于他的

---

① 吴冷西：《忆毛主席》，新华出版社 1995 年 2 月版，第 72 页。
② 中央工作大事记，1958 年 5 月 15 日。
③ 梅行：《纪念许明》，《真理的追求》，1993 年第 2 期。

思想跟不上毛泽东同志。这说明必须努力学习毛泽东思想。周恩来同志在讲了这些情况后，就开始起草发言稿的开头部分，他说一句，我记一句。

“就在这个时候，陈云同志打来电话，陈云讲的什么，我只听到一两句（他们使用的电话机有增音装置），周恩来同志说的话，我当然听清了。打完电话之后，他就说得很慢了，有时甚至五六分钟说不出来。这时，我意识到，在反冒进这个问题上，他的内心有矛盾，因而他找不到恰当词句表达他想说的话。在这种情况下，我建议，我暂时离开他的办公室，让他安静地构思，等他想好一段再叫我来，记录一段。我觉得，这时我如果守候在他的身旁，对他是一种精神上的负担，会妨碍他构思和措辞。周恩来同志同意了我的意见，当时已经深夜十二时了，我回到宿舍和衣躺在床上，等候随叫随去。

“在第二天凌晨二时许，邓大姐把我叫去，她说：‘恩来独自坐在办公室发呆，怎么你却睡觉去了？’我把周恩来同志同意了我的建议的情况讲了以后，邓大姐说：‘走，我带你去和他谈。还是由他口授内容，你整理成文字材料。’这样，我随邓大姐到了周恩来同志办公室，她和周恩来同志争论了很久，最后，周恩来同志勉强地同意，还是由他口授内容，我回到宿舍去整理记录。在整理到学习毛泽东思想问题时，我引了一句成语说：‘我和毛主席风雨同舟，朝夕与共，但是在思想上还跟不上毛主席……’后来，我把整理后的记录请周恩来同志审阅时，他看到‘风雨同舟，朝夕与共’这句成语时，严厉地批评了我。他说，在关于他和毛泽东同志的关系上，在整风以后，还可以引用这句成语，但是在整风以前，不能引用。‘这也说明你对党史知识知道得太少。’周恩来同志讲这些话时，几乎流出了眼泪。

“最后，他逐字逐句地自己动笔修改一遍，又亲自补充了几段，才打印出来，送交政治局常委和书记处传阅。后来稿子退回，周恩来同志看过以后，又要我把批在稿子上的话誊写清楚，再打印一次。我看到政治局常委和书记处提的意见，把‘检讨’部分中的一些话删掉了，有些话改得分量较轻了。我看了之后，心里的紧张情绪才缓和下来。但是，我发现周恩来同志在起草这个发言稿的十多天内，两鬓的白发又增添了。”①

周恩来在大会上所作检讨中，谈到“反冒进”的错误时说：“我是这个错误的主要负责人。”“‘反冒进’的错误，集中地反映在我在一九五六年十一月八届二中全会的报告中间。当时我对于一九五六年的建设成绩和在跃进中出现的某些缺点和困难，作了错误的估计，把实际上不到一个指头的缺点夸大化，肯定一九五六年的年度计划‘冒’了，并且提出一九五七年适当收缩规模的意见。”“还应该特别指出，‘反冒进’的错误，是同政府工作中脱离党的领导的倾向分不开的，也是同脱离实际、脱离群众的工作作风分不开的。”他又谈到这一阶段中的思想变化说：自己对毛泽东指出的“反冒进”是关于社会主义建设规模和速度问题上方针性的错误这一点，“在相当时间没有意识到，问题的严重性就在这里”。

这时，人们还没有经历“大跃进”所带来的种种严重后果，许多问题还看不太清楚。周恩来尽管陷入巨大的痛苦中，仍力求把问题想通。他在检讨发言中说，促使他重新来考虑这个问题主要有三方面原因：首先，一九五七年春天，资产阶级右派分子向

① 范若愚：《历史最终会把一切纳入正轨》，《在周恩来身边的日子里》，江苏人民出版社 1984 年 3 月版，第 45—46 页。

党猖狂进攻的时候，他们利用“反冒进”的问题全面否定一九五六年的建设成就，把一九五六年跃进中的某些缺点，夸大为“全面冒进”，并且进一步否定第一个五年计划的建设成就，“在这个严重的阶级斗争面前我开始觉醒，”因而在一九五七年六月的政府工作报告中，彻底抛弃了对一九五六年建设冒进的错误估计，坚决肯定了一九五六年的建设是跃进的发展，“这是一个认识上的转折点”。“而更重要的教育，还是三中全会上毛主席关于重新恢复多快好省、农业四十条、‘促进派’的宣告，接着有杭州会议、南宁会议和成都会议的整风。同时，我又接触了生产大跃进中的一些群众实际活动”。而过去对群众的积极性估计不足。他说：“忽略了一个根本的、决定性的条件，就是我国农业已经是社会主义的集体经济的农业了，而不是个体经济的农业了。从个体经济束缚下解放出来的五亿多中国农民，在党的领导下必将战胜人们担心的各种困难，在农业战线上获得人们意想不到的伟大胜利。有右倾保守观点的人，只见物不见人，忽略了这个决定性的条件。”① 几天后，周恩来在给毛泽东的一封信中又强调了这几点原因，并且说：“这是合乎实际情况的，因而我在这半年多的整风中思想并无抵触，只是深刻地感到自己思想认识的落后。”② 周恩来在发言中还提出了改进工作的几点意见，强调今后要认真地研究毛泽东的著作和指示。

五月二十三日，大会的最后一天，通过了关于中央委员会工作报告的决议、关于莫斯科会议报告的决议、关于修改农业发展纲要的决议。随后，五月二十五日，中共中央召开八届五中全会，增选林彪为中共中央副主席、中央政治局常委，柯庆施、李井泉、谭震林为中央政治局委员，李富春、李先念为中央书记处

---

① 周恩来在中共八大二次会议上的发言记录，1958 年 5 月中旬。

② 周恩来致毛泽东的信，1958 年 5 月 26 日。

书记。要李富春和李先念两人参加书记处的原因是“以便把国务院和国务院各部的一些问题提到书记处讨论”。

八大二次会议结束后，周恩来向中共中央提出“继续担任国务院总理是否适当的问题”。与此同时，彭德怀也向中央提出“不担任国防部长的工作”。六月九日，毛泽东在中南海游泳池召开中共中央政治局常委会，讨论他们提出的请求。会议决定：“他们应该继续担任现任的工作，没有必要加以改变。”①

这次会议还讨论了中共中央关于成立财经、政法、外事、科学、文教各小组的决定，具体组成是：财经小组十二人，陈云任组长；政法小组五人，彭真任组长；外事小组六人，陈毅任组长；科学小组六人，聂荣臻任组长；文教小组十人，陆定一任组长。六月十六日，这个决定以中共中央文件的形式下达各省市自治区，其中，毛泽东增写道：“这些小组是党中央的，直隶中央政治局和书记处，向他们直接做报告。大政方针在政治局，具体部署在书记处。只有一个‘政治设计院’，没有两个‘政治设计院’。大政方针和具体部署，都是一元化，党政不分。具体执行和细节决策属政府机构及其党组。对大政方针和具体部署，政府机构及其党组有建议之权，但决定权在党中央。政府机构及其党组和党中央一同有检查之权。”②

这时，周恩来的处境是困难的。然而，他服从党的决定，继续挑起这副担子，艰难地前进。

从八届三中全会以来，党内关于如何进行社会主义建设的争论，到这个时候告一段落，周恩来、陈云等从实际出发提出的反对急躁冒进、尊重经济建设规律的正确意见受到严重挫折。毛泽

---

① 中共中央政治局常委会纪要，1958年6月22日，邓小平手稿。

② 毛泽东对中央决定成立财经、政法、外事、科学、文教各小组的通知稿的批语和修改，1958年6月8日。

东对“反冒进”的过火的严厉批评，造成一股强大的政治压力，使得和他不同的意见一时难以再提出，集体领导受到损害，党内生活出现不正常的状况。党的干部中又有相当多的人积极支持毛泽东的意见。这样，“左”的错误不可避免地迅速发展起来，在全国范围内形成不顾客观经济规律、急于求成的“大跃进”狂潮，谁也无法阻挡它的发生了。

五十二、面对“大跃进”的浪潮

伴随着对“反冒进”的错误批判，在全国范围内掀起了“大跃进”的高潮。这场严重违反客观经济规律的“大跃进”所带来的严重后果，在最初并不是立刻能看得那样清楚的。相反，在“大跃进”中，广大群众为了改变祖国贫穷落后面貌所迸发出来的那股生产积极性，使许多干部，甚至高级干部都在想，只要充分调动了群众的积极性，中国的经济也许真的可以打破常规，什么奇迹都能创造出来。就像邓小平后来所说：“毛泽东同志头脑发热，我们不发热？刘少奇同志、周恩来同志和我都没有反对，陈云同志没有说话。”①

那么，周恩来面对“大跃进”究竟是怎么想的呢？他曾经这样谈到自己的心情：“人民的力量组织起来、发动起来以后，这个速度、广度、深度，许多都是我们没有料到的。”“没有人民的创造性的劳动，没有冲天的干劲，那我们也不可能有这样的思想出现。”②“我们东方人受压迫有几百年了，现在我们翻身了，都要求迅速建设我们的国家，不断改善人民的生活，这种感情是很

---

① 邓小平同中央负责同志的谈话记录，1980 年 4 月 1 日。

② 周恩来在广州市省、市直属机关科以上干部会上的讲话记录，1958 年 7 月 10 日。

自然的。”[①] 他还说：“处在这个伟大的时代，只要是一个真正革命者，就不能不为这种共产主义的豪情壮举所激动，也就不能不衷心地承认党中央和毛主席的建设路线的正确。”[②]

周恩来那时这种心情是真实的，也是可以理解的，但他并不是一点也没有感觉到“大跃进”中存在的问题。曾在周恩来身边工作过的一位同志深有感触地说：“一九五八年‘大跃进’年代，周总理处在一种特殊的地位，一方面，他要尊重毛主席和党中央的决定，不能给群众运动‘泼冷水’；另一方面，他面对一些过头的做法又不能不管，不能看着国家和人民的利益遭受损失。他有自己的想法、看法，又不便于公开表露。我们在他身边工作的同志有些感觉，但总理从来不向我们说这些。总理处在这样的地位，他唯一能够做到的就是根据实际情况，把主席和中央的决定加以变通，尽量减少实际损失，并尽可能地采用灵活方式纠正一些‘左’的做法。”[③]

成都会议期间，周恩来曾经抽空参观了附近的“友谊农业社”，他一边细心听取当地负责人介绍情况，一边嘱咐秘书记下来以便回去研究。他详细询问了“友谊农业社”的耕地面积有多大，亩产量多少，每户社员每年收入多少。“他关心着社里的每一件事，就像一个普通的农民关心着自己的家务一样。”[④] 当时，这个社提出的计划指标很高，“整个计划都是增产的计划”。周恩来后来对一位外宾说：“当时，我不敢相信”，然而由于“计划是经过全体社员讨论通过的，所以我不能泼冷水，而只能向他们表示祝贺，并说，如果在执行中有困难，我们上面帮助解决”。[⑤]

① 周恩来会见阿富汗政府代表团谈话记录，1959 年 10 月 2 日。
② 周恩来在中共八大二次会议上的发言记录，1958 年 5 月 25 日。
③ 访问李岩谈话记录，1986 年 8 月 1 日。
④ 《四川日报》，1958 年 4 月 11 日。
⑤ 周恩来会见波兰政府代表团时的讲话记录，1958 年 3 月 29 日。

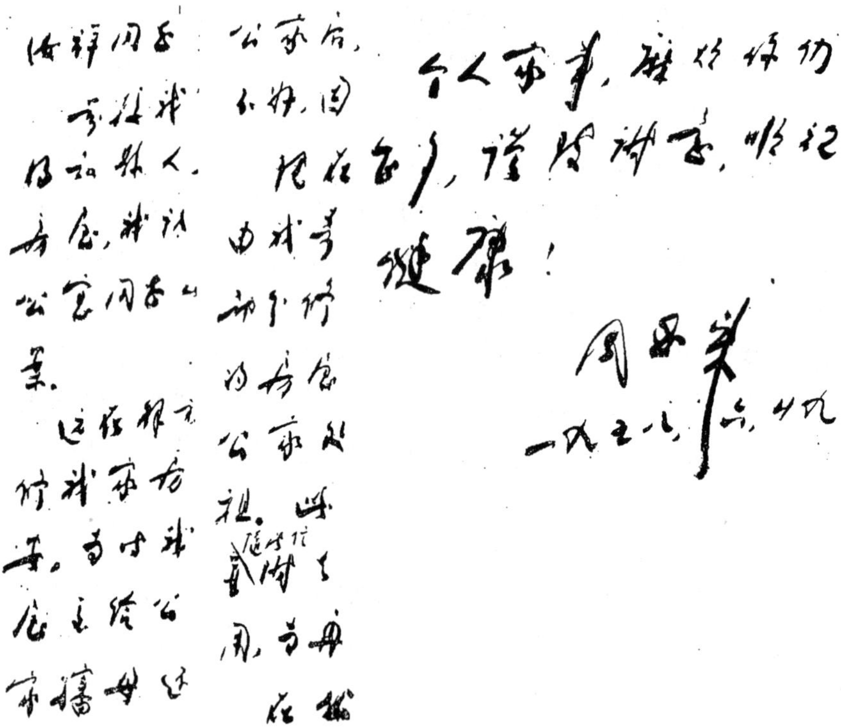

1958年6月29日，周恩来致淮安县委书记
王汝祥并转淮安县委信的手迹

从周恩来内心来说，对这类不切实际的高指标和浮夸等现象从一开始就很忧虑，尽管他当时还只把这些看作具体工作中的问题。周恩来的经济秘书顾明回忆道：当时“恩来同志在某市郊区亲自看了一块挂牌亩产十万斤的‘卫星田’，田亩上空，电灯通明，像灯光球场一样，这是为了加强光照，旁边用鼓风机通风，实际上是把几十亩快成熟的稻子移到一亩田里。恩来同志看了以后心情沉重，因有外宾在场，没有直接批评”。①

“大跃进”首先从农村开始。为了促进农业生产的发展，从一九五七年底、一九五八年初以来，各地农村大规模地开展农田基本建设，其中兴修水利是一项重要内容。八大二次会议后，周恩来像往常一样，丝毫没有因为受到错误的批判而表现出一点消极，仍然倾注全力关心着各方面的工作。在一段时间内，周恩来根据需要，着重抓了水利问题。他除了继续关心三峡和三门峡这两个重大水利枢纽工程外，还为解决京津冀一带、特别是北京市的用水问题付出了大量心血。

北京是个缺水的城市。解放前夕，市区的地表水源只有西郊玉泉山一处，多年平均泉水量为三千万立方米，不能满足需要。新中国成立后，党和人民政府有计划地开发水利资源，在流经北京地区的永定河、潮白河等几条主要河道上修筑水库，用以解决北京市和它附近地区的用水。一九五四年，首先建成了永定河上的官厅水库。十三陵水库、怀柔水库、密云水库也都是在“大跃进”时期完成的。

十三陵水库是发动群众用义务劳动的方式建成的。那时，每天都有十万人参加劳动，运五万方土到大坝上。一九五八年五六

① 顾明：《历尽艰辛创四化》，《周恩来和他的秘书们》，中国广播电视出版社1992年3月版，第18页。

月间，周恩来三次到十三陵水库参加劳动。五月二十五日，是八届五中全会召开的日子。会前，毛泽东、刘少奇、周恩来、朱德、邓小平率中共中央政治局委员、候补委员和中央书记处书记、候补书记，以及全体中央委员和候补委员，来到十三陵水库工地。那天，是北京少有的一个热天，“烈日高照，没有一丝风”。身着粗布衣、头戴草帽、脚穿圆口布鞋的毛泽东、周恩来等登上水库东墩台观看水库的全景，一条高高隆起的大坝展现在眼前。水库工地政委赵凡介绍说：这条大坝高二十九米，现在已筑到二十三米。休息的时候，毛泽东、周恩来分别为水库题词。周恩来的题词是：“鼓足干劲，力争上游，多快好省地建设社会主义。”这天，直到晚上七点，他们才返回北京。六月十一日，中央办公厅主任杨尚昆报告周恩来，毛泽东要求组织政府部长们去十三陵工地参加一周的劳动。周恩来立即进行部署。六月十五日，他亲自率领中央国家机关和中共中央直属机关领导干部三百多人到十三陵水库工地参加劳动。三百多人中，有部长六人，副部长、副主任六十四人，部长助理五十人，司局长级干部一百七十四人，中央直属机关干部也去了二十多人。① 那天，天气依然很热，脚下的砂砾都被晒得发烫。水库指挥部的同志刚刚说：“我们欢迎首长们……”周恩来立即纠正说：“这里没有首长，没有总理、部长、司局长的职务，在这里大家都是普通劳动者。”在集体劳动还没有开始前，周恩来就推着一辆小车练习起来。在一天的劳动中，他不仅装料、拉车，而且坚持推了几车石料。当天晚上，他在致毛泽东的信中说：“我和习仲勋、罗瑞卿两同志今日随同他们前往劳动一天，夜间回来，准备参加明天政治局会议，待政治局会议开过后，拟再去参加几天。”② 六月二十二日，周恩来又抽空到十三陵水库工地参加一整天劳动，直到第二天凌

①② 周恩来致毛泽东的信，1958 年 6 月 15 日，手稿。

晨赶回北京。在党中央的带动下，原本安排在第三个五年计划期间修建的十三陵水库，用了不到半年的时间就完成了。

几乎在同一时期，一九五八年初破土动工的怀柔水库也建成蓄水。这年六月，水电部会同河北、北京有关部门向中共中央和国务院提议，九月动工修建密云水库。这个提议很快得到批准。六月二十六日上午，在国务院秘书长习仲勋、河北省副省长阮泊生陪同下，周恩来到怀柔水库视察，随后赶往密云县城。他在听取密云县委第一书记阎振峰汇报情况后，中午没有休息，又到潮白河畔为密云水库勘选坝址。当年陪同周恩来一起视察的王宪后来回忆：“总理下车毫无倦意地大步向前走，全然不顾脚下滚烫的一步一陷的沙滩和凹凸不平的乱石堆，只专心一意地远望近观，察看地形。走到规划中的潮白河坝址，他随便坐在河滩中的一根木头上，一边认真地看库区地形图纸，一边同大家一起研究方案。当他听取了水利专家们关于潮白河历史灾害情况和修建水库的规划设想的汇报后，又提出问题与大家共同磋商，经过仔细推敲，反复研究论证和优化对比，同意了潮河主坝与九松山副坝的规划坝址。他站起身来向清华大学张光斗教授询问国外建库情况和现有的先进工程技术，然后他挥了挥手坚定地对大家说：‘我们一定要有敢于赶超国外先进技术水平的思想。他们有的，我们要有；他们没有的，我们也要有；我们今天没有的，明天就要有。’总理的话对在场的同志是一个巨大鼓舞，使我们进一步解放了思想，增强了信心。”①

六月二十七日，周恩来主持国务院会议，专题研究修建密云水库问题。会议决定，把海河治理规划中拟定的准备在第三个五年计划后期开始动工修建的计划提前到一九五八年汛后开工。王

---

① 王宪：《碧波荡漾溢深情》，《我们的周总理》，中央文献出版社 1990 年 1 月版，第 265 页。

宪说："我没想到国务院这么快就决定了修建这座大水库的方针大计，但这毕竟是鼓舞人心的消息。后来我深刻地体会到，周总理几次三番前往正在施工的十三陵水库和怀柔水库现场视察，对工地上的领导干部、工程技术人员的工作能力、智慧水平以及全体建库者们自力更生、艰苦奋斗的拼搏精神和对社会主义建设的热情有着充分的了解，使他心中有了底。这个底就是我们自己完全有能力有办法修建更大规模的水库。"①

经过两个月的准备，九月一日，这座华北地区最大的水库在密云县北山区距北京一百公里处，横跨潮、白两河的主河道上正式开工。每当工程进入关键时期，周恩来总要亲赴现场了解情况，指导施工。如果自己实在不能来，也要派人或电话询问建库进展情况和需要解决的问题。他特别指定钱正英、阮泊生、赵凡三人分别代表水电部、河北省和北京市组成建库三人小组，又指派国务院副秘书长齐燕铭代表国务院协调各有关部门及省、市、自治区，在人力物力上支援水库建设。他经常告诫工程指挥人员："既要保证进度，更要保证质量，决不能把一个水利工程建成个水害工程，或者是一个无利可取的工程。要把工程质量永远看作是对人民负责的头等大事。"他在一次水库工地座谈会上说："这座水库坐落在首都东北，居高临下，就如同放在首都人民头上的一盆水，一旦盆子倒了或漏了，撒出大量的水来，人民的衣服都要被打湿的。"一位水利专家后来说："这'湿'字的含义显而易见是指千百万人民生命财产将要受到重大损失。正是由于总理反复的强调，使我们更加重视质量问题。"

修建密云水库最大的质量难关是，白河大坝坝底河床沉积了四五十米厚的砂砾卵石层，在河床上修建大坝虽能阻挡河床以上

① 王宪：《碧波荡漾溢深情》，《我们的周总理》，中央文献出版社 1990 年 1 月版，第 266 页。

的大水，却解决不了水从坝底河床的砂砾卵石中渗流的问题。这样久而久之，渗流的水会危及坝基，导致大坝崩溃。水电部北京勘测设计院总工程师冯寅提出采用混凝土防渗墙的办法解决这一难题。周恩来得知后，非常重视，并组织讨论试验。他认为：“对于密云水库这样重大的工程，应当特别慎重，必须一切通过试验，有把握再正式施工。”他要求指挥部干部尊重和大胆使用工程技术人员，充分发挥他们的作用，让他们在实践中提高。他还规定对设计上的重大质量问题一定要由张光斗教授亲自鉴定或签署意见。在“大跃进”的热潮中，能够这么冷静地思考和处理问题是很不容易的。

修建密云水库遇到的又一个重大问题是移民问题。周恩来非常关心移民安置问题。有一次，他到水库视察，看到水库沙盘模型和图表上都没有移民的标记，就说：“你们的模型图表中缺少了一样很重要的东西，那就是‘人’。修密云水库有五万多人需要迁移，你们对这五万人作了安排没有？你们这是见物不见人啊！”在周恩来的直接关怀下，工程指挥部对移民问题作了妥善安排。

经过将近两年时间的努力，二十万建设者在极其艰苦的条件下，建成了可蓄水四十三亿多立方米、土石方工程量三千多万立方米的大水库，不仅解决了防洪防涝、发展农田灌溉事业，并且基本解决了北京市多年的缺水之苦。

从七月开始，周恩来先后到广东、上海等地调查研究。周恩来南下的目的，一是为了带头贯彻毛泽东关于领导干部每年要下去四个月的指示；二是他对全国“大跃进”的形势，常常感觉自己估计不足，“估计得要落后于现实”。① 因此，他很想下去走一

① 周恩来在广州市省市直属机关科以上党员干部会议上的讲话记录，1958年7月10日。

走，接触一些合作社、工厂、学校，从那里了解一些真实的情况，做到心中有数。就像当年跟随他下去的同志所说的：“总理那时是有目的地去调查。”①

六月三十日，周恩来乘飞机赴广东，先后视察了新会、台山、开平、江门等县的工厂、学校和农业生产合作社。到处都是“跃进”的形势。七月七日，周恩来参加新会县干部会议，他十分感慨地说：“这个大跃进，把我们的思想解放了，生产的发展是我们物质的基础。这个变化，把我们人的思想解放了，这是我们过去所没有料到的。”② 但他的态度仍是很冷静的。当时，新会县青年周汉华用水稻和高粱杂交，育出穗大、粒大、抗病力强的水稻优良品种，引起周恩来的重视。他详细听取周汉华关于育种情况的汇报，还亲自到试验田观看稻苗，要求有关领导一定要保证周汉华的试验时间。他在同周汉华的谈话中，特别问到有没有亩产超千斤的水稻，周汉华说没有，周恩来点点头，没有说话。这些调查，对他能够比较客观地分析“大跃进”中的一些生产指标很有帮助。在这期间，毛泽东批评某些地区报告粮食产量不够实事求是。周恩来回到广州后，立刻召集一些县的负责人了解情况，要求他们在报粮食产量时一定要避免虚假，保证社员的口粮，不要损害群众的利益。周恩来视察江门时，提出工农业要互相支援，城乡要结合起来，体力劳动要和脑力劳动相结合。他希望大家互相协作，互相结合，不要闭关自守，不要故步自封。到江门甘蔗化工厂视察时，他又提出要大搞综合利用，充分利用“三废”，化害为利，造福人民。

随后，周恩来到达上海。七月十四日至十八日，他冒着酷暑高温先后到上海第一钢铁厂、第三钢铁厂、矽钢厂视察。周恩来

① 访问成元功谈话记录，1996 年 6 月 9 日。

② 周恩来在广东省新会县党员干部会议上的发言记录，1958 年 7 月 7 日。

一进厂，首先到工地或车间去看望第一线的工人。他穿上白帆布的炼钢服，戴上镜帽和帆布手套，到炼钢炉台上和工人们一起手拿铁锹向炉膛里加矿石。劳动后，他又提出要到几十米高的行车上去看看，厂领导和随员们挡也挡不住。他攀着铁扶梯，登上了行车轨道，钻进了驾驶室，同工人师傅挤坐在一块儿，操纵着控制开关，将行车从厂房的东头驶向西头，又从西头驶向东头。跟随他一起下厂的秘书李岩后来说：“总理是什么事都想要自己去亲自尝试一下。别看他已经六十岁，可始终有一种年轻人的精神状态。”① 周恩来还到上海市郊马桥镇看高产田。他听说一亩田种了十二万穴后就指出，应该合理密植。他还要求各级领导一定要关心群众生活，让群众吃好休息好。

周恩来正在上海视察的时候，七月十七日午夜，黄河花园口发生了历史上罕见的大洪水，冲断了郑州黄河铁桥，汹涌的洪水紧逼堤防工程，出现了空前严重的险情。七月十八日，周恩来得到报告，立刻从上海飞临黄河上空，视察水情。下午到达郑州后，他详细听取黄河水利委员会副主任王化云汇报情况，接着就冒雨来到黄河岸边，亲自组织抢险，直到深夜。当黄河大桥在半个多月后修复通车时，他又再次来到工地，在钢梁底层仔细检查新建的钢梁结构，要求必须保证质量，到午夜才离开工地。王化云后来深有感触地说：

“周总理亲临黄河抗洪第一线，给奋战在千里堤防线上的二百万防汛军民以巨大的鼓舞和力量。当时洪水进入山东境后，与部分堤段的顶部几乎相平，情况相当危急。广大军民于一夜间便在大堤顶上加修了一道一米高、六百公里长的小堤，防止了洪水漫溢。经过十个日

① 李岩：《足迹遍天涯，春风送万家》，《周恩来和他的秘书们》，中国广播电视出版社1992年3月版，第76页。

日夜夜的艰苦奋战，终于迫使洪水驯服地归入大海。同这次洪水成为鲜明对照的是，在解放前国民党统治时期的一九三三年，黄河下游也发生过一次相似的洪水，但那时低矮残破的堤防，不堪洪水一击，决口五十多处，黄河两岸，遍地汪洋，受灾人口达三百六十余万，死亡一万八千多人。真是两种社会制度，两种结果。”①

七月二十一日，周恩来回到北京。这时，“大跃进”中出现的愈来愈严重的高指标、浮夸风，使人们对工农业生产的实际情况作出错误的估计，从而带来两方面的影响：

一方面，推动农村生产关系急于向更高级的形式过渡。从三月成都会议以后，首先是小社并大社，四月份在河南省遂平县出现了第一个拥有九千多户的大社——嵖岈山卫星社。七月以后，逐渐出现并社和转公社的热潮，不少地方开始采用人民公社的名称。这种局面，中共中央最初是“没有料到的”。后来，毛泽东在河南视察时称赞“人民公社”好。他认为农村发生这种变化“就是因为农民苦得不得了。我们有七十万个合作社，地少、人少，不利于搞大规模生产，也不容易搞综合性的生产。这样做可以解放生产力”。周恩来也曾解释说：“公社从农村发展起来，其原因是一穷二白，一旦翻身，就要增加生产，就要解放劳动力。要增加生产，单干就不如集体。”②

另一方面，高指标和浮夸风又使中共中央对一九五八年粮、棉等农产品产量产生盲目乐观的错觉，以为中国的农业问题解决了，粮食吃不了，从而以农业逼工业，把工作重心转移到工业首

① 王化云：《黄河滚滚忆深情》，《怀念周恩来》，人民出版社 1986 年 1 月版，第 93 页。

② 周恩来在各民主党派和无党派民主人士座谈会上的讲话记录，1958 年 11 月 29 日。

先是钢铁上来。六月十九日，毛泽东召集中央和冶金部的一些负责人开会，讨论钢铁生产问题。他根据冶金部提出的一九五八年钢铁生产预计可能达到九百万吨这个本来已过高的数字说：“你们搞九百万吨，何必不多搞一点？索性翻一番，可不可以呀？搞一千零七十万吨。”① 冶金部立刻根据这个要求做出部署，但是，由于这时一年已过了半年，钢的产量还只完成全年任务的百分之二十七，形势相当严峻。

面对这两个新情况，中共中央决定召开一次政治局扩大会议进行研究和部署。这就是“大跃进”中引导中国经济进一步走入误区的“北戴河会议”。周恩来中断视察从外地赶回北京的一个重要原因，是为了准备和参加这次会议。

毛泽东定下一九五八年钢的生产指标为一千零七十万吨后的第三天，冶金部又向毛泽东和党中央报送了一份“产钢计划”，其中提到：“华东区提出争取明年华东区钢的生产能力达到八百万吨。这是一个极为重要的建议指标，因为根据这一个指标，我国钢铁工业的发展速度，又将走入一个新的水平。”其他各大协作区参照华东区的指标，也纷纷召开冶金工业规划会议，制定计划。在这种情况下，冶金部认为“明年钢的产量可以超过三千万吨，而一九六二年的生产水平可能争取达到八九千万吨以上”。对冶金部的报告，中共中央进行了讨论。七月十七日，中央书记处会议根据毛泽东的意见，对一九五九年的钢产量初步提出三个方案，即二千五百万吨、二千七百万吨、二千八百万吨。

周恩来回到北京后，起草了一份汇报提纲，这份提纲是为即将召开的北戴河会议而写的文件之一。提纲认为：一九五八年的经济形势很好，整个国民经济的全面“大跃进”已成定局。同时又比较冷静地指出，“我们对于各大协作区提出的指标进行了初

① 毛泽东会见6个兄弟国家外宾时的讲话记录，1958年10月2日。

步的综合研究，从全局考虑，感到有一些指标定得高了一些，有不少缺口难以解决。有些地区由于时间短促，对综合平衡和具体措施研究得不够。”提纲中提醒：“建议的指标定得过高，可能在以后出现大的‘马鞍形’，对国民经济的发展将会带来不利的影响。因此，我们认为对各大区提出的指标应该做适当的调整。”

提纲还认为有几个方针性问题需要进一步研究确定：关于第二个五年计划分作两段安排的问题，“必须利用目前有利的时机，苦战三年，争取时间，做到我们经过努力而能做到的事情。在保证尽快地发展粮食、钢铁、机器制造以及电力、交通运输的前提下，不仅使我国的生产力有一个跃进，建立起基本上完整的工业体系和现代化的农业基础，并且使我国在现代技术上也有一个跃进，突破‘尖端’，建立起比较先进的技术基础”。在当时的情况下，提纲提出的远景目标还是过高的。它写道：“具体目标是，在一九六〇年，粮食产量达到平均每人一千五百斤或者更多一些，钢产量达到四千五百万吨，基本上掌握导弹和原子能的生产技术。”但它要求“边建边看”，“分作两段安排，还因为有许多未知的因素一时难以预料。前三年我们可以边建边看，把情况和问题摸透，以后再安排后两年的计划就较有把握”。关于工业布局问题、充分利用沿海工业基地和积极建设内地工业的问题，“应该同时并举，既要争取高速度，又要合理布局”。关于重点带一般的问题，“第二个五年计划的前三年，在经济建设上必须抓住重点——三个‘元帅’（指钢铁、机械、粮食——编者注）和两个‘先行’（指电力、铁路——编者注），这些是整个国民经济的纲，纲举目张，其他方面也就被带动起来了。决不能不分轻重缓急，齐头并进”。为了进一步调动各方面的积极性，提纲强调：“必须在计划、财政和基本建设的管理体制方面实行彻底的改革。”提纲初步确定一九五九年钢的生产指标为二千七百万吨，争取达到三千万吨。

为了进一步做到心中有数，周恩来还派习仲勋带领一些人到陕西、甘肃、宁夏、青海、内蒙古等省和自治区考察，调查研究“大跃进”的经验和问题。

经过一段时间的准备，从八月十七日至三十日，中共中央政治局扩大会议在北戴河举行。这次会议讨论了一九五九年的国民经济计划、当前的工业生产、农业生产和农村工作等问题。会议认为，一九五九年是全国人民苦战三年中有决定意义的一年。在一九五九年，要求我国的工业和农业继续用一九五八年的速度或者比一九五八年更高的速度前进。会议讨论了在全国农村建立人民公社的问题，提出把规模较小的农业生产合作社合并和改变成为规模较大的、工农商学兵合一的、乡社合一的、集体化程度更高的人民公社，是目前农业生产飞跃发展、农民觉悟迅速提高的必然趋势。人民公社是加速社会主义建设和过渡到共产主义的一种最好的组织形式，并将发展成为未来的共产主义社会的基层单位。会议着重研究了当前的生产问题，特别是钢铁生产问题。毛泽东在六月提出一九五八年的钢铁生产指标为一千零七十万吨后，到八月一查，差得很多，他说：“我就着了急。”① 这时尽管中共中央和毛泽东已经看到钢铁指标“有完不成的危险”，② 但是，从国内外的政治影响考虑，仍旧号召全党和全国人民用最大的努力，为在一九五八年生产一千零七十万吨钢而努力。为实现这个目标，八月十九日毛泽东在各大协作区主任会议上提出：“第一书记要亲自抓工业。”他说：“你们回去后，什么事情也不搞，专门搞几个月工业，不能丢就不能专，没有专就没有重点。”③ 从八月二十五日至三十一日，中共中央同时召集由各省、

① 毛泽东会见 6 个兄弟国家外宾时的谈话记录，1958 年 10 月 2 日。

② 毛泽东在北戴河会议上的发言记录，1958 年 8 月 17 日。

③ 毛泽东在各大协作区主任会议上的讲话记录，1958 年 8 月 19 日。

自治区、直辖市党委管工业的书记参加的工业生产会议，具体讨论了加强各级党委对工业生产的领导和检查，加强各方面的协作，保证完成一千零七十万吨钢的生产计划。

这次会议后，在全国很快掀起全民炼钢和人民公社化运动的高潮。

当时，由于柬埔寨王国首相西哈努克亲王正在中国访问，周恩来同他进行会谈，并陪同他参观北京、天津和东北等地，没有全部参加这次会议。八月二十五日，周恩来送西哈努克离华后，回到北戴河。在最后几天的会议期间，他审改了《中共中央、国务院关于改进计划管理制度的规定（修正草稿）》，对草稿的最后一条中提出的“计划编制办法、工业产品分级管理的目标、物资分配的办法和基本建设项目的审批办法等，分别由各有关部门负责指定”后增写了八个字：“力求确实，分季调整。”他主持了有河南、河北、山东、山西、江苏、安徽、甘肃、陕西、青海、宁夏和内蒙古等省区党委第一书记和国务院第七办公室、经委、铁道部、水电部负责人参加的会议，讨论治理黄河、长江问题。他还参加了毛泽东主持的有中共中央政治局委员和各大区书记参加的会议，研究国际形势和钢铁问题。

北戴河会议后，大炼钢铁成为全党和全国压倒一切的中心任务。但这样高的指标，事实上是难以完成的。九月一日，周恩来和刘少奇、陈云、邓小平等一起返回北京。中途，周恩来和刘少奇到唐山，向中共河北省委第一书记林铁，唐山市委、地委以及唐山钢铁厂的负责人了解钢铁生产情况，发现形势确实令人担忧。回到北京后，周恩来不得不花很多时间来抓钢铁生产。九十月间，“钢铁生产甚为紧张”。周恩来在具体处理炮轰金门、马祖有关事宜的紧张时刻，分出精力，多次召集有关钢铁生产的会议，要求中央各有关部门必须大力支援各省、市和各钢铁厂，采取各种紧急措施尽可能完成产铁产钢的任务。九月十四日，周恩来召开的钢铁生产紧急汇报会，对解决当前钢铁生产、首先是生铁生产中的关键问题，商定了十七条措施，如增强采矿技术力量；改善铁路运输；抽调万名高、中等技术学校的学生和教职员分赴各省、市小高炉、土高炉帮助建立分析化验室，培训分析化验人员；加紧废钢铁回收工作等。这些措施多少“解决了一些急迫的关键性问题”，① 但仍无法从根本上使问题得到解决。

钢铁生产的高指标形成巨大的压力，逼得各省开始“放卫星”。周恩来的心情是矛盾的。“大跃进”是一件谁也没有经验的事情。他不能不考虑：采取大规模群众运动的办法建设工业，也许真能走出一条新的路子来。十一月二日，他对阿联驻华大使拉加卜说：我国原来是个落后贫穷的国家，要使工业得到迅速的发展，仅仅依靠少数现代化的大工厂是不够的，必须同时发动群众大搞中、小型的工厂，遍地开花，这是一条又省又快又好的办法。周恩来又是十分重视实际的人。他需要从实践中检验自己的认识。就在同拉加卜谈话的前两天，他听说河南新乡县放出生铁一百零二万吨的高产卫星后，问他的秘书顾明有没有这种可能。顾明说：“我们在鞍钢炼一吨生铁，贫矿石要三四吨，炼焦用煤要二三吨，加上石灰石、辅助材料等要十多吨。一百零二万吨生铁，要一千多万吨的运输量，新乡那里的运输能力怎么可能做得到呢?”周恩来立刻派顾明到河南去了解情况。顾明把土法炼出的所谓生铁带回来，最好的只是含铁成分较多的海绵铁。周恩来看了样品后心情十分沉重，说：“这哪里是铁嘛!”这块样品就一直摆在周恩来办公室的书架上。后来，有的省的领导再来要求放“卫星”，周恩来总是劝说：“你们别放了，不要再放了。”

为了减少盲目性，缩小损失，周恩来几乎每星期主持召开一

① 周恩来致毛泽东的信，1958 年 9 月 23 日，手稿。

次钢铁会议了解情况。① 当时，有的同志也感到那些高指标、“放卫星”不可靠，但是，不敢反映真实情况，生怕别人说自己是向群众的生产热情泼冷水，或被说成是反对“大跃进”。但在周恩来面前，他们还是敢说一些心里话。周恩来能够平心静气地听取意见，细心地、周密地进行调查研究，取得真实材料，使他能比较早地发现一些问题。对他看到的确实存在的问题，周恩来总是尽力给以解决。十一月十三日他听取中共四川省委主管工业的书记陈刚汇报到四川省有几百万人在山上炼钢，既无寒衣，又无粮食，钢铁任务还没有完成怎么办时，周恩来果断地回答他：立即下山。

这场违背客观经济规律的大炼钢铁运动，耗费了国家巨大的人力和资源，却不可能达到预期的效果。一九五八年钢铁生产指标的数字虽然完成了，但全年生产出来的合格的钢只有八百万吨，也就是翻一番计划指标的四分之三，而造成的直接经济损失却达几百亿元，给国民经济的发展带来严重的后果。

从钢铁方面发现的问题，周恩来联想到其他方面的工作也可能有类似的情况。当时，煤炭工业也是受到“大跃进”冲击比较严重的部门。煤炭工业部主管基建工作的钟子云后来回忆说：

> “在‘大跃进’期间，许多同志只凭革命热情和盲目的乐观情绪办事，使国民经济遭受巨大损失。煤炭工业也和其他行业一样，到处刮起浮夸风和高指标。那时要大办钢铁，就必须大办煤矿。各省、市领导对大办煤矿都很重视，这是好的现象。但是办煤矿首先要有比较可靠的地质资源，一些煤田地质工作者和煤炭基本建设部门，按照领导意图，采用主观臆测的办法，不可靠的

① 顾明：《历尽艰辛创四化》，《周恩来和他的秘书们》，中国广播电视出版社1992年3月版，第19页。

地质资料和群众的反映，谎报某某地区有煤炭资源，可以开矿建井，并要求列入国家计划。而我们一些专业领导部门，明知这些地区没有可供开采的煤炭资源，毫无开采价值，却不敢直言，在当时那种高压浪潮下违心地列入了国家计划。一九五九年春，我带着几个专业人员，去浙江检查工作，发现当年所列的煤炭工业开发的几个主要项目中，除了个别项目可考虑列入国家计划外，其他均不具备列入国家计划的条件。主要是有的煤层太薄，无法开采，有的地质资料根本就不可靠。所以当即通知浙江省煤炭工业管理部门不能将这些项目列入国家计划。省委同志知道后，对我很有意见，说浙江缺煤，我却不支持他们大办煤矿。毛主席去浙江，他们把意见又反映给毛主席 。毛主席回北京后，就要周总理查问此事。周总理对我说，浙江严重缺煤，你为什么不让他们大办煤矿？我就把在浙江了解的情况和我处理这个问题的过程，如实地向周总理作了汇报。因为那些地区没有煤炭资源，无法开矿，所以对他们的那些项目必须撤销。最后周总理点了点头，再没有说别的。以后毛主席和浙江省的领导同志也再未追问此事。这说明周总理处理问题是严格按实际情况办事的。虽然是毛主席追问，省里有意见，也要按客观实际办事。”①

“大跃进”中，外贸部门反映出来的问题也很多。周恩来十分担心外贸工业出乱子，总是提醒有关人员脑子不要发热，特别是同国外签合同时要慎重，一经签约就一定要履行，这不仅是外贸部的信誉问题，也关系到国家的信誉。一九五八年七月，外贸

① 钟子云：《他为煤炭工业倾注心血》，《我们的周总理》，中央文献出版社 1990 年 1 月版，第 226—227 页。

部在上海召开全国外贸工作会议。这时，各地区各部门都在盲目地追求高速度、高指标，外贸部有的领导人也受到这种思潮的影响。周恩来正巧在上海视察工作，他提出要向参加全国外贸工作会议的全体人员谈谈外贸工作问题。在这次谈话中，周恩来强调外贸必须“实事求是，量力而行”，要“重合同，守信用”。当年参加这次会议的外贸部副部长雷任民回忆说：

> “当时上海正在演出昆剧《十五贯》，周总理以剧中人物况钟实事求是和注重调查研究的故事为例，针对我国外贸合同执行率比较差的现状，强调指出：你们部长、各省市厅局长、司局长、经理一定要像况钟那样，下笔千斤重，不能随便大笔一挥签合同。合同一旦签订，就要保证履行合同。由于周总理再一次强调了‘重合同，讲信用’的方针，防止了在‘大跃进’气氛影响下，不顾国内的实际情况和外汇的支付能力，对外轻率地签订合同。周总理及时向我们敲了警钟，使外贸部的工作才没有闹出乱子来。”①

这年十二月二十三日，周恩来会见外贸部各口岸外贸局长座谈会代表，提出外贸工作的十四个政策性问题。第二年五月十一日，周恩来同各省、市、自治区财贸书记和国务院十七个部负责人谈话中又对这十四个问题做了进一步的阐释和补充。他指出：我们对外是和平共处的政策，因此，“我们的对外贸易也是这样，不是向外扩张的”。在外贸工作中，“我们固然以自力更生为主，但还要以争取外援为辅。国内市场固然量大，但是必须重视对外贸易。我们从中央到地方，都要重视对外贸易”。“外援对于我国的发展和建设，还是起了很大作用的。”周恩来认为，对不同国

① 雷任民：《回忆周总理对外贸工作的关怀和指导》，《不尽的思念》，中央文献出版社 1987 年 12 月版，第 253 页。

家应该采取不同的外贸政策：对兄弟国家要合作互助，共同发展；对民族主义国家是平等互利，帮助他们的民族经济逐步地向独立方面发展；对和平中立国家是互通有无，加强往来；对敌视中国的帝国主义国家及其追随者是经济关系服从政治关系，经济斗争服从政治斗争。他还提出，贸易协定和合同的签订要有区别，价格要有原则，贸易展览要少而精。周恩来在讲话中特别强调：对外贸易首先要实事求是，量力而行，逐步发展，不能大进大出。“大跃进”也要符合客观规律，要有客观可能加上主观最大努力。在计划确定后，则要保证“五先”（即出口商品在先，生产在先，原材料和包装物资在先，收购在先，安排运输力量在先）。他再次强调：要“重合同，守信用，重质先于重量”，“出口商品的质量是很重要的，对外贸易一定要保证质量”。①这些思想不仅在当时对避免或减少“大跃进”中可能出的乱子起了重要作用，而且对以后的外贸工作一直起着指导作用。

在“大跃进”的形势下，物资工作首当其冲，供需矛盾十分突出。为了解决这个矛盾，周恩来多次召集有关部门开会，研究对策。在一次会上，周恩来提出物资“缺口”怎么解决的问题。主管这项工作的韩哲一回答说：根据“一五”计划的经验，在物资总的短缺、品种规格不够齐全的条件下，应按不同产品要有不同的机动的比例来解决。比如，煤炭的“缺口”一般说不超过百分之五是可以的，钢材和有色金属的“缺口”不能超过百分之十。这些预留的“缺口”可以通过增产节约、清仓利废和代用来弥补，不致影响年度计划的平衡。如果“缺口”的比例再大就有困难了。韩哲一回忆说：“我讲了以后，总理说，物资工作应当做到积极平衡，不能算死账，既积极又留有余地。‘缺口’可以留一点，但要留在明处，在执行中再加以调整，不要给下边造成

① 《周恩来经济文选》，中央文献出版社1993年2月版，第395—402页。

过多的困难。周总理的这些教诲是很深刻的。”①

由于周恩来努力接触实际，对“大跃进”中出现的问题有比较多的了解。但是，当时“大跃进”造成的严重后果还没有充分暴露出来，周恩来对它的认识也是很有限的，更何况他又刚因“反冒进”而受过严厉的批评，所以正如薛暮桥说的，在当时的历史条件下，他能够做到的只能是，发现问题“能挡的时候就出来挡一下”，②这就已经很不容易了。

---

① 韩哲一：《周恩来关心和支持物资工作》，《我们的周总理》，中央文献出版社1990年1月版，第277、278页。

② 薛暮桥：《在周恩来同志领导下工作的回忆》，《怀念周恩来》，人民出版社1986年1月版，第38页。

五十三、协助毛泽东指挥炮击金门

一九五八年夏季以来，周恩来格外紧张和繁忙。这不但因为“大跃进”中的钢铁生产高指标带来许多麻烦，还由于国际局势中出现许多新的复杂因素，要求他以很多时间和精力去处理这些异常紧迫的问题。

英法侵略埃及的战争失败后，美国乘英法在中东势力大大削弱的机会，积极扩大对中东事务的干涉，力图控制这个地区。一九五七年初，美国总统艾森豪威尔向国会提出咨文，要求授权他为“保护”中东国家的“独立”而使用美国武装部队，被称为“艾森豪威尔主义”。一九五七年七月十四日，伊拉克发生推翻亲美的君主政府的革命。第二天，美国立刻出兵黎巴嫩，武力干涉黎巴嫩人民反对亲美政府的斗争，并对刚刚建立的伊拉克共和国进行威胁。紧接着，英国出兵约旦。美英的侵略行径，造成中东地区的紧张局势。与此同时，为了转移世界人民对于中东局势的关注，美国又支持蒋介石集团对中国大陆沿海地区进行骚扰。七月十七日，台湾当局以“中东地区当前的爆炸性局势”为由，发布特别戒严令。美国也下令驻在太平洋地区的第七舰队处于战备状态。这一系列事件，打破了万隆会议以来台湾海峡地区保持了几年的平静局面。

这时，周恩来正在上海视察工作，国际形势的新变化和台湾海峡出现的危机，使他不得不中断视察，赶回北京。

对中东局势，周恩来在同外宾会谈中，强烈谴责“英美的行动是侵略”。[①] 并且指出，如果美英政府不顾世界的公正舆论，坚决不放弃它们在中东扩大侵略的冒险计划，将会把中东和世界拖入一次严重的灾难，这是亚非和全世界国家和人民决不能允许的。[②] 他还代表中国政府致信伊拉克共和国新政府总理卡塞姆，声明将尽力支持伊拉克的斗争，坚决反对美英侵略军出兵黎巴嫩、约旦，威胁伊拉克。

台湾问题本来完全是中国的内政，而外国势力干涉中国统一却造成了国际争端。对中国来说，全面建设社会主义的事业刚刚开始，不希望发生战争，但也懂得和平是需要经过斗争来争取的，决不害怕帝国主义的战争威胁。因此，面对美蒋的严重挑衅，八月中旬，毛泽东作出炮打金门（指蒋介石集团占领的除台湾和澎湖列岛之外的属于福建沿海的重要岛屿）的重大决策。它的目的在于，一方面可以严惩蒋介石集团对大陆的骚扰破坏，支持中东人民的解放斗争；另一方面，可以在行动中试探美国侵略中国的胃口究竟有多大。选择炮击金门而不打台湾的原因是，台湾一直驻有美国军队，并且受到一九五四年签订的美蒋《共同防御条约》的“保护”，打台湾容易给美国进一步采取军事行动提供口实；而金门等沿海岛屿没有美国驻军，也不受美蒋《共同防御条约》的约束，便于用来对美国进行试探。因此，这场斗争看起来是对着蒋介石的，实质上是朝鲜战争以来同美国之间的一场包含军事、政治、外交等内容的重要较量。

周恩来回到北京后，协助毛泽东为炮击金门做了大量艰苦、

---

① 周恩来会见法国前总理孟戴斯—弗朗斯谈话记录，1958 年 7 月 25 日。

② 周恩来会见柬埔寨访华经济代表团团长杨安谈话记录，1958 年 7 月 31 日。

细致而周密的准备工作。毛泽东后来谈到：金、马（指马祖岛，属福建省）局势那么严重，“每个环节都是我和总理搞的。美国第七舰队护航，杜勒斯战争边缘政策，这样的事不能粗枝大叶，要很准确，很有纪律”。① 因此，周恩来每天都要看由他倡议创办的刊载外国通讯社和主要报刊信息的两大本《参考资料》。这是他长期主持外交工作，深知掌握国际动态的重要性而养成的习惯。当时兼任《人民日报》总编辑和新华社社长的吴冷西回忆说：“周总理十分重视新华社收集来的这些公开材料。他曾多次对我们说，事情再忙，他每天也一定要看完两本《参考资料》。当我到他的办公室参加会议或请他审定评论时，看到他的办公桌上总是放着他看过的用毛笔画了许多符号的《参考资料》。有时他还边讲话边拿起《参考资料》来说明他的观点的根据。为了及时了解情况，他还规定新华社建立二十四小时值班制度，规定新华社一收到外国通讯社发出的重大新闻，必须立即向总理办公室报告（重大事件由总理亲自告诉毛主席）；还规定《参考资料》开印并装订成本之前，先给总理办公室和外交部、国务院外事办公室、总参谋部、中联部等有关部门送出清样。”② 周恩来平时这样做，在炮击金门这场复杂而尖锐的斗争面前更要这样做，就像毛泽东说的：“不然你不了解情况，如何决策？全世界一切舆论都要了解。”③ 由于能及时而准确地把握动向，中国在这场斗争中，无论是军事、政治、外交活动都始终处于主动地位。

八月二十三日，联合国大会紧急会议讨论通过阿拉伯各国要求美国从中东撤军提案的第二天，毛泽东在北戴河下令对金门进行大规模炮击。在这期间，正陪同来华访问的西哈努克活动的周

① 毛泽东在各民主党派负责人座谈会上的讲话记录，1959 年 9 月 15 日。

② 吴冷西：《严师的教诲》，《我们的周总理》，中央文献出版社 1990 年 1 月版，第 416—417 页。

③ 毛泽东在各民主党派负责人座谈会上的讲话记录，1959 年 9 月 15 日。

恩来多次往返于北京和北戴河之间，参与炮击金门的决策，并分别同彭真、陈毅、贺龙以及外交部、军委等有关部门负责人讨论领海线等问题。[①] 从八月二十三日至九月四日将近两周的时间，炮击金门取得预期的效果。美国很快做出反响，正如周恩来所说："打炮就是试验他，这回试验出来了，杜勒斯这张牌出来了。"[②] 九月四日，美国国务卿杜勒斯在罗德岛新港同艾森豪威尔总统会谈后，发表一篇声明，公开威胁要把美国在台湾海峡地区的所谓"防御"范围扩大到金门、马祖等沿海岛屿。随后，他又在备忘录中透露准备重新考虑对中国的政策，说：一、国民党可以自己同中共交战，美国将保护运输；二、希望中共不会认真打起来；三、美国不放弃和平谈判的希望。

杜勒斯的声明证实了毛泽东和周恩来对形势的分析和判断。毛泽东的分析是：美国人怕打仗，就目前说，很少可能大打起来。周恩来的判断是：这时期不同于朝鲜战争时期，世界各国，包括英国、日本、菲律宾等都不会支持美国的行动，所以美国政府也不想诉诸战争来解决台、澎、金、马问题，它既不能助蒋"反攻大陆"，也不可能"协防金马"。

中国的行动一度引起苏联的紧张，但当周恩来和毛泽东告诉他们中国的真正意图，并表示万一中国和美国打起来决不拉苏联"下水"后，赫鲁晓夫就发表公开声明：美国对中国的侵犯就是对苏联的侵犯，苏联不会"无动于衷"、"袖手旁观"。苏联的态度对美国的行动也起了一定的制约作用。

在杜勒斯发表声明的同一天，中共中央召开政治局常委会，讨论炮击金门后的形势。会议认为，美国人还是怕打仗，不一定敢在金、马同中国较量。这次炮击金门的根本目的已达到，不仅

---

① 中央工作大事记，1958 年 8 月 20、21 日。

② 周恩来在最高国务会议上的讲话记录，1958 年 9 月 6 日。

美国人紧张起来，全世界人民也动员起来了。会议也认为，我们现在的方针并不是马上登陆金门，而是实行毛泽东提出的“绞索政策”，即把台湾当做拉住美国的绞索，一步步拉紧，进而对美国施加压力，然后相机行事。会上，大家同意周恩来提出的采取宣布中国领海宽度为十二海里的办法，迫使美国军舰不敢靠近属于中国领海的金门岛。当天，中国政府发表声明，宣布中国的领海宽度为十二海里，这项规定适用于中国的一切领土。

九月六日，周恩来又代表中国政府发表关于台湾海峡地区的声明，全面阐述了中国政府在这个问题上的立场。声明强调：

一、台湾和澎湖列岛自古就是中国的领土；

二、美国支持盘踞在台湾的蒋介石集团，并直接用武力侵占台澎列岛是干涉中国内政，侵犯中国领土的非法行为；

三、中国政府完全有权对蒋的骚扰和破坏给予坚决打击和采取必要的军事行动；

四、中国人民解放台湾的决心是不可动摇的；

五、尽管美国以武力侵占了中国的台湾和澎湖列岛，粗暴地破坏了国际关系中最起码的准则，中国政府仍然倡议同美国政府坐下来谈判，谋求台湾地区紧张局势的和缓和消除；

六、中国和美国在台湾海峡地区的国际争端和中国人民解放自己领土的内政问题是性质完全不同的两件事，中国人民完全有权采取一切适当的方法，在适当的时候，解放自己的领土，不容许任何外国干涉。

周恩来这篇声明是对杜勒斯声明的一个十分有力的回答。

美国的底摸清了，方针也就有了。在新的形势下，中共中央决定采取新的方针，即“边打边谈”，一方面继续对金门开炮；另一方面根据周恩来声明的精神恢复中美大使级谈判。这个方针得到国内许多人的拥护。傅作义在写给毛泽东的信中说：中国共产党“对这个战略的运用，可以说达到了艺术化的境地。在这个战略面前，从杜鲁门到艾森豪威尔都不得不让我们牵着鼻子走。”① 以后的历史发展证明，这个评价是符合实际的。

中美大使级谈判是一九五五年万隆会议期间周恩来发表的声明促成的。他在声明中宣布：

> “中国人民同美国人民是友好的。中国人民不要同美国打仗。中国政府愿意同美国政府坐下来谈判，讨论和缓远东紧张局势的问题，特别是和缓台湾地区的紧张局势问题。”②

中国方面希望通过这个谈判解决一些实际问题，并为中美之间高一级谈判做准备。但是，美国方面缺乏诚意，他们在双方就平民回国问题达成协议后，一直对禁运问题和准备高一级谈判问题设置障碍。美国方面提出，先讨论“放弃为了达到国家目的而使用武力的问题”，并坚持要中国方面同意发表一个冻结台湾地区现状的声明。中国方面认为，用和平方法解决国际争端是中国的一贯主张，但在中美之间的国际关系中不使用武力的问题，绝对不能同中国通过和平方式还是使用武力来解决台湾这一内政问题混为一谈。谈判期间，尽管中国做出各种努力，美国仍不肯接受中国提出的任何建议。一九五七年十二月十二日，美国在第七十三次中美大使级会谈时，以调任美方谈判代表约翰逊（美国驻捷克大使）为由，委派非大使身分的代表参加会谈，故意降低会谈级别。在这种情况下，谈判被迫中断。

一九五八年九月十五日，在金门炮击声中，中美大使级谈判

① 傅作义致毛泽东的信，1958 年 9 月 9 日。

② 《周恩来外交文选》，中央文献出版社 1990 年 5 月版，第 134 页。

在华沙复会。

谈判开始前，周恩来做了大量准备工作。当时，中国驻波兰大使、中美谈判中方代表王炳南奉命回国，汇报前一阶段中美会谈情况。王炳南后来回忆道："在我这次回国期间，周总理也和我详谈了几次，对我的工作作了具体、细致的指示。一周后，我带着党中央的新的指示和精神，返回华沙。走的当天没有班机，总理连夜打电话给有关同志，让他们加派一架专机送我到伊尔库茨克，然后换苏联飞机去华沙。"他说："这一次，我心里比较踏实。党中央和毛主席在我回京期间给我的具体指示使我感到成竹在胸，又有了前一阶段与约翰逊斗争的经验，而且我无时无刻都体会到远在千里之外的祖国、人民、党的关怀和期望。《人民日报》发表社论，外交部新闻司发言人也发表讲话，更重要的是周总理，他就像在我的身旁一样，关注和指导我的每一言行。"①九月十三日，周恩来收到正在武汉巡视的毛泽东的来信，其中提到谈判的原则是："华沙谈判，三四天或者一周以内，实行侦察战，不要和盘托出。彼方亦似不会和盘托出，先要对我们进行侦察。"② 当天，周恩来复信说明，已告王炳南，"先与美方周旋，逼其先我露底"。③ 事情果然像毛泽东和周恩来所估计的那样，在第一次会议上，美国不肯首先拿出方案，只是一再提出先停火、再讨论各种具体措施的建议。会上，中方代表为了抓紧时机，争取主动，在休会十分钟后就提出了希望双方停止敌对行动的五条方案。这样，就给美方造成一种错觉，认为中方急于达成协议。因此，他们的态度立刻强硬起来，要求台湾地区立即停火，并说，美国不能容忍"盟友的领土"被武力侵犯。与此同

---

① 王炳南：《中美会谈九年回顾》，世界知识出版社 1985 年 3 月版，第 73、75 页。

② 毛泽东致周恩来、黄克诚的信，1958 年 9 月 13 日，手稿。

③ 周恩来致毛泽东的信，1958 年 9 月 13 日。

时，杜勒斯在美国纽约召开的联大会议上遥相呼应，要求中国先停火，然后再进行中美谈判。

周恩来发现这个问题后，于九月十七日、十八日，接连致信毛泽东，主动承担责任，并立即召集外交部有关同志研究对策，要求中方代表在下一步谈判中，对美方“应该采取积极进攻的方针”，即针锋相对地提出在“美方不正面回答我方提案而继续主张停火的情况下，立即提出要求美国从台湾、澎湖列岛和台湾海峡撤出它的一切武装力量，停止向中国领海、领空的一切军事挑衅和干涉中国内政的行为，以和缓和消除目前台湾海峡的紧张局势的反建议”。① 这个反建议的提出，确定了中美谈判的根本原则，粉碎了美国企图通过谈判混淆中美之间的国际矛盾和国共之间内政矛盾的界限，扭转了开始时一度被动的局面。

在九月十八日夜间致毛泽东的信中，周恩来又提出如何运用国内外舆论从各方面扩大要求美军停止挑衅并从台湾和台湾海峡撤退的几项具体办法。九月十九日，毛泽东从安徽合肥给周恩来的回信中赞扬说：“十八日夜来信收到，极好，有了主动了。读完很高兴。即照办。”“我们这种新方针、新策略是主动的、攻势的和有理的。高屋建瓴，势如破竹，是我们外交斗争的必需形态。”②

为配合华沙谈判斗争，福建前线指挥部决定采取三条措施：一、继续进行炮击；二、实施对金门轰炸，增大压力；三、采取陆空炮联合攻击，全面开花。周恩来接到报告后及时给予纠正，他指出：“我连日想了想，觉得在目前形势下对金门作战方针，仍以打而不登，断而不死，使敌昼夜惊慌、不得安宁为妥。海、

① 周恩来致毛泽东的信，1958 年 9 月 17 日。

② 毛泽东致周恩来的信，1958 年 9 月 19 日。

空、炮联合作战确不易配合很好。”① 毛泽东同意周恩来提出的方针以及要求：“即照此办理，使我们完全立于不败之地，完全立于主动地位。”②

由于中共中央正确运用“边打边谈”的方针、国际舆论对美国军事挑衅的谴责和美国国内愈来愈多的人的反对，美国政府不得不进一步调整对台湾问题的政策。九月三十日，杜勒斯在答记者问中声明：我们没有保卫沿海岛屿的任何法律义务，我们不想承担任何这种义务。今后我要说，如果美国认为放弃这些岛屿不会对可能的保卫福摩萨（指台湾——编者注）和条约地区的工作产生任何不利的影响，我们就不会考虑在那里使用部队。

从杜勒斯的这份声明中，可以明显地看出美国想以放弃金马等沿海岛屿换取长期霸占台湾和台湾海峡的野心。

然而，美国这样做，不仅遭到中国人民的反对，也引起蒋介石的不满。因为蒋介石清楚地知道，放弃了金门、马祖等沿海岛屿，就会影响国民党军队的士气，也会影响国民党政权的稳固。由此，美蒋之间发生了尖锐的矛盾。中共中央原来已决定马上登陆金门。在这种情况下，中共中央必须进一步考虑是收复金马沿海岛屿有利，还是将它放在蒋介石手里更有利。经过反复研究，毛泽东改变了九月六日他在最高国务会议上提出的先收沿海岛屿再解放台湾的两步走的方针。他后来在一次座谈会上这样解释：开始我们想打金、马，后来一看形势，金、马收回就执行了杜勒斯的政治路线，还是留在蒋介石手里好。要解决，台、澎、金、马一起解决。中国之大，何必急于搞金、马？③

十月上旬，毛泽东连续召开政治局常委会议，充分讨论这个

---

① 周恩来致毛泽东的信，1958 年 9 月 22 日。

② 毛泽东致周恩来的信，1958 年 9 月 22 日。

③ 毛泽东在各民主党派负责人座谈会上的讲话记录，1959 年 9 月 15 日。

问题。在三日、四日两天的会上，主要是分析杜勒斯九月三十日声明。大家一致认为，这个声明表明美国明显地是要制造“两个中国”。周恩来发言说：美国想趁目前这个机会制造“两个中国”，要我们承担不用武力解放台湾的义务，以此为条件，美国可能要台湾放弃所谓“反攻大陆”的计划，并且从金门、马祖撤退。杜勒斯这个政策，一句话就是以“金、马换台、澎”，这同我们最近在华沙中美大使级会谈中侦察到的美方底牌的情况是一致的。美方在华沙会谈中说得甚至比杜勒斯更露骨。周恩来还估计，美方在会谈中将可能提出三种方案：一、要我们停止打炮，蒋方减少金马兵力，美方声明金马在美蒋共同防御范围之内；二、要我们停止打炮，蒋方减少金马兵力，美方声明共同防御的范围限于台澎，不包括金马；三、要我方停止打炮，蒋方从金马撤退，双方承担互相不使用武力的义务。他认为对这三种方案都不能同意，因为三者的实质都是制造“两个中国”，使美国霸占中国的领土台湾合法化。但中美会谈还是以继续下去为有利，可以拖住美国人，力求避免美方或其他西方国家把台湾海峡问题提到联合国去，对亚非朋友也要把这个问题说清楚，免得他们不明真相，给我们帮倒忙。政治局常委会议同意周恩来的估计和想法。①

对中共中央关于解决台湾问题的政策上的变化，国内外许多朋友一开始不很理解。在他们看来，既然美国准备从金、马沿海岛屿“脱身”，那么，中国收回这个地区是顺理成章的事。周恩来做了许多解释工作。在十月五日和十四日，周恩来两次会见苏联驻中国大使馆临时代办安东诺夫，说明中共中央从原来准备分“两步走”到台、澎、金、马“一揽子解决”的目的是，“不能让美（国）换得一个冻结台湾海峡的局面”。他说：“我们这一方针

① 吴冷西：《忆毛主席》，新华出版社 1995 年 2 月版，第 83、85 页。

简单讲来就是要使台、澎、金、马仍留在蒋手里，不使之完全落到美国手里。清朝统治阶级的方针是‘宁予外人，不给家奴’，我们则是‘宁予家奴，不予外人’。”周恩来还指出，蒋介石也不赞成美国的做法，一方面是怕影响蒋军的士气，另一方面也不愿意完全受美国控制。“因此，在这个问题上，我们和蒋找到了共同点，可以联合起来，一致反对美国。”① 在不久后的一次会议上，他又进一步阐明了中共中央这一政策变化的意义。他说：“如果在金门问题上我们让了一步，让蒋介石走掉，形式上是我们收回了沿海岛屿，实际上是我们对美国让了一步，我们就被动了。让美国把蒋介石压迫走了，接着就会有下一步的文章，台湾海峡的问题就会来了。这时，和平中立国家就会来劝说，如何同美国改善关系等等问题都会来了，我们就会步步被动，不胜其烦。所以，让美国脱身好处固然有，不好之处亦很多。反过来，不让它脱身，则好处更多，这更有利于动员全国力量搞建设，增强国防力量，增加兵工生产，提高技术和加快掌握尖端科学。这些都是逼出来的，并且我们掌握了主动。金、马在蒋介石手里，我们可以牵制住它，蒋介石就拿这个拖住美国。”② 对某些一时还看不清美国真实意图的中立国朋友，周恩来也进行了解释。他用大量事实揭露美国的“停火”阴谋，说如果这些朋友真心要支持和帮助中国，希望首先肯定台湾和金门等沿海岛屿是中国领土，中国有权解放自己的领土；其次，主张一切外国军队应从台湾和台湾海峡撤出。待这些原则提出后，再呼吁中美在华沙谈判解决争端。③

为了进一步扩大美蒋之间的矛盾，争取和蒋介石在这个问题

① 周恩来会见苏联驻华大使馆代办安东诺夫谈话记录，1958 年 10 月 14 日。

② 周恩来在中共中央宣传部报告会上的讲话记录，1958 年 11 月 10 日。

③ 周恩来会见印度驻华大使帕塔萨拉蒂谈话记录，1958 年 10 月 4 日。

上共同反对美国，中共中央决定从十月六日一时起，停止炮击七天，允许蒋军自由地运输供应品，但要以没有美军护航为条件。同一天，《人民日报》发表毛泽东起草的、以国防部部长彭德怀名义发表的文告《告台湾同胞书》。这份震动世界的文告，开门见山地向广大台湾同胞指出：

> “我们都是中国人。三十六计，和为上计。”“你们与我们之间的战争，三十年了，尚未结束，这是不好的。建议举行谈判，实行和平解决。这一点，周恩来总理在几年前已经告诉你们了。这是中国内部贵我两方有关的问题，不是中美两国有关的问题。”“美国人总是要走的，不走是不行的。早走于美国有利，因为它可以取得主动。迟走不利，因为它老是被动。一个东太平洋国家，为什么跑到西太平洋来了呢？西太平洋是西太平洋人的西太平洋，正如东太平洋是东太平洋人的东太平洋一样。这一点是常识，美国人应当懂得。中华人民共和国与美国之间并无战争，无所谓停火。无火而谈停火，岂非笑话？台湾的朋友们，我们之间是有战火的，应当停止，并予熄灭。这就需要谈判。当然，再打三十年，也不是什么了不起的大事，但是终究以早日和平解决较为妥善。何去何从，请你们酌定。”①

这份文告，粉碎了美国提出的所谓停火阴谋，堵住了国际干涉的道路，扩大了美蒋之间的矛盾。在这段时间内，毛泽东和周恩来常常是彻夜不眠，密切关注着局势的发展，因为他们深知，在这样一场包含政治、军事、外交内容的极其错综复杂的斗争中，不能出一点失误。就如这次炮击金门的前线总指挥叶飞所说：“仗不好打啊，如果指挥不准确，福建前线就有可能变成第

---

① 毛泽东起草的彭德怀告台湾同胞书，1958 年 10 月 6 日，手稿。

二个朝鲜战场。”①

从这以后，福建前线对金门的炮击，逢单日打，双日不打，完全是象征性的：打是为了给蒋军拒绝美国要它撤离金、马一个理由；不打是为了使蒋军运输补给获得一段时间，而且在炮击时只打沙滩，不打民房和工事。后来又发展到逢年过节停止三天炮击，让金门军民平安过节。这样，台湾海峡的危机逐渐平息，并且保持了相当长时间的平静。

在炮击金门的过程中，中国共产党和蒋介石集团之间在反对“两个中国”的立场上找到了共同点。尽管双方的出发点不一样，但是，海峡两岸关系终于出现新的转机，这就进一步推进了周恩来从一九五六年就已开始进行的和平统一祖国的工作。

一九五六年一月三十日，周恩来曾代表中共中央在全国政协第二届第二次会议上宣布对台湾的方针和政策。他除了重申准备在必要的时候用战争的方式来解放台湾外，明确强调要争取用和平的方式解放台湾。这个方针在同年召开的中共八大上得到肯定。为了将这个信息传递到台湾，三月十六日，周恩来会见了一位即将赴台访问的英国人马坤，请他见到蒋介石或其他熟人时转达几句话。周恩来说：“首先，你可以向他们说，蒋介石是我们的老朋友，他认识毛主席，也认识我。我们同他合作过两次，最后一次是在南京。那次谈判破裂以后，接着就打了三年内战，至今还没有结束。但是，中国共产党从来没有说，我们永久不再谈判。内战虽然还没有结束，但是，我们从来没有把和谈的门关死，任何和谈的机会我们都欢迎。我们是主张和谈的。既然我们说和谈，我们就不排除任何一个人，只要他赞成和谈。”马坤听后十分感动地说：“这是多么崇高，多么明确啊！只要蒋介石愿

① 访问叶飞谈话记录，1986 年 2 月 20 日。

意见我，我一定向他转达这一切。”谈到台湾的未来，周恩来说：“蒋还在台湾，枪也在他手里，他可以保持，主要的是使台湾归还祖国，成为祖国的一个组成部分，这就是一件好事。如果他做了这件事，他就可以取得中国人民的谅解和尊重。”他请马坤转告台湾的朋友：“中国共产党讲话是算数的，我们说的话是兑现的，我们从不欺骗人。”最后，周恩来还请马坤见到孙科时告诉他：“如果他愿意回来，我们欢迎。我们知道他过去曾做过错事，但是我们不愿意让孙中山的儿子长期地留在外边，而不回到祖国。”马坤对周恩来说：“他（指孙科——编者注）在大陆和台湾之间，一向是更尊重大陆，特别是对大陆上的人。”①

同年六月二十八日，周恩来在全国人大一届三次会议上再次谈到台湾问题，说：“我们愿意同台湾当局协商和平解放台湾的具体步骤和条件，并且希望台湾当局在他们认为适当的时机，派遣代表到北京或者其他适当的地点，同我们开始这种商谈。”②这是周恩来第一次在公开场合正式表达了中国共产党愿意同国民党进行第三次国共合作的真诚愿望，在国内外引起巨大反响。

在以后的日子里，特别是一九五八年金门炮战打响后，周恩来亲自领导了争取以蒋氏父子和陈诚为首的台湾高级军政官员的工作。他和毛泽东在会见一些朋友时，提出了对国共和谈的一些具体设想和办法。这就是：如果台湾回归祖国，“一切可以照旧，台湾将来是要实行社会主义的，但何时进行民主改革和社会主义改造，则要取得蒋先生的同意后再做，现在可以实行三民主义，可以同大陆通商，但是不要派特务来大陆破坏，我们也不派‘红色特务’去破坏他们。谈好了可以订个协议公布”。毛泽东还表示，台湾只要与美断绝关系归还祖国，其他一切都好办。现在台

① 周恩来会见马坤谈话记录，1956 年 3 月 16 日。

② 《人民日报》，1956 年 6 月 29 日。

湾的连理枝是接在美国的，只要改接到大陆来，可以派代表回来参加全国人民代表大会和全国政协委员会。① 对这个问题，周恩来还做了具体说明：蒋经国等安排在人大或政协是理所当然的。蒋介石将来总要在中央安排。台湾还是他们管，如果陈诚愿意做，蒋经国只好让一下做副的。他还说：其实，陈诚和蒋经国都是想干些事的，陈诚愿到中央工作，不在傅作义之下，蒋经国也可以到中央工作。周恩来还表示，如果台湾方面有难处，我们可以等待，希望蒋氏父子和陈诚也拿出诚意来。② 为了进一步加强和平统一祖国的工作，中共中央指定各有关部门负责人成立对台工作组，协助周恩来统一领导对台工作。③

金门炮击开始后，随着美蒋矛盾的加深，中共和平统一祖国的工作又有了新的发展，向台湾方面提出许多新的、重大的原则性意见。一九五八年十月十三日，《告台湾同胞书》发表一周后，毛泽东向新加坡《南洋商报》的一位撰稿人表示：台湾如果回归祖国，照他们（指蒋介石等）自己的方式生活。水里的鱼都有地区性的，毛儿盖的鱼到别的地方就不行。美国不要蒋时，蒋可以来大陆，来了就是大贡献，就是美国的失败。蒋介石不要怕我们同美国人一起整他。他说，蒋同美国的连理枝解散，同大陆连起来，枝连起来，根还是他的，可以活下去，可以搞他的一套。关于军队问题，毛泽东表示：可以保存，我不压迫他裁兵，不要他简政，让他搞三民主义。④ 后来，周恩来将毛泽东的这些原则概括为“一纲四目”，用张治中给陈诚的信中的话来说，一纲是，“只要台湾归回祖国，其他一切问题悉尊重总裁（指蒋介石——编者注）与兄（指陈诚——编者注）意见妥善处理”；四目包括：

① 毛泽东会见曹聚仁谈话记录，1956 年 10 月 4 日。

② 周恩来会见曹聚仁谈话记录，1956 年 10 月 7 日。

③ 中共中央关于加强和平解放台湾的指示，1956 年 7 月 29 日。

④ 毛泽东会见曹聚仁谈话记录，1958 年 10 月 13 日。

“台湾归回祖国后，除外交必须统一于中央外，所有军政大权人事安排等悉由总裁与兄全权处理；所有军政及建设费用，不足之数，悉由中央拨付；台湾之社会改革，可以从缓，必俟条件成熟，并尊重总裁与兄意见协商决定，然后进行；双方互约不派人进行破坏对方团结之事”。①

与此同时，周恩来委托原国民党高级将领张治中、傅作义写信给蒋经国和陈诚，转达中共中央关于和谈的方针和政策，嘱咐他们在信中一定要“晓以大义，陈以利害，动以感情”。② 他还抓住机会做寓居台湾的国民党元老于右任的工作。有一次，章士钊告诉周恩来，于右任在大陆的妻子过八十大寿，于右任很惦记，怕她受到冷落。周恩来立刻让于右任的女婿屈武为她补行祝寿，说：“决不能为这件小事使于先生心中不安。”事后，屈武决定给于右任写封信，把周恩来的关怀告诉他，但是，又不能让台湾的特务发现而加害于他。屈武后来回忆说：

> “我就到邵力子先生家里向邵老请教。邵先生和于先生有几十年的深厚友情，这是许多人所知道的。周总理对于先生的关怀，也是邵老先生所了解的。我把问题向邵先生提出后，邵先生非常机智地想出了办法。他说：‘你在给于先生的信里，把周总理三个字改成濂溪先生四个字就行了。’他接着说：‘抗战时期在重庆的时候，我和于先生住在一起，我们经常谈论历史名人，特别是多少次谈到北宋名儒、理学的奠基人周敦颐。周的别号本来叫茂叔，他在庐山莲花峰下的小溪上筑室讲学，人称濂溪先生。当年我同于先生谈到周总理的时候，总是称他为周先生。你在信里写濂溪先生，于先生

① 张治中致陈诚的信，1963 年 1 月 4 日。

② 周恩来会见张治中、傅作义谈话记录，1960 年 1 月 3 日。

一看就晓得指的是周总理，而别人看到是不会联系到周总理身上的。’我就照邵的说法把信写好，连同祝寿时的照片等物请吴季玉转交于先生。后来吴先生给我来信说，于先生收到我的信、照片等，高兴到了极点，真是喜出望外。特别是周总理对他的关怀，他非常的感动。他要吴先生告诉我向周总理表达他诚挚的谢悃。他对总理的称呼也用濂溪先生。足见邵力子先生的设计和判断是很高明的。就在我接到这封信的第二天的一次晚会上，我把吴先生来信的内容报告了总理。总理听了很高兴地说：‘只要于先生高兴，我们也就心安了。’使于先生的心情舒畅，这是党的一项统一战线工作，我很了解这不仅仅是对于先生个人的问题，而是体现了党对所有像于先生那样的热爱祖国人们的态度。于先生晚年写了不少怀念家乡和大陆的诗，透露出他对统一祖国的渴望。于先生逝世前，还发出怀念大陆的哀音：‘葬我于高山兮，望我大陆。大陆不见兮，只有痛哭。’这固然与于先生一贯的为人和思想有关，也是周总理长期工作的结果。”①

周恩来还通过章士钊、邵力子、费彝民等海内外朋友以及蒋介石的前妻陈洁如等向台湾当局传话，促进相互了解。周恩来考虑问题十分细致、周到，他听说蒋介石非常挂念家乡奉化的情况，就请有关人士将题上“奉化庐墓依然，溪口花草无恙”的照片寄往台湾。他还请统战部门安排住在上海的蒋介石的内兄做政协委员，要求他们照顾好居住在浙江奉化的蒋介石的亲属和居住在浙江青田的陈诚的姐姐。周恩来的工作细腻而充满感情。他曾

① 屈武：《记周总理对于右任先生的关怀和对我的教育》，《怀念周恩来》，人民出版社 1986 年 1 月版，第 173—174 页。

请人给一位他很熟悉的台湾当局的重要负责人捎话说："大陆熟人很关心他。"并带去陈年的白酒。这位负责人感动地说："周先生还记得我喜欢饮白酒。"经过多方面的努力，大陆和台湾方面的关系有了相当的发展。有关人士透露，台湾方面的这位重要负责人曾表示：他们不再派人到大陆"进行扰乱公共安宁和破坏地方秩序的事"。并说："进一步派人到大陆去谈谈是不可避免的，也是必须的。"

对是否从金马撤军的问题，蒋介石和陈诚之间存在矛盾。在金马的国民党守军有十一万人，占当时国民党军队总数的三分之一，这部分军队的大多数是陈诚的旧部。陈诚为了保存自己的实力，主张从金门撤军。因此，美国抓住这一点采取"拉陈抑蒋"的政策。

周恩来很重视这一情况，在一个时期内把加强台湾内部的团结作为工作的重点。他曾对一位朋友说：陈诚有一些民族气节，看来不会被美国牵着鼻子走，"这点就是我们寄厚望于辞修（指陈诚——编者注）的原因"。周恩来希望这位朋友转告陈诚：我们和台湾也有共同点，那就是民族精神。他说：为了不使美国的阴谋得逞，台湾当局首先应该团结内部，也就是蒋氏父子和陈诚的团结，因为只有他们几个在台湾还有些力量。只要他们团结起来，把军队抓在手里，美国就不敢轻举妄动，这点是很重要的。周恩来还表示：我们希望在我们这辈子看到中国的完全统一，不过，我们并不想包办革命的事业，可以留给后一辈去完成的。只要他们一天能守住台湾，不使它从中国分裂出去，那么，我们就不改变目前对他们的关系，希望他们不要过这条界。金、马我们是不会去动的，可以耐心等待，直到他们在有利时机归还祖国，实现国共第三次合作。

后来，陈诚应邀访问美国，美国国务院将一九五五年以来中美大使级谈判的记录给他看，想以此拉拢陈诚。据说，陈诚看后对人说：中共拒绝美国一切建议，而坚持美舰队及武装力量退出台湾的做法，不受奸诈，不图近利，是泱泱大国风度。周恩来十分赞赏陈诚的民族感情，多次请有关人士进一步向他表示：两岸的团结、统一工作要认真地做下去，台湾如果有朝一日归还祖国，我们仍然坚持以前所谈的“一纲四目”原则。

周恩来十分明确地表示：台湾归还祖国以后，可以行使更大的自治权利，除外交以外，军队、人事都可由台湾朋友自己来管。台湾的经济建设完全可以依赖内援，凡仰仗于外者，都可仰仗于内，和祖国大陆互通有无，财政，资金不敷者统由国内供给。要实行民主改革，但可以从缓。整个是社会主义，有那么一块地方是民主革命阶段未尝不可，互相不搞颠覆破坏工作。过去送去的信件，虽然是一些朋友个人写的，但政府是支持的。我们个人在政府中担负的工作可以变更，但对台工作是不会改变的。周恩来说，我们不会因为自己强大而不理台湾，也不会因为暂时有困难而拿原则做交易。如果单在我们方面看，台湾归还祖国固然好，暂时不能回来也无损祖国的强大地位。我们是从民族大义出发，是从祖国统一大业出发。这个统一大业应该共同来完成。

以后的历史证明，周恩来的努力是富有成效的。一九六五年三月，陈诚病逝。他去世前留下的遗言中，既没有提“反共”，也没有提“反攻（大陆）”。据说，他还向蒋介石进言：对中共不能反潮流，不能为外国动用台湾兵力，不能信任美国，不能受日本愚弄。当时，台湾当局的一些人想在陈诚的遗言中加上“反共反攻”的内容，陈诚的亲属不同意，找到蒋介石，蒋介石同意不修改。①

由于种种复杂的国际和国内原因，和平统一祖国的进程十分

① 周恩来会见原国民党和谈代表团代表、原国民党桂系有关人士的谈话记录，1965 年 7 月 13 日。

艰难，但是，周恩来从来没有灰心过。他常常说："急是无用的"，"我们这辈子如看不到解放台湾，下一代或再下一代总会看到的。我们只要播好种，把路开对了就行"。[①] 尽管周恩来没有能够看到祖国的和平统一，但是，他播下的种子，开拓的道路，将为未来的收获奠定重要的基础。

① 周恩来会见一位朋友时的谈话记录，1965 年 8 月 31 日。

五十四、从开始纠“左”到庐山会议

转眼间，到了一九五八年的秋末。因为钢铁和台湾问题（后来又加上志愿军回国）而整整忙碌了两个月的周恩来难得有了一天的休息。十一月十六日，周恩来和陈毅同中央实验话剧院的一些朋友到颐和园游玩了三个多小时。当天晚上，他和陈赓、萧劲光夫妇等又应约到一九四九年参加湖南起义的原国民党军将领唐生明家一起吃饭。第二天，周恩来给邓颖超的信中写道：“连吃了两顿饭，晚间还读了书，夜间又睡了一个好觉，这是两个月来第一次这样休息。”① 这样轻松的日子，对周恩来确实太难得了，因为，他肩上的担子太重，往往一件事还没有做完，另一些事又已等着他去处理。

八月北戴河会议后，国内对经济建设的探索仍在沿着错误的思路发展下去，但是，违反客观经济规律的做法终究要受到事实的惩罚。很快，“大跃进”、人民公社化运动带来的种种问题开始暴露出来。当台湾海峡的形势稍稍缓和后，周恩来又和毛泽东一起把主要精力转到处理国内建设问题上来。当时，国内问题突出

① 周恩来致邓颖超的信，1958 年 11 月 17 日，手稿。

地表现在两个方面：一方面，“全民大炼钢铁”的蛮干，造成国民经济比例严重失调，几千万农村劳动力被抽调去炼钢铁，又严重妨碍当年的秋收，造成“丰产不丰收”；另一方面，不经试验、一哄而起的人民公社化运动中，盲目追求“一大二公”，刮起了“共产风”，大搞“产品调拨”、“平均主义”、“吃饭不要钱”等，在生产关系上急于从集体所有制向全民所有制过渡，严重伤害了农民的积极性。

为了研究和解决已经发现的一些问题，为了确定和落实一九五九年的国民经济计划指标，中共中央决定于十一月二十八日至十二月十日在湖北武昌召开八届六中全会。会前，毛泽东先后在郑州和武昌召开会议，为这次全会做准备。十一月二日至十日，先在郑州召开有部分中央和地方领导人参加的会议，着重研究人民公社问题。这时，毛泽东对许多问题的认识开始冷静下来。在会上，他指出：第一，必须划清集体所有制和全民所有制、社会主义和共产主义两种界限，现阶段是社会主义，人民公社基本上是集体所有制；第二，必须发展商品生产和商品交换。他认为，废除商品和对农民实行调拨是对农民的剥夺。毛泽东还写信要求县以上各级党委委员认真学习《苏联社会主义经济问题》和《马恩列斯论共产主义社会》。这次会议帮助人们澄清了许多混乱思想，是纠正“大跃进”以来“左”的错误的重要尝试。随后在武昌召开的政治局扩大会议，主要是纠正“共产风”，同时，讨论了高指标等问题，提出要“压缩空气”。毛泽东发出警告：“胡琴不要拉得太紧，唱戏拉胡琴，转那个东西转得太紧，它就有断弦之危险。”①

周恩来因为金日成来访和忙于其他工作而没有参加这两次会

---

① 毛泽东在中共中央政治局扩大会议上的讲话记录，1958 年 11 月 21 日。

议，但是，他十分赞成毛泽东的这些意见。周恩来在一次会议上说：“现在宣传上没有讲清楚，好像社会主义已经不过瘾，急于向共产主义过渡，这是不好的，反映一种急躁情绪。”① 在这段时间内，周恩来同刘少奇、邓小平主持在京的政治局委员、书记处成员一起，认真学习了会议的有关文件和毛泽东要求读的两本书，并且进行了深入的讨论。他还写信给邓颖超，让她“加以注意研究，以便见面时与你一谈”。②

十一月三十日，周恩来赶往武昌参加六中全会。这时，会议已经开了两天，经过总结和讨论，大家对出现的问题开始有了比较清醒的认识和冷静的分析。在三十日的会上，毛泽东提出要“两条腿走路”，而不要像苏联那样，偏于重工业，轻视农业、轻工业。他指出：“北戴河会议一股热情，三千万吨钢，那时，谁听了三千万吨不喜欢？现在来看，当中至少有一千万吨是主观主义。”他说：“事非经过不知难啊！”③ 周恩来在一旁也深有感触地说：搞经济工作，“确非神秘，并不简单”。④ 这是经过前一阶段的曲折才得出的痛切感受。

这次会议，通过了毛泽东主持起草的《关于人民公社若干问题的决议》和《关于一九五九年国民经济计划的决议》。周恩来在会议期间认真修改了后一个决议，将决议草稿中提出的钢的生产指标为两千万吨的数字改为一千八百万吨至两千万吨，并且注明是一类钢。这次会议还同意毛泽东提出的他不再做下届国家主席的建议。

“大跃进”开始后，周恩来在河北抓了两个点，工业点在邯郸，农业点在定县，他经常派秘书到这两个地方去调查，要求他

---

① 周恩来在民主人士座谈会上的讲话，1958年11月29日。

② 周恩来致邓颖超的信，1958年11月17日，手稿。

③ 毛泽东在中共八届六中全会上发言记录，1958年11月30日。

④ 周恩来在中共八届六中全会上发言记录，1958年11月30日。

们回来如实地向他汇报情况。① 六中全会结束后，周恩来决定亲自下去走一走，看一看人民公社中究竟还存在哪些问题。十二月下旬，他冒着严寒来到河北安国、定县、徐水等县进行调查，在同省委负责人谈话时指出："吃饭不要钱这个口号不确切，有些口号提得过早，不要把一些问题说得简单化了，把共产主义庸俗化了。"他说："公社是集体所有制，不是全民所有制。公社是社会主义性质，不是共产主义性质。"当地干部提出明年准备减少耕地面积时，周恩来说："我保守点，产量没有把握时别搞。要有点余粮，一点底没有不好。对这个问题，不普遍作个决定，不提倡，不禁止，实事求是。不提倡就会谨慎些。"谈到明年粮食生产计划时，周恩来说："不能浪费，允许吃饱。我对'放开肚皮吃'这个口号有点怀疑。"② 在视察过程中，周恩来到群众家中，摸摸炕热不热，看看灶上有没有锅，仔细询问群众的生活。他在参观敬老院时，听说许多老人吓得逃跑了的情况后，批评当地有关负责人说：你父母在不在你家？多大年纪了？他们为什么不来？你们这种强制动员的做法是错误的。他反复强调一定要群众真正自愿，先搞好试点，不能匆忙地推广。在参观安国制药厂时，周恩来十分赞赏"巧干"的提法。他说：巧干就是讲究科学，造出质量好的药。现在只讲大干、苦干，最终还应该巧干，才能建好社会主义。在这次视察中，周恩来了解到很多第一手的真实情况。

这时，苏共第二十一次非常代表大会即将召开，中共中央决定派周恩来前往莫斯科参加这次会议。

---

① 李岩：《足迹遍天涯，春风送万家》，《周恩来和他的秘书们》，中国广播电视出版社 1992 年 3 月版，第 73 页。

② 周恩来视察河北各县时的谈话记录，1958 年 12 月 24、25 日。

由于对国际形势和中国国内建设问题有着不同看法，中苏两党之间的矛盾正在逐渐发展起来。苏联对外的大国沙文主义态度，更使这种矛盾走向激化。特别是一九五八年四月，苏联国防部长马利诺夫斯基向中国提出共同建立长波电台，七月，赫鲁晓夫又通过苏联驻华大使尤金向中国提出建立共同舰队的问题后，中国认为这是对中国主权的侵犯而严正地予以拒绝。在这种状况下，中共中央对苏共第二十一次代表大会采取比较冷淡的态度。

一月二十三日，就在周恩来启程的前一天，中共中央收到安东诺夫转来的苏共中央的来信。信中说，赫鲁晓夫将在这次党代会上提出“取消社会主义阵营以苏联为首和反对共产主义运动以苏共为中心的提法的问题”。苏共突然提出这样一个改变各国党曾有协议的问题，表面上的理由是认为：世界各国共产党都发展了、壮大了，相互之间的关系发生了很大的变化，再用这种提法在当前“已经不能充分地反映客观的事态”，[①] 实际上却另有打算，是想以此来缓解某些西方国家对它的攻击。

中共中央认为这是一个重要问题。当天晚上，毛泽东召集中共中央政治局常委会，进行研究。中共中央认为“在现在条件下提出这一问题是不妥当的”，理由是：一、社会主义阵营以苏联为首，国际共产主义运动以苏联为中心，是历史形成的，“四十年来的事实是这样，而且也需要这样”；二、这个问题已经写入了一九五七年通过的《莫斯科宣言》中，“决定是正确的，应该予以继续坚持”；三、帝国主义以此进行攻击是挑衅和诽谤，我们要予以批判和驳斥。这样，周恩来参加会议又担负了一项任务，就是同赫鲁晓夫商讨这个问题。

一月二十四日，以周恩来为首的中共代表团抵达莫斯科。当天，周恩来在同苏斯洛夫会谈中转告了中共中央的意见，并提

---

① 苏斯洛夫同周恩来谈话记录，1959 年 1 月 24 日。

出，最好中苏两党就这个问题商谈一下，否则应遵守一九五七年莫斯科会议的决定。[①] 第二天，中苏两党代表团在莫斯科城郊的一所别墅中举行会谈。中方参加会谈的有：周恩来、康生、李雪峰、刘宁一、刘晓等，苏方参加会谈的有：赫鲁晓夫、米高扬、苏斯洛夫、基里钦科、波诺马列夫等。赫鲁晓夫告诉周恩来，苏共中央已经研究了中共中央的意见，同意不再提这个问题。双方还谈到日本问题，缘由是一九五七年二月岸信介内阁执政后，追随美国，采取了一系列反华活动。一九五八年五月，日中友好协会在长崎举办的中国物品展览会上悬挂的中国国旗被一伙日本歹徒扯下，岸信介政府既不惩治歹徒，也不向中国政府道歉，反而说，中国国旗不是代表国家的旗帜，只不过是一般私人物品。这种严重挑衅自然使两国关系急剧恶化。中国政府为了维护国家尊严，决定断绝同日本一切进出口贸易；停止延长渔业协定；除根据需要酌情邀请日本进步人士和友好人士来华外，中断中日之间的人员来往。赫鲁晓夫却表示“有些怀疑中国在对日政策上的弹性是否够”。周恩来向他说明中日关系和苏日关系不同，日本政府追随美国搞“两个中国”。我们不能让日本政府脚踏两只船，欺骗日本人民。我们对日关系还要冷一冷，今后如何，根据局势的发展而定。[②]

一月二十七日，苏共第二十一次代表大会在克里姆林宫开幕，周恩来出席了开幕式，下午拜谒了列宁和斯大林陵墓。第二天上午，周恩来在大会上代表中共中央致词并宣读了毛泽东签署的中共中央贺词。周恩来的致词很短，着重强调：“以苏联为中心，社会主义阵营各国紧密地团结在一起，国际共产主义运动的队伍紧密地团结在一起。我们的这种牢不可破的团结，是各国无

① 周恩来同苏斯洛夫谈话记录，1959 年 1 月 24 日。

② 中苏两党会谈记录，1959 年 1 月 25 日。

产阶级共同事业胜利的基本保证。”中共中央的贺词肯定了苏联的建设成就，对其他问题没有表态。

二月七日，周恩来同赫鲁晓夫签订了关于双方扩大经济合作的协定。协定的主要内容是，双方合作，从一九五九年到一九六七年，在中国建设冶金、化学、煤炭、石油、机械制造等七十八个大型企业和电站，由苏联供应的设备、设计和各种技术援助的总值共五十亿卢布左右；中国方面将根据中苏现行贸易协定，向苏联供应商品作为补偿。

在苏联期间，周恩来还分别会见了金日成、胡志明和蒙古人民革命党主席泽登巴尔等，向他们阐明了中共中央为什么认为社会主义阵营不应该取消以苏联为首的意见，他们也都认为现在不应该改变这个提法。① 有的兄弟党的朋友来看望周恩来时，感觉他的身体情况不如以前，关切地询问他是不是因为工作太紧张而显得疲倦。周恩来回答：“是有点疲倦。”② 但是，他仍旧不停地同各兄弟党的朋友交换意见，尽量使大家能够统一思想，取得了很好的成效。

二月九日，周恩来回到北京。

这时，农村工作中的问题和困难暴露得越来越多，因此，毛泽东等在八届六中全会后继续做出努力来纠正工作中的错误。从二月二十七日至三月五日，中共中央在郑州召开政治局扩大会议，着重研究人民公社问题。会议根据毛泽东的讲话精神，形成了整顿和建设人民公社的基本方针：“统一领导，队为基础；分级管理，权力下放；三级核算，各计盈亏；分配计划，由社决定；适当积累，合理调剂；物资劳动，等价交换；按劳分配，承

① 周恩来会见金日成谈话记录，1959 年 1 月 25 日。

② 周恩来会见印度共产党代表团谈话记录，1959 年 1 月 29 日。

认差别。"[①] 当时正在农村进行调查研究的毛泽东的秘书田家英深有感触地说：这几句话，"在当时的历史条件下，对于纠正极左政策，调整人民公社内部体制（涉及所有制），进一步煞'共产风'，不能不说是一套积极的高明的政策"。[②]

周恩来在三月二日应毛泽东的要求飞抵郑州，参与审定毛泽东在会议开幕那天的讲话稿和关于整顿和建设人民公社的方针稿，"以昭慎重"，因为对这些问题还有争论，一些同志的思想"颇有些不同"。毛泽东说："同志们的思想有些是正确的，但是我觉得我的观察和根本思想是不错的，但是还不完善。有些观点需要同志们给我以帮助，加以补充、修正及发展。"[③]

根据毛泽东在郑州会议上的部署，中共中央准备三月底到上海召开八届七中全会，然后开第二届全国人民代表大会。三月五日，周恩来回到北京，立刻开始紧张地准备第二届全国人民代表大会的政府工作报告。尽管工作很忙，周恩来仍惦记着正在外地养病的邓颖超。三月十八日，周恩来给邓颖超的信中说：

超：

等了几天没接到你来电话，今天听说你又病了，甚为惦念。明日当与你通话，希望你能提早回京。我大约可迟到二十三日再走。这几天为报告忙起来了，而国内外又有些文电和事情要办，睡眠便又少了起来。现已夜深，听说明午琮英（任弼时夫人——编者注）去穗，写此短笺，聊表怀念。"三八"之日虽未通话，却签了一个贺片，而且还是三十年前的笔名，你看了也许引起一

① 毛泽东为在郑州举行的中共中央政治局扩大会议写的纪要，1959 年 3 月 5 日，手稿。

② 《毛泽东和他的秘书田家英》（增订本），中央文献出版社 1996 年 8 月版，第 58 页。

③ 毛泽东致刘少奇、邓小平等的信，1959 年 3 月 1 日，手稿。

些回忆。老了，总不免有些回忆。但是这个时代总是要求我们多向前看，多为后代着想，多向青年学习。偶一不注意，便有落后的危险，还得再鼓干劲，前进再前进啊！

问好。

翔宇

一九五九年三月十八日夜[①]

三月二十四日，周恩来飞抵上海，参加三月二十五日至四月五日中共中央先后召开的政治局扩大会议和八届七中全会。这两次会议主要是落实生产计划指标和检查人民公社的整顿工作，前一个会议是为后一个会议做准备。

这时，周恩来特别关注和担心的是钢铁生产计划的指标能否完成。他在这年一月初曾经请陈云"摸"一下情况。陈云对"一千八百万吨好钢是不是能够完成"的答复是"恐怕有点问题"。但是，由于一些部门和地方对降低生产指标很有抵触，因此，没有能作进一步调整。在三月二十六日的政治局扩大会议上，大家听了薄一波作的《关于第一季度工业计划执行情况和第二季度的安排》的报告谈到炼钢设备未能按计划完成后，围绕这个问题又展开了热烈讨论。薄一波后来回忆：毛泽东当即提出"搞那么多干什么（指基建项目——编者注）？削它五百项，如果不够，再削，削六百项。"这时，周恩来插话："要有决心，头上要沾点血。"毛泽东说："根本不要决心，干掉就完了。"周恩来说："这句话就是决心。"[②] 三月二十八日，会议听取李先念作《关于当前财贸工作的情况和意见》。邓小平在讲话中又提出计划问题，

① 周恩来致邓颖超的信，1959 年 3 月 18 日，手稿。

② 薄一波：《若干重大决策与事件的回顾》下卷，中共中央党校出版社 1993 年 6 月版，第 830 页。

指出“存在危险”。他说：大家一致赞成这样一个办法，把计划定在确实可靠的基础上，宁肯超过，大家心情舒畅一点。想把我们的计划放在一千一百万吨钢材的基础上，包一千八百万吨（钢），保重点，冶金部十八个企业，是一千二百万吨，赵尔陆的企业是一百万吨，吕正操的企业是四十万吨。不下这样一个决心，计划有危险。毛泽东和周恩来赞成邓小平的意见。

四月二日，中共八届七中全会的第一天，在刘少奇主持下，讨论了钢、煤、粮、棉四大指标。邓小平说：钢的数字最后核定是一千六百四十万吨。周恩来在讲话中指出：计划一定要有保险系数，统统打满不好，要留有余地，藏一点。他说：从北戴河会议以后步步退却，就是因为不落实；逐步提高定额，超额完成；实事求是。① 由于全会上对是否公开修改一些过去宣布过的高指标没有取得一致意见，所以，最后通过的一九五九年国民经济计划草案基本上维持了原来的指标。钢的指标还是一千八百万吨，只是内部说明其中好钢是一千六百五十万吨。会议还通过了政治局扩大会议《关于人民公社的十八个问题》的会议纪要，并且决定了国家机构领导人员候选人的提名。

七中全会结束后，周恩来于四月六日到达杭州。在杭州，他和刘少奇、邓小平、朱德、陈云等一起审改准备提交二届人大一次会议的政府工作报告，还同毛泽东进行了交谈。八日，毛泽东召开政治局常委会议，讨论政府工作报告，大家意见不多，很快就定稿了。十日，周恩来返回北京。这时，已临近人大会议的召开日期。周恩来和书记处一起商讨了会议的议程和准备工作，并约一些民主人士共同协商国家领导人名单。十二日，他把山东、河北、江苏、河南、安徽五省缺粮情况及处理意见和十五省春荒

---

① 薄一波：《若干重大决策与事件的回顾》下卷，中共中央党校出版社 1993 年 6 月版，第 831、832 页。

情况统计表送给毛泽东、刘少奇、朱德、邓小平等。几天后，又把这个材料送给十五省的省委第一书记，要他们核实情况，采取措施。

四月十八日至二十八日，第二届全国人民代表大会第一次会议在北京举行。会议的第一天，周恩来代表国务院作《政府工作报告》。他在谈到经济战线上的任务时说：“由于社会主义革命的胜利、社会主义总路线的鼓舞和人民公社化的成功，各个地方、各条战线上的干部和群众的积极性空前高涨，大家都要求迅速地发展自己所需要的建设事业，这种要求是完全可以理解的。它反映了我们国家的蒸蒸日上的兴旺气象，但是我们的计划必须建立在客观可能性的基础上。”他强调：“完成工业计划的最基本的保证，就是要在工作中贯彻执行群众路线的方法，要使集中领导同开展轰轰烈烈的群众运动结合起来。所有工业企业都必须贯彻执行党委领导下的厂长负责制，都必须认真遵守合理的必要的规章制度，生产中和建设中无人负责和违背必要的规章制度的现象是不容许的。”这份报告是在“大跃进”的气氛中写成的，自然带有很重的历史印迹，但能把这些比较冷静的意见写进去还是很难得的。

大会选举刘少奇为国家主席，宋庆龄、董必武为副主席，朱德为全国人大常委会委员长。大会决定周恩来继续担任国务院总理，并根据中共中央的建议通过了一九五九年度国民经济计划。同一个时期，在北京召开的全国政协第三届全国委员会第一次会议选举毛泽东为政协第三届全国委员会名誉主席，周恩来为主席。

八届七中全会和二届人大一次会议开过后，周恩来似乎可以松一口气了，事实却不是这样，因为一九五九年的计划，特别是对钢铁生产的指标能不能落实，他一直感到没有把握，放心不下。在四月三十日召开的书记处会议上，周恩来吐露了他的这种心情。他说：从去年北戴河会议以后，大跃进形势很好，但产量指标搞高了，打被动仗。总想知道一点，摸不到底，心情有些苦闷不安。去年钢的指标是不可能完成的。上海会议和人大会议，又把指标提出，还是问题。要注意党在国内外的威信，向党提出的东西，自己没有把握。不能泄气，要想办法，情况让大家了解后，大家想办法，共同努力。① 在会上谈到自己“心情有些苦闷不安”，这对周恩来说来，是很不平常的。

这次会议决定，委托陈云领导中央财经小组进一步研究一下这个问题。会后，陈云连续六次听取冶金部的汇报。对钢材的生产指标，冶金部提出三个数字：九百万吨、九百五十万吨、一千万吨。当年究竟能够可靠地生产多少钢材和多少钢，议论很不一致，不仅在北京如此，各省市也有不同意见。陈云认为，“就全局看来，为了安定生产秩序，为了使计划不再变动太多，我认为以九百万吨钢材来分配较为可靠。”② 五月十一日，刘少奇在中南海西楼会议厅召开政治局会议，详细听取陈云的汇报。陈云说：

> “在讨论中，国家计委重工业计划局提出的数字是：钢材的可靠指标是八百五十万吨到九百万吨，争取指标是九百五十万吨。与此相适应，钢的可靠指标是一千二百五十万吨到一千三百万吨，争取指标是一千四百万吨。国家经委冶金局提出钢的可靠指标是一千三百万吨，争取指标是一千五百万吨。这些数字，都比上海会议拟定的指标要低。上海会议拟定的指标，钢材是一千一百五十万吨，钢是一千六百五十万吨。
>
> “财经小组经常参加这次汇报会议的几个同志，富

① 中共中央书记处会议记录，1959 年 4 月 30 日。

② 陈云致毛泽东的信，1959 年 5 月 15 日。

春、一波、赵尔陆同志和我，都同意钢材的可靠指标可以初步定为九百万吨，钢的生产指标就是一千三百万吨。至于争取的数字，需待听取煤炭、机械、铁道等部汇报后，弄清楚这些部门的生产能力和运输能力，再来研究，这次暂时不议。”①

周恩来从四月三十日的书记处会议以后，一直担心，如果再不采取积极措施，有可能把剩下的几个月又晃过去，到年底，不仅财政、银行、商品，甚至生产、基建也会发生一系列新的问题。因此，在五月十一日的政治局会议上他完全同意陈云提出的上述意见。他认为，一年时间已过去近半年，整个经济计划由于钢产量指标一变再变，一直落实不了，整个工业生产非常混乱，现在是，“人心思定，生产思常”。②

即使做了这样的调整，实现这个指标仍不是轻而易举的，还需要做出巨大努力。为此，中共中央决定在六月召开一次省市委书记会议进一步落实计划。为了开好这次会议，必须对目前各地钢铁，主要是地方生铁的生产情况和问题有一个全面的了解。周恩来向中央书记处建议，国务院总理和八个副总理在五月二十日前后分别出发到九个产铁重点地区去视察。他说：

“视察的内容，主要是生铁的质量和数量问题。为此，拟到产铁产煤基地，对矿石、煤炭、洗煤、炼焦、耐火材料、炼铁、炼钢、设备、运输、劳动力分配和成本核算等一系列的问题做具体了解，以求实现中央经济小组的要求，先保质量，后争数量。除此以外，对市场供应、农业生产等问题也就近进行一些了解。”

分工视察的地区是：

① 陈云在中共中央政治局会议上的发言记录，1959年5月11日。

② 吴冷西：《忆毛主席》，新华出版社1995年2月版，第133页。

周恩来——河北；

陈　毅——山西，可能时再去内蒙古；

谭震林——山东（主要是注意农业，兼研究生铁生产）；

习仲勋——河南，可能时再去陕西；

贺　龙——四川，可能时再去云南；

罗瑞卿——湖南，可能时再去湖北；

陆定一——江苏，可能时再去上海；

聂荣臻——安徽；

乌兰夫——包头。①

为了适应形势的要求，加强对各方面工作的领导，五月十三日，周恩来约集第二届全国人民代表大会第一次会议确定的十二个副总理进行座谈，对国务院的工作做了全面安排。关于副总理的分工是：陈毅管对外工作，罗瑞卿管政法工作，彭德怀管国防工作，聂荣臻管科技工作，李富春、薄一波管工业交通工作，李先念管财政贸易工作，谭震林、邓子恢管农、林、水利工作，乌兰夫管民族事务工作，贺龙管体育运动工作，习仲勋管国务院常务和领导直属机构，林彪、邓小平不分管国务院的经常工作。为了便于各主管副总理分工管理各部委和处理日常工作，在国务院下面成立六个办公室：政法办公室，罗瑞卿任主任，分管内务、公安两部；文教办公室，张际春为主任，分管文化部、对外文委、教育部、卫生部、体委；外交办公室，陈毅为主任，分管外交部、华侨事务委员会、对外文委（对外政策）、外贸部（对外政策）；工业交通办公室，李富春为主任，薄一波为副主任，分管冶金部、化工部、一机部、二机部、煤炭部、石油部、地矿

① 周恩来关于总理和8个副总理分别到9个产铁重点地区视察的报告，1959年5月17日。

部、建筑部、纺织部、轻工部、铁道部、交通部、邮电部、水电部；财贸办公室，李先念为主任，分管财政部、粮食部、商业部、外贸部、水产部、劳动部；农林水办公室，邓子恢为主任，分管农业部、农垦部、林业部；国防部由彭德怀直接领导；建委、计委、经委、科委等四个综合性的委员会由陈云、李富春、薄一波、聂荣臻等四个副总理分别直接领导；民委由习仲勋管理。关于各部委的工作，凡涉及到方针、政策和重大问题，除国防部经由军委直属中央、民委归中央统战部负责外，其余仍照中央规定分别经由中央的经济、政法、文教、外事、科学等五个小组审阅后报中央核批，有关两个小组以上的问题，由主办小组与有关小组磋商或经总理召集有关会议商定后再报中央。各部委日常业务，由各部委自行负责，需要用国务院名义颁发的一般文件，由各主管副总理审批后送常务副总理阅发。较大的问题，送总理批发，或送中央有关同志传阅后发。重要的问题由总理或主管副总理召集会议研究后再向中央报告。国务院全体会议仍照过去程序讨论经中央批交的文件和由总理、副总理提交讨论的文件，由常务副总理组织安排。为了沟通情况与交换意见和经验，还决定每两周举行常务会议座谈一次。①

五月二十三日，周恩来离开北京到达天津，开始视察河北的工作。

周恩来在天津工作了八天。五月二十三日、二十四日连续两天听取河北省委负责人林铁、刘子厚、阎达开、解学恭、吴砚农等汇报工作情况，共同就农业、整社、钢铁生产、煤炭生产和分配、水利工程、市场和劳动、运输等许多问题进行了讨论。周恩来发表了很多意见。谈到农业有可能争取更大跃进时，周恩来

① 周恩来致邓小平并中央书记处的信，1959 年 5 月 15 日。

说："不要用这个口号了（指"争取更大更全面的跃进"——编者注），时间不同，认识也发展了，这个口号就不恰当了，可以提在一九五八年的基础上争取一九五九年的大跃进。"谈到调动广大群众的积极性时，周恩来指出：应该给农民"一点小自由，让他发挥点个人的积极性，不会妨碍大集体的。这是大公小私，两条腿走路嘛。有个人嘛，没有个人哪有集体呢？三人才为众嘛！'共产风'来了，就把这些忘了。大集体小自由早讲了，就是没有好好执行。"谈到今年的生产计划时，周恩来说：首先要给群众留足口粮、留够种子，其次是教育公社和生产队不要说谎。当周恩来听到天津市的粮食自给需三年以后再看时，笑着说："回想起去年搞吃饭不要钱，我说过，千万不可以把这件事作成正式决议，要不可就被动了。"周恩来强调："农民是会顾全大局的"，一定要"收好，留好，用好，征购好，种好"。①

五月三十日，他在南开大学全体师生员工大会上讲话说：在这个前所未有的时代，没有经验，我们要熟悉这个时期，认识它，才能掌握它，处理它。这需要一个过程，需要时间。在这个过程中要掌握发展新的规律、新的平衡、新的比例、新的关系，这不是一下子就能处理恰当的。所以从去年到今年，我们"大跃进"后就出现了一些不够的现象。

周恩来的视察对河北省的工作有很大推动。五月三十日，《河北日报》全文发表了河北省委关于"收好、留好、征购好、用好、种好"的指示，对其他方面的工作也做出相应的计划和安排。

六月一日，周恩来在离开天津赴邯郸的火车上，给中央写了视察河北的情况汇报。根据河北的经验，他建议："请中央号召各地大力推行增产节约运动，要在干部和群众中大讲特讲增产节

① 周恩来视察河北工作时的谈话记录，1959年5月23、24日。

约的必要性，明确讲去年确实大丰收、大跃进，但由于一时吃多、用多、花多了，今年才出现一时一部分物资不足的现象，这是一个指头的问题；并且彻底地讲增产节约是大跃进中的两条腿走路，是结合生产和消费、结合局部和全体、结合今天和明天必不可少的积极的决非消极的方针。”①

六月一日至五日，周恩来在邯郸视察。他多次分别召集中共邯郸地委、市委以及安阳市委负责人开会了解工业生产情况，并且先后到磁县临漳公社、峰峰煤矿、邯郸国棉一厂、邯郸钢铁厂、邢台滚珠厂等单位视察。周恩来最关心的是钢铁生产情况。六月四日，他召集邯郸地区十三个炼铁厂的党政负责人座谈，要他们详细汇报钢铁生产的质量情况和存在的困难。周恩来不时地插话，仔细地问：生铁是否炉炉化验，是否分类编号、分类存放、分类外运？焦是自己炼的吗？他在提问时，就像一个内行的冶金专家一样。他要求省、市委负责人在矿石、焦炭的分配上要搞好各厂之间的平衡，注意抓重点、保重点。周恩来听说临水炼铁厂铁的质量高，受到天津钢厂的好评时，很高兴。他强调要重视对铁质量的化验，要普遍进行一次检查。他还在座谈中指出，邯郸在河北省说来很好，交通发达，发展前途大，是河北省的钢铁小中心，一定要搞起来，要提高质量，不要图快，要拿出好生铁来，贪多不好，要多快好省。② 第二天，周恩来召集邯郸地、市委负责人等谈话时，除了工业问题外，还谈到农业问题。他说：少搞点工业还不要紧，农业搞坏了就不安定，对农业必须重视。工业交通方面，指标不当的要压一下。工业也不只是钢铁，有帅就需有兵。四大指标我们要尽最大努力，争取完成。生产和

① 周恩来致邓小平转中共中央和毛泽东的报告，1959 年 6 月 1 日。

② 周恩来召开邯郸地区 13 个炼铁厂的党政负责人座谈会时的谈话记录，1959 年 6 月 4 日。

基建之间，要先压基建。邯郸是个好地方，有工业发展前途，但不要走得太快，快了农业会跟不上。

六月五日，周恩来到达石家庄。在石家庄期间，周恩来视察了井陉煤矿、岗南和黄壁庄水库、石家庄钢铁厂、华北药厂等。在各地谈话中，他特别强调要把质量问题放在优先的地位，说："产品质量是个大问题，各地都有反映。你们应很好重视，发动工人、技术人员，一定要解决这个问题。"[①] 周恩来还说："现在要落实，要搞质量。只有落实可靠，才能跃进。不能违背社会主义的经济规律。去年搞数量，今年则先搞质量，质中求数。数与质的矛盾，质量应是主要方面。"他要求有关负责人一定要抓住这个问题，并且说："我们出来就是为了讲清这个问题。"[②]

六月九日，周恩来结束对河北的视察回到北京。经过半个多月的调查研究，周恩来对生产形势有了更切合实际的认识。如果说，在"大跃进"初期，周恩来对钢铁和机械制造中的一些指标曾产生过一些怀疑的话，[③] 那么，这时，他对一些过高的指标已经不相信了。周恩来说：今年要铺铁路一万公里，我原来相信这个指标，现在说能铺五千公里我都不信。[④]周恩来认为，现在最重要的任务是搞综合平衡，提高质量。六月十一日，中央书记处召开会议，讨论一九五九年的计划执行情况。周恩来在会上谈了自己下去调查的感受：去年大跃进，本来是破除迷信，但不讲时间、空间、条件，"打破了客观规律，主观主义大发展，把主观能动性搞得无限大，自己造成迷信。这是个认识过程。下边空气很紧张，今后应允许有对立面，听取不同的意见"。他说：去年九月以来更多的人管经济，时间很短；现在八个副总理都出去，

---

① 周恩来视察华北药厂时的谈话记录，1959 年 6 月 9 日。

② 周恩来视察石家庄时的谈话记录，1959 年 6 月 8 日。

③④ 周恩来会见苏联部长会议副主席札夏迪科谈话记录，1959 年 6 月 17 日。

大家不接触经济不行，“工业并不神秘，也不简单”。①

这时，由于生产指标定得偏高带来的问题已经暴露得越来越清楚，许多工业产品的产量虽然比去年同期有很大的增长，比如，从一月至五月生铁的产量达到七百八十万吨，比去年同期增长了一点七倍，钢的产量达到四百三十二万吨，比去年同期增长了百分之六十七，钢材的产量达到二百九十五万吨，比去年同期增长了百分之二十九，但仍没有能完成原定的计划指标。如果再不按照生产的客观可能，对原来的计划进行必要的调整和平衡，将打乱全国的生产和建设秩序，给国民经济带来更为严重的后果。在这种严峻的局势面前，中共中央决定七月初在江西庐山召开政治局扩大会议，进一步总结一九五八年以来的经验教训，同时，解决一些具体问题，将各种指标落到实处，更好地实现一九五九年的继续跃进。

六月十三日，庐山会议前，毛泽东召开了一次政治局会议，讨论工业、农业、市场等问题。发言中，毛泽东和周恩来、李富春都指出，“大跃进”中的主要问题是综合平衡、有计划按比例地发展经济抓得不够。毛泽东强调今年余下的几个月时间要搞平衡。周恩来认为，工业布局上的毛病是生产资料上的指标定高了。现在要增加生活资料的生产，把生活资料的比重提高一些，比较有利。他说：现在要公开讲增产节约，具体办法是多抓商品性生产、抓食品定量、压缩购买力、减人。周恩来提出对基本建设的调整，可以采取有的下马不搞、有的休息、有的慢步、有的快步的方式进行。他还要求尽快成立支农小组，先抓机械、化肥、水利。至于计划数字，这次会议没有提出新的意见，一九五九年钢的生产指标确定为一千三百万吨。周恩来后来回忆说：当时也感到里头还有很多虚数和不平衡的情形，但是，由于自己刚

① 贾拓夫传达中央书记处会议情况记录，1959 年 6 月。

刚从外地回来，又不是专门研究这个问题的，所以，尽管感到有问题，又提不出别的数字，只能建议先发下去，然后大家来讨论。不过，“对在本本上出现的这种各种关系的比例失调和不平衡的现象是不安的”。① 六月十三日的政治局会议是一次重要的会议，为即将召开的庐山会议做了思想准备。

会后，周恩来多次对外国朋友谈了对当前经济形势的看法。十七日，他对朝鲜副首相郑一龙说：我们在大跃进中，除了成绩以外，还有许多缺点。这样突破常规的发展速度，自然在前进中会发生新的问题。去年注意数量，发动群众搞工业，搞“小土群”，面铺得很广，这在去年是许可的。今年不行了，要提高质量，不然生产了很多，还是没有用。二十六日，他接见苏联专家时说：中国搞大跃进的目的是为了迫切需要加快社会主义建设，为了在不太长的时间里建立自己的工业体系，摆脱帝国主义的压迫，担负起我们在社会主义阵营里应当担负的任务。大跃进中的缺点和错误主要有三个问题：第一是发展的速度，第二是平衡，第三是质量。我们可以在克服这些困难和缺点的道路上，使我们的跃进继续，使我们的胜利继续。

六月二十八日，周恩来到达武昌，随后乘船到九江。七月一日，上庐山。

七月二日下午，周恩来到毛泽东处开会，讨论确定了毛泽东为庐山会议出的十九个题目：一、读书；二、形势；三、今年的任务；四、明年的任务；五、四年的任务；六、宣传任务；七、综合平衡问题；八、群众路线问题；九、建立和加强工业企业的各项管理制度和提高工业产品的质量问题；十、体制问题；十一、协作区关系问题；十二、公社食堂问题；十三、学会过日子

① 周恩来在国务院各部部长、副部长座谈会上的发言记录，1959 年 7 月 26 日。

问题；十四、三定政策；十五、农村初级市场的恢复问题；十六、使生产小队成为半基本核算单位；十七、农村党团基层组织的领导作用问题；十八、团结问题；十九、国际问题。最后一个题目是周恩来提议增加的。会议的开法，周恩来在致杨尚昆的信中写道：“主席意见，除全体会谈外，仍可采取分组会谈方式。方式分两种，第一种以地区分，中央来的同志分在各组中，以便摸清情况；第二种在摸清情况后以问题分，以便讨论和解决问题。”①

会议从七月三日开始，最初是按六个大区分组讨论，主要议论的是形势和任务。大家“摆情况，谈看法，提意见”。不少人对“大跃进”以来的问题提出了尖锐的批评，有的人认为是“得不偿失”。话虽尖锐，气氛却很好。每天上午九时、下午三时开始学习讨论，晚上听戏、跳舞或看电影。正如薄一波后来回忆的：“会议开得轻松愉快，人们称之为‘神仙会’。”② 七月六日，周恩来参加华东组的会，听取了柯庆施、李井泉、陶铸、王任重、林铁、欧阳钦、张德生汇报生产情况。周恩来在发言中，肯定了“大跃进”以来的成绩，同时指出了问题，主要是计划指标偏高，基建规模偏大，造成国民经济比例失调。周恩来指出，今年下半年的任务是在指标落实后好好地安排，争取完成计划。关于一九六〇年的任务，周恩来认为应该是“在调整比例关系的基础上继续跃进，在保证农业发展的条件下，工业速度可放慢一点，今后三年农业放在第一位，工业为农业服务”。③ 七月七日、九日，周恩来又先后参加了东北组、华南组、华北组的会议。

这一时期的会议，整个来说，纠“左”的呼声比较强烈，但

① 周恩来致杨尚昆的信，1959 年 7 月 1 日。

② 薄一波：《若干重大决策与事件的回顾》下卷，中共中央党校出版社 1993 年 6 月版，第 850 页。

③ 周恩来在庐山会议华东组的发言记录，1959 年 7 月 6 日。

是对形势也有不同的看法。例如，在华东组的讨论中，就有人提出：不能认为“大跃进”破坏了按比例发展的客观规律，认为指标越低越落实，实际上是以落实掩盖保守思想。

七月十日，毛泽东召集各组组长开会，针对前一段会议的情况，指出需要统一思想。他说：“对形势的认识不一致，就不能团结。要党内团结，首先要思想统一。”毛泽东认为，“有些同志缺乏全面分析，要帮助他们认识，得的是什么？失的是什么？”“要向他们说明，从具体事实来说，确实有些得不偿失的事，但是总的来说，不能说得不偿失。取得经验总是要付学费的。”① 刘少奇说：“去年出了些毛病，是由于没有经验，要取得这些经验，也得出点学费。”② 周恩来在发言中引用苏联部长会议副主席札夏迪科的话说，比起苏联来，“我们发现问题快，也纠正得快”。③ 毛泽东最后总结时，将形势概括为十八个字：“成绩是伟大的，问题是不少的，前途是光明的。”④

庐山会议不仅是为了统一思想，还需要采取切实的措施，以解决一九五八年以来积累起来的许多实际问题。周恩来在会议开始后，把自己的主要精力放在这个方面。为了弄清情况，他参加各区的讨论，努力摸清问题所在。正像他所说的，“因为摸问题，就发现了一些问题。”⑤ 当时，一个突出而尖锐的问题是李先念提出一九五九年上半年出现财政赤字的问题。这个情况是七月十日晚，周恩来在毛泽东处谈话时才了解到的。⑥

为什么会出现财政赤字？有没有办法解决？带着这些问题，从七月十日至十二日，周恩来连续三天召开财政问题座谈会，仔细算账，研究情况和措施。从座谈会上周恩来了解到，财政赤字

---

①④　毛泽东在庐山会议上的发言记录，1959 年 7 月 10 日。

②　刘少奇在庐山会议上的发言记录，1959 年 7 月 10 日。

③　周恩来在庐山会议上的发言记录，1959 年 7 月 10 日。

⑤⑥　周恩来在庐山会议财政金融座谈会上的发言记录，1959 年 7 月 12 日。

其实在一九五八年已经出现，但因为没有看出问题，就没有能够解决。座谈会上，刘少奇发言说：“略有赤字，一年不要紧，如果今年继续有赤字，而且数目还大，那就不应该了。”① 周恩来说：“我们现在看出这个问题，就应该抓住解决。如果现在还不解决，那就是我们的责任了。”②

为什么一九五八年已经出现财政赤字却没有被看出来？那一年的财政情况是：在银行的账面上，收入和支出都是一百九十亿元，看起来收支平衡。但在收入的一百九十亿里，把国家节余的三十五亿算为收入支付出去了，再有，多发行货币十五亿，加起来是五十亿。而问题主要还不在收而在支。在支出的一百九十亿里，其中工业流动资金二十六亿、商业流动资金六十亿、农业放款六亿，共九十二亿是正常开支；商业透支五十亿可以逐步分期收回；第三类是应该作为财政开支不应该作为银行开支的有四十五亿。这一年，把节余去掉以外，实际赤字是十亿。到了一九五九年一至六月，财政情况中的问题暴露得更加明显了：收入二百六十亿，其中节余四十七亿存入银行。在银行的收入账上不是动用了四十七亿而是五十一亿，有四亿没有算清。另外，又多发行了六亿票子，违反了通常的规律。在银行的收入账上是一百一十四亿，非正常投入占五十七亿，这个数目相当大。其中，工业用款六十二亿中，不正常的有三十一亿。这种局面比上一年显然要严重得多。

究竟怎样解决这些问题？周恩来提出几条办法：第一，算账。周恩来说：“这里说的算账，不仅是政府财政部长的账，是整个国家的总账，就是说，我们做工作，总要心中有数，要把账算清楚，这不是消极的，是为了解决问题，是积极的态度。”第

① 刘少奇在庐山会议财政金融座谈会上的发言记录，1959 年 7 月 12 日。

② 周恩来在庐山会议财政金融座谈会上的发言记录，1959 年 7 月 12 日。

二，收权。去年权力下放，但有一定的限度，不能什么都下放，要收到中央和省市两级。不管限额以上、限额以下，都要纳入计划，一盘棋，按计划和中央的方针办事，不能各办各的。第三，归口。哪一件事都要按口子办事，银行贷款要有一定的条文，有一定的规定。第四，堵口。要求基建限额以下的停下来审查。所有工厂，不经批准，不许向银行透支。第五，导流。对停办项目要给人员找出路，或转业，或回家。第六，增产。这是最重要的一条。要增产商品，活跃市场，回笼货币。第七，节约。这是社会主义建设的一个原则。

从财政方面出现的问题，周恩来立刻联想到其他经济部门存在的问题，他在讲话中指出：

"现在的问题是重点没有保证，生产也很紧张。我以为，现在每一个部门自己要有个通盘的安排，不仅是今年的问题，还有明年的问题。拿钢来说，今年保证完成一千三百万吨钢，九百万吨钢材（打折之后还有八百五），明年增长三百万吨。环绕着这个，还有一系列的问题，要有很好的核算。如果没有一个全面安排，照现在这样，今年一千三会发生问题，明年增加三百万吨也会发生问题。一定要把问题看得严重，然后来解决。不把问题提出来，好像只要我们说一顿就解决了，那我们心里也不安。从北戴河（会议）到现在，所谓落实，就是落这个实。要保证能够实现，就要全面安排得恰当。今年上半年就是没有抓紧，早就看到不能那么多，但总是有些犹犹豫豫，舍不得。比如钢材这个环节，在座多数部长们，人大开会的时候，我们都在一起汇报过的。那一次彭涛提醒我，他说：全年钢材到底能算多少，最低限度分配了，我们好来安排。那个时候，我们估计是八百五到九百，上半年四百三，一直到八月底才能交完，还剩顶多四百三，那个时候是这样设想的。后来一算，还是这个数目。又过了两个月，四月三十号在书记处谈了一次，在座有些书记还在场，到现在又过了七十天了。我就担心，如果我们现在还是这样，不积极地采取措施，每一个部提出一个积极的措施意见来，然后汇总，还可能把这五个月又晃过去了，到年底不仅财政、银行、商品上，甚至于生产、基建也会发生一系列新的问题。我是主张把问题都端出来解决，采取积极的态度，不要避讳。我们中央各个部门来解决了，然后再去跟省市谈。我们一定要责备自己，因为计划出自中央，任务提自中央，我们管了七八年建设了，当然我们懂得全局。”①

这次座谈会还讨论了工业、基建等问题。谈到工业如何过日子时，李富春指出：今年下半年过日子，基本上是加强管理，具体地说就是建立经济核算和提高质量。他说，基建和生产部门都有这两个问题。提高质量要有个过程，问题是要缩短过程。第二是在统筹安排下，做好清理、调整工作。第三是抓基本原材料特别是木材和煤炭问题，这是今年下半年能否完成计划的重要保证。刘少奇说：基建项目要把今年和明年一起安排，有些今年下马的明年还可以继续搞。他指出，这个清理工作量不小，还得一个过程。谈到这里时，周恩来说：“采取断然措施，坚决砍掉，不要怕得罪人。”李先念在发言中强调还是要算账，他说：算账不是逼债，是从中学习，看哪些事情可以办，哪些事情可以不办，哪些事情办错了，达到这样一个目的就好了。

最后，周恩来总结说：差不多半年的时间，我们的综合平衡的工作做得不好，“存在的问题比我们想的还更多”。“今天说一

① 周恩来在庐山会议财政金融座谈会上的发言记录，1959年7月12日。

点个人意见，就是没有安排好，一千八也好，一千六百五也好，总得有个安排，这个安排就是主席说的综合平衡。”他说：“旧的平衡打破了，在大跃进的基础上，新的平衡需要逐步建立，一放松就会出失调的现象。”周恩来还对下一步工作作了具体安排，他说：财政问题由李先念负责；收权问题由李先念负责，习仲勋参加；基建问题由宋劭文起草一个中央的批语；材料问题（包括钢材、木材、煤炭、水泥、生铁），不要观望，不要采取消极态度，要当机立断；提高钢和铁的质量问题，要搞一个分析的材料。他要求大家积极地想一想，各部门究竟应该怎么过日子？

这几天的会议十分重要，正如谭震林当时所评价的：“把经济关键问题都清清楚楚摆出来了，这样问题就解决了大半了。”他还说：“这几天算账很重要，很有好处。总理把这个问题再讲一遍，很有必要。”①

按照毛泽东七月十日讲话的安排，庐山会议原来准备在七月十五日结束。十四日，会议已经印发了胡乔木等起草的《庐山会议诸问题的议定记录（草稿）》。但是，就在会议即将结束的前一天，毛泽东收到彭德怀的一封信，陡然改变了会议的进程。

彭德怀为什么要写这封信？信中写了些什么内容，会在庐山掀起这样的轩然大波？

彭德怀后来在自述中这样写道：他写这封信是因为感到一些问题不便在小组会上讲。他说：“这些问题是涉及到执行总路线、大跃进和人民公社的一些具体政策问题，以及某些干部的工作方法问题。在这些问题上，我当时认为主要是产生了一些‘左’的现象，而右的保守思想也有，但那只是个别的或者是极少数的。我当时对那些‘左’的现象是非常忧虑的。我认为当时那些问题

① 庐山会议简要记录，1959年7月12日。

如果得不到纠正，计划工作迎头赶不上去，势必要影响国民经济的发展速度。我想，这些问题如果由我在会议上提出来，会引起某些人的思想混乱，如果是由主席再重新提一提两条腿走路的方针，这些问题就可以轻而易举地得到纠正。”① 他还对人说，只有他来写这封信最合适，因为“中央常委之间，少奇同志当了国家主席之后更不便说话，恩来、陈云同志犯过错误不能说话，朱德同志意见较少，林彪同志身体不好，了解情况不多，不甚说话，小平同志亦不便多说”。②

彭德怀的信中主要讲了两部分内容，一部分肯定了一九五八年“大跃进”的成绩，另一部分提出了如何总结工作中的经验教训。彭德怀在信中指出：现时，我们在建设工作中所面临的突出矛盾，是由于比例失调而引起各方面的紧张。就其性质看，这种情况的发展已影响到工农之间、城市各阶层之间和农民各阶层之间的关系，因此，也是具有政治性的。他还说，过去一个时期，我们的思想方法和工作作风方面，也暴露出不少值得注意的问题，主要是：一、浮夸风气较普遍地滋长起来，二、小资产阶级狂热性使我们容易犯“左”的错误。③ 正是这后一部分内容，使毛泽东十分生气，出现了意想不到的结果。

七月十六日，毛泽东对会议作出新的部署。他连续给刘少奇、周恩来、杨尚昆写了两封信。在前一封信中，毛泽东写道：“建议北京来的同志参加各大区小组的，即日改换一下，例如：参加华东小组的，改为参加中南、华南联合小组或他区，参加西北小组的改为参加华东或他处，如此类推。今日立即排出一个新表，明日起，照新表办事。这样做，见闻将广博多了，可能大有

① 《彭德怀自述》，人民出版社 1981 年 12 月版，第 275 页。

② 周小舟致毛泽东的信，1959 年 8 月 13 日，手稿。

③ 彭德怀致毛泽东的信，1959 年 7 月 14 日，手稿。

益处。”① 后一封信写道：“在北京的人，例如彭真、陈毅、黄克诚、安子文，若干部长，三委（指计委、建委、经委——编者注）若干副主任（不要太多，十人左右即可。）是否可以请他们来此参加最后一天的会议？主持北京的工作，则由此间调动几位同志回去。”② 同一天，毛泽东将彭德怀的信印发给会议各小组讨论，但他并没有立刻表示自己对这封信的态度。

在分组讨论彭德怀的信的过程中，许多人同意彭的意见。例如，张闻天说：“这份意见书提出了一些问题，中心内容是希望总结经验，本意是很好的。但是从各方面的反映看，不少同志似乎对彭德怀同志这个出发点研究不多，只注意了他这封信中的一些具体说法。其实，他的信是好的，是肯定了成绩的。他说，成绩是基本的。这同大家说的一样。至于个别说法，说得多一点少一点，关系就不大。”③ 又如，后来被通知上山参加会议的黄克诚，在比较全面地阐述自己的观点时也表示支持彭德怀的意见。④

会议中出现的这些情况，再联系到当时党内外的一些尖锐意见，以及赫鲁晓夫在波兰对中国的“大跃进”和人民公社化运动的公开批评，使毛泽东感到非常不安，他在一次讲话中说：“吃了三次安眠药，睡不着觉。”⑤ 七月二十三日，毛泽东召集全体会议，讲了一番话，尖锐地批判彭德怀的意见书。他说：“我劝一部分同志讲话的方向问题要注意。讲话的内容我看基本正确，部分不妥。要别人坚定，首先要自己坚定，要别人不动摇，首先要自己不动摇。这又是一次教训。这些同志，据我看不是右派，

---

① 毛泽东致刘少奇、周恩来、杨尚昆的信，1959 年 7 月 16 日，手稿。

② 毛泽东致刘少奇、周恩来、杨尚昆的信，1959 年 7 月 16 日，手稿。

③ 《张闻天选集》，人民出版社 1985 年 8 月版，第 504 页。

④ 《黄克诚自述》，人民出版社 1994 年 10 月版，第 250 页。

⑤ 毛泽东在庐山会议上的讲话记录，1959 年 7 月 23 日。

是中间派，不是左派。我所谓方向，是因为一些人碰了一些钉子，头破血流，忧心如焚，站不住脚，动摇了，站到中间去了。究竟中间偏左，偏右，还要分析。重复了一九五六年下半年一九五七年上半年犯错误的同志的道路，他们不是右派，可是自己把自己抛到右派的边缘去了，距右派还有三十公里。”① 最后那一句，事实上是又一次点了周恩来和陈云，并且把这两件事联系起来了。这个讲话引起极大的震动，扭转了会议的方向。彭德怀在自述中写道：“自主席批判了我那封信以后，会议的空气就变了，我的情绪也是紧张的。”②

那时，周恩来正召集各部开会，讨论计委提出的今明两年的计划安排，落实各项主要指标。他还在考虑如何处理当前财政金融情况的意见。周恩来紧抓指标落实的问题，也遭到一些人的指责，说落实指标就是泄气。七月二十一日，周恩来还召开国务院各部长汇报会，有针对性地谈到落实指标是不是泄气的问题。周恩来说：我看不是。落实指标就是要把到底能跃进多少回答一下。他指出：“我只是把问题摆出来，并不是散布悲观情绪。我这个人这一点还有一点干劲吧，总是想搞好吧？尽管犯过保守主义的错误，但是，你总是要搞好。现在是机不可失，时不再来。”“总要提出个意见。更具体的步子、意见还要回到北京，回到各部，回到各省，但是最后总要定下来。过去总书记下决心，现在总书记不在，我们要分劳。所以，我把问题摆出来，大家想一下。”③

会后，周恩来又把计委、经委的负责人留下来，开了个小会，要大家讨论一下当前的经济形势，提出些主张，以便在大会

① 毛泽东在庐山会议上的讲话记录，1959 年 7 月 23 日。

② 《彭德怀自述》，人民出版社 1981 年 12 月版，第 270 页。

③ 周恩来召集的几位部长的座谈会记录，1959 年 7 月 21 日。

结束前向大家交代。周恩来在会上说："主席对大家的谈话，有的是启发性的，有时是征求意见性的。大家听到以后，不加思考，就以为件件都是主席的决定，就照样传达执行。这样一来，以后主席就不好随便给大家谈话了，那主席的日子还怎么过法？见了面只好今天天气哈哈哈，或者只有考虑成熟了，一开口就宣布命令。那党内还有什么民主呢?！这实际上等于封锁主席嘛!"接着，他又指出，去年的一千零七十万吨钢，本来主席是提出来问问的，我们没有经过多少调查研究，全党就行动起来，这是一个严重的教训。参加这次会议的谷牧后来说："总理讲这番话的时候，神情很严肃，也显得很激动。"①

对彭德怀的意见书，周恩来最初并不认为有多大问题，更没有料到这件事会引起那样大的一场政治风波。李锐回忆："七月十九日或二十日，晚上跳舞时，我坐在周恩来的旁边，我有意问道：你看彭总的信怎么样？周恩来说：那没有什么吧。意思指这是一种正常的情况。"② 周恩来在另外的场合讲过：彭总的信确实反映了一些实际情况。③ 直到二十三日毛泽东讲话前，周恩来还没有完全意识到问题的严重程度。那天下午，周恩来同国务院副总理座谈时碰到彭德怀，谈到那封信。周恩来对彭德怀说："主席说了，基本是好的，方向不大对。当然，他没有指名。要注意，也没有什么了不起。你还没有到反冒进的那个情况，有那么一个趋势。你停止了，认识了就是了。这个批评也很好。"④

在这次会议上，周恩来讲话中没有再涉及彭德怀的那封信，他主要谈的还是生产中的问题和落实指标问题。周恩来再次强调

---

① 谷牧：《回忆敬爱的周总理》，《我们的周总理》，中央文献出版社 1990 年 1 月版，第 8 页。

② 李锐：《庐山会议实录》，河南人民出版社 1994 年 11 月版，第 119 页。

③ 访问李岩谈话记录，1986 年 8 月 1 日。

④ 周恩来同国务院副总理的座谈会记录，1959 年 7 月 23 日。

摆问题是为了解决问题。他说：“我希望把落实跟泄气两件事区别一下，不要说数字稍微降低一点就是泄气。”他还指出：“不平衡的情况非常严重，不落实。如果这一点不解决，会糊里糊涂到年底，各个方面紧张。知道了，我们不向中央和各省委书记说，那真是有亏职守，对不住党。主席要求综合平衡，但是比例关系失调；主席要求留有余地，但这个本子（指冶金部关于生产安排的报告——编者注）上没有留有余地，把一切都打得满满的。只靠干劲，只能冲出一点来，干劲必须落实。”接着，周恩来具体分析这份报告，指出其中的问题，说他和毛泽东最担心的问题是钢铁指标完不成：“钢材不够，怎么达到生产指标？怎么不急？”周恩来提出，钢材不要按八百五十万吨设想。并且说明：“我不妨碍积极性，如果王鹤寿到年底能生产九百万吨钢材，我举双手鼓掌。”至于这些钢材怎么分配，周恩来认为，首先要满足生产的需要，要减就减基建。他说：“只有这么多米，只能做这么多饭。这样调整的结果，一定要有一部分厂血淋淋地下来，那没有办法。如果现在还不下决心，将来赤字一定出现。因为将来工业的欠款都是要转到财政上的。现在已经看出这个情况了，如果还不解决，就有点犯罪的样子。所以，非当机立断不可。”

周恩来谈到这些情况时，彭德怀在一旁说：“你这个东西为什么不到大会上讲一讲呢？”周恩来回答说：“你不晓得，开始讲，好像我这净是诉苦的事情，误会成为泄气就不好。”“这是方法。不是一九五六年犯了反‘冒进’的错误吗？冲口而出没有准备好，跑到二中全会讲那么一通。应该谨慎吸取教训嘛。今年你代替我了。”通过这番话，人们不难理解，庐山会议期间周恩来对形势有着和彭德怀类似的看法，但没有采取和彭德怀相同的做法。

七月二十六日，毛泽东批示印发“关于一封信的评论”，这封信是六月九日由原国家计委基本建设局副局长、后调任东北协作区综合组组长的李云仲写给毛泽东的。信中直言不讳地指出经济建设中出现的种种问题，认为“一九五七年的整风运动和反右派斗争的收获巨大，但同时‘左’倾冒险主义、机会主义的思想却有所抬头，主观主义的思想作风也有所发展，可否考虑在党内，用和风细雨的方法，用批评与自我批评的方法，总结一些经验教训”。① 毛泽东认为，作者的意见是“中肯”的，但却是“错误”的。他在对这封信的批语中写道：“现在党内党外出现了一种新的事物，就是右倾情绪、右倾思想、右倾活动已经增长，大有猖狂进攻之势。”他说：“我们不怕右派猖狂进攻，却怕这些同志的摇摆。因为这种摇摆，不利于党和人民的团结，不利于全党一致地鼓足干劲、克服困难、争取胜利。”②

从这天开始，会议对彭德怀的批评进一步升级。在各小组的讨论中，一些人上纲上线，错误地攻击彭德怀在“历次革命的紧要关头都是动摇的，他总是站在错误路线的方面。这次他为首反对党的总路线，决不是偶然，而有其历史根源的”。③ 在这种气氛下，人们很难再表示不同的意见。

周恩来怎样面对这种突然变化的形势呢？七月二十六日下午，他召集国务院各部部长、副部长座谈会。经历过“反冒进”受到严厉批评的周恩来这时坚持两点：一点是在政治上维护总路线，另一点是实事求是地抓工作。用周恩来的话说，这两点“一个是政治方向，一个是工作态度”。他说：“政治方向是第一位的问题，是思想性、政治性、路线性的问题，工作态度是第二位的问题。当然，我们做工作的人，执行总路线的人，如果对总路线

---

① 李云仲致毛泽东的信，1959 年 6 月 9 日，手稿。

② 毛泽东在李云仲 1959 年 6 月 9 日写给他的一封信上的批示，1959 年 7 月 26 日，手稿。

③ 柯庆施在庐山会议的发言记录，1959 年 7 月 30 日，庐山会议简报第 44 号，1959 年 7 月 31 日。

怀疑，他的工作就是另一个态度。工作态度和政治方向又要联系又要区别。”周恩来以李云仲的信为例说：“这封信有两部分，主要的政治方向是错的，另一部分，对计划工作提的意见有许多值得重视。主席把这封信作了个分析，这是个党内同志，他否定总路线，几乎否定一切，但是他提出了问题。”①

关于政治方向问题，周恩来强调总路线是完全正确的，动摇总路线有两种情况：一种情况是认为什么都不行，几乎否定一切，或者是得失各半论；另一种是，看出在总路线的执行中发生了一些问题，不去解决，专说空话，可以熟视无睹，可以放心得下，这同样是动摇总路线，也是一种右倾。周恩来强调：“我们一定要注意，我们正是拥护总路线，我们就应该采取积极的态度来解决一些出现的问题，看到将要出现的问题，可能出现的问题，而不是说空话。列宁常说，好听话少说一点，具体工作多做一点。主席也常这样说。”他还联系到自己在一九五六年的“反冒进”问题，说：“那次错误就是因为急躁，是思想上的问题，认识上的问题，领导的错误，方针的错误。但是有一点我得说，那个时候的确自己以为是焦心如焚，急得很。第二，我还是把自己放在里头，我倒不是站在局外的。这一点，我想跟我共事的人知道，我还是想解决问题的，所以才敢跑到全会上讲那么一段。”周恩来说，由于那次教训，“这次看问题就比较深刻了”，“发现这些缺点、错误，我们应该站在局内，解决纠正，这才是拥护总路线”。

关于工作态度，周恩来指出正是因为要忠实地执行总路线，全面地执行总路线，正确地执行总路线，我们在会外还要做一种工作，就是算账。他说：

“我是提倡算账的。”中央决定把指标改下来，“可

---

① 周恩来在国务院各部部长、副部长座谈会上的讲话记录，1959年7月26日。

是我们做具体工作的，我们政府工作，还没有把问题搞得很落实。许多问题还在本本上，在我们的文件来往上。生产指标是否能够实现，现在还存在着问题，计划还不切实，生产的组织还不切实”。“如果我们不解决这些问题，尽管中央定了六月十三日这个方针数字，可能到年底会出现非常不平衡的现象。”

“我们应该采取认真严肃的态度，采取积极苦干的态度，决不被这个困难吓倒。我们不怕面对出现的事实，要敢于面对缺点、困难。”“现在怕的是大家不愿意把问题端出来。”

“从上海会议以后，六月十三日政治局会议以后，我们有一部分放心的心理”，“这个我是不安的。我现在不责备任何人，我首先责备我自己，因为我看到一点，我不安，不安了半年。我不安，绝对不是对于总路线的动摇，我正是说总路线这么正确，为什么我们没有搞好，我们可以这样放心呢？总路线难道说就是这样执行?”

“在工作中就应该采取积极态度，不是说空话，而是面对铁的事实，然后找出办法来解决，不能这样疲疲沓沓、松松懈懈地过去。武昌会议，大家看出来了，高指标不行。但拿基本建设来说，我跟几个部长交换意见，到最后大家都承认，还是在今年三千万吨、明年五千万吨、一九六二年八千万吨钢的基本建设摊子上削一点，切一点，不是从战略上重新设想、布局。怎么能够这样安心下去呢？如果我们再这样，这次庐山会议还不把这个问题讲清楚的话，到年底就会出现更多的不平衡的现象，各种失调的现象。”

周恩来认为如果去年十一月，“大跃进”高潮刚刚三个月，我们还不可能预见现在这种情况的话，那么，我们现在就应该想到明年，想到一九六二年的问题。①

当时，会议已经被“左”的情绪笼罩的气氛下，周恩来这样提出问题是十分必要的，也是不容易的。正如一位参加会议者所评论的：“周恩来是当家人，他不能空谈总路线正确，空谈九个指头与一个指头，在庐山自始至终务实。他知道北京来的人的心理，着急的是今年指标如何落实，如何完成。他对此是一直不安的，也可以说是忧心如焚的。这篇讲话，言词之间，可以见到内心的矛盾。值此批斗升级、对事又对人之际，他一方面要保卫总路线，遵从毛泽东的指示和意图；另一方面要保证工作正常进行。既要务虚，又要务实。要正视困难，又不能为困难吓倒。他已感到即将出现他不愿出现的巨大风暴，要大家把工作做好。”②

对一些临时被召上山汇报工作的人，周恩来给予了特别的关心，担心他们不明情况，说错话，受到冲击。袁宝华回忆：“那时我在冶金部工作，国务院通知我上山汇报全国钢材平衡情况。上山后的当天晚上就参加了国务院各部门到会人员的会议，周恩来及时向我们讲了会议发展的情况，给我们打了招呼，使我们避免了在那样一个政治风浪中犯‘错误’。”③ 对在会上比较激烈地发表过反“左”言论的各部委一些负责人，周恩来、李先念指定他们立刻返回北京。当时任财政部副部长的戎子和回忆：“于是，我和段云、陈国栋等同志都悄悄地回到北京。显然，恩来和先念同志是在保护我们。”④

七月二十八日，周恩来召集国务院计委、经委、建委负责人

① 周恩来在国务院各部部长、副部长座谈会上的讲话记录，1959 年 7 月 26 日。

② 李锐：《庐山会议实录》，河南人民出版社 1994 年 11 月版，第 165 页。

③ 袁宝华：《周恩来同志领导我们搞经济工作的几件往事》，《我们的周总理》，中央文献出版社 1990 年 1 月版，第 150 页。

④ 访问戎子和谈话记录，1987 年 2 月 27 日。

开会，对工业、基建、运输、财政、金融、粮食等工作做了全面安排。他特别指出，钢铁指标和基建项目过多，出现了一些不平衡，比例关系失调，所以要削下来，要求大家“一边落实，一边反右。落实是落在可靠的基础上，还要鼓足干劲”。他说：“这个斗争过了关以后，大家应该同心同德，群策群力，不要互相埋怨，不要再做检讨，以后再不说了，就是要实干、苦干，再不说空话了。”①

八月初，庐山会议进入一个新的阶段。

在七月二十九日的大会上，毛泽东曾提出，是否召开一次中央全会，目的是做两件事：一件事是改指标。毛泽东说，武昌会议定的指标是达不到的，达不到就要改。但是，这个指标是人大会议通过的，要改，需要通过中央全会才能决定。第二件事是解决路线问题。毛泽东说，究竟采取一条什么路线为好，现在要回答这个问题，开一个中央全会来再扯几天。方法是“开门见山，不搞外交辞令。横直讲老实话，疙瘩不解开，不好工作”。②

八月二日至十六日，中共八届八中全会在庐山正式召开。

为了开好这次中央全会，中共中央在七月三十一日和八月一日先后两次召开政治局常委会议进行讨论，周恩来出席了会议。会议的大多数时间是毛泽东讲话，批判彭德怀。他谈到彭德怀的历史情况，特别是谈到一些关键时期的情况时，彭德怀进行了解释。周恩来讲话很少，只是在插话中，批评彭德怀骄傲，不同意彭讲的“驯服”就是没有“骨头”的观点。他认为：所有领导同志都要驯服，否则如何胜利？七月十七日刚刚上山的林彪在发言中措辞激烈，说彭德怀有“野心”，并指责他的那封信是有准备、

① 周恩来在计委、经委、建委负责人会议上的谈话记录，1959 年 7 月 28 日。

② 毛泽东在庐山会议上的发言记录，1959 年 7 月 29 日。

有组织、有目的的活动，是反党中央、反总路线、反毛泽东的活动，是一个纲领性的东西。林彪的“这个发言很厉害，以后成了定性的基调”。① 常委会决定，中央全会的任务就是要按照毛泽东提出的为保卫总路线、反对右倾机会主义、反对党的分裂而斗争。斗争的对象不仅仅是彭德怀，而且包括支持他意见的人，如张闻天、黄克诚、周小舟等。因为一些中央常委上山比较晚，八月四日晚，由刘少奇主持，周恩来等参加，向晚上山的人传达了前一阶段庐山会议的情况和常委会的精神。

从八月三日开始，用了几乎一周的时间进行六个小组（后来合并为三个小组）的分组讨论，揭发批判以彭德怀为首的，包括张闻天、黄克诚、周小舟等在内的所谓“军事俱乐部”。会议的气氛相当紧张。黄克诚后来回忆说：“我平生受过无数次斗争，感到最严重，使我难以支持的，还是庐山会议这一次。我一向有失眠症，经常吃安眠药，但最多不过两粒。这时，每晚吃到六粒，还是不能入睡。”②在这期间，周恩来先后参加东北小组和西北小组，也对彭德怀进行了批判，还同彭真、胡乔木、陈伯达、王稼祥一起讨论了关于彭德怀所犯“错误”问题的决议草稿。八月十一日，毛泽东在分组讨论的基础上把对彭德怀的批判进一步升温。接下来的几天，由彭德怀、张闻天、黄克诚等做检讨。八月十六日，八届八中全会闭幕。

对庐山会议上这场反右倾的斗争，毛泽东作出影响深远的错误结论。他说：“庐山出现的这一场斗争，是一场阶级斗争，是过去十年社会主义革命过程中资产阶级与无产阶级两大对抗阶级的生死斗争的继续。”“党内斗争，反映了社会上的阶级斗争。”“因为社会矛盾是由隐到显的。人们对于社会主义时代的阶级斗

---

①② 《黄克诚自述》，人民出版社1994年10月版，第256、258页。

争的理解，是要通过自己的经验和实践，才会逐步深入的。”①这就把党内不同意见的争论，提到了阶级斗争在党内的反映的高度。全会通过了《为保卫党的总路线、反对右倾机会主义而斗争》的决议和《关于以彭德怀同志为首的反党集团的错误的决议》。后一个决议在一九六七年八月十六日才公开发表。全会还通过了《关于开展增产节约运动的决议》，并根据周恩来等“算账”的结果，调整了一九五九年的经济指标，钢产量调整为一千二百万吨。

八月十七日，毛泽东主持召开中央工作会议。会上宣布了政治局常委会关于人事安排的意见：一、决定撤销彭德怀国防部长和中央军委委员的职务；二、决定撤销黄克诚国防部副部长、总参谋长、中央军委委员和秘书长的职务；三、决定林彪为中央军委第一副主席兼国防部长，贺龙为中央军委第二副主席，聂荣臻为中央军委第三副主席；四、决定罗瑞卿为国防部第一副部长、总参谋长、中央军委委员和秘书长；五、撤销张闻天外交部副部长职务。

同一天，周恩来和彭真召集林铁、曾希圣、陶铸、王恩茂等一些大区负责人开会，布置庐山会议结束后的工作，要求他们回去后与中央密切配合，认真传达经过庐山会议调整的生产指标，在反右倾鼓干劲的精神鼓舞下，保证各种指标能够完成或接近完成。周恩来说：“不要这一次说了以后，到年底又要来个批评，来个检讨，这个事情希望靠大家。在家靠父母，出门靠朋友。我这个人心里并不是说愿意总是这样去检讨。”他还说：如果有困难，“直接打电话到我的办公室。二十四小时，我那个地方电话

① 毛泽东为《马克思主义者应当如何正确地对待革命的群众运动》小册子写的批语，1959年8月16日，手稿。

不断的，就帮你们解决困难嘛”。①

八届八中全会结束后，全国各省、市、自治区，中央军委，各大军区按照中共中央的部署，猛烈开展“保卫党的总路线、反对右倾机会主义”的斗争。《关于建国以来党的若干历史问题的决议》指出：这场斗争“在政治上使党内从中央到基层的民主生活遭到严重损害，在经济上打断了纠正‘左’倾错误的进程，使错误延续了更长时间”。庐山会议的结果是周恩来没有料到的。当年在他身边工作的李岩后来回忆说：“我们看到总理的心情非常沉重，忧心忡忡，很少发表意见。”②

八月十九日，周恩来回到北京。当时，中央军委扩大会议正在北京举行。二十四日，军委主席团指定由周恩来在会上作《关于彭德怀同志历史问题的报告》，传达了中共中央八届八中全会对彭德怀所作的错误批判。随后几天内，周恩来又先后向最高国务会议、国务院全体会议和全国人大常委会报告了当前的经济形势以及一九五九年国民经济计划主要指标的调整方案。八月二十六日，全国人大常委会第五次会议通过了一九五九年国民经济计划主要指标和开展增产节约运动的决议。

由于陈云、邓小平在这段时间内一直在生病，因此，庐山会议期间，毛泽东再三提议，会后由周恩来负责抓一下一九五九年的计划、生产和建设问题。③ 这时，离年底只有四个月了，毫无疑问，这是一项非常艰巨的任务，再加上中印边界又发生了武装冲突，周恩来还要花相当的精力去处理这个问题，真是困难重重。但是，正像周恩来自己所说：“对困难，我从来没有投降过。”④ 他一如既往地同时挑起了处理经济和外交工作这两副重担。

---

① 周恩来在中央工作会议上的讲话记录，1959年8月17日。

② 访问李岩谈话记录，1986年8月1日。

③ 周恩来在中央工作会议上的讲话记录，1959年8月17日。

④ 周恩来在国务院各部部长、副部长座谈会上的讲话记录，1959年7月26日。

五十五、中印边界第一次武装冲突

庐山会议结束后不到十天，周恩来正着手调整并落实一九五九年国民经济计划主要指标、部署开展增产节约运动的时候，中印边界上发生了周恩来一直不希望看到的第一次武装冲突。

冲突发生的经过是这样的：一九五九年八月二十五日，越过边界东段的所谓“麦克马洪线”侵入中国西藏马及墩地区朗久村的印度军队，突然向驻守在那里的中国边防部队发动武装袭击，中国边防军被迫自卫还击。

事件发生时，周恩来刚从庐山回到北京。消息传来，他立刻召集陈毅、罗瑞卿、杨成武、张国华、谭冠三、章汉夫、章文晋、潘自力等进行商谈，把如何解决好这个问题提到重要议事日程上来。这件事不能不花去周恩来大量精力。

中国和印度是亚洲的两大文明古国。长期以来，两国人民一直友好交往，和睦相处。新中国成立后，印度是第一个同中华人民共和国建交的非社会主义国家。一九五四年六月，周恩来同印度总理尼赫鲁共同提出著名的和平共处五项原则。两国在反对帝国主义、促进亚非团结的许多国际事务中进行过积极而有效的合作。周恩来和中国政府极其希望维护和发展中印之间的友好关系。

那么，中印边界上怎么会发生武装冲突呢？这次事件的发生有着复杂的历史原因。它同中印边界上久已存在的纠纷没有得到解决是分不开的。

印度同中国的新疆和西藏接壤。两国过去从来没有正式划定边界，只有一条根据双方行政管辖所及而形成的传统习惯线，包括一些把双方隔离的荒无人烟的高山地带。它自西迄东分为西、中、东三段，有两千多公里长。西段是从新疆的喀喇昆仑山口至扎达县的六七九五高地，也就是中国的新疆和西藏同克什米尔、印度控制的拉达克地区接壤的那一段；中段是从六七九五高地至西藏普兰县的中国、印度、尼泊尔三国交界处，也就是中国的西藏阿里地区同印度旁遮普省、北方省接壤的那一段；东段是指不丹以东，也就是中国、印度、不丹三国交界处至中国、印度、缅甸三国交界处的那一段。

十九世纪中叶以前，中印两国人民一直居住在根据历史发展过程中逐渐形成的传统习惯线两侧，友好相处，亲密往来。直到英国殖民主义者入侵这个地区后，情况才发生变化。那时候，正在不断向外扩展自己支配范围的英国侵略者，在中印接壤地带制造了许多纠纷，它的后果遗留了下来。周恩来在谈到这段历史时痛心地说："从很早的时候起，英国就抱着对中国西藏地方的侵略野心。英国曾经不断唆使西藏脱离中国，企图把一个名义上独立的西藏置于英国的控制之下。在这个阴谋不能得逞以后，英国又对中国施加种种压力，要求把西藏划为英国的势力范围，而让中国保留所谓对西藏的宗主权。与此同时，英国还以印度为基地，广泛地向中国的西藏地方甚至新疆地方进行领土扩张。这一切就是中印边界问题长期存在纠纷悬而不决的基本原因。"①

① 周恩来致尼赫鲁的信，1959年9月8日。

这个历史遗留下来的问题，在印度独立和新中国成立后，本来可以通过平等的友好的协商来求得妥善的解决。中国和缅甸等一些邻国的边界问题就是这样得到解决的。在问题解决前，作为临时性的措施，双方应该维持边界现状，不以单方面的行动、更不应该使用武力来改变这种状况。可是，印度政府却坚持把英国单方面宣布的所谓疆界线（包括一些不现实的领土要求）作为理所当然的遗产全盘继承下来，拒绝就这个问题同中国政府进行任何谈判，并且根据自己的需要变更原有的中印传统习惯线，企图把它强加给中国。印度政府推行的这种对外扩张政策，使中印边界问题非但不能解决，反而导致许多新的纠纷，使问题变得更加复杂了。

翻开中国和印度出版的地图可以发现，中国对两国的未定界一直是按照传统习惯线来画的，符合双方历来行政管辖所到达的范围。印度方面却采取了相反的做法。

在西段，印度的地图将历来由中国管辖、并有一条从新疆到西藏的商路通过的约三万八千平方公里土地画入印度的版图。他们说，这是根据一八四二年西藏和克什米尔之间的一项条约，并说这项条约是在一八四七年得到中国政府确认的。事实完全不是这样。一八四二年，中国西藏地方当局同克什米尔当局在双方发生一场武装冲突后，签订过一项和约。和约中只是泛泛地提到双方将恪守各自的疆界，而没有具体说明这段边界的位置。一八四七年两广总督耆英在英国驻广东代表要求划定这一段界址的时候，也只表示既有传统的边界可循，无用勘定。答复中既没有提到什么边界条约，也没有同意英方的任何边界主张。尼赫鲁自己一九五九年八月二十八日在人民院谈到西段边界线时也说："没有谁划定过这条疆界。"可是，印度政府为了侵占这块领土，竟多次派遣武装人员非法进入中国境内进行侦察和勘察活动。一九五八年九月和一九五九年七月，中国边防部队分别在南疆大红柳滩和西藏班公湖地区俘获印军人员，并将他们遣送出境。

在中段，双方在许多地点的归属上历来就有争执，如西藏扎布兰宗西南，原来由中国管辖的桑·葱莎地区，后来被英方侵占，西藏地方当局几度同英方交涉都没有结果，成为历史悬案。西藏和平解放后，印军又先后侵占中国管辖的巴里加斯、巨哇、曲热、什普奇山口等地，一直未退。一九五四年后，印军两次侵入中国管辖的乌热，同中国边防军形成尖锐的对峙。为了避免冲突，双方曾达成在这个地区互不驻军的临时协议，以便通过谈判来解决问题，但由于印方的阻挠，谈判一直没有结果。而印军在一九五八和一九五九两年中，仍以“民政人员”的身分侵入这个地区。

在东段，一九二九年以前，英印出版的地图和中国的画法大体相同，以后却改变了画法，但还使用“未标定界”的字样。到一九五四年七月出版的官方地图上，却突然改标为已定的国际边界，把九万平方公里土地，也就是相当一个浙江省的领土画入印度版图。他们提出的“根据”是，一九一三年至一九一四年，在印度西姆拉由中国政府、西藏地方当局和英国政府三方面代表所举行的会议上共同划定了这段边界线，这就是以英国代表麦克马洪命名的所谓“麦克马洪线”。这种说法完全不符合历史事实。西姆拉会议是英国为胁迫中国承认西藏的半独立状态、把中国内地许多地方划入西藏和加强英国在西藏的特殊地位而策划召开的一次会议，会上根本没有谈到边界问题。所谓“麦克马洪线”是在西姆拉会议以外，由英国政府代表同西藏地方当局代表，瞒着中国中央政府代表，在一九一四年三月，也就是西姆拉条约签订前三个多月，在德里用秘密换文的方式形成的。它是麦克马洪等在几次私自进入西藏进行测绘工作后，沿西藏高原边缘所画的一条线，尽管英国的统治势力从来没有到达过那里。无论是西姆拉条约，还是这个换文，中国当时和以后任何一届中央政府都没有承认过，完全是非法和无效的。正因为这个原因，英国迟迟不敢公布这个条约和换文，“麦克马洪线”以南一直仍由西藏地方政府管辖着。英印政府的官员米尔斯也认为：“要并入的部落，就天然条件来说，是属于西藏，而不是属于印度的。他们在种族和语言上，是类似蒙古族的。他们的语言属于藏缅语系，与平原上属于亚利安语系的阿萨姆语没有共同之处。因此，在文化的和社会的影响上是倾向于西藏的。”他又指出：“部落地区在商业上和文化上都是同西藏而不是同印度联在一起的。”① 所以，这条线长时期内在实际生活中并没有起什么作用。一九四〇年以后，英国军队侵入这一地区的若干地点，引起中国人民的极大愤慨。一九四七年印度独立前后，中国政府曾向刚刚设立的印度驻华使馆提出英国侵入“麦克马洪线”以南的部落地带的指责，西藏地方当局也先后同英印方面交涉并曾致电尼赫鲁总理，要求归还“麦克马洪线”以南的历来属于中国西藏地方的全部土地。印度政府却根本无视中国的要求，反而在西藏和平解放前后，大规模地向“麦克马洪线”以南地区推进，在一九五一年至一九五三年间逐步侵占了这个地区的大片土地，在有的地方还同当地居民发生流血冲突。这就造成了新的更加严重的纠纷。

周恩来十分关心中印边界问题，新中国成立以来一直在为全面解决这个问题积极地创造条件。

一九五四年六月下旬，周恩来第一次访问印度的时候，曾对尼赫鲁谈起这个问题。他说：“麦克马洪线”不仅在中印边界有，在中缅边界也有，这是英国殖民主义者造成的，他们用铅笔从喜马拉雅山画过来，就像瓜分非洲一样。因此，这条线中国政府不

① ［澳］内维尔·马克斯韦尔：《印度对华战争》，生活·读书·新知三联书店 1971 年 5 月版，第 56、57 页。

能承认，但是目前维持现状，双方都不要越过这条线。尼赫鲁当时表示：如果有机会，由双方协商进行调整。[①] 后来的事实证明，这只是他一时的推托之词。这年十月，尼赫鲁访问中国时，周恩来再一次同他谈到边界问题。周恩来明确指出：中印边界全部没有划定，这是首先需要肯定的事实。但是，为了在边界问题全面解决以前维持两国边界久已存在的状况，中国政府对中印边界采取现实主义的态度。[②] 一九五六年底，周恩来访问印度时，又对尼赫鲁明确表示，中国政府决不会承认“麦克马洪线”，但也从来没有越过这条线。

中国政府是说话算数的。印度政府却没有像尼赫鲁曾表示过的那样采取“双方协商进行调整”的方针，而是一意孤行地拒绝就边界问题进行谈判，并且增派军队进入被他们强行占领的地区。由于中国方面以大局为重，严格遵守暂时维持现状的原则，以友好的态度采取不同方式分别处理遇到的各种问题，所以，直到一九五九年初，中印边界基本上保持着良好的气氛，两千公里的边界线上始终没有发生军事冲突。

但是，边界线上不断发生的纠纷仍引起周恩来的极大重视。一九五九年一月二十三日，他致信尼赫鲁，第一次比较全面地阐述中国方面的立场：“中印边界是从未经过正式划定的”，“中国政府一贯主张，中印双方应该考虑历史的背景和当前的实际情况，根据五项原则，有准备有步骤地通过友好协商，全面解决两国边界问题。在此以前，作为临时性的措施，双方应该维持边界久已存在的状况，而不以片面行动，更不应该使用武力改变这种状况；对于一部分争执，还可以通过谈判达成局部性和临时性的

① 周恩来会见尼赫鲁谈话记录，1954 年 6 月。

② 周恩来会见尼赫鲁谈话记录，1954 年 10 月。

协议，以保证边界的安宁，维护两国的友谊”。①

正当周恩来准备就边界问题同印度方面进一步交换意见时，西藏拉萨发生了武装叛乱事件。这次事件一时成为国内外关注的焦点，也成为周恩来关心的一个重要问题。

西藏社会在解放前本来是一个领主庄园制的农奴社会，全部土地和绝大部分牲畜都属于占人口百分之五左右的领主所有。农奴和大部分牧民没有自己的土地和牲畜。他们自己，连同他们的子女，世世代代都分别隶属于不同的农奴主，承受着残酷的剥削和奴役。“贵族对于逃亡的农奴或者其他被认为违法的农奴，可以任意用刑，除了最通常的鞭打以外，还有剜眼、割鼻、割手、割脚筋、挖膝盖骨等各种骇人听闻的酷刑。”② 这是一种极端野蛮的惨无人道的黑暗社会制度。西藏和平解放后，中央人民政府考虑到少数民族地区的特殊情况，采取了十分谨慎的态度。为了争取西藏上层分子的合作，在八年之久的时间里，一直保存着原来的西藏地方政府、它的一套制度、它的军队甚至它的货币，一直说服西藏人民暂时不要进行他们所迫切要求的改革。周恩来自己在争取西藏上层分子合作方面也做了许多工作。一九五六年十一月，达赖赴印参加佛教纪念活动，一些在印度的西藏逃亡分子企图把他留下，不让他回到西藏。十二月底，周恩来在访印时找达赖谈话，并向他的随行人员晓以利害，终于争取达赖回到西藏。

尽管中央人民政府采取如此仁至义尽的态度，但是，西藏一部分反动农奴主仍坚决反对改革，并依仗他们保存着的地方政府和军队的力量，进一步策划武装叛乱。西藏叛乱事件就是由西藏

---

① 《人民日报》，1959 年 9 月 10 日。

② 《西藏的革命和尼赫鲁的哲学》，《人民日报》，1959 年 5 月 6 日。

地方政府和上层反动集团一手制造出来的。

一九五九年三月十日那天，达赖喇嘛本来约定要到中国人民解放军西藏军区礼堂看戏，可是，叛乱集团却散布谣言，说西藏军区部队要扣留达赖，以此为借口，公然撕毁十七条协议，劫持达赖，发动了武装叛乱。他们高呼“赶走汉人”、“西藏独立”等反动口号，当场打死反对叛乱的西藏自治区筹委会藏族官员堪穷索朗降措，打伤西藏军区藏族副司令员桑颇·才旺仁增等人。叛乱武装同时包围了中国人民解放军西藏军区司令部和中共中央驻拉萨的机关。叛乱爆发后，达赖曾三次给中央驻藏代表、西藏军区政治委员谭冠三写信，说：“反动的坏分子们正在借口保护我的安全而进行着危害我的活动。对此我正设法平息。”① 谭冠三立刻复信表示，对达赖的处境和安全“我们甚为关怀”，希望“西藏地方政府改变错误态度，立即负起责任，平息叛乱，严惩叛国分子。否则，中央只有自己出面来维护祖国的团结和统一”。② 但是，叛乱分子丝毫不思改悔，反而在三月十七日将达赖劫持出拉萨，并且在三月十九日夜间向中国人民解放军驻拉萨部队发动全面进攻。在叛乱分子向军区直接发动武装攻击的七小时以后，中国人民解放军奉命反击。三月二十二日，粉碎了拉萨市区的叛乱活动。

为了维护祖国统一和民族团结，三月二十八日，周恩来以国务院总理名义发布命令，责成西藏军区彻底平息叛乱，同时，宣布自即日起，解散策动叛乱的西藏地方政府，由西藏自治区筹委会行使西藏地方政府的职权。命令宣布，在达赖被劫持期间，由班禅额尔德尼·确吉坚赞代理主任委员，帕巴拉·格列朗杰为副主任委员，阿沛·阿旺晋美为副主任委员兼秘书长。收到周恩来发

① 达赖致谭冠三的信，1959年3月11日，《人民日报》，1959年3月30日。

② 谭冠三致达赖的信，1959年3月15日，《人民日报》，1959年3月30日。

布的命令后，班禅额尔德尼致电周恩来并转毛泽东，表示拥护国务院的命令和对叛国分子的处理，继续坚定反帝爱国立场。① 四月五日，班禅到达拉萨，代行筹委会主任职务。

这次叛乱的爆发和迅速平定，大大加快了西藏地区民主改革的步伐。四月十四日，周恩来等党和国家领导人以及各界群众一千多人到车站迎接前来北京参加二届人大一次会议的班禅。周恩来在欢迎宴会上说："中央人民政府从民族团结的利益出发，同时考虑到西藏地方的特殊情况，对于西藏的改革，一直采取放慢步骤和耐心等待的方针。但是，顽固不化的西藏反动分子，自甘暴弃，选择了背叛西藏人民、背叛祖国的道路。他们这样自取灭亡，实际上反而替西藏的民主化造成了极其有利的条件。我们相信，从此，西藏人民将逐步摆脱贫困落后的黑暗生活，走上繁荣进步的光明大道。"② 四月十八日，周恩来在二届人大一次会议的政府工作报告中又指出：

> "现在，西藏的局势已经完全在人民解放军西藏军区和西藏自治区筹备委员会的控制之下。人民解放军西藏军区部队，在西藏僧俗人民的积极支持下，正在继续扫荡一些流窜在偏僻地区的残余叛乱分子。西藏自治区筹备委员会已经开始行使地方政府职权。关于西藏今后的社会改革，将由中央同西藏上中层爱国人士和各界人民群众进行充分的协商，以决定实行改革的时机、步骤和办法。无论如何，改革将在充分照顾西藏特点的条件下逐步进行，在改革过程中将充分尊重藏族人民的宗教信仰和风俗习惯，尊重和发扬藏族的优秀文化。"③

① 班禅额尔德尼·确吉坚赞致周恩来并转毛泽东的电报，1959年3月30日。

② 《人民日报》，1959年4月15日。

③ 《人民日报》，1959年4月19日。

这次会后，中共西藏工委和西藏自治区筹委会根据周恩来的报告和二届人大一次会议通过的《关于西藏问题的决议》的精神，开始了西藏人民期待已久的民主改革，使占西藏人口百分之九十五的贫苦农牧民终于从中世纪式的极端黑暗、野蛮的农奴制度下解放出来。

周恩来十分关心西藏地区的民主改革，提出了许多重要的意见。关于改革的步骤，周恩来认为应该分为两步，“先是民主改革，然后是社会主义改革”。① 关于改革的方式，周恩来认为还是要用“和平方式进行”，他说：“但是，和平改革并不是不平乱，哪里有叛乱，我们就要在哪里干，这一点是不能放弃的。”“我们讲和平改革是表示我们的改革方向，希望剥削阶级改变对农奴的态度，但是，这并不是说没有斗争。”周恩来十分赞成班禅额尔德尼·确吉坚赞和阿沛·阿旺晋美提出的“改革的方法要谨慎”的原则，说：“谨慎的意义不外以下三点：一是尽量争取上层的大多数赞成改革，免于斗争。但是，总有少数顽固对抗的人，他们不采取谨慎的态度，要反对改革，这时我们就要站在农奴方面，农奴就会对他们进行斗争。我们相信人民是公道的，只要农奴主赞成改革，欢迎改革，农奴对他们的态度是会好的。二是进行改革不要破坏生产，要注意保护农牧业和工商业，我们提出今年谁种谁收的政策，就是不要因为忙于改革使生产受到影响，内蒙古在改革中是很注意这一点……三是安置上层，不使他们无法生活。”② 周恩来特别强调改革中要贯彻民主的原则：“不论是政治的、经济的、宗教的，甚至文化方面的改革，都要有人民代表参加。”③

① 周恩来在国务院会议上的发言记录，1959 年 5 月 2 日。

② 周恩来会见班禅额尔德尼·确吉坚赞、阿沛·阿旺晋美等谈话记录，1959 年 5 月 2 日。

③ 周恩来在国务院会议上的发言记录，1959 年 5 月 2 日。

改革发动起来后，周恩来十分注意防止“左”的错误。他会见阿沛·阿旺晋美等时，告诉他们：“不要急于搞合作社，不要急于抄内地一套”；“稳定一个时期，搞好生产”；“要发展人口，发展生产”，达到“人畜两旺”。① 他还提醒张国华等汉族领导干部，一定要注意掌握政策，说：西藏民主改革后的所有制至少四年不变，四年肯定不搞合作社，只搞互助组。这样做的目的是为了保护劳动力，发展生产。西藏人口少，更要注意保护劳动力，这是一切的一切。刮“共产风”、浮夸风，忽视对劳动力的保护，教训太大了。你们要多想些办法，不要急于搞社会主义改造。西藏的经济条件不再前进，就搞社会主义改造是行不通的。② 周恩来的这些意见对西藏地区民主改革的健康发展有着重要的指导意义。

平定西藏叛乱，实行民主改革，完全是中国的内政，任何国家都没有任何权利进行干涉。但是，在西藏叛乱前后，印度国内却出现大量诽谤中国和干涉中国内政的言论和行动，使中印关系受到严重伤害。这样，周恩来在西藏局势稍稍稳定后，又回过头来处理包括边界问题在内的中印关系问题。

这时，印度出现的对中国的攻击主要来自两个方面。一个是政治方面，从一月下旬至四月底前后一百多天内，印度许多报纸大肆进行反华宣传。平时一向表示对中国友好的尼赫鲁也公然违反和平共处五项原则，粗暴干涉中国内政，把中国人民平息叛乱的正义行动说成“悲剧”，对所谓“西藏人的自治愿望”表示同情。更严重的是，四月十八日，周恩来在二届人大一次会议上呼吁中印友好、反对干涉中国内政的同一天，印度外交部却批准散

① 周恩来会见阿沛·阿旺晋美谈话记录，1960 年 8 月 31 日。

② 周恩来会见张国华等谈话记录，1960 年 12 月 5 日。

发所谓“达赖的声明”，攻击中国政府。在这种情况下，毛泽东断然决定：“要抓住这个机会开始反击。”①

面对印度方面步步进逼的挑衅活动，周恩来谈到可以有两种办法：一种是让步，一种是斗争。他说：对印度这样具有两面性的民族主义国家，如果他们执行和平中立政策和民族独立政策，还允许人民有民主自由，还愿意同社会主义国家友好，那么我们做个别的让步是需要的，对国际国内都有好处。在万隆会议上，我们就是这样做的。然而，如果尽管我们让步，他们却不同我们友好，甚至走向反动，这样让步就不对了。因此，我们一方面要给印度的中间派留有余地，积极地争取他们，另一方面要进行坚决的斗争。②

四月二十二日，中国方面开始在政治上进行反击。在周恩来、邓小平直接领导下，成立了国际问题宣传小组，由吴冷西、乔冠华负责，吸收中央外事办公室副主任张彦、中央宣传部国际宣传处处长姚溱、周恩来外事秘书浦寿昌等参加，研究和起草有关西藏叛乱和印度当局态度的报道和评论。五月六日，《人民日报》以编辑部名义发表根据中共中央政治局扩大会议的讨论写成的《西藏的革命和尼赫鲁的哲学》，全面驳斥印度方面的错误舆论，严正指出：“中华人民共和国对于西藏地方享有完全的主权，跟对于内蒙古、新疆、广西、宁夏等地方享有完全的主权一样，这是丝毫不容怀疑的，这是丝毫不容任何外国或者联合国以任何名义任何形式干涉的。因此，西藏的任何问题都只能由中国解决，在中国解决，而不能在任何外国去解决。”③ 香港一家报纸评论说：文章“说情又说理，委婉又强硬，确是使尼赫鲁颇难回

① 吴冷西：《忆毛主席》，新华出版社 1995 年 2 月版，第 117 页。

② 周恩来会见印度共产党代表团谈话记录，1959 年 10 月 3 日。

③ 《人民日报》，1959 年 5 月 6 日。

答的”。

印度对中国的另一方面的攻击，也是更加严重的，是在边界上肆无忌惮地采取军事行动。西藏叛乱发生后，大批叛乱分子逃入印度，印度军队立刻从中印边界东段节节进逼，越过所谓“麦克马洪线”，更加深入中国境内。他们侵犯马及墩、兼则马尼、塔马顿等中国领土，来保护在这个地区的西藏叛乱分子。八月二十五日，印度军队竟对驻在马及墩地区朗久村的中国边防部队发动武装袭击，迫使中国边防部队进行还击，酿成中印边界上发生第一次武装冲突。

印度为什么选择这个时候首先在西藏问题上，紧接着又在中印边界上制造紧张局势呢？周恩来分析说：根本的原因是，印度不愿意西藏成为社会主义的西藏，“最好成为一个缓冲地带”。①因此，当西藏的改革兴起后，他们势必要制造纠纷，进行干涉。

分明是印度侵略了中国，然而，从八月六日开始，印度报纸上却偏偏连篇累牍地硬把印军侵占中国领土、攻击中国边防军的行为，说成是中国对印度进行“侵略”；尼赫鲁在八月六日至九月四日间，先后十次在印度议会发表有关中印关系的谈话，把印军越境挑衅说成是“中国侵略的事件”，还在九月七日向议会提出中印关系“白皮书”；一些右翼政党聚众向中国大使馆挑衅。一些帝国主义国家的报纸借机攻击中国。苏联也采取偏袒印度的态度。面对这种忍无可忍的局势，《人民日报》公开发表了九月八日周恩来致尼赫鲁的信，将事实真相和中国政府的一贯立场向全世界公开宣布。

周恩来一月二十三日致尼赫鲁的信发出后，曾接到尼赫鲁三月二十二日的回信，因此，这封信也可以算作他对尼赫鲁回信的正式答复。周恩来为什么过了这么长的时间才回信呢？这一方面

① 周恩来在全国群英大会上的报告记录，1959年11月5日。

是因为当时西藏叛乱刚刚发生，有许多事情急需处理；另一方面，更重要的原因是尼赫鲁的来信中不仅在边界西段提出领土要求，并且将一九五七年初周恩来访问印度时提到的“为了在边界问题全面解决以前维持两国边界久已存在的状况，中国军队从来没有越过这条线”的意思，解释为周恩来“准备接受这条线作为这个地区的中印疆界”①，也就是说中国愿意承认“麦克马洪线”。他还据此指责中国现在改变了对“麦克马洪线”的态度，引起边界的纠纷。这样，周恩来就不得不用较长的时间来考虑如何进行答复。②

周恩来在九月八日的信中，重申了他在一月二十三日第一封信中的基本思想，全面阐述了中国政府对中印边界问题和边境局势的立场。周恩来指出：“中国政府对于中印边界问题一贯遵循着十分明确的方针，一方面肯定中印边界全部未经划定的事实，另一方面又面对现实，特别考虑到中印之间的友好关系，积极寻求对双方公平合理的解决办法，并且在边界问题解决以前，绝不片面改变两国边界久已存在的状况。”对尼赫鲁信中提到的“麦克马洪线”问题，再次表示：“中国绝不承认所谓麦克马洪线，但是，中国军队从未越过这条线。这是为了维持边境的和睦，以利于边界问题的谈判和解决，丝毫也不意味着中国政府已经承认了这条线。”这个问题，只能通过两国政府之间平等和友好的协商来解决。周恩来强调：最近中印边境出现的紧张局势，都是由于印军越境挑衅造成的，应该由印度方面负完全的责任。他说：“中印两国都是长期遭受帝国主义侵略的国家。这种共同的遭遇，本来应该很自然地使中印两国对上述的历史背景抱有一致的看法，并且采取互相同情、互相谅解和公平合理的态度，处理两国

① 尼赫鲁致周恩来的信，1959 年 3 月 22 日。

② 周恩来致尼赫鲁的信，1959 年 9 月 8 日。

的边界问题。中国政府原来以为，印度政府是会采取这种态度的。但是，出乎中国政府的意料之外，印度政府竟要求中国政府正式承认英国对中国西藏地方执行侵略政策所造成的局面，作为解决中印边界问题的根据。更严重的是，印度政府对中国政府施加种种压力，甚至不惜使用武力，来支持这种要求。这不能不使中国政府感到深切的遗憾。”周恩来希望：“印度政府将会根据中国政府的要求，立即采取措施，撤回越境的印度军队和行政人员，恢复两国边界久已存在的状况。这样，中印边境一时的紧张局势就会立刻和缓下来，笼罩着两国关系的阴云也会迅速消散，使关心中印友好关系的朋友们感到宽怀，使挑拨中印关系、制造紧张局势的人受到打击。”①

对周恩来的来信，尼赫鲁很快做出反应。九月十日以及随后几天中，他在印度人民院和记者招待会等场合，多次表示自己的看法，一方面同意周恩来提出的以五项原则为基础，努力寻求和平解决的办法，表示印度坚持不结盟的政策；另一方面，却为“麦克马洪线”百般辩护，颠倒是非地污蔑中国向印度要求大片领土，是“侵略”国。②

九月十一日下午，中国的第二届全国人大常委会举行扩大的第六次会议，听取和讨论周恩来关于中印边界问题的报告。报告介绍了中印边界问题的历史背景和当前情况，着重阐明中国政府在这个问题上所采取的立场、态度和方针。在讨论中，人大常委们强烈谴责印度军队侵犯中国领土，一致认为，周恩来在报告中阐述的立场表达了全国人民保卫祖国神圣疆土的坚强意志和维护中印友谊的真诚愿望。九月十三日，会议作出决议，批准周恩来

① 周恩来致尼赫鲁的信，1959 年 9 月 8 日。

② 《人民日报》，1959 年 9 月 15 日。

的报告。[1] 在西藏，一些原地方政府的高级官员用事实说明“麦克马洪线”是强加在中国人民头上的，拥护周恩来代表中国政府表明的立场和态度。地理专家曾世英等撰文列举中外地图说明“麦克马洪线”是非法的。

在国际上，一些国家的报刊发表公正言论，呼吁中印边界问题应当协商解决[2]。英国《论坛周报》承认“‘麦克马洪线’在国际法上没有根据”[3]。印度的一些报刊也谴责印度国内和西方国家所进行的破坏中印关系的反华宣传。中国政府在政治上完全取得了主动。

这时，已到了国庆十周年的前夕。

中印边界上空出现的阴云并没有冲淡中国人民迎接国庆的喜悦心情。各行各业喜报频传，全国一片欣欣向荣的景象。首都北京的面貌更是焕然一新。中共中央政治局于一九五八年底讨论通过的首都国庆工程，在周恩来亲自指导下，经过不到一年时间，已经胜利完成。经过改造的天安门广场和刚刚竣工的十大建筑，成为中国城市建设史上的壮举。十大建筑中，规模最大、最引人注目的是矗立在天安门广场西侧的人民大会堂。这是周恩来直接关心的一项工程。他亲自审定了工程设计方案，并且具体指示：“要古今中外，一切精华，皆为我用。”在审查人民大会堂的模型时，有的建筑师提出，从天花板到地面净高三十三米，人在里面会显得很渺小，但是，后面有两层挑台，压得太低又会使人感到压抑。周恩来听到后，认真分析了大家的意见，确定墙面和顶棚相交处不要用折角，做成水天一色的方案，很好地解决了这个难题，使这座工程的精美程度，不仅远远超过国内原有同类建筑的

---

①② 《人民日报》，1959 年 9 月 14 日。

③ 《人民日报》，1959 年 9 月 13 日。

水平，而且在世界上也是属于第一流的。①其他工程还有中国历史、中国革命博物馆，中国人民革命军事博物馆，民族文化宫，民族饭店，华侨大厦，钓鱼台国宾馆，全国农业展览馆，北京火车站，北京工人体育场。

十月一日，盛大的国庆十周年庆祝活动在经过改造后的天安门广场上隆重举行。周恩来和毛泽东、刘少奇等党和国家领导人以及应邀前来参加庆祝活动的外国朋友一起，在天安门城楼上检阅了陆、海、空三军部队和七十万首都群众的游行队伍。周恩来的脸上露出了微笑，他为祖国十年来取得的伟大成就感到骄傲和自豪。

国庆节前夕，周恩来主持召开国务院第九十二次全体会议。会议通过了中共中央和国务院《关于确实表现改好了的右派分子的处理的决定》。周恩来在会上说：国庆前夕，我们发布这个决定，就是要大家看到前途，使改好的愉快，没改好的想改好，才能吸引大家改恶从善。② 全国人大常委会还通过了毛泽东代表中共中央提出的，特赦一批确实改恶从善的战争罪犯的建议，这个建议最早是周恩来提出来的。③ 九月十七日，刘少奇发布特赦令。十二月四日，最高人民法院特赦释放首批战犯，以后又陆续分六批释放，到一九七五年为止全部释放完毕。在首批特赦的三十三人中，有几个是原黄埔军校第一期毕业生，如杜聿明、宋希濂、曾扩情等。一九二四年，周恩来在这所学校任政治部主任时，他们曾是周恩来的学生。为了使他们更好地适应新社会，周恩来很快安排在西花厅家中同他们见面。谈话中，周恩来希望他

① 《当代中国的北京》上卷，中国社会科学出版社 1989 年 9 月版，第 126、127 页。

② 周恩来在国务院会议上的谈话记录，1959 年 9 月 16 日。

③ 周恩来在中央宣传部关于为配合周恩来同志在政协所作的政治报告向台湾展开相应的宣传工作问题给中央的报告上的批示，1956 年 1 月 30 日。

们着重解决四个问题：立场问题、观点问题、工作和生活问题、前途问题。周恩来指出："立场问题是个政治问题，就是人们在民族斗争和阶级斗争中站在哪一边的问题。"他说："从鸦片战争到今天，经过将近一百二十年的斗争，中国人民翻了身，取得了伟大的胜利，这一事实连帝国主义也是承认的。""这样的国家不爱还爱什么?"谈到观点问题时，周恩来首先肯定了他们做新人的愿望，同时指出，他们还需要继续树立和加强劳动观点、集体观点和群众观点，不要把十年改造所得抛在一边，希望他们利用各种社会关系帮助政府多做一些工作，促进祖国早日和平统一。① 周恩来还当场指示统战部门要注意安排好他们的工作和生活。那天，天气十分寒冷，但是，大家心里却感到很温暖。参加这次会见的原国民党第十八军军长杨伯涛后来感慨地说："这种对待俘虏的做法，自古以来是没有的。我为什么拥护共产党？因为我是过来人，我看到过国民党的兴盛，也看到过它的衰败。我为国民党做过十几年事，又在共产党领导下工作了二十几年，我感到只有共产党才有这种胸怀。而周恩来使我形象化地认识了共产党。"②

这次接见时在座的还有清朝的末代皇帝爱新觉罗·溥仪，他是从抚顺战犯管理所释放出来的。周恩来对溥仪十分关心，不仅妥善安置了他的工作和生活，帮助他的弟弟溥杰和日本籍妻子嵯峨浩团聚，并且给予他的家族很大的关怀。周恩来还鼓励和支持溥仪写出自传体的《我的前半生》。他后来对溥仪说："因为总有事，我还没看完。你的书基本上是同旧社会宣战，这是不容易的事，末代皇帝肯这样揭露旧社会不容易。俄国沙皇和德国皇帝威廉写的书都是吹自己。你创造了历史上的一个新例子。"这件事

① 《周恩来统一战线文选》，人民出版社 1984 年 12 月版，第 396—400 页。

② 访问杨伯涛谈话记录，1985 年 4 月 7 日。

使溥仪和他的全家都很感动。

庆祝国庆十周年的活动，全面检阅了各行各业所取得的丰硕成果。其中，周恩来十分关心并且倾注了大量心血的中国电影事业，在经历反右派斗争扩大化、“大跃进”和“拔白旗”的磨难后，又出现令人难忘的繁荣景象。从一九五九年九月二十五日至十月二十四日，文化部在全国各大城市同时举办了“庆祝建国十周年国产新片展览月”，推出《林则徐》、《风暴》、《万水千山》、《青春之歌》、《林家铺子》、《五朵金花》等三十五部优秀影片向国庆节献礼，赢得了广大观众的欢迎。周恩来在繁忙中亲自过问和指导了国庆献礼片的拍摄。他听说献礼片中包括革命历史题材、现实生活题材，但缺少生动活泼、寓教于乐的影片时，马上要求增加这方面的内容，并且督促和询问影片的进展情况，还帮助他们物色演员。这部影片就是由谢添导演的、深受观众欢迎的《水上春秋》。[①] 周恩来还抽空审查了许多部片子，《青春之歌》就是在西花厅通过审查的。周恩来看到其中几个很美的特写镜头时十分兴奋，他问，这是谁拍摄的？导演陈怀皑告诉他是一位叫聂晶的三十多岁的摄影师后，周恩来记在心里。十一月二日，文化部和中国影联在北京饭店为祝贺这次新片展览月的成功而举行盛大招待会，周恩来到会为大家庆功。当大家向周恩来敬酒时，他突然高声问道：“哪一位叫聂晶？”随即举杯走向聂晶那一桌去向他敬酒，说：“聂晶同志，祝贺你为国庆十周年拍了一部好影片。我代表人民感谢你！来，干杯！”在场的人感动得流下了眼泪。[②] 在酒会上，周恩来还发表了热情洋溢的讲话。他说：“十年来，电影工作在党的领导下有了很大进步，电影的风格有了很

---

① 岳野：《寻梦觅踪　重沐甘霖》，《周恩来与电影》，中央文献出版社 1995 年 12 月版，第 298、299 页。

② 纪文：《记周恩来与聂晶干杯》，《周恩来与电影》，中央文献出版社 1995 年 12 月版，第 482 页。

大提高”，“我们的电影已经开始创造了一种反映我们伟大时代的新风格”。“我相信，我们有了过去十年的成就，一定可以更加努力地争取第二个十年更大的成就。”① 周恩来没有谈到自己，但是，每当人们回想起中国电影史上的这段辉煌的篇章时，都不会忘记这位常常以“文艺界的一个朋友”的身分关心、鼓励、推动中国电影事业不断向前发展的总理。

当中国人民沉浸在庆祝建国十周年的喜悦中时，在中印边界西段又传来令人愤慨的消息。

十月九日，周恩来会见印度国大党议员乔奇姆·阿尔瓦，仍对他说：中印友谊是不可动摇的，已经发生的西藏问题和边界问题是千年万年友谊中的插曲而已，它们是能够解决的，这两个问题的确在两国间造成不愉快，这两件事不是我们发动的。但相隔只有十来天，印度当局又在中印边界西段制造新的事端。十月二十日，印度武装人员三人非法越入中国西藏地方西北端空喀山口以南的中国领土。中国边防人员当即向他们提出劝告，要他们立即退出，但遭到拒绝。中国边防人员不得不将他们解除武装，予以扣押。十月二十一日，又有印度武装人员七十余人在同一处地方侵入中国境内，并且向正在巡逻的中国边防人员进行武装挑衅，并且一而再、再而三地进逼，向中国边防军猛烈开火。中国边防部队为了自卫被迫还击。这是在两个月内印度方面再次挑起的边界武装冲突。

面对边界日益恶化的形势，周恩来认为“总要寻求个妥善的迅速的办法来解决，尤其要有个办法先停止发生新的边界纠纷”。② 采取怎样的办法呢？周恩来在思考，毛泽东也在思考。

---

① 周恩来在庆祝新片展览月招待会上的讲话记录，1959 年 11 月 2 日。

② 周恩来会见印度驻华大使帕塔萨拉蒂谈话记录，1959 年 11 月 8 日。

十一月三日，周恩来到杭州，参加毛泽东在那里召开的工作会议。参加会议的还有彭真、王稼祥、胡乔木等。这次会议的一个重要议题就是研究如何解决中印边界问题。毛泽东从尼赫鲁来信中提出的双方从朗久撤出的建议中受到启发，说："你说撤出朗久，我就扩大成整个边界线。"毛泽东提出："整个边境线，各退或者十公里，或者十五公里，或者二十公里。如果说双方各退二十公里，就是四十公里的距离。或者二十公里，或者三十公里，或者四十公里，中间研究一下，不要武装人员，非武装人员，按照习惯线，各人管理各人的事情。"毛泽东还提出，如果印方答应两国总理会晤，在北京或新德里都可以。他说："我有这么一个盘子，就是要和平。过去这个边界纠纷是不幸的，双方各执一说，你们说中国侵入，我们说你们进入我们的地方。现在为解除这种状况，双方各退若干公里，搞一个无枪地带，只许民政人员照旧管理，以待谈判解决。"① 周恩来十分赞成毛泽东的意见，说："双方声明在谈判以前建立一个无枪地带，这是很主动的。你来了，仅仅接触，你说你的，我说我的，吵一顿，没有枪总打不起来。"② 王稼祥说："伤了几天脑筋，一下解决了。"③ 会议还决定，用周恩来致尼赫鲁信的办法将这个建议告诉印度政府。十一月四日，周恩来带着这个新建议回到北京，提交当天下午召开的中央政治局会议讨论，获得通过。

十一月七日，周恩来致信尼赫鲁，信中指出：

"摆在我们面前的最重要的责任，首先是迅速地、毫不迟疑地采取有效的步骤来认真改善两国边境的令人不安的状况，并且力求根本消除今后发生任何边境冲突

---

① 毛泽东在杭州工作会议上的谈话记录，1959年11月3日。

② 周恩来在杭州工作会议上的谈话记录，1959年11月3日。

③ 王稼祥在杭州工作会议上的谈话记录，1959年11月3日。

的可能性。”“为了有效地维持两国边界的现状，确保边境的安谧，并且为边界问题的友好解决创造良好气氛，中国政府建议：中印两国的武装部队立即从东边的所谓麦克马洪线和西边的双方实际控制线各自后撤二十公里；在双方撤出武装部队的地区，双方保证不再派遣武装人员驻守和巡逻，但是仍然保留民政人员和非武装的警察，以执行行政任务和维持秩序。”“如果印度政府同意中国政府这一建议，实施这一建议的具体措施，可以由两国政府立即通过外交途径商定。”①

第二天，周恩来会见印度驻华大使帕塔萨拉蒂，进一步说明中国政府的意见。大使说：困难在于谈什么，因为双方对边界的要求、立场极端不同。周恩来回答：根据我们的经验，会谈范围可以很大，也可以缩小到具体问题，可视需要而决定。“双方部队各退二十公里就是一个积极的开路的建议。”双方虽然立场不同，但两国基本是友好的，没有根本的利害冲突，这是基础。一时的见解、立场的分歧，总可得到解决。②

十一月十一日，周恩来会见苏联驻华大使契尔沃年科，对他说：我们虽然不承认麦克马洪线，但是现在还是以麦克马洪线为一条分界线，在用谈判的方式解决以前，双方武装部队从这条线各退二十公里，西部也根据双方现存的传统习惯线，也就是实际控制的地方，作为一条分界线，双方各退二十公里。我们是尽量想用友好的方式来解决问题的。

十一月十六日，尼赫鲁在答复周恩来的信中一方面表示同意在适当的时间与地点和周恩来会晤，另一方面，又提出一个反建议。他把东段、中段同西段区分开来，认为在东段和中段只要双

① 周恩来致尼赫鲁的信，1959年11月7日。

② 周恩来会见印度驻华大使帕塔萨拉蒂谈话记录，1959年11月8日。

方停止派遣前沿巡逻队就够了；而在西段，“印度政府应将其所有的人员撤退到据我们了解是中国政府最近的一九五六年地图上所标明的国际边界以西，同样，中国政府应将其人员撤退到印度政府在以前的照会和信件中所描述的和官方地图上所标明的国际边界以东”。① 这个反建议，实际上只是重复印度政府要中国政府单方面从西段大片中国领土撤出的主张。澳大利亚学者内维尔·马克斯韦尔评论说：“实施尼赫鲁的建议，印度只需撤出一个哨所，即碟穆绰克，它位于争议地区东南端，方圆约五十平方英里；而中国方面就要撤出大约两万平方英里的土地，从新疆到西藏的陆路交通线就不复存在，只不过印度还准备让中国的民用车辆使用阿克赛钦公路而已。”②

一个月后，十二月十七日，周恩来又写信给尼赫鲁，指出印方的反建议“是不公平的”，“是没有理由的”，“是从两国早已同意的暂时维持边境实际存在的状况的原则后退了一大步”，信中提出：中国政府本着和解和走向全线撤军的愿望，准备同意首先在有争议的朗久和巴里加斯等所有边境地点双方不派驻武装人员；在双方取得进一步协议之前，欢迎印方关于双方边境哨所停止派出巡逻队的建议，希望这项建议适用于全部边境。周恩来在信中还建议：“两国总理在本月二十六日举行会谈”。③ 但是，尼赫鲁拒绝了周恩来的意见和建议。

为了进一步争取主动，十二月二十六日，中国外交部向印度驻华使馆发出照会，再一次呼吁：解决中印边界争端的正确途径是通过友好协商，希望两国总理能够会晤，首先就边界问题取得一些原则性的协议，为双方今后的讨论提供基础。直到一九六〇

① 尼赫鲁致周恩来的信，1959 年 11 月 16 日。

② ［澳］内维尔·马克斯韦尔：《印度对华战争》，生活·读书·新知三联书店 1971 年 5 月版，第 148 页。

③ 《人民日报》，1959 年 12 月 19 日。

年二月五日，周恩来才收到尼赫鲁的复信。信中声称：不能接受中国政府关于整个边界从未划定的说法，在这个基础上不可能举行谈判，但是，同意两国总理进行会晤。由于尼赫鲁的一再拖延，这个会晤直到四月下旬才实现。

在去印度会晤尼赫鲁前，周恩来先对缅甸进行友好访问。

这是因为，这年一月下旬，缅甸总理奈温接受周恩来的邀请到中国访问，同周恩来签订了《中华人民共和国政府和缅甸联邦之间的友好和互不侵犯条约》和《中华人民共和国和缅甸联邦政府关于两国边界问题的协定》。在后一个协定中双方达成了四项重要的意见：一、肯定未定界；二、把古浪、片马、岗房归还中国；三、对勐卯三角地区，清朝搞的“永租关系”，中国同意把这个地区移交给缅甸，缅甸政府同意把一九四一年线以西的班洪、班老地区划归中国；四、过去国民党正式签订的换文，中国要修改以后才能承认，然后要定界并竖立界桩。周恩来认为，这件事“在亚洲树立了一个范例”，“可以影响其他国家”，“还有利于我们跟印度讨论边界问题”。[①] 因此，他利用出访印度的机会先到缅甸，正是为了进一步巩固中缅两国在边界问题上已经取得的重大成果。

一九六〇年四月十五日，周恩来到达仰光，受到缅甸人民的热烈欢迎。当天下午，周恩来身穿缅甸的民族服装和欢乐的仰光市民们一起参加泼水节的活动。四月十七日和十八日，周恩来同重新出任缅甸总理的吴努进行了三次会谈，对中缅边界需要进一步解决的问题提出了具体措施。周恩来说：关于边界问题，通过多年努力，双方的观点一天天接近了，现在剩下的只是个面积大小的问题，已经不重要了。他指出：一、为了加快对北段的勘

① 周恩来在全国人大二届二次会议上的报告记录，1960 年 4 月 10 日。

察，需要几个小组同时分段进行；二、片马、古浪、岗房地区的人民应该在划定前同分水岭以东的人民联欢，以消除各种疑虑；三、整个一九四一年线没有勘定时，也要组织几个勘察队分段勘察；四、做好已划入中国境内的班洪和班老部落同其他缅甸部落之间因过去划界不合理而造成的土地混乱现象，由联合委员会做调整，进行土地互换；五、中段和南段已定界，也需要去勘察队竖立界桩。所谓麦克马洪线，也有一部分同中缅边界有关。周恩来表示：我们的一贯态度是，一方面不承认这条线，另一方面，我们的行政和军事管辖不越过这条线，以等待边界问题的解决。他还向吴努说：我们可以坦白地告诉你，我们完全可以根据中缅解决边界问题的原则来解决中印边界问题，困难在于印度政府不同意这些原则。我们主观上是不希望会谈破裂的，而是想各种办法使它不破裂。亚洲国家之间，只应该用谈判解决相互之间的问题，不应该有冲突，就是有也应该把它排除掉。

此后，在周恩来的直接关怀下，中缅双方加紧对边界的勘察工作。当年参加边界联合委员会的中方代表姚仲明说："周恩来经常嘱咐我们，在讨论中要坚持平等协商精神，切不可有大国沙文主义。由于贯彻了这一指导思想，双方勘界人员始终在和谐的气氛中互相帮助、合作，勘界、划界竖桩等任务都完成得很圆满。"① 这年十月一日，按照吴努的愿望，周恩来同他在北京签订了《中华人民共和国和缅甸联邦边界条约》。周恩来称这个条约是"中缅两国友好关系进一步发展的里程碑，是亚洲各国人民友好相处的光辉榜样，是亚洲各国之间解决边界问题和其他争端的良好范例"。一九六一年一月四日，周恩来到缅甸出席了中缅互换边界条约批准书仪式，缅甸总统授予他"崇高、伟大和光荣的拥护者"的最高勋章。这年十月三十一日，中缅两国总理在北

---

① 访问姚仲明谈话记录，1995 年 8 月 8 日。

京签订了边界议定书，为和平解决中缅边界问题画了一个圆满的句号。

一九六〇年四月十九日，周恩来在副总理兼外交部部长陈毅陪同下，离开仰光到达印度首都新德里。

等待着周恩来的，无疑将是一场十分艰难的较量，周围的空气充满着敌意。这一点，处在第三者地位的吴努也看得很明白。他对周恩来说，你去印度，“是一个很勇敢的决定”。周恩来回答说：“为了国事，任何地方也可以去。”①

当然，周恩来深知，面对这样的形势，单靠勇敢精神是不够的，因此，他在事前对这场斗争的复杂性和艰巨性做了充分的估计，制定出周密的会谈方案。方案确定会谈的方针是“争取就某些原则问题，或者具体问题达成协议，使目前的形势进一步和缓下来，为今后继续会谈和向合理解决准备条件”。根据会谈中可能出现的几种情况，这个方案确定了不同的对策。主要内容是：第一，会谈的最坏可能是达不成任何协议，在这种情况下，采取达成两国总理继续会谈的谅解，并且发表一个简单的联合新闻公报。如果这点也办不到，只能由双方分别发表声明，在中国的声明中可以表示仍愿遵守五项原则，维护中印友谊，维持边界现状，避免边境冲突，并且愿意继续会谈，寻找解决边界问题的途径。第二，如果达不成协议，对方还愿意保持一个良好气氛，在这种情况下，争取发表一个互表善意的共同声明，包括重申五项原则和万隆精神，继续发展中印友好关系，继续会谈寻求边界问题的和平解决，避免边境的军事冲突等内容。第三，如果全面解决边界问题不可能，但也不是完全不解决，在这种情况下，除发表上述共同声明外，为防止边境冲突和和缓气氛，争取就下列具

① 周恩来会见吴努谈话记录，1960 年 4 月 17 日。

体问题达成若干协议：一、成立边界问题联合委员会或者类似组织，寻求解决边界问题的途径，为两国总理继续会谈进行准备；二、双方武装人员各从实际控制线后撤二十公里或者双方同意的一定距离；三、建议双方对有争执的地点互不驻军。① 从这份会谈方案中可以清楚地看出，中国的态度是真诚地期望能解决问题、使中印友好关系能继续得到发展的。

这是周恩来第四次访问印度。他一下飞机，就在机场发表了一篇热情洋溢的讲话，表达他这次访问印度的真诚愿望。他说：

> “目前，我们中印两国都在进行着大规模的长期的经济建设。我们都需要和平，我们都需要朋友。和平友好是我们两国人民的根本利益，我们共同倡导了关于和平共处的五项原则。我们之间的一切问题没有理由不可以根据这些原则，通过友好协商，求得合理的解决。中国政府一贯主张两国总理会谈，谋求合理解决边界问题和其他问题的途径。这一次我是抱着解决问题的真诚愿望来的，我衷心希望我们的会晤在我们共同努力之下，能够产生积极的和有益的效果。”②

可惜，尼赫鲁已经打定了主意。他坚持的立场是：两国边界线早已划定，那就是印度地图上所画的那样。尽管两国间对这条线并没有商议过，更谈不上有条约的依据，但只要印度主张这条边界线在哪里，它就在那里，这是不容讨论的，中国方面所能做的只是接受它，并且按照它撤出自己的边境人员。否则，就是对印度的“侵略”，印度军队就可以使用武装力量把中国边境人员赶出去。这条边界线也可以调整，那只是出于印度政府的需要和它对自己地图的改画。尼赫鲁已经把文章做绝了，根本不打算了

---

① 关于中印两国总理会谈边界问题的方案，1960 年 4 月 5 日。

② 《人民日报》，1960 年 4 月 20 日。

解对方的态度，也没有经过协商来解决问题的任何愿望，这就使谈判很难取得预期的效果。

从四月二十日至二十五日，周恩来同尼赫鲁进行了七次会谈。会谈情况正同事前所估计的一样：十分艰难。印度依然坚持过去提出的那些观点，而没有提出任何一个积极的对双方有约束性的建议，甚至连尼赫鲁在来信中所说的探索解决问题的途径的愿望也没有表现出来。

会谈的第一天，尼赫鲁就把谈话主题引到对具体问题的分歧上来，并且硬把责任推到中国方面。他蛮横无理地提出：一、中印边界已经划定，如果说没有划定的话，只是说没有在地面上标出来。中国方面把不是问题的问题变成问题，因此引起了争论。二、中国的地图和印度的地图不同，中国的地图是老地图，中国应该修改它的地图。三、因为中国方面说边界没有划定，所以中国就是提出了领土要求，这使印度，特别是他本人感到震动。① 关于边界的具体划定，尼赫鲁坚持认为，在东段，应该承认“麦克马洪线”，不需要再进行任何商谈；在西段，他硬把属于中国新疆的阿克赛钦地区说成印度的领土，指责中国在那里修建的新藏公路是侵入印度。关于西段的问题，尼赫鲁在一九五九年三月二十二日的来信中曾提到过，但是没有这么具体。因此，周恩来认为这是一个新问题。在以后几天的谈判中，尼赫鲁一直反复强调他的这些观点。

因此，周恩来不得不用一些时间对尼赫鲁提出的这些观点进行必要的澄清。他指出：“我们两国相处，的确有些传统习惯线。作为现代国家，把疆界用经纬度划定，这是我们两个古老的国家还没有做的事。”他说：关于东段，印度政府提出“麦克马洪线”是由西姆拉条约规定的，这使中国人民和中国政府感到十分震

① 周恩来和尼赫鲁会谈记录，1960 年 4 月 20 日。

动。怎么能够把一九一四年英国强加于西藏地方政府而中国政府从来没有承认的密约作为根据，要求中国政府承认呢？中国政府不愿意承认“麦克马洪线”，但是愿意采取现实的态度来求得解决。我们从来没有提出什么领土要求，只是说明“麦克马洪线”以南的地区，曾经属于西藏地方政府。在这个地区，过去存在过一条传统习惯线，但是后来改变了。我们主张的是维持现状，说中国政府提出领土要求，那是误会。关于西段，有争议的是阿克赛钦地区，而过去我们从来没有认为那里存在着问题。中国的地图很早就把这个地区画在中国境内，这样的地图出现了很久，我们没有听到印度有不同的意见。中国一直按地图的标准把这个地区看作是属于中国的。关于这一段，印度地图却有许多变化。去年印度政府提出这个问题时，也说有条约规定。我们一查，是指一八四二年克什米尔当局同西藏地方政府之间的和约，但是这个和约只是规定双方维持自己的疆界，永久友好，互不侵犯，并没有关于划界的规定。这完全是一个新问题，不是中国提出领土要求，而是印度提出领土要求。① 周恩来表明：他花了这么多时间来说明历史的真相，决不是为了“重复争论”，而是为了“寻求解决”。他说：“我就是本着这种精神来的。”②

周恩来在出席尼赫鲁举行的宴会的讲话中说：只要处处为两国友好的长远利益着想，既考虑到历史背景，又考虑到当地的实际情况，根据五项原则，互谅互让，两国边界问题是完全能够公平合理地解决的。从谈判一开始，周恩来就在积极地“寻求共同点”，寻求解决问题的合理途径。四月二十一日的第三次会谈中，周恩来发现前两次会谈中双方核对的文件和地图有不少出入，就建议“可以由双方组织边界联合委员会审查材料”，通过这种办

① 周恩来和尼赫鲁会谈记录，1960 年 4 月 20、21 日。

② 周恩来和尼赫鲁会谈记录，1960 年 4 月 20 日。

法缩短双方的距离。他还提出，在联合委员会没有达成协议以前，双方可以保持各自的立场和观点；在联合委员会工作期间，双方应该维持现状。但是，尼赫鲁没有接受这个合情合理的建议。

四月二十二日，在第四次会谈中，周恩来又根据几天来的谈判情况，归纳出几点“合理解决的途径的共同点”。他认为“必须寻找共同点，才能把我们引导到合理解决的途径上去”。周恩来指出：一、关于边界是否确定的问题，共同的认识应该是“边界没有确定，要经过谈判确定”，“合理、对等、友好地解决”。二、双方的边界虽然没有正式划定或确定，但是存在着一条现在的实际控制线，双方可以考虑，把这条线作为划界的根据之一。至于什么是实际控制线，周恩来在另一次谈判中说，“在东段我们承认印度行政管辖现在达到的线，除个别地点以外；在西段印度也应该承认中国行政管辖现在达到的线。”① 三、关于划界的地理条件，分水岭是其中之一，但不是唯一的条件。此外，还有河谷和山口，也都应该同样适用于边界各段。地理条件很多，都应该考虑。如果要讲分水岭，那么应该同样适用于东西段。不能在两段使用不同的标准。四、双方既然进行友好谈判，就不应该对不属于自己管辖的地区提出领土要求。五、双方要照顾民族感情，沿喜马拉雅山的南北，这种感情是共同的，喜马拉雅山应该成为中印两大民族之间和其他民族之间永久友好的山峰。② 然而，尼赫鲁却继续在枝节问题上纠缠。

周恩来很不赞成尼赫鲁的做法。他认为两国总理应该努力缩小分歧，寻找共同点，争取达成一些原则性的协议，作为双方进一步讨论和解决边界问题的根据，而不应该陷入对事实细节的无

① 周恩来和尼赫鲁会谈记录，1960 年 4 月 24 日。

② 周恩来和尼赫鲁会谈记录，1960 年 4 月 22 日。

休止和无结果的争议；同时，为了改善两国边境的令人不安的状况，确保边境的安宁，两国总理也有必要达成某种临时性的协议。因此，在第五次会谈中，周恩来建议，双方成立关于边界问题的联合委员会，规定时间交换和研究彼此的材料，为更高一级的会谈提出解决方案。他还说：我们双方之间是存在着共同点的，这就是我昨天提到的五点，这五点将有利于联合委员会的工作，有利于联合委员会进行研究和协商。周恩来还再一次提议："在谈判过程中，对边境上的双方部队采取隔离的办法，保持一定的距离，而不是简单地停止巡逻。"①

在会谈中，周恩来还努力抓住机会，把双方的讨论引向"共同点"。在第六次会谈中，当尼赫鲁提出："一个国家对某一个地区的管辖权和这个国家在这个地区建立行政机构，是有很大差别的。一个国家可能对某一个地区有管辖权，但是没有建立全部的行政机构，因为这个地区没有人烟或者有高山，但是这并不减弱这个国家对这个地区的管辖权"时，周恩来马上说：你所指的是东段，印度的主权早已到达现在的线，而行政管理确是逐步推进的。我认为这样的说法同样可以适用于西段。当尼赫鲁不愿意接受联合委员会，但同意由双方的官员研究资料并且提出报告时，周恩来没有反对，而是补充提出具体办法：由中印双方派出同等人数的官员组成边界问题工作小组，交换、审查、核对、研究各方面有关边界问题的一切文件、记录、地图等等，在必要的时候可以派人进行实地勘察。尽管会谈的进程十分艰难，但总算取得一些成效。经过反复的交谈，尼赫鲁对周恩来提出的五个共同点没有再提不同的意见。②

会谈的最后一项任务是起草联合声明。在这个问题上，中印

---

① 周恩来和尼赫鲁会谈记录，1960 年 4 月 23 日。

② 周恩来和尼赫鲁会谈记录，1960 年 4 月 24 日。

两国又出现了根本不同的两种态度。从现在保存的各自起草的声明草案中可以清楚地看出这一点。

中国方面起草的联合声明的主要内容是：

两国总理在会谈中，就双方有关的问题，特别是中印边界问题进行了友好的、坦率的讨论。

双方回顾了中印两国人民之间深厚和悠久的友谊，一致认为巩固和发展两国之间的友好合作关系，不仅符合两国人民的利益，而且对于维护亚洲和世界的和平具有重大意义。双方重申将坚持以两国共同倡导的和平共处五项原则作为指导两国关系的基本原则。

在会谈中，双方阐述了各自政府对中印边界问题的立场，并且就解决这一问题的原则交换了意见。双方认为，这种讨论有助于彼此了解，并且为两国边界问题的合理解决开辟了道路。双方经过友好协商一致认为：

一、双方边界存在着争议，有待全线正式划定或确定。

二、在两国之间存在着一条各自行政管辖所及的实际控制线。

三、在确定两国边界时，某些地理原则，如分水岭、河谷、山口等同样适用于边界各段。

四、两国边界问题的解决必须照顾到两国人民对喜马拉雅山和喀喇昆仑山的民族感情。

五、在两国边界问题经过商谈得到解决以前，双方各守实际控制线，不提出领土要求作为先决条件，但可进行个别调整。

六、为了保证边界安宁，便于商谈的进行，双方在边界全线各段继续停止巡逻。

根据以上共同认识，两国总理同意双方官员应该会晤，审查、核对和研究各方用以支持其立场的有关边界问题的一切历史文件、记录、记述、地图和其他资料，并且拟出报告递交两国政府。这个报告应该罗列官员们之间一致的各点、不一致的或他们认为需要进一步审查和澄清的各点。官员们将从一九六〇年六月至九月行使职务，并且轮流在两国首都会晤。第一次会议将在北京举行。官员们将在四个月之内向两国政府提出他们的报告，以利于两国总理的下一次会谈。

周恩来总理热情地邀请尼赫鲁总理在他方便的时候到中国访问。尼赫鲁总理愉快地接受了这一邀请。

印度方面起草的联合声明的主要内容是：

两国总理举行了多次长时间的坦率和友好的会谈。中华人民共和国的总理阁下和副总理阁下还同印度总统、副总统和印度政府的几位高级部长举行了长时间的会谈。

这些会谈没有取得解决已经产生了的分歧的结果。两国总理认为，双方的官员应该进一步对两国政府所占有的事实材料进行审查。

因此，两国总理同意，两国政府的官员应该会晤，审查、核对和研究各方用以支持其立场的有关边界问题的一切历史文件、记录、记述、地图和其他资料，并且拟出报告递交两国政府。这个报告将罗列一致的各点、不一致的各点或者在官员们看来需要进一步审查和澄清的各点。

双方还同意，官员们应该从一九六〇年六月至九月轮流在两国首都会晤。第一次会议应该在北京举行，官员们将在一九六〇年九月底以前向两国政府报告。在进一步审查事实材料期间，双方应该做出一切努力来避免在边境地区发生摩擦和冲突。①

四月二十五日，在第七次会谈中，双方交出了各自起草的声明稿。周恩来对印方提交的稿件提出批评。他说："我认为草案是不很令人满意的，我可以直率地说，我不大喜欢这个形式的声明。我觉得，我们联合发表的声明应该好一些。"而印方的声明稿，"像是六七天来的会谈只达成了一个关于程序的协议，其他则一点进展也没有。我不是这样看的，我觉得会谈是取得了进展的"。周恩来认为"草案的主导精神应该积极一些"，而印方的"整个声明中没有提到和平共处五项原则"。他说："不提我所建议的几点，我也没有意见；不提我对阁下的邀请，也可以；在联合声明中不提五项原则，是令人遗憾的。中国是坚信这些原则的，我认为有必要重申。"②

由于印度方面的原因，在联合声明中，最后只达成两点协议：

一、两国总理同意，两国政府的官员应该会晤，审查、核对和研究各方用以支持其立场的有关边界问题的一切历史文件、记录、记述、地图和其他资料，并且拟出报告递交两国政府。这个报告将罗列一致的各点、不一致的各点，或者需要更充分审查和澄清的各点。这个报告应该有助于两国政府对这些问题的进一步考虑。

二、双方还同意，官员们应该从一九六〇年六月至九月轮流在两国首都会晤。第一次会议应该在北京举行，官员们将在一九六〇年九月底以前向两国政府报告。在进一步审查事实材料期

① 中印两国联合公报草稿，1960年4月25日。

② 周恩来和尼赫鲁会谈记录，1960年4月25日。

间，双方应该做出一切努力来避免在边境地区发生摩擦和冲突。①

这两点协议根本没有反映出周恩来在谈判中所表达的中国政府的全部立场和积极的态度。因此，周恩来决定，除按原计划在二十五日发表联合公报外，他本人通过当晚十时半由中国代表团自行宣布举行的包括印度记者和其他国家的记者参加的记者招待会，将中国方面起草的联合声明中的六点建议全部公布。② 参加了这次招待会的内维尔·马克斯韦尔写道："在边界争端中，几乎全部是同政府站在同一立场的印度记者们，都指望着提出一大堆问题来刁难周恩来，以便暴露他们所认为的中国对印度赤裸裸的侵略；但是，从他进入大厅的那个时候起，周恩来就控制了整个记者招待会。"③

对印度进行的七天访问，看起来成果似乎不太显著，但是，周恩来仍认为取得了成功。他在回国后说：尼赫鲁说我们不愿意谈判，我们去谈判了；说我们提出领土要求，我们没有提出。这样"把他（指尼赫鲁——编者注）孤立起来了，证明我们愿意解决问题，他不愿意解决问题，我们取得了主动"。④ 一些外国报纸也评论说："周总理的积极态度受到印度和全世界舆论的热烈欢迎。"⑤

四月二十六日上午，周恩来一行离开印度飞抵尼泊尔首都加德满都。周恩来这次到尼泊尔访问的主要目的，是同尼泊尔领导人协商解决中尼之间长期未决的边界问题，这个问题也是历史遗

---

① 《人民日报》，1960年4月26日。

② 周恩来、陈毅致毛泽东并中共中央的电报，1960年4月26日。

③ ［澳］内维尔·马克斯韦尔：《印度对华战争》，生活·读书·新知三联书店1971年5月版，第177页。

④ 周恩来在国务院会议上的讲话记录，1960年5月26日。

⑤ 《人民日报》，1960年4月26日。

留下来的。由于没有受到帝国主义的影响和干扰，所以，中尼两国建交以来，在一千一百公里长的、尚未划定过的边界线上没有发生过大的争执，两国人民一直根据传统的习惯线友好相处。因此，问题比较容易解决。

中印边界冲突发生后，也引起尼泊尔的关注。尼泊尔首相柯伊拉腊谈到："当两个大邻邦看法不一致时，一个小国是感到不安和为难的。"① 何况中尼两国之间也存在边界问题，柯伊拉腊很希望能早日得到解决。周恩来在出访印度前一个月，邀请柯伊拉腊首相到北京访问。在那次会见中，双方对边界问题坦率地交换了意见。

从三月十二日至二十二日，周恩来同柯伊拉腊进行多次会谈。在第一次会谈中，周恩来就表示，希望像中缅两国一样，签订一个边界协定，在协定中首先根据文件实事求是地肯定边界是否划定过，更重要的是要说明划界竖标的基础是传统习惯线。为了妥善地解决这个问题，周恩来提出了两点原则性意见：一、以传统习惯线和双方实际管辖为基础，肯定现状；二、个别争议，个别调整。具体办法是：双方地图上的边界线相同的地方没有争论，但是，在线南、线北可能有些地方是有争议的，那么，线南属于尼泊尔，线北属于中国；双方地图有出入、但没有争议的地方，可以经过实地勘察，根据地形如河谷、分水岭或河流和实际管辖，使双方的地图一致；双方地图有出入、又有争议的地方，可以交给联合委员会根据互让的精神解决。周恩来建议：这次可以签订一个边界协定，以后再签订一个边界条约，这样就可以更好地保证两国友好。他强调：我们要互相保证，在边界条约签订以前，维持现状，互不侵犯。即使这次还留下一些争议，也要互相做这样的保证。这两项原则和三点办法后来都被写入中尼两国

① 周恩来和柯伊拉腊会谈记录，1960 年 3 月 12 日。

边界协定中。周恩来还提出，根据尼泊尔国王和过去尼泊尔政府的愿望，中国政府提议签订一项和平友好条约。他说："我们两国都是根据和平共处五项原则办事的。签订这个条约对两国人民，对世界和平都会做出贡献。我们两国本来就和平友好，用条约形式使它法律化就更好。"① 柯伊拉腊认为，周恩来关于边界问题的建议"大体上是可以接受的"，关于友好条约问题"是必要的"。他希望中国方面起草一个文件带回去商量。②

会谈期间，双方对地图进行了研究。在第三次会谈中，周恩来对双方有争议的几种情况提出了解决办法。他说：第一种情况，双方地图上边界线相符合的地段，应该本着互让精神，由联合委员会实地调查后解决。第二种情况，双方地图不相符合，你们的线画到北边，我们的线画到南边，当中就有一块地方；另外，我们的线画到北边，你们的线画到南边，当中就出现了无人管的地方，但双方对这些地方没有争议，这也可以交联合委员会去调查。第三种情况，双方地图对边界的画法不同又有争议的地区，应该交联合委员会按互让的原则调查解决。最难办的是第三种情况，周恩来认为"可能找到的出路恐怕只能是原则性的"。

在这一天的会谈中，周恩来还谈到横亘在中尼之间的喜马拉雅山的著名山峰珠穆朗玛峰的归属问题，这是双方在边界问题上存在的主要分歧。

尼泊尔称这座山峰为萨加·玛塔。在尼泊尔的地图上，这座山峰被画在中尼边界线上，尼方认为它是属于尼泊尔的。在中国过去的地图上，这座山峰有些被画在中国境内，有些按外国的画法画为边界山峰。所以，周恩来友好地提出："这个峰在全世界是有名的，它不仅涉及中国的民族感情，我们也应该照顾到尼泊

① 周恩来和柯伊拉腊会谈记录，1960 年 3 月 12 日。

② 周恩来和柯伊拉腊会谈记录，1960 年 3 月 13 日。

尔的民族感情。它是一个民族精神的象征，没有多少实际意义，这件事可以由两国总理直接解决。”为了使尼泊尔方面放心，周恩来提出，边界协定中只写一致的意见，具体问题的解决可以在换文中解决。① 在这期间，柯伊拉腊到杭州访问时，毛泽东会见了他。柯说：“这个地方一直在我们境内，可是周恩来总理说是在你们境内。”毛说：“这也不要不安心。”柯说：“是感情的问题。”毛说：“可以解决，一半一半。山南边归你们，山北边归我们。”柯问：“山的顶峰呢？”毛回答：“顶峰也是一半一半。不行吗？”柯不再表示什么。毛泽东继续说：“如解决不了，拖一拖也好。山很高，山可以保证了我们边境的安全。你们不吃亏，我们也不吃亏。全给你们，我们情感上过不去；全给我们，你们感情过不去。可以在上面立个界桩。”② 后来，毛泽东打电话把情况告诉周恩来，周恩来同意他的意见。

经过全国人大常委会和国务院会议的批准，三月二十一日，周恩来和柯伊拉腊首相分别在《中华人民共和国政府和尼泊尔国王陛下政府关于两国边界问题的协定》和《中华人民共和国政府和尼泊尔国王陛下政府经济援助协定》上签字。柯伊拉腊说：“这些协定对我们两国是互利的，而且是很有意义的。”③ 他特别强调，边界问题的协定“是一个好的范例，它指出了两个邻邦应该怎样和平和友好相处”。④

周恩来这次回访尼泊尔，就是要继续同柯伊拉腊首相解决中尼之间在北京会谈中没有解决的两个问题：一个是中尼和平友好条约，一个是珠穆朗玛峰的归属。

会谈是在离加德满都九十六公里的风景优美的胜地博克拉举

① 周恩来和柯伊拉腊会谈记录，1960 年 3 月 15 日。

② 毛泽东会见柯伊拉腊谈话记录，1960 年 3 月 18 日。

③ 《人民日报》，1960 年 3 月 25 日。

④ 《人民日报》，1960 年 3 月 22 日。

行的。

对前一个问题，会谈很快达成一致意见。对后一个问题，双方进行了充分的协商。柯伊拉腊提出：珠峰“北边的山坡属于中国，南边的山坡属于尼泊尔，边界线划在山顶上，就我来说，是可以在这个基础上解决问题的。但是，我需要时间来教育人民，告诉他们，我们必须接受这样的安排”。① 周恩来同意他所说的解决办法，并表示可以等一等。

谈判进行得十分顺利。四月二十八日，周恩来和柯伊拉腊签订了中国和尼泊尔和平友好条约，同时交换了关于两国边界问题协定的批准书。这件事澄清了一些人在中印边界冲突后对中国的一些误解，在亚洲引起很大的反响。日本亚非团结委员会代表委员中岛健藏认为，这是“为解决亚洲的一切国际争端树立了光辉的榜样，并且在建立包括整个亚非两洲在内的和平地区的工作方面向前迈进了重要的一步”。② 此后，中尼两国领导人又通过互访，继续交换意见。到一九六一年秋，尼泊尔国王马亨德拉访华期间，双方就珠峰问题达成协议。协议规定：边界线将峰顶的南部划入尼泊尔境内，把峰顶的北部划入中国境内。任何人从北坡攀登珠穆朗玛峰，经中国政府批准后，应该通知尼泊尔政府；任何人从南面攀登萨加·玛塔峰，经尼泊尔政府批准后，应该通知中国政府。十月五日，刘少奇和马亨德拉签订了《中尼边界条约》，彻底解决了这个问题。

同样是边界问题，同样是历史遗留的复杂问题，在中缅和中尼之间都比较顺利地取得合理的解决，而在中印之间却陷入僵局，这就使人们对事实的真相看得更清楚了。

四月二十九日，周恩来回到昆明。第二天，到贵阳，在这里

---

① 周恩来和柯伊拉腊会谈记录，1960年4月27日。

② 《人民日报》，1960年5月1日。

参加了五一庆祝活动。随后，他又在五月五日至十四日到柬埔寨和越南访问，在五月二十七日至六月一日到蒙古访问，对世界局势和双方如何进一步友好合作广泛地交换意见。

在短短一个多月时间里，周恩来对亚洲六国的访问，向全世界展示了中国人民爱好和平的形象，使中印边界冲突事件以来的紧张局势暂时缓和下来。

五十六、度过严峻的困难岁月

这时，国内经济建设却面临着十分严峻的形势，“大跃进”所导致并不断积累深化的经济困难越来越突出地暴露出来，终于造成极为严重的后果。

这些问题的暴露，有一个逐步发展的过程，并不是所有人在最初就能清醒地看到的。庐山会议结束后，在全国范围内掀起了反右倾、鼓干劲、争取新的“大跃进”的高潮，许多人头脑再度发热。一些人指责八届六中全会以来对生产指标的调整是不对的，甚至说：“反右反早一点可以不调整。”① 对这些言论和思想，周恩来多次提出批评。他指出：“调整指标是必要的，是实事求是的”，“调整指标同反右倾是两回事，要区别开来”。他反复说明：调整指标是把不实的东西去掉，落实以后可能稍微低一点，这是“为了站稳脚跟，继续前进，争取超过，那是积极的，而不是消极性的”。② 但是，这种努力终究无法阻挡“左”的错误重新泛滥开来。

周恩来从庐山回到北京后，一面处理中印边界第一次武装冲

① 周恩来在国务院全体会议上的讲话记录，1960年1月20日。

② 周恩来在中共中央召开的省、市委文教书记会议上的报告记录，1959年11月19日。

突问题，一面根据毛泽东在庐山会议的提议，立即抓紧落实一九五九年国民经济计划的指标，主要是钢的生产指标。这时，离年底只有四个月的时间，虽然国务院根据八届八中全会的建议，在八月十六日向全国人大常委会提出将钢的生产指标（不包括土钢）从年初确定的一千八百万吨调整到一千二百万吨，但是要完成它仍不是一件容易的事。十月中旬，周恩来先后到河南、陕西、甘肃、内蒙古等地视察洛阳第一拖拉机厂、三门峡水利枢纽工程、兰州炼油厂、包钢等，帮助解决生产中的实际困难。在包头期间，周恩来参加了包钢一号炉的剪彩庆祝大会。他鼓励工人们要为新中国成为一个现代化的社会主义强国做出贡献。十二月，周恩来又到东北视察，并参加东北三省协作会议。由于当时正处在反右倾的高潮中，各地区、各部门一味追求高指标，盲目跃进的势头无法遏制，在争取完成一九五九年国民经济计划的过程中，出现拼设备、拼资源和国民经济比例严重失调的情况。到年底，钢产量完成一千三百八十七万吨，超过调整后的指标，比上年增长百分之七十三点四。但是，全国农业总产值在一九五九年比上一年下降百分之十三点六。这是建国以来农业生产第一次出现下降现象，下降幅度之大，也超过以后下降年份中的任何一年。其中，粮食总产量比上一年减少百分之十五，但由于虚报产量和城镇人口大量增加，粮食征购量却比上一年增加百分之十四点七，农民口粮大幅度减少。它的背后隐藏的是一场即将席卷中国大地的严重经济困难。

一九五九年国庆的到来，标志着中华人民共和国已经走过了十年的探索历程。在这艰辛的十年中，中国人民取得了伟大的成就，也从正反两个方面积累了许多经验。周恩来在国庆十周年时发表的《伟大的十年》一文，反映了这两方面的情况。与此同时，中国共产党人也从“大跃进”以来遇到的挫折中开始感到，对社会主义经济和社会发展规律的认识还很不够，不少人对社会主义的基本任务是什么、社会主义和共产主义的区别是什么等等都没有搞清楚。为了解决这些问题，毛泽东曾经多次倡导读书，希望通过这个办法，“使自己获得一个清醒的头脑，以利指导我们伟大的经济工作”。① 最初拟定庐山会议的议程时，毛泽东提出的第一项任务就是读书，他说：“不要整年整月事务主义，搞得很忙乱，使他们有时间想想问题。”② 这个愿望由于会议后期错误地批判彭德怀而没有能够实现。一九六〇年初，毛泽东再一次号召全党开展读书活动。他指定读的书是苏联的《政治经济学教科书》（一九五九年一月第三版）。当时中国和苏联在如何认识和建设社会主义的问题上已经出现明显的分歧，为什么毛泽东还要求全党读这本书呢？他曾经这样回答：对社会主义的探索，在理论上成系统的东西还不多，除了斯大林的《苏联的社会主义的经济问题》外，只有这本书。他说：这本书“缺点有，但比较完整”。

一九五九年十一月初，刘少奇在海南岛首先组织了学习这本书的读书小组，得到毛泽东的肯定。一九六〇年一月十七日，毛泽东在上海会议上建议：中央各部门、各省、市、自治区都要以第一书记挂帅，组织读政治经济学的小组，先读这本书的下半部，五一节以后读上半部，读的方法是用批判的方法，不是用教条主义的方法。他说：“你不读，我们也不了解苏联，不了解他讲些什么事情，同时我们要写教科书，也没有比较。”③ 随后，毛泽东也组织了一个读书小组。一九六〇年初，全党掀起学习政治经济学的热潮。

---

① 毛泽东致中央、省市自治区、地、县4级党委委员的信，1958年11月9日，手稿。

② 毛泽东在中共中央政治局扩大会议上的讲话记录，1959年7月2日。

③ 毛泽东在中共中央政治局扩大会议上的讲话记录，1960年1月17日。

这年二月，周恩来挤出时间到广东从化组织读书小组。去从化前，他先参加了一月七日至十七日在上海举行的政治局扩大会议，讨论一九六〇年度的国民经济计划。随后，在二月六日至十日，先后到海南岛榆林海军基地、兴隆华侨农场、文昌县和儋县等地视察，特别关心如何在亚热带种植橡胶树。到海口后，在同中共海南区党委领导人谈话时，嘱咐他们一定要做好开发海南的规划。周恩来满怀憧憬地说："三年小变，五年大变，八年全部变。到那时，到处是热带作物，到处是花园芬芳，真是南海一明珠。"①

二月十三日，周恩来到达从化。参加这个读书小组的有李富春、陶铸、宋任穷、吴芝圃、许涤新、胡绳、薛暮桥、王鹤寿、吕正操、陈正人等。事前，周恩来曾委托薛暮桥进行准备。读书小组用三个星期时间，把《政治经济学教科书》的社会主义部分通读了一遍。胡绳在会上宣讲了参加毛泽东读书小组的同志整理的关于"毛泽东读《政治经济学教科书》下册的笔记"。周恩来学习十分认真，薛暮桥回忆说："每天上午讨论三个小时，总理没有一次缺席，下午他又忙于处理从北京报来的重要工作。"②在学习期间，周恩来作了两次系统的发言。他联系苏联的经验和教训，对中国的社会主义建设进行了理论上的反思和总结。

二月二十三日，周恩来在第一次发言中主要谈过渡时期的问题。他说：中国十年的历史证明，这个过渡时期要贯穿从资本主义到共产主义的整个时期，是一个比较长的过渡时期，任务是两句话，"把革命进行到底"，"生产力不断提高"。周恩来认为，过渡时期的方针有五条：第一，认真贯彻"鼓足干劲、力争上游、

---

① 周恩来会见中共海南区党委领导人的谈话记录，1960 年 2 月 10 日。

② 薛暮桥：《在周恩来同志领导下工作的回忆》，《怀念周恩来》，人民出版社 1986 年 1 月版，第 38 页。

多快好省地建设社会主义”的总路线。他解释说：“上游”就是客观存在，是无止境的；如何争？要鼓足干劲，发挥最大限度的主观能动性；多快好省就是有计划按比例地发展。第二，两条腿走路。一九五九年五月三日，周恩来对文艺界人士的讲话中曾说过：“两条腿走路，就是对立的统一。”“对立统一本身就是两条腿，既要有机地结合，也要有主导方面（也就是矛盾的主要方面）。这是我们的哲学思想，也是我们的重要的工作方法。”① 周恩来在这次学习发言中说：苏联的教科书不注意这个问题，有片面性，而我们提倡两条腿走路“就是要对事物进行全面的分析，要排除片面性”。第三，五大革命：包括经济方面的三大改造，政治思想方面的百花齐放、百家争鸣，以及技术革命、文化革命、所有制方面的革命，“在过渡时期缺一不可”。第四，四个现代化。周恩来指出，它的主要内容是：“工业、农业、科学、国防四个现代化”。这个提法比他在一九五四年第一次提出的“四化”内容，即“现代化的工业、现代化的农业、现代化的交通运输业和现代化的国防”② 又进了一大步。第五，逐步消灭三大差别。③ 这五条方针反映出周恩来那一代中国共产党人试图摆脱苏联的模式，走出一条适合中国国情的社会主义道路所做的努力。

二月二十五日，周恩来作第二次发言，主要讲如何发挥人的思想的能动作用。这是教科书中讲得不够的地方。周恩来指出：“在生产关系革命，也就是经济革命的同时，要不断进行上层建筑的革命，也就是通常说的思想意识的革命。思想意识的革命常常是居先的，只有思想先变革了，才能变革所有制。”但是，“思

① 周恩来会见参加全国人民代表大会和全国政协会议的文艺界代表和委员的谈话记录，1959 年 5 月 3 日。

② 周恩来在全国人大一届一次会议上作的政府工作报告记录，1954 年 9 月 23 日。

③ 周恩来在从化学习班上的谈话记录，1960 年 2 月 23 日。

想认识又常常是落后于客观现实的。先驱者的作用，就是在事物还处在萌芽状态，甚至还在胚胎之中就能认识它，并推动人们去认识它，实现它。马克思、列宁的作用就在于此。所以，我们要认识思想意识的领先和落后两个侧面。有时思想就是认识了，但事物在不断发展，一时认识了，一时又不认识，这个问题认识了，那个问题又落后了”。那么究竟怎么来解决这个矛盾呢？周恩来强调应该“不断认识”，“学到老，做到老”。周恩来认为中国共产党正是本着这种精神，在探索适合中国国情的社会主义建设道路过程中，形成了自己的思想体系，这就是毛泽东思想。周恩来说：“要把毛主席的著作前后贯穿起来看。至于整理毛泽东思想，要靠秀才，更重要的是靠少奇、小平同志这样的党的领导人来总结。”周恩来还说：“把毛泽东思想学好一点，我们批判教科书、写论文才有武器。”①

三月二日，读书小组最后一次会上，周恩来作总结，着重阐述了毛泽东思想和马克思列宁主义的关系。他说：“不能把毛泽东思想说成是个人的，更不能和马克思主义割裂开。我们把毛泽东思想说过了不好，毛主席也不会同意的。”周恩来指出：“中国是个大国，革命又在发展，必然生长出自己的理论家。毛泽东同志创造性地发展了马列主义，是有他的历史条件的，有他的发展背景的。毛泽东思想是有他的根的，这个根当然首先是人民革命运动，理论基础还是马列主义，是马克思主义理论与中国革命实践的结合。这个结合不仅是运用了马克思主义，而且发展了马列主义。”周恩来还指出：毛泽东思想是在中国的土地上发展起来的，是马列主义的普遍真理，但也不能要求别人照抄，马列主义要创造性地运用。②

---

① 周恩来在从化学习班上的谈话记录，1960年2月25日。

② 周恩来在从化学习班上的谈话记录，1960年3月2日。

三月六日，周恩来回到北京。他发现西花厅的家发生了变化。原来，主管行政生活和警卫工作的秘书何谦为周恩来的健康考虑，把他从来没有装修过的住所修缮了一下。这次装修只是在潮湿的砖地上铺了木板，从厨房到饭厅打了个带棚通道，为了改善室内光线，把顶灯改了一下，窗帘换成白色的。因为走廊立柱的油漆全掉了，太破旧，也漆了一下。周恩来一进门就愣住了，发了脾气：国家正面临着经济上的严重困难，怎么能带头为自己修房呢？他感到十分不安，当晚没有在那里住，住到了钓鱼台。周恩来对何谦说："你跟我这么多年了，早就知道我这个人的脾气，我的心思。房子不是不能修，可是不能修得太好嘛！现在要我去住，我心里不好受，要是我总不回去住，你们心里又不好受。这样吧，你们把屋内陈设全换回原来的东西，我回去住。"这件事使何谦"既受教育，也受感动"。①

这个时期，中国共产党对如何进行社会主义建设，在理论上进行了一些有益的探索，但实践中还在继续走着弯路。当时提出的一九六〇年经济建设的总方针是："在一九五八年和一九五九年连续跃进的基础上，要争取一九六〇年国民经济的继续跃进。"

年初的时候，周恩来已经看到："今年又有'左'的苗头。"② 他在从化学习时说到："总不能天天跃进，总有波浪。"③但是，在反右倾的形势下，他所做出的种种努力很难取得成效。中国在"开门红，满堂红，红到底"的口号声中进入一九六〇年。这已经是"大跃进"的第三年。

由于一九五九年已经提前完成了第二个五年计划的主要指

---

① 何谦：《再度聚散　一片深情》，《周恩来和他的秘书们》，中国广播电视出版社 1992 年 3 月版，第 284 页。

②③ 周恩来在从化学习班上的谈话记录，1960 年 2 月 25 日。

标，在国内经济建设中有两个问题急需确定：一个是一九六〇年国民经济的年度计划，另一个是第二个五年计划后三年的补充计划。前一个，由国家计委起草出《关于一九六〇年国民经济计划的报告》，提交一月在上海召开的中共中央政治局扩大会议讨论确定，并经四月召开的全国人大二届二次会议通过。后一个计划，一月上海会议上只讨论了它的初步设想，到一九六〇年年度计划确定后，国家计委才开始草拟。六月十四日至十八日，中共中央在上海召开政治局扩大会议讨论和研究这个计划。

周恩来三月上旬从从化回北京后，一直忙于处理棘手的中印关系问题；还同来华的尼泊尔首相柯伊拉腊举行三次关于中尼边界的会谈，并共同签署了有关协定和两国政府会谈公报。四、五月间，他的大部分时间到印度、缅甸等亚洲六国访问，没有更多的时间来过问国内经济建设方面的问题。六月一日，周恩来结束对六国中最后一个国家蒙古的访问。七日，匆匆赶往上海，准备参加中央政治局扩大会议。

这时，连续三年“大跃进”给国民经济带来的严重恶果已经越来越清楚地暴露出来。以钢的生产为例，第一季度的产量已低于一九五九年第四季度，四、五月份的生产继续下降。而五月以来中共中央批转冶金部等提出的钢产量三本账的计划（第二本账是二千零四十万吨，第三本账是二千二百万吨），并提出确保完成第二本账、争取实现第三本账的口号，这个指标是无论如何也实现不了的。薄一波回忆说：当时，“不仅干部和群众焦虑不安，处于第一线的经济综合部门更是紧张”。[1] 农业方面，也不断传来令人焦虑不安的消息。人们已普遍反映吃不饱。情况正在越来越严重，使中共中央领导人的头脑逐渐冷静下来，对计划采取比

① 薄一波：《关于重大决策和事件的回顾》下卷，中共中央党校出版社 1993 年 6 月版，第 890 页。

较慎重的态度。

六月十四日，毛泽东在政治局扩大会议开幕时指出："建设时间还太短，认识不足，要经常总结，使我们的认识更加全面一点。不要隐讳我们犯的错误，只有抓紧总结，才能及时指导。"他提出，在议论计划时"留有余地可以多一点，不要打得太满，中央和地方都不要打得太满"。谈到后三年的补充计划时，毛泽东说："宁可打低一点，在年度中去超过。决不可以打得过高，以至于超不过。"① 他在会议期间所写的《十年总结》中指出："一九六〇年六月上海会议（指本次会议——编者注）规定后三年的指标，仍然存在一个极大的危险，就是对于留有余地，对于藏一手，对于实际可能性，还要打一个大大的折扣，当事人还不懂得。一九五六年周恩来同志主持制定的第二个五年计划，大部分指标，如钢等，替我们留了三年余地，多么好啊！农业方面则犯了错误，指标高了，以至不可能完成。要下决心改，在今年七月的党大会上一定要改过来。从此就完全主动了。同志们，主动权是一个极端重要的事情。"②

毛泽东请周恩来在会上谈谈农业方面的情况。周恩来虽然回国还不到半个月，仍系统地谈了自己的看法。他已注意到农业方面正在日益突出地表现出来的种种问题，明确地指出这些年来由于高指标、高估产带来的严重后果：第一，一九五六年八大上提出粮食五千亿斤左右、棉花四千八百万担左右、猪三亿头的计划，这三个数字基本上提得太高，很难达到。第二，对这三年的产量都估高了，一九五八年出现第一次被动，一直到去年庐山会议才改下来。今年一月把去年的产量又估高了，粮食报五千四百

① 毛泽东在中共中央政治局扩大会议上的讲话记录，1960 年 6 月 14 日。

② 毛泽东：《十年总结》，《建国以来毛泽东文稿》第 9 册，中央文献出版社 1996 年 1 月版，第 214—215 页。

亿斤，实际上只有四千八百亿斤；棉花宣布四千八百二十万担，实际上只有三千八百万担，现在又被动了。第三，因为去年估高了，今年的计划数字也高，就是在去年的数字上头增加百分之十，即粮食五千九百四十亿斤，棉花五千三百万担，现在看今年是完不成的。今年能够保持去年的产量就了不起，就是很大胜利。现在，我们不但今年陷于被动，而且到一九六二年的计划也有完不成的危险。他说："两年灾荒之后，明年就很难保产了，要很大的人力去克服。所以估计一九六二年的计划，就要放在一个比较保险的可能的数字上，来争取实现或超过。"

周恩来十分赞成毛泽东提出的"一次把主动权拿过来"。他建议降低粮食、棉花和养猪的指标。他提醒大家：农业指标如果提高了，不仅直接影响人民生活，而且影响轻工业的原料，转而又间接影响到人民生活，所以它比重工业感觉更灵，这是三年农业被动得比工业感觉更厉害的原因。大家反映吃不饱，我们就不安。毛泽东问：那么究竟怎么来转这个弯子呢？周恩来说：既然不能完成，主席昨天也讲了要转入主动，必须在今年的党代会上埋伏一笔，使今年年底的实际数字到明年公布时能够得出为什么减产的结论来。他还说：不但要为今年着想，而且要为一九六二年着想，全部转入主动，就是一九六二年提的指标跟原来八大的建议差不多或者比八大的建议还少一点都可以，这才能转入真正的主动，不然还是不能主动。因此，后三年的补充计划，无论是农业指标还是工业指标，就要把它提低，其目的为使我们留有余地。①

会上，大家都很赞成毛泽东和周恩来的意见。刘少奇说："完全赞成指标这么改，毛主席这个总结很重要，已有的经验就需要学习。农业指标我们三年被动，能够在这一次转入主动就好

① 周恩来在中共中央政治局扩大会议上的谈话记录，1960年6月14日。

了。”[①] 邓小平也认为这次会议提出争取主动“是很大极大的好事”。他还强调：毛泽东的《十年总结》十分重要，“是提到认识论来解决这个问题，从思想方法上来解决这个问题”。[②] 由于中共中央主要领导人开始统一了思想，就为下决心调整计划指标、争取主动、扭转困难初步奠定了基础。正如邓小平所说：“真正决定问题的，就是我们在座的人。”[③]

正当这个时候，几年来已在日趋恶化的中苏关系突然公开地爆发出来，这件事不仅给中国的政治带来很大影响，而且使原已十分困难的中国的经济面临着新的更大的困难。

上海会议结束不久，从罗马尼亚首都布加勒斯特传来消息，正在那里参加罗马尼亚工人党第三次代表大会的十二个社会主义国家的共产党、工人党代表准备举行会谈（通常称为布加勒斯特会议）的前夕，苏共代表团以突然袭击的方式向各国共产党、工人党散发六月二十一日苏共中央致中共中央的通知书，对中共中央进行全面攻击。这件事不仅在社会主义阵营内，而且在全世界范围内引起极大震动。因为，中苏两党之间存在的矛盾长期以来一直并没有公开，即使上一年中印边界冲突发生后，苏联采取偏袒印度的态度，两党的矛盾也没有完全公开，而这一次，由于苏共单方面采取这样的行动，双方的矛盾就完全公开化了。

中共中央对中苏关系的发展一直十分关注，在一月召开的上海会议、五月召开的杭州会议、直到刚刚结束的六月上海会议上都对这个问题进行了认真的研究，主张两党之间通过会谈的方式来解决存在的矛盾。但是，苏共却采取相反的方式和态度。当散发他们致中共中央的通知书后，赫鲁晓夫又在布加勒斯特会议上

① 刘少奇在中共中央政治局扩大会议上的谈话记录，1960 年 6 月 14 日。

②③ 邓小平在中共中央政治局扩大会议上的谈话记录，1960 年 6 月 14 日。

带头围攻中共代表团，并且在事先没有征求任何兄弟党意见的情况下，使会议于六月二十四日强行通过会谈公报。这个公报对一九五七年由各国党共同通过的莫斯科宣言作了不恰当的修正。

事情发生后，中共中央立即指示中共代表团提出对公报的修正草案。与此同时，为了照顾社会主义阵营团结的大局，中共中央一方面同意代表团在六月二十四日会谈公报上签字，另一方面指示他们发表声明，严正指出：苏共中央代表团赫鲁晓夫同志在这次会谈中，完全破坏了历来国际共运中兄弟党协商解决共同问题的原则，完全破坏了在会谈以前关于这次会谈只限于交换意见、不作任何决定的协议，突然袭击地提出了会谈公报草案，对这个公报的内容没有预先征求兄弟党的意见，而且在会谈中不允许进行充分的正常的讨论，这是滥用苏共从列宁以来长期形成的在国际共运中的威信，极端粗暴地把自己的意志强加于人。这种态度同列宁的做法毫无共同之处，这种做法在国际共运中开了一个极端恶劣的先例。这种态度和这种做法，将会在国际共运中产生非常严重的后果。声明还指出："我们保留我党在公报修正草案上所采取的立场和观点，我们并提议下一次兄弟党的会议应该重新审查六月二十四日会谈公报和我党提出的会谈公报修正草案。"六月二十五日，周恩来代表中共中央致中共代表团的信中具体部署了散发声明的步骤和方法，同时指出："对赫鲁晓夫在严正批评之后，还要留有余地，拉他一把。"①

六月二十八日，周恩来回到北京。七月六日，他又赶往北戴河参加中央工作会议。这次会议从七月五日到八月十日，整整用了一个月零五天的时间。会议的议程很多，主要是讨论和研究国际形势，同时，落实和安排国民经济计划。会议批准了李富春、薄一波提出的《一九六〇年第三季度工业交通生产中的主要措

① 周恩来致彭真、康生、伍修权等的信，1960 年 6 月 25 日。

施》，通过了《关于全党动手，大办农业，大办粮食的指示》、《关于开展以保粮保钢为中心的增产节约运动的指示》等文件。会议还决定以后计划不再搞两本账，只搞一本账，不搞计划外的东西。

会议期间，周恩来受中共中央的委托，在七月十四日和十五日用了两天时间向各省、市、自治区委书记作了关于共产国际和中国共产党的关系的报告。报告的中心意思是告诉大家，不要因为当前国际共运中出现的这些问题而灰心。他通过对共产国际历史的回顾说明："各国的革命和建设，要靠各国人民自己的实践。只有把马克思列宁主义的普遍真理和本国革命的具体实践相结合，才能使马克思列宁主义得到补充和发展"；"各国的革命和建设，要靠各国党自己独立思考。只有独立思考，才有可能避免国际的坏的经验在本国重犯，使国际的好的经验在本国得以发展。据我所了解，不独立思考、盲从迷信的人是很多的，破除迷信、独立思考是很不容易的。当然独立思考并不等于狂妄自大，唯心武断，拒绝国际提出的好的意见"；"各国的革命和建设，要靠各国自己独立自主和自力更生"。①

七月十六日，周恩来作报告后的第二天，苏联政府突然照会中国外交部，不顾国际信义地提出撤走全部在华的苏联专家。七月二十五日，苏联政府又通知中国政府，从七月二十八日至九月一日，将全部撤回在华专家一千三百九十人，停止派遣专家九百多名，并撕毁三百四十三个专家合同和合同补充书。苏联政府的这种做法是把中苏两党之间的思想分歧扩大到国家关系方面，这在国际共运史上是从来没有过的。周恩来说："大家不要以为撤退专家是一件小事，这是把党的原则上不同的意见、理论思想上的一些争论引到两个兄弟国家的关系上来了，是一件极不正常的

① 《周恩来选集》下卷，人民出版社 1984 年 11 月版，第 301、302 页。

事，违背原则的事情。”①

由于中国第一个五年计划以来，苏联援助的三百零四个项目中还有二百零一个项目正在建设中，其中许多项目是由苏联专家负责的，这些项目又直接或间接地牵动着十二个方面的工作，所以完全打乱了中国国民经济建设的安排。

面对苏联施加的巨大压力，中国人民会屈服吗？

中国共产党人是有骨气的，从来不会在横逆面前低头。邓小平告诉苏联人，“你们给我们这么大的困难，我们怎么样呢？我们准备吞下去。”七月三十一日，周恩来在北戴河会议上发言指出：苏联撤退专家，影响了我们各方面的工作，“想拿这个来压我们，这怎么能压得成呢？”大家回去要好好准备，迎接困难，决不能“掉以轻心”。他说：这场斗争“比对帝国主义斗争跟民族主义斗争麻烦，这个就是轻是不行，重要重得适当”，希望“大家都兢兢业业、踏踏实实”。② 对于曾经帮助过中国革命和建设的苏联人民，中国人民是永远不会忘记的。八月十六日，周恩来为即将奉命回国的苏联专家举行告别宴会，对他们为中国的社会主义建设做出的巨大贡献表示诚挚的感谢。他动情地说：“我们分开了，但相信两国、两国人民的友谊是永恒的。”在座的苏联专家深受感动，有些人还流下了眼泪。

为了做好苏联专家撤走后的各项工作，中共中央采取紧急措施，成立由周恩来、陈毅、陆定一、王稼祥、廖承志、安子文组成的外事小组。下设机构中习仲勋、杨放之负责专家工作；安子文、蒋南翔、范长江、刘皑风负责留学生工作；张彦、姚溱负责

① 周恩来在中央直属机关、中央国家机关、北京市各机关17级以上干部会议上的讲话记录，1960年10月17日。

② 周恩来在中共中央工作会议上的讲话记录，1960年7月31日。

宣传工作；廖承志负责国际方面的活动；王稼祥负责对外文化工作；章汉夫负责外交工作；雷任民负责外贸工作；方方负责侨务工作；谢富治负责外侨工作；齐燕铭、孔原负责旅行社工作。另外还成立由李富春、贺龙、聂荣臻、宋任穷、程子华组成的经济小组，负责处理对苏的一些经济关系，即有关的建设项目，包括科学技术合作、国防尖端、原子能等方面的问题。这两个小组都对中央负责，并负责拟出一些原则和办法来。

中苏关系的破裂，给中国的对外贸易也带来巨大影响。建国以来，面对帝国主义国家的禁运和封锁，中国的进出口贸易主要是同苏联和东欧国家进行，其中同苏联的贸易往来几乎占全部对外贸易额的一半。过去几年在中苏贸易中，中国方面进口多一些，出口能力差一些，时常不能完成，因此还欠了一些债。面对中苏关系突然发生的变化，在这方面不能不采取断然措施。如果稍有疏忽，就会酿成严重后果。周恩来提出，今后的办法是，把进口的口子封死，如果苏联方面提出要保留一些，需要重新签订合同。为了严格控制进出口，周恩来建议由他和李富春、李先念全权负责这件事。他说："我们三个要结成同盟，三人同盟。因为，我们也不能逃避这个责任啊！因为做政府工作嘛。"中共中央接受了这个建议，八月十日，发出《关于全党大搞对外贸易收购和出口运动的紧急指示》。《指示》决定：由周恩来、李富春、李先念组成三人小组，并且建立对外贸易指挥部，指挥全国的收购、出口和调运，严格控制进口。周恩来的外交秘书马列回忆道："当时，进出口货单、申请，都要由他们看后批准，抓得很细。总货单由总理亲自看，过问哪些东西要多买，哪些要少买甚至不买。他不仅要了解当年的情况，还要查问过去的合同执行情况，对各个部门的情况做具体的比较。"① 傅生麟感慨地说："在

① 访问马列谈话记录，1987 年 2 月 26 日。

国家困难的情况下，不这样抓是不行的”，“就靠这样，我们积攒了一些家底”。①

那时，苏联的态度咄咄逼人，逼债逼得很厉害。这种情景，周恩来的经济秘书顾明在几十年后依然记忆犹新。他说：“有一次，苏联的一个外贸部副部长在人民大会堂和总理谈判，要我们还钱。总理说，我们现在暂时有困难。谈完后，总理送他出来，他看见门口有一块三百多公斤重的大石英石，就对总理说，你们如果没有别的东西，这个就很好。总理顶他说，你要你就拿走。”② 在苏联的逼迫下，中共中央决定，自力更生，咬紧牙关来还债。在那段艰难的岁月里，中国人民吃了很多苦头，但是，终于提前两年把债务还清了。亲身参与过这项工作的李强说：“这是很不容易的，也是值得的，它表现了中华民族不屈服的精神。”③

中苏贸易大大缩减，使中国对外贸易的重心不得不转向西方资本主义国家，包括日本等国。对外贸易的方式也不得不从记账贸易改为现汇贸易。那时候，中国缺少外汇。事情的变化是突然发生的。为了解决这个迫在眉睫的问题，周恩来做了很多工作。他约外贸部门的负责人一起开会，商议解决办法。周恩来借鉴外国的经验，提出一些很有价值的建议。他说：日本除很少一点煤炭资源外，其他重要资源都很少，工业生产原料都靠进口，是世界最大的资源进口国；英国资源也很少，很多原料靠进口；东欧的民主德国、捷克等国也是资源缺乏的国家。但是，这些国家的对外贸易却很发达。这是为什么呢？一个重要原因就是它们进口原料，生产出口商品。我国生产出口商品的原料都有，但有一些

① 访问傅生麟谈话记录，1987 年 3 月 5 日。
② 访问顾明谈话记录，1987 年 2 月 26 日。
③ 访问李强谈话记录，1987 年 2 月 27 日。

还有待开发，解不了燃眉之急。发展对外贸易，完全靠我们开采出原料后再生产要慢一些。我们也可以进口一些急需原料，给国外加工产品供出口。如果采取这种办法，我们既能发展对外贸易，获得外汇收入，还能够提高国内工业生产水平和提高产品质量。后来，外贸部根据周恩来的意见从国外进口部分原料，加工成产品出口，叫做“以进养出”。①

在这个时期中，为了促进同日本的贸易关系，周恩来提出了著名的“政治三原则”和“贸易三原则”。政治三原则是：第一，日本政府不能敌视中国；第二，不能追随美国，搞“两个中国”的阴谋；第三，不要阻碍中日两国关系向正常化方向发展。贸易三原则是：一、政府协定；二、民间合同；三、个别照顾。② 随后，周恩来进一步部署对日贸易工作：一方面，由中国国际贸易促进会同日本有关贸易促进团体签订贸易议定书，开展两国之间的民间友好贸易；另一方面，由廖承志同日本自由民主党元老松村谦三和曾任万隆会议日方首席代表的高碕达之助等建立半官方联系，签订了备忘录，开展综合的、长期的、易货的、大宗的、包括延期付款方式在内的贸易。周恩来采取的一系列措施，为中国的对外贸易打开了新的局面。

中苏关系的恶化也引起国际上的广泛关注。为了防止帝国主义，特别是美国钻空子，周恩来在这段时间内先后会见了英国的蒙哥马利元帅、美国记者埃德加·斯诺、安娜·路易斯·斯特朗。他在谈话中指出：如果美帝国主义进攻苏联或其他任何社会主义国家，中国是不会坐视不理的。中苏之间虽然有原则上的分歧，但是西方帝国主义国家不能破坏社会主义阵营的团结和统一。至于中美之间，周恩来说要通过谈判达成原则协议，协议包括两

① 访问林海云谈话记录，1987 年 2 月 12 日。

② 《周恩来外交文选》，中央文献出版社 1990 年 5 月版，第 289、290 页。

点：第一点是中美两国之间的一切争端，包括两国在台湾地区的争端，应通过和平协商求得解决，而不诉诸武力或武力威胁；第二点是美国必须同意将武装力量从台湾和台湾海峡撤走，至于什么时候撤走，以及如何撤走是下一步的事情。周恩来还就国际问题同他们进行了广泛交谈。蒙哥马利后来在一次宴会上谈到他这次对中国的访问时表示："我所见到的中国领袖都是有学问的，并且是很有智慧的。西方所说中国领袖对世界了解得很少，是不正确的。"他说："周总理对世界情况知道得很多，对人态度诚恳，谈问题明确并且敏锐，在我所见过的世界各国领袖中是有数的人物。"

中苏关系的破裂，许多重点建设项目因撤退苏联专家而陷于停顿或半停顿，完全打乱了中国国民经济计划的原有安排。而"大跃进"以来种种矛盾的积累，更导致国民经济比例严重失调，工农业生产出现大滑坡。这两方面的事实，迫使中国必须对原有的计划进行大幅度的调整。

"调整、巩固、充实、提高"的八字方针，就是周恩来、李富春在这时提出来的。这个重要方针的提出有一个过程：在北戴河会议初期讨论运输问题时，李富春曾根据前段时间的生产情况，提出应该对工业进行整顿、巩固、提高。但是，这个想法提出后，计委内部争论很大，有人认为没有必要这样做。八月十一日，周恩来回到北京。八月三十日，李富春等到西花厅向他汇报工作，共同审议《关于一九六一年国民经济计划控制数字的报告》时，周恩来支持李富春的意见，并将报告中提出的对一九六一年国民经济实行"整顿、巩固、提高"的方针增加了"充实"二字。九月五日，他又将"整顿"改为"调整"，使它的含义更加明确。九月三十日，周恩来签发中共中央批转国家计委《一九六一年国民经济计划控制数字的报告》，第一次正式并且完整地表述了这八字方针，报告提出一九六一年要把“农业放在首位，使各项生产、建设事业在发展中得到调整、巩固、充实和提高”。

对八字方针的含义，周恩来在一次国务院常务会议上做了进一步解释，他说：“‘调整’的目的，是为了更好地扩大再生产；‘巩固’，是为了再前进；‘充实’，是为了搞好配套，使生产能力得到充分发挥；‘提高’就更容易懂了。”① 这八字方针在第二年就被确定为整个国民经济在一个时期内的主要任务，成为指导中国人民从困境中走出来的根本方针。

为了加强中共中央对全国政治、经济工作的领导，特别是建立区域性的比较完整的经济体系，这年九月，中共中央政治局决定成立六个中央局，作为中共中央在各大区的派出机构，相继任命陶铸为中南局第一书记，宋任穷为东北局第一书记，李井泉为西南局第一书记，刘澜涛为西北局第一书记，李雪峰为华北局第一书记，柯庆施为华东局第一书记。十月二十九日，周恩来在中共中央政治局扩大会议上祝贺中央局成立时提出，中央局的任务是：“统帅一切，贯彻一切，承上启下，顶上护下”。

但是，北戴河会议结束后，八字方针并没有立刻得到很好的贯彻，过高的指标一时仍难调整下来。以钢为例，一九六〇年计划生产一千八百万吨钢的指标本来已经过高，为了向苏联争一口气，北戴河会议又提出“为两千万吨钢而奋斗”的口号。袁宝华回忆说：“从当时的实际情况看，无论是钢厂的能力、煤炭的供应，还是交通运输情况，完成这样高的指标都是困难的。但由于受一九五八年以来在经济建设中产生的‘左’倾冒进思想的严重影响，一些干部包括一些高级干部，对当时出现的经济困难的严重性认识不足，对进行国民经济调整的必要性也认识不够，或许是对反对右倾机会主义心有余悸，以致在一段时间内对实行调整

① 周恩来在国务院常务会议上的讲话记录，1960 年 12 月 12 日—14 日。

的方针在思想上还转不过弯子，因此都不愿首先提出调整指标的意见，而是强调客观，互相推诿。”①

周恩来对这种状况很不满意，做了大量的说服工作。在北戴河会议期间，他曾致信李富春，提出：“必须确保计划内的质量、品种和炼焦煤、生铁、钢材的分配数字，并且必须使钢的前后左右能够协同前进，不要造成寅吃卯粮、毫无余地，左支右绌、前后脱节的形势。为防止这一情况出现，既要保重点厂矿地区，又要瞻前顾后，为明后两年和第三个五年计划留有余地，打下新的基础。”② 北戴河会议结束后，周恩来和李富春一手抓一九六〇年计划的落实，一手抓一九六一年计划的安排。

十月中旬，中央书记处连续召开会议研究第四季度的工业生产和一九六一年的经济计划。十月十日，周恩来在书记处会议上说出自己的担心，他说：“我是一向鼓气的，但也是一向担心的”，“现在要鼓劲，不能泄气，有困难就提出，大家帮助解决”。“北戴河说得很硬，做得稀松。现在已进入第四季度九天了，还没达到去年最高点，说形势有显著好转，我不同意，只能说明有好转。”周恩来指出：“今年从上海会议就说不能追求产值产量，要注意品种和质量，但到现在还没有扭转过来”，“明年再不能搞这样的数字了”。关于一九六一年的计划安排，周恩来说：“生产数字变来变去，已经有两年了，我们应当说有了经验，把明年的计划搞准一些。”“经验的完整不只表现在领导思想上，还要表现为广大干部和群众能够了解、掌握和运用。现在生产任务紧，下边不可能没有有右倾思想的人，应当反。但是，要把右倾的人和提困难想办法的人分别开来，千万不要听到有人讲困难，就打回

① 袁宝华：《周恩来领导我们搞经济工作的几件往事》，《我们的周总理》，中央文献出版社 1990 年 1 月版，第 147 页。

② 周恩来致李富春的信，1960 年 7 月 21 日。

去。有的人既看到困难，又主动想办法，这不是右倾，反而是我们党应当提倡的实事求是态度。不准讲困难是不行的。像山东粮食问题，一直不听下边的困难，一经暴露，问题就严重了。不听下边的意见会闭塞头脑。”①

十月二十九日，中共中央政治局扩大会议讨论国内建设问题时，周恩来在发言中指出：“明年的指标不能照二千三百万吨来提了，各地方都有此要求，觉得中央提的指标高了一些，这是两年半来头一次地方嫌我们这个指标高了，那就实事求是了。”对于如何制定一个切实可行的计划，周恩来提出三条意见：一、从可能性出发，不要用指标把人框住；二、既要照顾今天，还要看到明天，布局一定要把城乡问题结合，现在农业第一，无论如何，城市建设不要再挤农村了；三、分别轻重缓急，抓重点，赶尖端。这三点意见，是周恩来从“大跃进”以来的痛苦教训中得出来的。

十一月十五日、十六日，周恩来连续两天召集副总理开会，继续研究一九六一年的计划。在十六日的会议上，周恩来说：今后制定计划，应将“大跃进的速度与按比例地发展相结合”，“否则就会违反客观规律，就会受到客观规律的惩罚”。② 十二月二日，他在中共中央主办的报告会上说：我们的形势总的方面是好的，但确实存在暂时性和局部性的困难。造成困难，客观上是天灾和经验不足，主观方面是缺点、错误，其中有政策和作风等问题。十来天后，他在国务院常务会议上又阐述了自己的观点。周恩来说：我们做了错事，看来有一半是由于经验不足。打仗不就是这样么？没有经验就打败仗。经济工作，看来我们仍是没有经

① 周恩来在中央书记处会议上的发言记录，1960 年 10 月 10 日。

② 周恩来在他召集的副总理汇报计划工作会议上的讲话记录，1960 年 11 月 16 日。

验，连我们在座的各位在内。许多事都是我们提倡的嘛。今后必须慎重，要很好地总结经验，吸取教训。改变目前的情况，关键在于领导，在于决策，在于我们这些人。高指标几年了，这次允许我们试一次低指标。低了怕什么？超产么！如果低错了，我们承认错误就是了。明年减低速度，这决不是什么消极的措施。这是为了经过调整、巩固、充实、提高之后，使我们的经济工作有更大的改进，是我们主动搞的有计划的“马鞍形”。许多错事中，人为的因素占三分之一以上。既然这样下去不行了，就不得不主动地搞“马鞍形”。①

但是，在实际工作中，周恩来的这些重要意见一时还难以实现。人们的认识并不完全一致。上上下下都有许多人还是急于求成，不愿意把过高的指标压下来。在国内外的种种压力下，调整工作在这一年也没有真正开展起来。十二月初，中共中央发出《关于保钢问题的紧急指示》，继续强调：“这是国内外瞩目的一件大事，是一个政治性的问题。”在中央全力保钢的号召下，经过大力突击，一九六〇年勉强完成钢产量一千八百六十六万吨，付出的代价却是，为了保钢而造成各方面生产比例的进一步失调，国民经济陷入更加严重的困难之中。

国民经济陷入严重困难的最突出的表现是粮食问题。“一九五九年农业大减产，情况更为严重。但是公社干部不敢反映农民的呼声。”② 一九六〇年夏天开始，在全国范围内出现前所未有的粮食供应紧张的局面。这年秋收将要到来的时候，全国粮食再度大面积减产已成定局，许多地方的粮食供应已到了难以支持的地步。如果人民的吃饭问题得不到基本的保障，其他就什么都谈

① 周恩来在国务院常务会议上的讲话记录，1960 年 12 月 12 日—14 日。

② 《薛暮桥回忆录》，天津人民出版社 1996 年 7 月版，第 265 页。

不上了。而中国这样一个有着六亿人口的大国，一旦发生粮食供应难以支持，就不是短时间能改变过来的。周恩来为此忧心如焚，用了大量时间来处理和解决这个问题。他在六月十四日的政治局扩大会议上已经谈到农业方面由于高指标、高估产带来的种种严重问题。到这年年底的一次会议上，周恩来更是沉重地说："这半年来，我们几乎没有哪一天不考虑这个问题。"①

造成粮食紧张的主要原因，是"大跃进"以来的瞎指挥和对粮食产量的虚报、浮夸和估产过高。一九五八年召开的北戴河会议曾公布粮食产量将达到六千至七千亿斤。这年年底，各省、自治区、直辖市预计的粮食产量又被夸大到八千五百亿斤，也就是全国平均每人占有粮食一千三百斤，造成一种粮食已经过关的假象。一九五九年，各地上报的粮食产量更达到一万亿斤。周恩来当时就指出这是虚报，没有那么多。后来落实的结果，一九五九年粮食的实际产量只有三千三百多亿斤，是上报数字的三分之一。这样的高估产造成的假象，使一些人感到完全有条件实行高征购。一九五九年至一九六一年三年粮食平均征购数占到粮食总产量的百分之三十五点三，其中一九五九年达到百分之三十九点七（正常年景一般占百分之二十多），远远超过了农民的承受能力，所购的过头粮中包括农民的一部分口粮和种子。于是，到一九六〇年，便相当普遍地因营养不足而发生浮肿病，有些地区（最严重的是河南信阳地区）发生饿死人的惨剧，给人民造成沉重的苦难。在这种情况下，农民的生产积极性自然受到严重挫伤，导致粮食的进一步减产。

另一个原因是，一九五九年起连续两年的严重自然灾害。一九五九年初春，在河北、山西、内蒙古、陕西、甘肃、宁夏、青海、山东、江苏、安徽、福建、河南、湖北、湖南、江西十五省

---

① 周恩来在中央直属机关下放干部座谈会上的讲话记录，1960 年 12 月 8 日。

出现春荒，在河北、山东等五省出现严重缺粮情况。周恩来收到中央救灾委员会办公室送来的两件灾情报告后，十分重视，立即送给毛泽东等传阅。毛泽东阅后建议：在三日内，用飞机将这两个文件送到十五个省的第一书记手中。为引起各省的注意，毛泽东还在两份文件上安了一个总题目："十五省二千五百一十七万人无饭吃大问题"。[①] 周恩来亲自给各省第一书记写了一封信，信中指出："这两个文件中反映的情况，有些地方一定已经处理，或者正在处理；可能有些地方的当地领导人还不知道，因而还未处理；也可能有些地方的实际情况与反映的情况不尽符合。请你们收到这两个文件后，迅即核实情况，采取措施，调运粮食，以解除两千五百一十七万人暂时缺粮的紧急危机。"[②] 这一年的灾荒所影响的还是农村的一部分地区，没有发展到全国规模，它的严重程度仍多少被掩盖着，容易被看作一时或局部的问题。到一九六〇年，情况就大不相同，灾情比一九五九年严重得多。三月二十九日，周恩来收到习仲勋送来的一封群众来信，反映安徽和县铜城闸和无为县发生的"饿死人事件"和"田地荒芜"等问题。这时还在年初，尽管对情况的判断一时还没有把握，周恩来认为这封群众来信中反映的问题决不能忽视。他立即将这封信批给安徽省委第一书记曾希圣，要求他派人前往两县调查。周恩来在信中指出："也许确有此事，也许夸大其词，但这类个别现象各省都有，尤其去年遭灾省份，更值得研究。"[③] 到这年秋后，情况就很清楚了：全国仅受旱面积就达到六亿多亩，水灾面积有一亿多亩，再加上虫、风、雹等灾害共约九亿多亩，占全国十六亿亩耕地面积的一半以上。周恩来说："这样大的灾荒那是我们

① 毛泽东致周恩来的信，1959 年 4 月 17 日，手稿。

② 周恩来致河北、山东等 15 省省委书记的信，1959 年 4 月 18 日。

③ 周恩来致曾希圣的信，1960 年 3 月 29 日。

开国十一年所未有的，拿我们这个年龄的人来说，二十世纪记事起，也没有听说过。”① 而农村应付灾荒的能力已经十分虚弱。这一年的粮食产量原计划是六千亿斤，而实际上只有二千八百七十亿斤，比“大跃进”前的一九五七年还减少百分之二十六以上。

一九六〇年的严重缺粮危机，同样突出地影响到城市。由于“大跃进”以来，工矿企业从农村大量招工，城镇人口急速猛增，一九六〇年比一九五七年增加三千一百二十四万人，比一九五一年增加近一倍。这在一方面大大减少了农村劳动力，另一方面又大大增加了需要向农村多征购粮食才能养活的城镇人口，而粮食却没有那么多。据六月份国务院财贸办的一份报告中谈到：入夏以后，北京、天津、上海、辽宁等大城市和工业区的粮食库存非常薄弱，北京只能销七天，天津只能销十天，上海已经几乎没有大米库存，辽宁十个城市只能销八九天。在最紧张的日子里，京津沪库存只剩几千万斤，甚至还不到，形势十分危险。一旦发生断粮，后果不堪设想。另外，一九六〇年粮食出口收购计划是一百亿斤，而到五月底只能完成三十多亿斤，在对外贸易方面也很被动。

如此严重的粮食危机，当时并没有向社会公开宣布，以免引起人心的普遍恐慌。这副沉重的担子，就压在作为政府总理的周恩来的肩上。周恩来的秘书李岩回忆：“各省市天天向中央告急，搞得总理吃不下饭，睡不好觉。”② 为了救急，只能使用国家手中的为数不多的机动粮和进行地区间的调拨。这样，摆在周恩来面前的一个重要任务就是要做好全国范围的粮食调运工作。

这是一件异常繁重而又艰难的任务。以这一年第三季度为

---

① 周恩来在中共中央政治局扩大会议上的发言记录，1960 年 10 月 29 日。

② 访问李岩谈话记录，1986 年 8 月 1 日。

例，根据粮食部计算，国家要从有关省区调运六十点三亿斤粮食，用来保证京、津、沪、辽和出口的需要，“这是一压再压的最低限度的需要数字”。为什么必须调出这么多粮食呢？据粮食部门分析：第一，京津沪辽主要城市第三季度预计销售四十二点五三亿斤，九月末比六月末需要补充周转粮库存二点三七亿斤，共计四十四点九亿斤。这批需要的粮食除掉京津沪辽本身征购七点九亿斤外，其余的三十七亿斤必须依靠外省调入。第二，供应出口的粮食至少需要十二点五亿斤。第三，青海、西藏需要调入一亿斤，省与省之间的季节调剂和品种调剂需要九点八亿斤，共计十点八亿斤。这样大的调拨数字是历年所没有的，再加上当时全国可供粮食周转的库存十分紧张，只有三百亿斤，是统购统销以来最低的一年，而且许多粮食又存放在交通不便的地区，真是困难重重。

在那段艰难的日子里，周恩来亲自指挥调运粮食，被称为“粮食调度的总指挥”。根据周恩来的工作台历记载，那时，他每周要几次约粮食部门的同志谈话。当年任粮食部党组书记的陈国栋回忆说：“去总理处，主要是谈粮食问题。他一般都是晚上找我们去，地点经常是他的办公室。有时是晚上九十点钟或深夜十一二点去，谈到第二天凌晨三四点钟；有时是凌晨二三点才去。”①

周恩来在听取汇报时，总是自己用笔计算数字，算了一省又一省，算了一项又一项。各地库存有多少，每日销售多少，可以调出多少，粮食存放在哪里等等，他都要问得一清二楚。当时，各省的粮食供应都十分困难，包括一些产粮区也很紧张，请他们拿出一些粮食并不容易，需要实事求是地弄清情况，并做大量深

① 陈国栋：《周恩来与粮食工作》，《怀念周恩来》，人民出版社 1986 年 1 月版，第 79 页。

入细致的说服工作。周恩来亲自同各省的领导干部谈话，要他们顾全大局，支持国家统一调拨粮食。有一次，中央向黑龙江下达调拨二十八亿斤粮食的任务，后来又增加二亿斤的调拨任务。省委书记杨易辰想不通，觉得黑龙江已经调出了不少粮食，为国家做出很大贡献，再要多调出两亿斤粮食，实在困难太大，如果省内粮食出了问题也无法向全省人民交代。因此，就向周恩来提出意见。杨易辰后来回忆说：

“总理表现出高度民主的作风。他并不打断我的话，也没有强迫我执行命令，而是耐心地听我讲完，然后循循善诱地与我谈，要树立全局观念，服从大局。黑龙江有困难，但其他省份更困难，很多省死了不少人，国家要拿出粮食来帮助他们。在这种情况下，只有全国上下团结一致，同心同德，才能渡过难关。每一个党员干部，尤其是领导干部，一定要顾全大局，以党和人民的利益为重，坚决支持和执行中央的统一部署。总理的一席话，使我深受教育。我感到自己确实是考虑本地区的利益多了，想整体的利益少了。思想通了，在行动上我坚决执行了中央的调粮计划，想办法做好各方面的工作，与全省人民一道完成了调粮三十亿斤的任务。”①

周恩来在调粮工作中从不主观臆断，而是事前做好充分的调查，做到心中有数。有一次，他到江西视察，江西省委负责人杨尚奎、刘俊秀等请他吃饭，当刘俊秀举杯向他敬酒时，周恩来笑着说：“江西对国家贡献是大的，特别是这几年暂时困难时期，又多支援了国家粮食，应该受到人民的表扬。俊秀同志，你要敬我一杯可以，但有个条件！”刘俊秀问：“有什么条件？”周恩来

---

① 杨易辰：《深情的怀念》，《我们的周总理》，中央文献出版社 1990 年 10 月版，第 115 页。

说："干一杯酒，要增加外调粮食一亿斤！我们干三杯，增加三亿斤好不好?"刘俊秀说："总理啊，国务院今年给我们的外调粮任务十二亿斤，我们保证一粒不少，坚决完成，再增加三亿斤就是十五亿斤了，怕有些困难啊……"周恩来接着说："我有调查，江西老表口粮水平比较高，还有储备粮，比严重缺粮的晋、冀、鲁、豫好多了。增加三亿斤虽有困难，还是可以的。"听周恩来这么一说，刘俊秀痛快地答应了。他后来在回忆文章中写道："总理兴奋地拿起酒杯与我们连干了三杯。后来经过省委研究，同意周总理的意见，决定增加三亿斤外调粮，作为光荣的政治任务来完成。各地群众爱国热情很高，交售粮食很积极。当全省完成十四亿六千万斤外调粮时，中央来了电报说，现在到了七月，新粮已上市了，另外四千万斤不再调了。"①

在调粮的过程中，周恩来也十分体谅地方的困难，对确有难处的省份，周恩来给予了最大的帮助。例如四川原来一直是粮食调出省，由于一九五八年大炼钢铁，误了农田的收割，以后又高估产，再加上自然灾害，产量大幅度下降，造成粮食紧张。周恩来立即指示，停止外调粮食，省内自己调剂。后来，四川粮食告急时，周恩来又紧急调粮支援四川，帮助他们渡过难关。

要做到在全国范围内合理地调拨粮食，必须对各省粮食的真实情况心中有数，因此，周恩来设计了一种《中央粮食调拨计划表》，上面按期记载着各省市的粮食收购、库存、销售和调拨数字，中央粮食收支情况等，看起来一目了然。这张表比较长，所以又被称为"哈达表"，周恩来总是看得很细，记得很牢。他通过这张表随时掌握动向，部署粮食工作，检查粮食政策的执行情况。当他到各省视察时，有时对这个省的粮食情况比当地的领导

① 刘俊秀：《总理爱人民　丹心照千秋》，《怀念周恩来》，人民出版社 1986 年 1 月版，第 67、68 页。

干部还了解得更清楚。周恩来还经常召开省、县一级的干部座谈会，通过这种方式核实粮食生产的真实情况。一九六〇年核实粮食产量时，粮食部预计只有两千八百多亿斤，缺粮问题相当严重。但是，有些地区受到浮夸风的影响不肯承认粮食少了。周恩来听取汇报后明确表示：农业生产的情况如何可以各说各的，但全国粮食收支计划必须按粮食部门的数字安排。他同意和支持粮食部提出的对全国农业生产队的粮食实行够秤入仓的办法。当时担任粮食部副部长的杨少桥回忆说："通过对一九六〇年产量的逐步核实，大家的头脑比较清醒了。一九六一年以后的估产就比较接近实际，并留有余地，这对合理安排粮食购销和调整政策起了重要作用。"①

为了解决粮食调拨中的运输问题，周恩来还同外贸部商量，迅速进口一千二百多辆汽车交粮食部使用，大大增加了中央的运粮力量，在调运粮食中起了重要作用。

他还一再强调：现在农业第一，要加强农业生产第一线，无论如何城市建设不要再挤农村，相反，还要动员一些人回农村。

周恩来对粮食工作所以能够提出一系列正确的决策，在极端艰难的条件下一步一步地从困境中走出来，是同他对国家、对人民的高度责任感和深入细致的工作作风分不开的。当年在粮食部门工作的一些负责人回忆：

"周总理博闻善记，掌握着许多具体情况和信息数字。他要求我们讲真话、办实事。一次，总理请李先念同志、陈国栋和杨少桥同志商量粮食调拨计划，谈到夜里十一点。他说，你们先回去休息吧，这个计划表今晚要弄好，一会儿让你们计划司长来就可以。说完总理又

---

① 杨少桥、赵发生：《周恩来与我国的粮食工作》，《不尽的思念》，中央文献出版社 1987 年 12 月版，第 230 页。

忙于其他政务。当计划司司长周伯萍次日凌晨将这份材料送到总理办公室时，总理仍在伏案工作。他不顾通夜劳累，仔细审查了这份材料，连每一个附注都同周伯萍同志讨论一遍，然后才同意印发。一九六一年在广州召开中央工作会议时，有一次，总理同我们一起研究了分省的粮食调拨安排，排出表格，数字相加，发现有五千万斤差数不能平衡，一时查不出原因。总理戴上老花眼镜，在表格上，一个省一个省地核对，一笔一笔地计算。过了一会儿，总理问：'当时研究调出时，给浙江省加上五千万斤，加了没有?'原来问题就出在这里，是我们漏记了。当即，加上这笔数，一打算盘，平衡了，这才松了一口气。总理办事认真，工作细致，待人平等，和蔼可亲，给我们留下了深刻的印象。"①

在国民经济最困难的日子里，从五十年代以来在周恩来直接关怀下向香港市场供应鲜活冷冻商品的运输工作却一天都没有中断，并且得到逐步的改善。为解决货物运输中出现的问题，减少损失，铁道部和外贸部想了很多办法。一九六二年八月，开通了由武汉江岸车站直达深圳北站的向港澳供应鲜活冷冻商品的七五一次首列快运列车。当这趟列车开行一百列之际，周恩来指示铁道部和外贸部，"由上海、南京至深圳也应组织同样的快车"。根据这一指示，十二月十一日，铁道部又增开了分别由上海新龙华和郑州北站始发的七五三次和七五五次快车。至此，向港澳供应鲜活冷冻商品的三趟快车体系正式建立。三十多年来，这三趟快车成为保证港澳供应的"生命线"。

① 杨少桥、赵发生：《周恩来与我国的粮食工作》，《不尽的思念》，中央文献出版社 1987 年 12 月版，第 235 页。

一九六〇年底，随着灾情的日益严重和受灾范围的继续扩大，粮食收支逆差也不断扩大，单靠省与省之间的粮食调拨已经不能完全解决问题了。中共中央一方面发出一系列重要指示，号召全党：大办农业，大办粮食，发展生产，控制消费，低标准、瓜菜代，艰苦奋斗渡难关；另一方面根据周恩来和陈云的建议，决定进口粮食。这可不是一件小事，当时不仅在外汇和粮食来源上存在着困难，而且还要承担不小的政治风险。提出这样的建议没有足够的勇气和周密的计算是做不到的。正如当时任外贸部副部长的雷任民所说："中国是一个农业大国，吃进口粮是禁区，是一个很大的问题。周总理和陈云同志就是要突破这个禁区，解决国家的困难。"①

为什么要进口粮食呢？陈云是这样解释的：

"进来粮食，就可以向农民少拿粮食，稳定农民的生产情绪，提高农民的生产积极性。用两三年的时间把农业生产发展起来，国内市场问题也就可以得到解决。农民手头的粮食宽裕了，可以多养鸡、鸭、猪，多生产经济作物和各种农副产品，增加出口。总之，当前只有首先抓好粮食，整个局势才能稳定，同农民的关系才能缓和，而且多种经营也才能好转。没有粮食是最危险的。""这是关系全局的一个重大问题。"②

十二月底，周恩来出访缅甸。行前，他在飞机场还在同陈云和外贸部部长叶季壮商量进口多少粮食，当时确定进口的数量是一百五十万吨。周恩来到昆明后，外贸部打来电话，说中央决定进口粮食二百五十万吨。当随同出访的雷任民将情况报告周恩来时，他很吃惊，立即打电话问陈云。陈云回答说：粮食太紧张

---

① 访问雷任民谈话记录，1997 年 1 月 23 日。

② 《陈云文选》第 3 卷，人民出版社 1986 年 5 月版，第 157 页。

了，要进口这么多才能渡过难关。一向考虑问题精细稳重的陈云都主张增加进口粮食，说明国内粮食紧张到什么程度。周恩来心里十分着急，很久没有说话。①

访问缅甸期间，周恩来一直在思考粮食问题。访问结束前一天，周恩来对雷任民说：你先不要回北京，直接去香港，确实搞清三个问题：一是能不能买到粮？二是运输问题能不能解决？三是中国银行能不能解决外汇问题？周恩来考虑问题确实周到，因为当时美国和蒋介石集团对中国大陆实行海上封锁，运输和资金问题显得特别重要。雷任民从香港回到北京后，立即向周恩来报告说，经香港华润公司和中国银行等单位研究后，货源、资金、外汇都可以解决。周恩来听后，又从各种角度向雷任民提出了许多问题，直到雷任民一一作了回答后，他的心才踏实下来。在购粮运输过程中，周恩来抓得很细、很紧，几乎每天晚上都叫雷任民去汇报粮食订购、运输到货、船只航行等情况。周恩来在事前还对价格进行了严密周到的计算，对大米和小麦的国际市场价格进行对比计算。当时，一吨小麦价格是六十多美元，大米价格是一百多美元，出口一吨大米至少可以换回一吨半小麦，这样进口小麦的量虽然大于出口大米量，但在金额上出与进相差不多。在周恩来的亲自督促下，不到两个月的时间，从加拿大进口的第一船粮食就到了天津港。

第二年三月，中共中央召开广州会议，决定增加进口粮食到五百万吨。从一九六一年至一九六五年连续几年中，中国每年进口粮食五百万吨。它占京、津、沪等几个大城市和辽宁省用粮总数的百分之七十至八十；买这批粮食需要五亿美元的外汇，在当时占中国拥有外汇总数的四分之一。为了解决外汇方面的困难，

① 雷任民：《回忆周总理对外贸工作的关怀和指导》，《不尽的思念》，中央文献出版社 1987 年 12 月版，第 254 页。

周恩来一方面请国家银行进行调剂，另一方面下决心压缩其他进口物资。五百万吨粮食在中国粮食的总量中比重虽然很小，但是在全国粮食的调节上却起了重大作用。它不仅减少了产粮区的调出，保证了重灾区的粮食供应，避免了京、津、沪、辽粮食脱销的危险，并且补充了部分国家库存。

国民经济好转后的一段时间内，中国继续进口粮食。周恩来认为这是对国家有利的，因为进口小麦供应北京、天津、上海、大连、广州等大城市，除有利于农民休养生息外，还可以减少从内地粮区运粮食到大城市的运输量，缓解运输的紧张状况，节省大量人力、财力；而且，小麦便于储存以备急需。相反，靠陆路将粮食从内地运到沿海大城市，运费就比较高了。曾任外贸部副部长的林海云说："周总理想问题是相当周到和深远的。他是用战略眼光来分析、处理这个问题。"①

为了在那些艰难的岁月里，安排好全国人民的吃饭问题，周恩来真是日夜操劳，呕心沥血。翻开当年的历史档案可以看到，从一九六〇年六月至一九六二年九月两年零四个月里，周恩来关于粮食问题的谈话有一百一十五次，从总理办公室退给粮食部办公厅的现在仍然保存的三十二张报表中，周恩来的笔迹有九百九十四处，仅《一九六二年至一九六三年度粮食包产产量和征购的估算》这张表上，周恩来用红蓝铅笔做的标记就有一百四十五处，调整和修改数字四十处，在表格边上进行计算六处，批注数字七十处，批注文字七处，整个表格密密麻麻地留下了他的手迹。正如当年参与粮食工作的负责人所说："它生动地记载了总

---

① 林海云：《关于周恩来外贸思想的片断回忆》，《不尽的思念》，中央文献出版社 1987 年 12 月版，第 260 页。

理在困难时期，为了解决全国人民的吃饭问题，所付出的心血。”①

由于粮食严重缺乏而相当普遍地发生浮肿病是在一九六〇年初出现的。这年四月，中共太原市委第一书记、原总理办公室副主任李琦，到上海出席大中城市副食品会议途经北京时，最早向周恩来汇报了这个情况，引起周恩来的重视。② 这年冬天，河南信阳地区出现在全国最严重的大批浮肿病人和非正常死亡，使周恩来更加感到痛心和焦灼。中共中央立刻派工作团前往信阳去处理这个问题。同时，周恩来指示卫生部全力以赴地研究防止浮肿病的办法。由于粮食大幅度减产的状况，即便做了极大努力，也不能在短期内得到解决。周恩来亲自和有关人员一起计算男女老少最低限度的营养需要，指示卫生部门研制代食品。在周恩来的督促下，卫生部组织专家协同有关部门试制出小球藻、人造肉等代食品。在一次国务院召开的会议上，周恩来带头品尝了这些代食品。十一月十四日，中共中央发出《关于立即开展大规模采集和制造代食品运动的紧急指示》，要求各地抓紧秋收完成的时机，广泛动员群众，采集和制造代食品；并根据科学院的建议，推荐玉米根粉等代食品。这些代食品很快得到推广运用。中共中央还决定成立了以周恩来为首，李富春、李先念、谭震林、习仲勋参加的“瓜菜代”领导小组，并设立专门办公室。同时，各地方也成立了相应的工作领导小组和办公室。为了防治和抢救全国大量的浮肿病人，周恩来还指示卫生部要有专人负责这件事。当时任卫生部部长的徐运北回忆：“卫生部立即建立了防病治病办公室，掌握疫情，组织交流防治经验，每周向周总理作一次书面报告，

① 杨少桥、赵发生：《周恩来与我国的粮食工作》，《不尽的思念》，中央文献出版社 1987 年 12 月版，第 232 页。

② 访问李琦谈话记录，1996 年 12 月 25 日。

紧急情况随时向总理办公室电话汇报。在党中央领导下，全党努力战胜了严重灾害，度过了困难时期，数以万计浮肿病人得以治愈，众多干瘦病人免于死亡。这条战线的总指挥就是我们的周总理。”①

在最困难的日子里，周恩来和全国人民一起同甘共苦。他在家里很少吃肉。有一次，他听到河北省反映口粮中的红薯干的比例过大，就决定把薯干调到北京，适当搭配供应，并且带头吃薯干和其他杂粮。每次外出视察，周恩来都要向工作人员交代注意事项，要他们体谅地方的困难，不要搞特殊化，少吃肉、鸡蛋和油炸食品，不准摆水果，摆了要撤回。为了减轻地方的负担，他还让工作人员带上茶叶和饼干，作为工作夜餐。有一次，周恩来到长春视察，工作人员将周恩来的要求向地方的管理员讲了，他们硬是不听，结果，邓颖超只好自己出面，把管理员找来，将亲笔写的山珍海味不准吃，肉、蛋和油炸的东西少吃，一切按标准做的种种规定交给他。做饭的老厨师看到后十分激动地说：“我当了这么多年厨师，做了这么多年的菜，没少为大官掌勺。只见过点名要山珍海味的，还没有见过像总理这样这不准吃、那不准做的。”②

在困难时期，周恩来特别注意严肃党纪。一九六〇年十月，调运粮食最紧张的时候，青海省一方面要求中央给他们调进粮食，一方面又给中央送来五万斤鱼。周恩来得到报告后十分生气，在中央书记处会议上提出了严厉批评。他说：“青海送中央五万斤鱼，简直胡闹。为什么要中央调粮又送鱼？请你（指李富春——编者注）起草通知，全国从今以后，不许送中央一针一线

① 徐运北：《周总理领导我们开展人民卫生工作》，《我们的周总理》，中央文献出版社 1990 年 1 月版，第 461 页。

② 成元功：《北京的老百姓能否吃到这样的菜》，《周恩来和他的秘书们》，中国广播电视出版社 1992 年 3 月版，第 389 页。

一条鱼，要做全面通报，严格禁止。本来禁了多年，自大跃进以来又起来了。这是走后门，不拿一个省开刀不行。”①

会后，周恩来指定习仲勋、齐燕铭、汪东兴、童小鹏、赖祖烈起草了《中共中央关于不准请客送礼和停止新建招待所的通知》。通知规定：一、一切单位都不准向任何单位和个人赠送礼物，也不准借用任何名义变相送礼；二、各厂矿、企业、人民公社试制成功的新产品，除对其直接主管部门可以送一份样品外，不许以献礼或其他名义赠送给上级机关或其他单位和个人；三、中央和地方各级负责人员下去视察工作或参观时，当地负责人不要迎送，严禁组织群众迎送。生活招待应当从简，并按标准收费、收粮票；四、精简会议；五、除必要的宿舍外，今后七年内，一律不准新建招待所和其他非生产性设施。周恩来在正文的“精简会议”后还加写：“凡不需要或者可以不开的会议，应当一律不开；凡可开可不开的会议，应当不开；凡性质重复、任务相同的会议，应当合并召开。”②

对中央提出的要求，周恩来总是率先执行。一九六一年初，淮安县委给周恩来和邓颖超送来一些家乡的土产。周恩来请秘书写信转告他们：“你县送给周总理和邓大姐的藕粉、莲子、馓子、工艺品以及针织品都已收到了。你们对周总理和邓大姐的热爱和关怀他们是知道的。但是，周总理和邓大姐认为，在中央三令五申不准送礼的情况下，你们这样做是不好的。现在周总理和邓大姐从他们的薪金中拿出一百元寄给你们，作为偿付藕粉、莲子、馓子、工艺品的价款，其他的一些针织品等以后有便人再带给你们。”周恩来还将中央关于不准请客送礼的通知寄给他们，请他

① 中共中央书记处会议记录，1960年10月10日。

② 周恩来在《中共中央关于不准请客送礼和停止新建招待所的通知》上的修改，1960年10月23日，手稿。

周恩来在《一九六二年至一九六三年度粮食生产和征购的估算》表上进行调整、修改计算的手迹们“仔细研究，并望严格执行”。①

对广大群众，周恩来十分关怀。当时，煤矿工人的粮食定量从六十斤降低到四十五斤，而且大部分是粗粮，其他副食品，如肉、酒、糖等供应也很少，工人的体力大大下降，难以担负繁重的劳动，严重影响煤炭生产。情况汇报到周恩来那里后，他多次召集国务院有关部委的负责人开会，反复进行研究，使问题得到妥善解决。井下工人的粮食定量恢复到每月六十斤，而且粗粮、细粮进行适当搭配，便于工人下井带干粮，其他酒、糖等井下工人生活必需品也得到适当解决。周恩来说，为井下工人祛寒，需要供应酒；并问清酿造一斤酒需要多少粮食，按供应酒的定量拨了粮食。周恩来听说东北生活用煤得不到保障，公共场所和一些室内气温很低，有些演员手脚冻得麻木而影响演出时，除了要求有关部门保证正常的煤炭运输外，还亲自动员沈阳军区用汽车帮助运落地煤和煤泥，保证他们生活用煤的最低需要。周恩来还给予知识分子特别的关心，他请国务院副秘书长齐燕铭起草了对在京的高级干部和高级知识分子在副食品供应方面给予照顾的有关报告，尽可能使他们多获得一些营养。

在极端困难的那些日子里，正是由于周恩来极端负责的精神、坚韧不拔的顽强意志和细致周到的工作，由于他同老百姓患难与共的精神，使许多人和党一起同心同德，共渡难关。

---

① 国务院总理办公室致淮安县委的一封信，1961年1月16日。